U0906116

2018最具公众影响力公共关系案例集

金旗奖编委会　编著

中国财富出版社

图书在版编目（CIP）数据

2018最具公众影响力公共关系案例集 / 金旗奖编委会编著 . —北京：中国财富出版社，2019.5

ISBN 978-7-5047-6894-0

Ⅰ . ①2…　Ⅱ . ①金…　Ⅲ . ①公共关系学—案例　Ⅳ . ① C912.31

中国版本图书馆CIP数据核字（2019）第079464号

策划编辑 谢晓绚　　**责任编辑** 周　畅

责任印制 梁　凡　郭紫楠　　**责任校对** 孙会香　卓闪闪　　**责任发行** 董　倩

出版发行 中国财富出版社

社　　址 北京市丰台区南四环西路188号5区20楼　**邮政编码** 100070

电　　话 010-52227588转2048/2028（发行部）　010-52227588转321（总编室）

010-52227588转100（读者服务部）　010-52227588转305（质检部）

网　　址 http://www.cfpress.com.cn

经　　销 新华书店

印　　刷 北京京都六环印刷厂

书　　号 ISBN 978-7-5047-6894-0/C·0223

开　　本 710mm×1000mm　1/16　　**版　　次** 2019年6月第1版

印　　张 33.5　　**印　　次** 2019年6月第1次印刷

字　　数 565千字　　**定　　价** 86.00元

本书编委会

前 言 | PREFACE

新时代公关再出发

各位新老朋友们:

大家好!

每一次和大家见面，都代表着金旗奖案例集系列丛书再添一员，本次亦不例外。我携金旗奖《2018最具公众影响力公共关系案例集》而来。从2013年第一册出版到现在，这已经是第6册了。这6年来，公共关系业界及学界同人的鼎力支持使得金旗奖案例集系列得以延伸并更加优秀。未来我们将不负众望，再接再厉，砥砺前行。

2018年是中国改革开放40周年。经过40年发展，中国已经成为世界上最大、综合实力最强的发展中国家。在这个过程中，公共关系也发挥了巨大作用，2008年北京奥运会，便是一次中国向世界展示自信与气魄的成功公关事件。

但是，公众对公共关系的认识还远远不够。

在改革开放40年之际，中国公共关系网（17PR）主办了“中华传统文化传播及公共关系发展史特展”，引发了业界人士热烈响应。

中华文化源远流长，从刀耕火种的远古文明到科技发达的现代社会，几千年的深厚思想和文化积淀，形成了极具华夏文明特色的早期公共关系传播萌芽，在先祖们治国安邦的哲学中也无不蕴含了公共关系的智慧。伴随着1978年改革开放，源自中华传统文化的公共关系思想与实践同西方现代公共关系学碰撞融合，拉开了中国现代公共关系发展的序幕。

中国的公共关系行业已经初具规模，2017 年中国公关行业的总产值已经达到 560 亿元，随着整合营销、数字营销等营销技术发展，整个产业的规模必然会继续扩大，公关行业必将迎来更加美好的未来。

数字传播技术的快速发展，也使得中国公关业成为世界公共关系舞台上不可或缺的一员。2018 年，17PR 携中国代表参加了在挪威举办的“2018 世界公关论坛”，在世界舞台上分享了中国公共关系发展现状，引起全球同行关注和赞叹；外国企业踊跃参与金旗奖案例评选，提交了多个出色案例；2018 金旗奖案例集首次收录了国外参选案例——来自挪威的拒绝网络霸凌（Cyberbullying：Not Okay）。

我们相信 2018 年已经打造了一个美好的新开端，2019 年，金旗奖将继续致力于推动全球传播业的创新、融合、发展，搭建全球传播人分享、链接、交流的平台，遴选引领公共关系创新发展、彰显公共关系独特价值的经典案例，通过优秀案例展示公共关系影响力和价值，推动商业繁荣和社会进步。

2019，让我们一起，一起 PR①，再次出发！

银小冬

金旗奖组委会主席　17PR 创始人

① PR：Public Relations，公共关系。

目　录 | CONTENTS

2018 最具公众影响力企业社会责任大奖　/ 001

2018 最具公众影响力环境保护大奖　/ 057

2018 最具公众影响力品牌管理大奖 / 103

2018 最具公众影响力数字营销大奖 / 171

2018 最具公众影响力内容营销大奖 / 207

2018 最具公众影响力
企业社会责任大奖

“BMW 中国文化之旅”

执行时间： 2018 年 7 月—2018 年 12 月

企业名称： 华晨宝马汽车有限公司

品牌名称： BMW

代理公司： 励尚时代（北京）公关顾问有限公司

获奖类别： 金旗奖——2018 最具公众影响力企业社会责任大奖

项目概述

“BMW 中国文化之旅”是 BMW（宝马）针对中国传统文化保护与非物质文化遗产传承发起的标志性企业社会责任项目，旨在探访和保护中国传统文化，促进非物质文化遗产的传承与发展，是企业参与非遗保护的典范。“BMW 中国文化之旅”发起于 2007 年。作为中国汽车行业中一个长期关注非物质文化遗产保护的企业社会责任项目，在过去 12 年间先后探访了中国 22 个省、自治区及直辖市和 6 大国家级文化生态保护实验区，以及 337 项非物质文化遗产，并对其中 90 项亟待保护的非遗项目和研究课题进行了总计超过 1600 万元的捐助，为中国非物质文化遗产保护事业做出了卓越贡献。

“BMW 中国文化之旅”每年设立不同的探访主题，组织非遗领域的文化专家、设计师、企业家、媒体、BMW 经销商与车主等利益相关方，深入探访全国各地的非遗项目，并通过参观体验、专题讲座、文化交流、成果展和创意节等多种方式支持非遗的传播。

2018“BMW 中国文化之旅”玉树探访车队

项目调研

“BMW 中国文化之旅”不只是一个传播项目，更是一个公益项目。包括针对非遗传承与保护的社会公益活动、发挥 BMW 强大品牌影响力，“联结”社会资源以及非遗相关的传播推广。

作为战略型企业社会责任的倡导者和践行者，BMW 注重结合自身资源和核心竞争优势，有效带动各利益相关方长期积极参与，切实解决社会问题，以“赋能”为主要手段，以创造“共享价值”为目标。

经过对非遗保护的创新探索及实践总结，企业发现：非遗的创新性转化及市场化是助力“非遗走进现代生活”的正确思路。BMW 充分发挥强大的品牌影响力，搭建“联结”各种社会资源的桥梁。在此过程中，“联结”的社会资源越广泛，社会影响就越大，BMW 的品牌形象也越深入。这也是对宝马集团在企业社会责任领域提倡创造“共享价值”的完美诠释。

“BMW 中国文化之旅”不断升级并探索非遗保护的创新模式，对传承人的支持从过去“授人以鱼”的捐助模式升级为“授人以渔”的赋能模式。通过对非物质文化遗产领域的项目进行调研，发现目前存在的问题，并提出创新的解决方案，整体思路如下。

（1）洞察社会问题："BMW 中国文化之旅"独具先见地提出，目前中国的非遗面临着"活化难"和"传承难"两大问题。简单说，只有让非遗重新进入消费市场并融入现代生活，才能实现其行业和产业的良性发展，传承的问题也可迎刃而解。

（2）提出明确目标：用创新的方式支持非遗的传承和保护，解决"活化难"和"传承难"两大问题，帮助非遗走进现代生活。

（3）实施创新战略："BMW 中国文化之旅"发挥 BMW 的品牌影响力和资源优势，助力"非遗走进现代生活"。

（4）提出创新性解决方案：在助力"非遗走进现代生活"方面，具体通过两条路径，即推广非遗领域的文化传播，促成非遗作品的使用和消费。

项目策划

1. 目标

尝试以非遗创新转化以及"文化 + 旅游"的文化扶贫模式，助力国家"精准扶贫"的政策落地与深化。此外，融入公益属性的设计与市场力量，打造非遗创新生态圈，助力"非遗走进现代生活"。

2. 策略

"BMW 中国文化之旅"体现了 BMW 现在倡导的战略型企业社会责任的理念。从结果上来看，不仅创造了社会成果，极大促进了非遗保护；同时又创造了对公司有利的价值。从手段上来看，从已经实行了十余年的捐款手段，改为利用各种社会资源，帮助非遗传承人推广非遗，促进非遗作品的消费。

联合清华大学美术学院，创建"清华美院 BMW 非遗保护创新基地"，遴选非遗传承人开展培训，同时，举办 BMW 高管专场讲座，为非遗传承人提供商业管理、市场营销、社交媒体传播等方面具有针对性的指导。

把非遗作为文化传播去推广，定制非遗旅游攻略，探索"非遗 + 旅游"的创新融合。同时，项目全新升级旅游攻略，在马蜂窝上打造自驾旅行攻略社区。

促进非遗作品的使用和消费，打造"玉树印象"系列公益产品。2018 年"BMW 中国文化之旅"携手创新社会企业 SHOKAY① 与藏区合作社，共同打造

① SHOKAY：藏语意牦牛绒，是致力于用牦牛绒制作奢华产品的品牌，于 2006 年创建。

“玉树印象”系列公益产品

“玉树印象”系列公益产品，并在 11 月“BMW 中国文化之旅”非遗保护创新成果展上向公众首次呈现。产品著作权归属 SHOKAY，在 BMW 京东旗舰店、天猫旗舰店销售，BMW 不从中盈利。SHOKAY 将产品销售所得部分利润以培训的方式返还给玉树牧民合作社，并每年定点在玉树采购牦牛绒，以帮助当地牧民减轻对虫草经济的生计依赖，以可持续的生计模式脱贫。

3. 受众

非遗传承人、公众、媒体、专家学者等。

4. 传播内容

作为 BMW 战略型企业社会责任的标志性项目，“BMW 中国文化之旅”以非遗传承与保护为基础，借助 BMW 的品牌影响力，搭建传统文化与现代社会的沟通桥梁，并充分利用自身的核心竞争力，“联结”社会资源，为保护中国传统文化做出贡献。

以“溯三江之源，雄奇壮阔的精神家园”为主题的 2018“BMW 中国文化之旅”玉树探访活动，深入探访了玉树地区 40 余项非物质文化遗产、物质文化遗产与自然景观，取得了丰硕成果。

5. 媒介策略

基于对媒体的综合、系统评估，通过“横向 + 纵向”“跨界邀请 + 深度报道”

的准则来进行媒体邀请及筛选。注重加强媒体参与度，让受邀媒体对项目有更深入的体验，从而更好地传播项目核心信息。

项目执行

1. 2018“BMW 中国文化之旅”玉树探访活动

2018 年 7 月 25 日至 2018 年 7 月 30 日，由学者专家、创新公益组织、爱心车主和媒体代表等组成的“BMW 中国文化之旅”车队，深入青海省玉树藏族自治州玉树市、囊谦县等多地，探访了当地种类丰富的非遗项目，包括以赛马节为代表的传统民俗与传统体育，以格萨尔史诗为代表的传统口头文学，玉树伊舞等传统歌舞，藏娘唐卡等传统艺术，以及藏黑陶、藏纸等传统手工艺。途中，车队还对文成公主庙、勒巴沟摩崖石刻、隆宝国家级自然保护区等一系列历史、文化、自然景观进行了探访。

2. 2018 年 11 月举办“BMW 中国文化之旅非遗保护创新成果展”

以室内展演及室外展览的形式，展示近年来的项目创新成果，销售创意产品。室内展演在清华大学美术学院举行，正式发布了项目在非遗保护方面的创新转化成果；为来自全国的 50 位非遗传承人搭建展示与销售非遗创意品的平台，并为公众提供了近距离体验非遗的机会。室外展览携手三联韬奋书店，在三里屯以“非遗快闪橱窗”的形式，展示来自青海玉树，四川大凉山、北川，湖南湘西，陕西宁强等地的非遗创意作品。

项目评估

1. 项目效果

项目邀请媒体、经销商、车主等探访青海等地，并实现了政府、市场和公众的对接互动，挖掘出散落在民间的非遗传承人，促进了当地对非遗保护的重视。在探访期间，通过与地方相关机构的合作促进了地方非遗保护意识和能力的提升。

联合清华大学美术学院，创建“清华美院 BMW 非遗保护创新基地”，目前

已遴选来自 2016 年四川、2017 年湖南和 2018 年玉树探访活动的共 30 位非遗传承人，开展培训。其中，BMW 高层受邀赴基地举办专场讲座，为非遗传承人提供商业管理、市场营销、社交媒体传播等方面的指导。

在电话回访的30位非遗传承人中，项目满意度达到了9.84分（满分10分）。他们反馈，项目中最大的收获是打破自己原有对非遗的传统认识，重新认识非遗的重要性，增加了对非遗的认可度和自信心，拓宽了自己的设计创新视野，明确了非遗也可以实现跨界合作与创新。

成果展扩大了公众影响，通过问卷调查，参展后 90.9% 的人认为保护非物质文化遗产很重要；78.79% 的人认识到非遗的多样性，62.23% 的人认识到非遗的工艺价值，56.57% 的人认识到非遗保护的重要性；76.77% 的人表示会增加参加非遗展览的次数；74.74% 的人愿意将非遗产品推荐给身边的朋友或者家人（非常愿意的占到 43.43%）。

"联结"平台和公众。"BMW 中国文化之旅"携手马蜂窝连续两年推出《BMW 中国文化之旅四川非遗旅游攻略》和《BMW 中国文化之旅湖南非遗旅游攻略》，截至发稿前累计浏览和下载超过 200 万次。2018 年年底推出《BMW 中国文化之旅玉树旅游攻略》，助力推广国家级藏族文化（玉树）生态保护实验区的旅游品牌。"BMW 中国文化之旅"旅游攻略全新升级，在马蜂窝上打造以非遗为主题的自驾旅行攻略社区。

2018"BMW 中国文化之旅"玉树探访活动，公布入选"清华美院 BMW 非遗保护创新基地"进修的玉树非遗传承人名单

2. 受众及市场反应

利益相关方评价如下。

多年来，“BMW 中国文化之旅”在传统文化保护方面成就卓著。此次双方展开合作，通过 2018“BMW 中国文化之旅”玉树探访活动向世人展示玉树自然、文化的盛景，推动“三江之源·圣洁玉树”文化旅游的品牌建设。

——玉树藏族自治州副州长

“BMW 中国文化之旅”不仅宣传了文化和知识，同时也以此为切入点，体现 BMW 对中国传统文化的关注以及传统文化对世界的影响。

——媒体

本次“BMW 中国文化之旅”可圈可点，帮助诸位嘉宾深入理解了玉树非遗项目的生态环境与历史文化内涵。

——清华大学美术学院

3. 媒体统计

2018 年媒体报道累计达 3271 篇，产生广告价值为 80875721 元。

项目亮点

1. 以创新的方式推广非遗的文化传播

（1）“文化 + 旅游”的创新传播。2018 年旅游攻略全新升级，在马蜂窝上打造自驾旅行攻略社区，并于 2018 年年底推出《BMW 中国文化之旅玉树旅游攻略》。

（2）促进中华民族文化交流。举办讲座、论坛等系列文化活动，并邀请相关领域的专家学者对玉树地区藏族传统文化进行全面、多角度解读。

2. 以创新的方式促进非遗作品的使用与消费

“BMW 中国文化之旅”搭建公益桥梁，携手社会企业与藏区合作社共同打造“玉树印象”系列公益产品。该系列在 BMW 天猫官方旗舰店和京东官方旗舰店销售，所得利润将按比例按方式返还玉树，支持本系列的后续开发与延展，以“授人以渔”的模式持续给当地牧民进行设计、技术与商业培训。

3. 以 BMW 品牌影响力聚集社会资源，搭建桥梁为玉树地区长期可持续发展建言献策

启动“为玉树献言献策任务计划”之际，围绕玉树地区的社会需求，邀请专家学者、企业家、媒体组成任务组完成研究报告。研究报告呈递探访地区政府，为长期发展提供可行性建议，同时报告用于公开展示发布，促进公众对探访地区的全面认识。

亲历者说　杨新斌　华晨宝马汽车有限公司公共关系及企业社会责任部高级经理

2018 年，“BMW 中国文化之旅”选择了玉树作为探访目的地。我们克服了地理位置、文化交流以及生活条件等各种困难，充分发挥了 BMW 的品牌影响力，实施了一系列创新举措并达成了本年度的目标：成功遴选出 10 位具有创新潜力的玉树非遗传承人进入“清华美院 BMW 非遗保护创新基地”学习和交流；发布“为玉树献言献策任务计划”的初步调研结果；融入公益属性的设计与市场力量，成功打造非遗创新生态圈等。

其中，值得一提的几点是：

我们将非遗与文化旅游联结起来，打造业内以非遗为主题的旅游攻略系列。我们延续了 2016 年以来的做法，将非遗与文化旅游联结起来，推出《BMW 中国文化之旅玉树旅游攻略》，为目的地创造大量的信息流、人流，为该地区的非遗品牌及旅游业做出极大推动。

我们将非遗与企业自身业务、企业社会责任、国家扶贫的政策和方向结合起来：我们携手创新社会企业与玉树当地的牧民合作社，共同打造“玉树印象”系列公益产品。

我们启动“为玉树献言献策任务计划”，“联结”各类社会资源，一方面，通过专业人士的建议，为玉树的长期发展提供可行性建议；另一方面，通过分组及任务设置的方式，激发探访嘉宾的责任心和成就感，增进参与感及组间情感，使嘉宾更深入地理解本项目。

案例点评

点评专家：叶钰 吾铭（北京）国际品牌管理顾问有限公司董事长

以“溯三江之源，雄奇壮阔的精神家园”为主题的2018“BMW中国文化之旅”玉树探访活动，充分发挥BMW的品牌影响力，尝试以非遗创新转化以及“文化＋旅游”的创新模式，搭建“联结”各种社会资源的桥梁，通过实施一系列创新举措，将“BMW中国文化之旅”由过去单纯的探访活动自然升级为一个凝聚社会资源、助力“非遗走进现代生活”的可持续性公益平台。

宝马并没有把“BMW中国文化之旅”视作一场营销活动，相反在各个细节中，不以营销为目的，为其他车企在企业社会责任和营销及建设品牌形象方面树立了典范。

“BMW中国文化之旅”探索文化扶贫的创新路径，创造更广泛的社会共享价值。定制非遗旅游攻略，探索“非遗＋旅游”的创新融合，联合知名旅游网站马蜂窝制作《BMW中国文化之旅玉树旅游攻略》，通过组织自驾活动，不仅在各种路况中彰显宝马产品的性能，更体现宝马对公益事业的关注；媒体多次大范围的报道，也为推动全社会关心非遗起到了积极作用，实现了社会和企业的双赢。

2018 年丰田“梦想之车”全球绘画大赛 & 优秀作品画展项目

执行时间： 2018 年 7 月—2018 年 9 月

企业名称： 丰田汽车（中国）投资有限公司

品牌名称： 丰田品牌

代理公司： 北京东尚海整合营销咨询有限公司

获奖类别： 金旗奖——2018 最具公众影响力企业社会责任大奖

项目概述

2018 年丰田“梦想之车”全球绘画大赛

实施阶段：前期准备、预热宣传、画作招募、画作资格评审、入围奖评选、优胜奖评选、获奖名单公布、互联网人气奖公开投票、画展实施、喜马拉雅FM媒体专辑合作。

项目目的：孩子代表着未来和无限的可能，本项目旨在为孩子们创造更多发挥想象、为梦想作画的机会，树立并培养孩子们心中对未来汽车生活的追求和热爱。

前期招募：面向全国儿童公开招募，分7岁以下组别、8～11岁组别及12～15岁组别。

中期评选：由儿童艺术专家及儿童教育专家等组成的评审团进行打分评选，甄选出百幅入围奖作品、9幅优胜奖作品赴日参加全球大赛。同时在互联网发布百幅入围奖作品及投票H5①，通过互联网用户投票评出网络人气奖10名。

后期传播：除常规媒体赛事后期报道传播，联合喜马拉雅App（手机软件）制作并推出丰田“梦想之车”优胜作品专辑，收录获奖儿童优秀作品及梦想宣言音频故事。

项目调研

1.项目背景

丰田坚信，孩子是构筑未来的工程师，更坚信他们的想象力不可估量。为他们创造更多的机会去想象和创造未来，也成为丰田助力儿童公益的一大核心理念。

自2004年起，丰田在全球范围内举办以“梦想之车”为主题的儿童绘画大赛。丰田汽车公司（TMC）及全球各地事业体通过为孩子们提供宝贵的机会，让孩子们在对未来汽车生活产生兴趣的同时，感受到拥有梦想的重要和喜悦。

丰田汽车（中国）投资有限公司从2018年开始，响应丰田“梦想之车”全球绘画大赛的核心理念，在全国范围内开展中国赛区的征集、评选和优秀作品

① H5：指第5代HTML，也指用HTML语言制作的一切数字产品。

落地展出工作，旨在让孩子们都可以放飞自我去追求他们的梦想，把他们梦中的未来生活愿景涂鸦在纸上，铭记在心中。

2. 可行性研究

（1）“梦想之车”赛事的国内推广和延续性。

丰田“梦想之车”全球绘画大赛主体已成功举办 12 届，积攒并沉淀了大量赛事品牌相关素材和活动规范，包括但不限于赛事视觉设计、前期招募规则及流程、画作管理、评选规则、画展实施等，有助于在国内开展并实施该赛事中国赛区的招募和落地活动。

（2）画作招募的可能性。

基于丰田品牌的公信度和社会影响力，其有能力在社会招募活动中开展有效的画作收集工作，有效利用长期合作的外部媒体以及丰田中国集团各事业体媒体资源，提升招募效率。

除推广宣传外，联合各儿童艺术机构进行机构及教室等的团体招募，可保证画作收集工作。

（3）画展实施。

在儿童教育和技能培养领域中，中国宋庆龄基金会当之无愧是始祖和先锋。多年来，该机构在国际友好、扶贫助教、科学普及、文学艺术、体育卫生等领域都赢得了良好的声誉。丰田也在多次的公关公益活动合作中，与中国宋庆龄基金会奠定了良好的合作基础。

项目策划

1. 目标

通过 2018 年丰田“梦想之车”全球绘画大赛，以“儿童、梦想之车、未来”的主题概念，在创造提升品牌好感度的同时吸引大众到店并成为品牌“粉丝”。通过公益活动对企业进行 PR，打造积极的企业形象。

2. 策略

呼吁儿童及艺术学校与机构参与其中，促进儿童间艺术共性的交流与发展。以未来车生活为主题，围绕环保、绿色、家园及移动方式等命题呼吁儿童从小对未来敢梦敢创，从而实现丰田好感度的提升和潜在目标群体的培养。

通过前期招募工作提升赛事品牌的声量并促进作品收集，通过画展的实施落地吸引用户在线下参与到品牌的活动中进行互动。

3. 受众

儿童及家长，即家庭用户。有一定绘画基础或对绘画持有兴趣的一般儿童。

4. 传播内容

（1）2018 年丰田“梦想之车”全球绘画大赛画作招募信息传播扩散。

（2）百幅入围奖作品线上展示及投票 H5 传播。

（3）百幅入围奖作品线下画展开幕告知。

5. 媒介策略

（1）有效利用丰田内部资源形成传播网络，联动自内向外扩散。

（2）有效活用优质合作媒体资源，最大化传播扩散，覆盖受众。

（3）以新媒体为主要阵地，移动端发力，覆盖以学生和家长人群为中心的目标群体。

（4）联动喜马拉雅 App 定制赛事专辑，长期留存赛事素材，长期传播扩散。

项目执行

1. 实施细节

（1）作品募集阶段（2018 年 7 月—2018 年 8 月）。

募集方法：全社会招募。

传播内容：2018 年丰田“梦想之车”全球绘画大赛招募告知。

传播渠道：官方平台、新闻媒体、垂直媒体、社会化媒体、线下艺术绘画教室等。

传播 KPI（关键绩效指标）：向全社会征集优质作品 300 幅以上。

（2）作品评选阶段（2018 年 8 月）。

评选方法：资格审查后进入入围奖评选，评选出 100 幅入围奖作品进入优胜奖评选，由评委团进行投票，每年龄组甄选 3 幅优胜作品。

（3）互联网优秀画作展示及公开投票阶段（2018 年 8 月—2018 年 9 月）。

传播内容：2018 年丰田“梦想之车”全球绘画大赛优秀作品展出及投票 H5。

传播渠道：官方平台、电台、新闻媒体、垂直媒体、社会化媒体、线下艺术绘画教室等。

（4）2018 年丰田“梦想之车”全球绘画大赛优秀作品线下展览及后期传播（2018 年 9 月 17 日）。

线下画展

传播内容：2018 年丰田“梦想之车”全球绘画大赛优秀作品线下展览开幕告知；喜马拉雅丰田“梦想之车”全球绘画大赛优胜作品专辑。

传播渠道：官方平台、电台、新闻媒体、垂直媒体、社会化媒体、喜马拉雅 App。

传播 KPI：吸引画展到场人数 2 000 人。

2. 控制与管理

（1）画作管理：对每件作品进行信息留存及画作管理，规避丢失及破损。

（2）媒体运用的预算控制：进行预算使用性价比比较，按阶段合理分配及投放。

（3）线下画展的实施：多次实地勘测后布局规划展出形式，保证观看体验

线下画展互动活动

及观展安全。因观展人员以青少年及小龄儿童为主，侧重于安全保险，保证物料的可靠性与安全性。配备专职安保人员保障观展安全。观展区、互动区与抽奖区严格区分并专人管理，规避无序观展及安全问题。

项目评估

1. 效果综述

有效聚集目标群体，圆满实现画作招募及布展工作。通过绘画大赛及线下画展有效提升了品牌的公益形象并有效拉升品牌好感度。为赛事品牌在国内的知名度构建打下了坚实的基础。作为品牌资产的“梦想之车”全球绘画大赛，短期内迅速在核心目标受众中建立起认知，以赛事拉动用户对品牌信息的关注和黏性。

2. 受众反应

公益感强且有知名品牌的背景依托，受众参与度高；对品牌投身公益、关注青少年及儿童的兴趣培养和梦想支持的赞赏度极高，短期内有效拉升品牌美誉度。画展现场，家长对品牌活动的关注度极高，积极与工作人员交流互动，愿意持续获取相关信息。

3. 市场反应

通过丰田中国媒体互动平台实现自然扩散，短期内有效拉动了“粉丝”增长和产品问询。

4. 媒体统计

截至 2018 年 9 月 15 日，官网专题页 PV（页面浏览量）达到 20 万次；官方微博平台相关信息阅读达 250 万次；官方微信平台活动期间赛事相关信息阅读量超 10 万次；抖音平台播放量超 3 万次；喜马拉雅媒体硬广露出达 111 万次；截至 2018 年 9 月 14 日，App 内专题播放量超 24 万次，“梦想之车”优胜作品专辑播放量超 10 万次。

项目亮点

本次活动作为持续长期的青少年公益项目，旨在为孩子们提供展示梦想、发散梦想的机会，最大化为孩子们的作品提供展示的机会。入围奖作品的展示及投票、H5 线上、线下画展的举办均希望由孩子们感染更多的孩子，最大化鼓励和激发孩子们对未来充满想象，对梦想坚持追寻。作为新的媒体尝试和项目亮点，首次与喜马拉雅 App 进行深度跨界合作，将孩子们的作品和作画初衷有声读物化，利用大流量 App 进行展示和推广，在长期留存画展历史资料的同时，为孩子们提供更多更长久的展示机会和空间。此举也受到了家长及艺术教师机构等的大力赞赏和高度认同。

亲历者说 王尧 北京东尚海整合营销咨询有限公司策略总监（该项目负责人）

作为本项目的策划负责人，我最大的感想莫过于企业对于本项目的用心和用情。如果找一个词来形容过程中企业表现出的“固执”和“挑剔”，我会用“0.01”这个在车展上丰田抛出的概念词。我理解它是一种认真，一种坚持和一种信仰。在丰田的字典里，可能没有“好”或者“做到了”这样的词，一次又一次地进步，一次又一次地颠覆和超越，这样的精神被沿用到本项目中。包括我在内的运营团队，从一开始就知道，这次我们面对的不是车展上的车迷、媒体会上的媒体老师，而是一群天真可爱、活泼伶俐的孩子们。这也是为什么，我用“固执”和“挑剔”来形容本项目的执行过程了。呈现 8 面墙体，300 幅作品，预估服务 2000 名观展者，看起来，执行过程并不困难，但单单只是确定怎么挂好这 300 幅画，我们就经历了一场心理考验和肉体历练。一次一次画图，一次一次试挂后，我们仍然不太满意，只怕有那么几张画，个子小的小朋友看不到，挂太低了大一点儿的小朋友要蹲下来，我们反复试，最后，从墙体上扒下了所有的画作，重新补坑粉刷墙体，并进行贴画。离最好哪怕只有 0.01 之差，我们都不想妥协。我记得，重新挂完了画作，是凌晨 4 时，而完成那一刻，我们非常兴奋。

案例点评

点评专家：杨苓　京港地铁公共关系总管兼新闻发言人

企业在履行社会责任的过程中，通过对经济、社会、环境施加积极的影响，赢得公众对于企业品牌的认同与好感。在该案例中，通过 2018 年丰田“梦想之车”全球绘画大赛这一长期青少年公益项目，丰田为孩子们增加展示梦想的机会，并通过与孩子及家庭的互动，促进情感沟通，增进公众对于公司价值理念的认同。该案例有如下几个特点。

引发积极的社会效应。招募全国各地的孩子参与绘画比赛，让孩子绘制梦想中的汽车，在激发孩子想象力和创造力的同时，还让孩子们有更多机会了解汽车、了解交通。有助于从小培养孩子对于汽车这一交通工具以及城市交通的关注，进一步培养孩子对于城市建设和发展的参与热情。同时，通过线下画展，在同龄儿童间搭建了交流沟通平台。

增强与品牌目标受众的沟通。参加大赛的为 15 岁以下的儿童，这个年龄段的孩子常常是小家庭的中心，很多家长非常愿意让孩子参与社会

活动，也愿意在此方面投入时间和精力。因此，通过比赛以及线下画展的形式，在吸引孩子参与的同时，能够比较容易地实现与家长这一可能的丰田汽车目标受众进行互动，并增强好感。

传播节奏的有效把握。活动通过多个赛程的设计以及将画作有声读物化，增强了曝光量和传播量，提升了品牌的影响力。从活动效果看，带来了公众号“粉丝”增长及产品问询，有助于实现品效合一。

长期性、持续性是企业社会责任项目成功的一个重要方面，长期坚持才有可能带来更为深入、更为持续的影响力。

7 你的行动，中国的未来——华硕 e 创志愿者活动

执行时间：2018 年 4 月—2018 年 12 月

企业名称：华硕电脑（上海）有限公司

品牌名称：华硕电脑

代理公司：目一空间文化传媒（北京）股份有限公司

获奖类别：金旗奖——2018 最具公众影响力企业社会责任大奖

项目概述

自 2009 年起，华硕联合中国科学技术协会，共同推出了华硕大学生科普志愿者行动，旨在鼓励当代大学生积极投身社会公益，通过 IT（信息技术）等创新手段，返乡、支边、公益创业创新创富，为缩小城乡数字鸿沟，加快城镇一体化建设贡献力量。

2015 年，为响应国家“互联网 +”的号召，华硕大学生科普志愿者行动升级，通过互联网和新媒体，华硕得以触及更多的青年群体，并引导他们通过互联网的方式为更多的人科普知识。

项目调研

在项目开展的过程中，华硕也实时关注当前的社会热点问题，在以“科普实践”为主体的情况下，不断深化探索更多的公益主题来丰富活动。

志愿者和小朋友一同为梦想涂鸦

随着经济的快速发展，越来越多的青壮年农民走入城市，在广大农村也随之产生了一个特殊的未成年人群体——留守儿童。留守儿童正处于成长发育的关键时期，他们无法享受到父母在思想认识及价值观念上的引导和帮助，成长中缺少了父母情感上的关注和呵护，可能会产生认识、价值观上的偏离和个性、心理发展的异常。

因此，为了让留守儿童获得更多关爱，同时也进一步开阔志愿者的公益眼界，丰富实践选择，华硕在近两年的行动中新增了“关爱留守儿童”的主题，希望能够用科技的力量搭建起爱的桥梁，增强他们与父母、与外界的沟通交流。通过带领孩子走进父母工作的城市，去父母上班的地方看一看，让他们意识到父母虽处在平凡的岗位，却在建设标志性工程，希望通过这种方式来建立他们对自己的自信心和对父母的自豪感。

项目策划

1. 目标

（1）关注青少年成长，缩短城乡数位鸿沟。

（2）通过科技的力量为留守儿童架起通向外面世界的桥梁。

2. 策略

（1）大学生招募、培训：通过线上线下结合的方式招募大学生志愿者，通过培训大学生志愿者，鼓励他们化身公益的火种，自行组队号召更多有爱心的公益青年加入志愿者的队伍中来，通过暑期社会实践，去到乡村帮助留守儿童，给他们带来丰富多彩的课外知识以及更多的关爱。

（2）明确任务：将 3 个小课堂（科技体验课、安全培训课、兴趣课）和 1 场乡村“世界杯”带给留守儿童，希望他们对科技有兴趣、爱学习、有安全意识、能够保护自己，与他们建立一种愉快和谐的伙伴关系，和他们一起发展个性，培养有益的爱好。

（3）借助明星的力量：携手多元流行组合——南征北战，一同帮扶关爱留守儿童，并且邀请他们参与到暑期的社会实践中，通过他们亲身的所见所感，创作一首全新的华硕 e 创志愿者歌曲，鼓励更多的大学生志愿者参与到活动中来，一起为留守儿童带来更多的关爱，给他们一个更加美好的未来。

3. 受众

大学生志愿者、留守儿童、社会爱心人士、媒体、NGO（非政府组织）、政府、学校、企业。

4. 传播内容

科技助力公益。

5. 媒介策略

（1）在大学生群体间进行口碑传播。

（2）明星号召，通过 e 创明星公益大使以及明星志愿者联盟，号召更多“粉丝”关注该活动，共同助力公益。

（3）跨界联合更多的 NGO 以及关注公益的企业共同发声参与，形成公益阵线联盟，扩大声量。

项目执行

（1）招募环节：2018 年 3 月—2018 年 4 月，在全国 16 个省份共计 300 所高校进行招募，大学生通过线上和线下两种方式报名，华硕官方网站设置活动专区，填写相应表格即可完成报名。2018 年共计招募到大学生志愿者 15000 名。

（2）培训环节：根据学校类型、学校生源、教师推荐、学生成绩、学生报名资料完整度以及学生家乡的科普现状等，通过简历筛选、电话面试，从报名者中筛选出具备一定策划、组织、调研能力的志愿者进行为期两天的室内室外相结合的培训。培训涵盖互联网、实践技能等多种实用知识和技能。参与培训的志愿者成为暑期小队队长，带领其余志愿者进行社会实践。

（3）实践主体环节：志愿者们返回家乡，通过电脑知识讲座、入户维修、上门调查等公益实践，为家乡带去了最新的电脑知识，帮助父老乡亲开拓出科技致富的新兴之路。2018 年，华硕带领所有志愿者一起，把 3 个小课堂（科技体验课、安全培训课、兴趣课）和 1 场乡村“世界杯”（恰逢世界杯热点）带给孩子们。

（4）暑期 e 创公益营：2018 年，华硕通过积分累计兑换的方式筛选出全国优秀的大学生志愿者，和 e 创公益大使一起前往贵州安顺花噶小学开展了为期 7 天 6 夜的暑期 e 创公益营。在公益营中，志愿者分别领取任务，确定调研计划，并通过调研后形成调研报告，通过微博、微信等新媒体的形式进行传播，希望可以通过努力真正帮助到当地的人们。

暑期 e 创公益营

留守儿童与父母在工作岗位上合影

（5）e 创计划大赛：暑期实践结束后，志愿者根据暑期实践情况撰写 2019 年 e 创计划书，将暑期实践的成果进行优化和整理，以期实现对实践地区长期并且有针对性的帮扶，而非一次性的帮扶。

（6）社会化事件传播：志愿者用接力的方式带领留守儿童出门寻找他们在外打工的父母，送他们到父母工作的地方。微电影拍摄，打造传播热点！

（7）e 创表彰：结合暑期社会实践以及 e 创计划大赛的综合得分，评选出全国一二三等奖的小队，给予一定的公益支持，鼓励更多的大学生志愿者加入队伍中来。

项目评估

2018 年华硕在全国范围内 16 座城市 300 所高校，共招募超过 1.5 万名志愿者，培训覆盖 70 所高校，总计 20 场培训、20 场社区实践；共培训了 3677 名志愿者，他们组成了 290 个小队，利用周末及暑假时间在全国展开实践，帮助和影响近 60 万人。其中两场暑期 e 创公益营，自媒体传播量 1.0841 亿次，传统媒体传播量 2500 万次；直播点击量 244.1 万次，累计覆盖量共计 1.4 亿人次。

项目亮点

（1）在以科普为活动主轴的前提下，根据当下热点进行每年主题的更新。

（2）以大学生为依托，将大学生培养为公益的火种，依靠大家的力量去感染更多的人投身到公益行动中。

（3）借助明星的力量进行传播，e 创明星公益大使带头一起做公益，鼓励社会大众进行关注与帮扶。

（4）打造社会化事件，通过企业行为，引导社会更加关注留守儿童。

（5）打造公益主题曲《别无他求》，将公益理念和行动融入歌词，通过互联网进行传播，加深公众对公益的关注。

亲历者说 郑威　华硕电脑中国业务总部副总经理兼新闻发言人

通过本次活动，我们给更多边远地区送去了科技的关爱，为缩短城乡数字鸿沟贡献力量。同时，通过丰富多彩的公益实践，激发当代大学生建设家乡的热情，把全面建成小康社会的强烈愿望转化为青年人做事、创业的澎湃激情，以行动带给祖国更好的未来。不仅如此，我们更希望本次活动能够成为一个有感召力的公益平台——接引、聚集更多有公益心的年轻力量，协同有价值的公益项目，帮助到更多群体，用有温度的科技共赢。华硕是一家全球性的企业，把社会责任视为企业永远追寻的目标，我们携手大学生志愿者，在各地开展公益实践，在回报社会的道路上不断前行，希望更多的人获得帮助，也让公益理念传播到越来越多的年轻人心中，让我们的社会变得更好。

作为一个有着高度社会责任感的科技企业，华硕一直秉承“创新与责任并重，科技与爱心同行”的理念，将自身发展与社会发展相容。从“Green ASUS”（绿色华硕）战略的制定与践行，到华硕大学生科普志愿者行动、“华硕科普图书室”、“爱梦想做自己”等公益活动，再到援助灾民、积极助力奥运会，传播正能量等爱心活动，华硕对于社会公益的热忱从未间断。20 年坚持不懈的付出，让华硕在保持自身良好发展的同时，也为更多人带来不可思议的美好蜕变。

案例点评

点评专家：张桔洲　爱创营销与传播创始人

企业社会责任，贵在坚持。

我看到的是这样一组数字：自 2009 年起，华硕 e 创志愿者行动，培养了 3.5 万多名大学生志愿者，深入全国 31 个省、自治区、直辖市的 5000 余个村镇、社区，完成 3.3 万余场 IT 科普讲座，惠及群众 400 万人，影响人数超过 6300 万人。

2018 年，志愿者招募与培训、志愿者返乡实践、暑期 e 创公益营、e 创计划大赛、留守儿童进城与父母团聚、e 创志愿者主题歌、e 创表彰七个环节，环环相扣，构思精巧。

华硕是全球化的 IT 品牌，也是一个有着高度社会责任感的企业。在践行公益实践的过程中，华硕找到用科技弥合城乡数字鸿沟的点，并且深入下去，坚持 10 年。

华硕不仅用心弥合城乡数字鸿沟，通过招募在校大学生志愿者，将社会责任意识，植根于志愿者心中，更通过新媒体传播手段，让更多的人关注到城乡之间的数字鸿沟距离。

当然，在校大学生群体，也是华硕非常重要的现实及潜在客户群体，华硕通过本次活动，也提高了品牌知名度。

社会公益活动要不计回报，更贵在坚持。希望华硕 e 创志愿者活动，至少再坚持 10 年。

你的行动，中国的未来。

美林 20 周年儿童安全用药中国行

执行时间： 2018 年 5 月—2018 年 7 月

企业名称： 上海强生制药有限公司

品牌名称： 美林

代理公司： 北京福莱希乐国际传播咨询有限公司

获奖类别： 金旗奖——2018 最具公众影响力企业社会责任大奖

项目概述

用药安全事关每一个孩子和家庭的未来，关乎一个国家和民族的发展。自进入中国，美林已为我国数百万儿科患者提供服务。2018 年适逢美林品牌服务中国 20 周年，由美林倡导发起美林 20 周年儿童安全用药中国行公益活动，通过与各方的通力协作，继续推进中国儿童安全用药的进程，切实为提高中国儿童整体健康发展水平、振兴中华民族承担一份责任。这一里程碑事件为美林提供了绝佳机遇，以展现其对中国婴幼儿健康的承诺，并夯实其在倡导儿童用药安全方面的领导地位。

项目调研

据世界卫生组织此前发布的数据，中毒是世界 1～15 岁儿童主要致死原因之一[①]。我国每年 0～14 岁儿童因伤害死亡的第四大原因就是中毒，而每 5 名中毒儿

① 《世界卫生组织（WHO）全球疾病负担研究》，2002 年，第 5 版。

童中，有2名是药物中毒。在每5名药物中毒儿童中，有4名是误服所致[①]。儿童不合理用药、用药错误造成的药物性损害严重。儿童是国家的希望和未来，安全用药问题更是不容小觑。在国内现有的3 500多个药品制剂品种中，婴幼儿专用的只有60种，仅占1.7%[②]。在这一组堪忧的数据背后，是我国2.26亿[③]儿童及其护理者亟待满足的医疗需求。

家长忽视儿童安全用药，以及科学用药知识的缺失是影响儿童安全用药的一大因素。美林洞悉这一现状，联合各方合作伙伴，展开针对中国儿童用药安全的教育工作，提高护理者安全用药的意识，普及科学用药知识，提高安全用药水平，确保中国的家长安心守护儿童健康成长。专家也指出促进儿童用药安全事业的发展，是一个关乎儿童健康以及国家未来的重大议题，是政府、企业、医院及家庭共同的责任和义务。

项目策划

1. 目标及目标受众

本次活动旨在联合各方优质资源和平台、集跨行业之力对中国儿童用药安全问题进行有益探索，帮助中国家庭树立科学用药理念，避免错误用药对儿童造成伤害。

2. 公共传播策略

恰逢服务中国20周年之际，美林发起一项旨在提高儿童安全用药重要性的公益活动，引发公众的关注并巩固品牌的地位。美林召集业界不同领域的相关利益方及意见领袖，在儿童用药安全这一问题上进行探讨，达成更广泛的共识，并发布《儿童就医及用药指南》，作为共同倡议及相关媒体活动的基础。

3. 媒体计划

（1）召集专家：在2018年5月11日的启动活动上，美林召集一批来自健

①② 全球儿童安全组织《儿童用药安全现状报告》，2017年。

③ 2015年中华人民共和国统计局和联合国儿童基金会对全国1%人口抽样调查结果显示，0～14岁儿童人口数量为2.26亿。

康行业的专家及意见领袖，就中国儿童的药物安全问题达成了更广泛的共识。与会人员来自中国医药教育协会（CMEA），太平洋亲子网（专注于育儿的网站）和中国儿童少年基金会（CCTF）。

（2）作为此次公益行动的一部分，美林携手合作伙伴共同发布《儿童就医及用药指南》，将关于儿童用药安全问题的相关传播内容进行文字落实，以便更好地向消费者传播，达到良好扩散效果。

项目执行

（1）发布指南。西安杨森制药有限公司（简称：西安杨森）总裁、上海强生制药有限公司企业负责人致辞，展示了对中国儿童和护理人员的承诺与责任。与会的逾百名健康行业专家、医生代表、妈妈代表、合作伙伴、行业媒体代表在活动现场共同见证了《儿童就医及用药指南》的发布。作为此次公益活动的一部分，美林品牌携手太平洋亲子网举行“小橙堡健康守护行动”，联合中国儿童少年基金会少年公益学院、中国医药教育协会共同发布《儿童就医及用药指南》。

（2）专业解读。北京市医管局“药物治疗管理培训”受聘讲师、药剂师冀连梅和上海交通大学附属儿童医院儿科副主任、儿科基地教学主任郭桂梅分享了他们对于《儿童就医及用药指南》的专业解读。

（3）互动交流。现场邀请了一位妈妈代表参加，并与两位医学健康专家就日常生活中的常见问题进行了互动与交流。

（4）主题表演。以儿童药物安全为主题的儿歌表演收尾。

美林与合作伙伴共同发布《儿童就医及用药指南》

医学专家、妈妈代表对《儿童就医及用药指南》进行解读

以儿童药物安全为主题的儿歌表演

项目评估

（1）活动吸引了约 100 名参与者，包括西安杨森的高管和员工、美林的合作伙伴、KOL（关键意见领袖）、医疗健康行业的专家与记者。

（2）40 家主流媒体参加了活动，涉及领域有视频类、大众类、生活类、育儿类。媒体参与者包括《北京晚报》、《经济日报》、《中国日报》、《环球时报》、搜狐网、新浪网等。

（3）截至 2018 年 7 月 2 日，活动共产生 167 条报道，包括 42 条原创和 125 条转发。众多媒体发布报道，如《北京晨报》、环球网、新浪网、母婴行业观察网、优酷网等。

（4）作为公益计划的一部分，多方合作伙伴还将走进社区、幼儿园和学校进行科普教育，并免费发放《儿童就医及用药指南》。与此同时，合作伙伴将开展线上教育，邀请专家通过直播问答形式深度解析《儿童就医及用药指南》，将儿童科学用药理念以更为便捷的方式传递给消费者。

（5）美林将联合药店渠道合作伙伴，开展药店相关人员儿童用药安全教育，组织学习《儿童就医及用药指南》，在销售渠道中把好关，把防线前移到购药端。

项目亮点

（1）独特的合作方式：选择公共事务部门进行合作，增强传播内容的影响力。

（2）专业的知识推广：发布《儿童就医及用药指南》并请专家解读，为消费者普及专业知识，赢得更多信任，巩固企业形象。

（3）丰富的活动形式：增加以儿童用药安全为主题的表演，提升活动趣味性且不失专业性。

（4）针对性的采访：活动后安排媒体独家采访，采访了西安杨森相关负责人、美林全国重要药店合作伙伴代表、健康行业的专家。彰显美林对儿童用药安全的承诺。

亲历者说 刘石 北京福莱希乐国际传播咨询有限公司高级副总裁

我和我的团队十分荣幸能和美林一起为中国儿童进一步构建健康成长的环境贡献一己之力。作为儿童退烧药行业的品牌，美林以做好产品为己任，更承担起了品牌的社会责任。儿童是国家的未来，儿童健康成长关系一个国家的健康发展，虽然现在儿童成长的环境已经好于过往，但一些家长在儿童用药安全上仍缺乏完备系统的科学知识。此次，在美林进入中国市场 20 周年之际，美林联合合作伙伴共同打造《儿童就医及用药指南》，为家长带了一套系统科学的儿童用药指南，用科学的力量武装家长，为儿童的健康成长保驾护航。

案例点评

点评专家：于剑　雅诗兰黛政府事务总监

儿童是国家的希望和未来，安全用药问题不容小觑。由于缺乏足够的医疗常识，孩子一发烧，很多家长就给孩子用抗生素，打点滴，事实上，给儿童滥用抗生素有很多的潜在风险。当然，儿童用药风险不仅仅在于这些，很多家长在儿童护理方面的知识也非常匮乏。

这些问题的出现，一个重要原因就是家长没有足够的信息平台获取医疗常识。如何提升儿童的用药安全，的确是一个需要关注的热点。美林准确地抓住了这个热点问题，举办一系列儿童安全用药的活动，具有非常积极的意义。

做此类企业社会责任推广活动，一定要让效果最大化，而不是流于形式。所以，在开展类似宣传活动的时候，一定要考虑全面，除了找几家媒体做报道，找几个医生现场讲几句外，应该邀请行业的专家共同参与。同时，要让更多的家长有平台方便获取这方面的知识。

如果通过此项活动，我们的医疗行业变得更加规范，这类活动的举办就更加有意义了。

7 豪洛捷“女性两癌精准筛查”整合传播项目

执行时间：2017 年 7 月—2018 年 8 月

企业名称：豪洛捷医疗科技（北京）有限公司（简称：豪洛捷）

品牌名称：豪洛捷医疗 (HOLOGIC)

代理公司：北京凯莱博尔公关顾问有限公司

获奖类别：金旗奖——2018 最具公众影响力企业社会责任大奖

项目概述

乳腺癌、宫颈癌（“两癌”）是威胁我国女性健康和生命的两大“杀手”。作为专注女性健康，尤其是“两癌”筛查领域的行业领导者之一，豪洛捷一直将提升女性“两癌”筛查意识和行动力、帮助降低“两癌”死亡率视为自己的使命。找准“多数女性不了解‘两癌’筛查，不知如何筛查”这一痛点，豪洛捷在 2017—2018 年开展豪洛捷“女性两癌精准筛查”整合传播项目，帮助女性掌握远离“两癌”威胁的科学方法。

结合自身在“两癌”筛查领域的优势和经验，豪洛捷携手业内学术和公益机构、专家等合作伙伴，按照“提出问题—回答问题—给出方案（礼物）”的思路，完成了以豪洛捷“中国女性两癌精准筛查调研项目”、豪洛捷三八妇女节女性“两癌”免费筛查公益活动、豪洛捷携手和睦家为女性带来“两癌精准筛查”解决方案为主的传播项目。逐步引发女性对“两癌”筛查的关注，生动普及“两癌精准筛查”健康知识，提供触手可及的解决方案，传递“精准让生命更自信”“两癌精准筛查是女性的礼物”的理念，把“两癌”筛查从

疾病防治的概念转化、升华为一种时尚生活的方式或理念，引领女性健康管理的风尚。

在提升女性健康意识和行动力的同时，豪洛捷也持续助力行业人才培养，积极参与支持国家 2017 年农村妇女“两癌”筛查项目，全方位为“两癌”防治事业做出贡献。

项目调研

目前，中国“两癌”发病率高且呈现年轻化的趋势。企业通过整理汇总国家权威机构报告、主流搜索引擎关键词搜索指数、主流医疗及大众健康论坛的典型问答、热帖数据，结合自主发起的针对北上广适龄女性的定向问卷，以及业内专家的咨询意见，进行了项目必要性和可行性调研，具体情况如下。

（1）疾病背景：乳腺癌和宫颈癌在中国发病率、死亡率居高不下，防治水平亟待提升。

目前，中国“两癌”防治形势严峻。乳腺癌每年确诊人数近 30 万人，超过 7 万名女性因此失去生命，发病率每年以 1%～4% 的速度递增，高居女性癌症发病率之首；宫颈癌每年新发病例超过 13.2 万例，占世界宫颈癌新发病例总数的 28%，每年有 5 万余名女性死于宫颈癌，即每 15 分钟就有 1 位女性死于宫颈癌。[①] 随着生活节奏加快，生活压力增大，“两癌”发病率更是呈现增长和年轻化的趋势。相比国际先进水平，我国“两癌”防治事业，尤其是早期筛查工作亟待加强。

（2）社会背景：中国女性存在“两癌”知识层面的欠缺和社会观念层面的误区。

中国女性对“两癌”了解有限，部分女性仅听说过“两癌”，但不了解“两癌”的早期症状，没有意识到筛查的重要性，也不了解什么是科学有效的筛查和预防方法。此外，一些舆论压力及观念上的误区，让很多女性对筛查“望

① 《中国宫颈癌每年 13.2 万新发病例　占世界总数 28%》，http://world.people.com.cn/n/2014/0403/c1002-24818884.html，2014-04-03。

而却步”。

（3）政策背景：国家高度重视针对妇女“两癌”的早筛早诊早治。

早筛查、早发现、早治疗不仅可以提高女性的健康水平，而且可以节约重大疾病支出，让亿万女性真正得实惠、普受惠、常受惠。长期以来，政府高度重视女性健康尤其是“两癌”防控工作。2009年，卫生部、财政部、全国妇联共同推动实施了农村妇女“两癌”筛查项目并不断扩大覆盖面。《“健康中国2030”规划纲要》中也指出要突出解决好妇女儿童等重点人群的健康问题。《中国癌症防治三年行动计划（2015—2017年）》中也提出加强科普宣传，提高全民防癌意识，充分发挥传统媒体和新媒体作用，普及健康生活方式。

（4）项目可行性评估：在国家有支持、女性有需要、企业有能力的情况下，豪洛捷希望凭借在“两癌精准筛查”方面的技术创新优势及长期积淀，提升中国女性“两癌精准筛查”的意识和行动力，帮助降低死亡率，助力健康中国。

作为能同时提供“两癌精准筛查”解决方案、对中国健康需求有深刻理解和洞察的医疗企业，豪洛捷希望帮助中国女性消除对早筛的误解，树立科学健康管理理念，鼓励女性主动接受“两癌精准筛查”。

项目策划

1. 目标受众

大众：需要进行“两癌”筛查的适龄女性。

行业人士：妇科、乳腺外科、影像科、病理科等相关医护人员，医院、机构等合作方。

2. 项目目标

普及“两癌精准筛查”知识，提升女性对“两癌精准筛查”的认知与重视程度，鼓励更多女性主动接受“两癌精准筛查”。

传递“精准让生命更自信”的健康管理理念和精神，引领“科学精准早筛观”和“健康管理”“女性自信”的风尚。

3. 传播内容

“两癌”高发，女性筛查行动力亟待提升：乳腺癌、宫颈癌是威胁女性健康的两大疾病，事实上，“两癌”完全可以通过早期的精准筛查及时发现，规范治疗后治愈率较高，这无疑是女性天然独有的防癌武器和健康之礼。

“两癌”筛查需三精准：精准手段，精准频次，精准结果。宫颈癌筛查时建议定期接受“TCT（新柏氏液基细胞学检测）+Aptima HPV（人乳头瘤病毒）”联合筛查，乳腺癌筛查时建议定期接受乳腺 X 线（俗称：钼靶）检查，致密型乳腺可结合 B 超（B 型超声诊断）。

“两癌精准筛查”是女性的礼物：“两癌精准筛查”是有效且方便的预防手段，不仅是健康层面的保障，更是一种掌控自身健康的自律和智慧、对自己和家人的关爱、高品质的生活方式。

4. 策略

一个追问——为更好地了解中国女性“两癌”筛查认知和行动现状，从而找出误区，“对症下药”，针对性地采取行动提升女性健康意识，豪洛捷联合权威学术机构清华大学健康传播研究所进行全国性调研，揭示中国女性筛查现状，引发关注及反思。

一场行动——针对女性朋友存在的关于“两癌精准筛查”的误区和盲区，如何补上“两癌精准筛查”这堂课？豪洛捷充当“爱的翻译”，以生动的创意方式普及筛查知识，并抓住“三八妇女节”这样的特殊节点采取行动，扩大关注度。

一份礼物——将“两癌精准筛查”的医学概念比作“礼物”这样具象温馨的概念。豪洛捷携手和睦家合作落地“两癌精准筛查”解决方案，提升女性的接受度，鼓励女性主动追求健康管理和“两癌精准筛查”。

5. 媒体选择

覆盖核心主流媒体：树立权威性，确立项目高度和影响广度。

社交媒体传播：针对目标受众女性群体，选取社交媒体中女性健康及生活类的热门账号，将“两癌”防治的知识信息植入有趣的社交话题中，优化传播效果。

《女性宫颈癌、乳腺癌（“两癌”）精准筛查意识及行动现状调研报告》发布会

项目执行

1. 豪洛捷“中国女性两癌精准筛查调研项目”

2017 年 10 月乳腺癌关注月，豪洛捷携手清华大学健康传播研究所启动中国女性“两癌精准筛查”意识及行动调研，覆盖北京、上海、广州、成都、杭州等地的 1107 名女性。

2017 年 12 月，双方联名发布《女性宫颈癌、乳腺癌（“两癌”）精准筛查意识及行动现状调研报告》，清华大学健康传播研究所代表，乳腺癌、宫颈癌、流行病学等的相关权威专家出席并讲解调研报告及“两癌”防治现状。

豪洛捷与新浪微博合作，建立“两癌筛查需三精准”专属话题页面，联合医疗科普专家、大 V（微博上有众多“粉丝”的用户）传递筛查知识。豪洛捷还特设“两癌精准筛查”问答邮箱 WomenCare@hologic.com.cn，方便女性进一步获取“两癌精准筛查”的相关信息。

2. 豪洛捷“三八妇女节”女性“两癌”免费筛查公益活动

2018 年“三八妇女节”，豪洛捷连续第 13 年与中国癌症基金会合作，参与“为了姐妹们的健康与幸福”大型公益活动，为全国 2000 名女性免费提供 TCT

和 HPV 检测，活动覆盖全国 20 余家医院。

豪洛捷正式发布《女性健康“守”册——“两癌”精准筛查攻略》，以生动精美的原创漫画、分年龄段定制女性筛查建议的创意形式传递“两癌”科普信息。

与多家医院联合展开“两癌”义诊、派发健康手册、专家科普讲座等多样化的落地活动。

三八妇女节“为了姐妹们的健康与幸福”公益活动

3. 豪洛捷携手和睦家为女性带来“两癌精准筛查”解决方案

豪洛捷携手高端医疗服务品牌和睦家共同推出“豪洛捷两癌精准筛查”套餐，提升“两癌精准筛查”可及性，帮助更多女性更为便捷地享受安全和人性化的医疗服务。

豪洛捷提出“两癌精准筛查是女性的礼物”倡导，邀请“两癌”专家、女性生活方式精英代表对话、共同发声，将筛查这一医疗概念以形象化、情感化的方式展现给女性，引领健康生活方式。

4. 豪洛捷积极参与支持国家 2017 年农村妇女“两癌”筛查项目

豪洛捷积极参与农村地区宫颈癌监测试点项目并支持项目第二周期启动会

豪洛捷携全线产品参展中国国际医疗器械（春季）博览会

暨项目管理培训班。监测地区 9 省、10 地市、12 县（区）的代表接受“质量安全管理”及项目培训，助力全国宫颈癌检查水平的提高。

5. 豪洛捷全线亮相中国国际医疗器械（春季）博览会

豪洛捷全面展示包括乳腺癌、宫颈癌筛查在内的女性健康创新解决方案。

6. 豪洛捷行业人才培养公益行动

豪洛捷携手专业学会持续开展“宸光计划”，以乳腺实战阅片培训和乳腺影像专家临床经验学术演讲的丰富形式，培养影像人才。携手专业学会开展“新 · 镜”宫颈癌诊疗论坛及细胞学规范化培训班，培养病理人才。

项目评估

1. 豪洛捷“中国女性两癌精准筛查调研项目”

现场效果：专家细致解读调研报告；12 家主流媒体与嘉宾热烈问答互动并通过专访、参观豪洛捷创新筛查设备，加深了对“两癌精准筛查”的直观认识。

媒体统计：腾讯健康、凤凰健康、生物谷、《健康时报》、《参考消息》、

《中国妇女报》等 12 家媒体针对新闻进行持续 2 周的报道。# 两癌筛查需三精准 # 话题传播超过 200 万次。网上整体传播量达到 3000 万人次。

受众及市场反应：媒体纷纷表示期待更多“原创研究 + 专家科普 + 设备技术”展示；医疗从业者、垂直患者及公益社区在内的各圈层自发转发豪洛捷医疗官方微信微博，并在各自平台上热烈讨论。

2. 豪洛捷三八妇女节女性“两癌”免费筛查公益活动

现场效果：参与活动的女性表示口袋书形式创新，内容实用有趣、通俗易懂；现场媒体在专家带领讲解下走进筛查室，加深了对筛查手段的了解，用镜头向大众普及了“两癌精准筛查”的过程和重要性。

媒体统计：腾讯健康、凤凰健康、39 健康网、《福建日报》等 21 家主流传统媒体进行了报道。合作女性精英代表“Glassrose”，医生代表“协和谭先杰”“邹世恩”，多角度普及“两癌精准筛查”知识。

3. 豪洛捷携手和睦家为女性带来“两癌精准筛查”解决方案

现场效果：中国疾病预防控制中心妇幼保健中心、中国妇女发展基金会白衣天使基金项目办、中国 SOS 儿童村协会办公室等机构代表出席支持，“两癌”专家与女性健康和生活类媒体共同参与。

媒体统计：人民网、腾讯健康、《中国日报》、《VOGUE 服饰与美容》等十几家主流、健康、时尚媒体报道；合作女性精英代表“曾焱冰”等，亲子领域意见领袖“暖暖妈”等，从女性健康生活方式、对待体检和“两癌”筛查的态度、“两癌精准筛查”普及教育等话题科普知识，传播信息。

受众及市场反应：微信、微博平台大量“粉丝”积极留言反馈，和睦家线上套餐预定多人咨询；专家及媒体高度评价创意形式带来的有效反馈。

4. 豪洛捷全线亮相中国国际医疗器械（春季）博览会

现场效果：中国医学装备协会、中华医学会妇产科学分会等的业内专家莅临参观，给出高度评价；前来参观、咨询豪洛捷的人络绎不绝。

媒体统计：腾讯健康、生物谷、科讯医疗网、39 健康、丁香园、《中国医药报》、《生命时报》等十几家媒体发布报道及专访文章。

5. 豪洛捷行业人才培养公益行动

“宸光计划”已经走过数十个城市，超过 3000 名医生受益；“新 · 镜”宫颈癌诊疗论坛及细胞学规范化培训班，培养超过2000名病理人才。行动收到来自专家、合作学会医院、医生的高度评价。

项目亮点

多年来守护女性健康并专注“两癌精准筛查”领域的豪洛捷，充分发挥创新医疗技术公司的行业优势，与业内学术机构、医疗机构及专家携手，找准女性痛点，共同通过调研、媒体和意见领袖宣传、企业社会责任活动，以及逐步与国内医疗机构携手，将“两癌精准筛查”知识和医疗服务切实带到更多女性身边等方式，响应政府号召，提升中国女性“两癌”防治水平，引领中国女性健康生活方式。

豪洛捷利用社交媒体进行跨界宣传，将“两癌”的疾病预防知识信息植入有趣的社交话题中，最终在目标受众之中取得了良好的宣传效果，让疾病预防知识不局限于患者教育，而是把“两癌精准筛查”打造成为全新的女性生活方式，有效提高了大众对“两癌精准筛查”“两癌”防治的认知，达到了目标。

亲历者说 张禹 凯莱博尔公关顾问有限公司总经理、豪洛捷“女性两癌精准筛查”整合传播项目主管

豪洛捷作为提出并打造“两癌精准筛查”解决方案的行业先行者，以创新之力为女性带来好的筛查方法。我团队与豪洛捷团队紧密合作，一直思索一个重要的问题：如何让更多女性了解并真正主动接受“两癌精准筛查”？

2017年，在保持与顶级协会合作进行公益医生教育的同时，豪洛捷提出“两癌精准筛查”健康理念，在“提出问题—回答问题—给出方案（礼物）”三步走的主线思路中，分别找到了精准、适宜的合作伙伴和适宜的传播手段，从而达到更好的传播效果。

结合清华大学健康传播研究所的学术实力共同发布《女性宫颈癌、乳腺癌（“两癌”）精准筛查意识及行动现状调研报告》，增加研究高度和公信力，引发社会热议；持续多年携手中国癌症基金会，以公益活动切实帮助女性受

惠于“两癌精准筛查”，提升社会影响力；分年龄段定制的生动有趣的攻略，帮助女性按图索骥，找到适合自己的筛查及健康管理方法；与和睦家强强联合，通过组织女性生活方式意见领袖与专家同台讨论，将“两癌精准筛查”变为现代女性时尚健康的生活方式与潮流话题。我们有幸见证并参与了一个医疗品牌在逐步深入影响着大众，将“两癌精准筛查”解决方案这份礼物和健康管理知识带到每一位女性身边，助力健康中国战略的过程。

案例点评

点评专家：吴伟农　艾尔建中国企业事务部总经理

提升女性对乳腺癌与宫颈癌早筛的认知度是一场没有终点也没有喘息的行动，尽管近年来多家制药和医疗企业发起过一个又一个宣传教育活动，后来者仍然不能轻松地假设社会已经对“两癌”有较高的认知度。豪洛捷在这一项目中，与其公关顾问公司应用传统的调研方法，用数据来支撑女性“两癌”公关宣传活动，体现了一种极为负责的传播态度。

公关宣传的目标从认知提升逐渐深化到行为改变，而可靠的数据是确定好的公关传播要点的基础以及引起媒体讨论话题的动力。豪洛捷与专业机构联合发布调研报告，更为话题传播增添了权威性。依托这样的内容基础，公关宣传必然具有生命力，再加上多平台的传播，如媒体人对话、展会等，可以放大声量、延伸影响，取得良好的教育和影响效果。

7 金领冠520母乳日"金色母爱 $3m^2$"

执行时间： 2018年5月14日—2018年6月

企业名称： 内蒙古伊利实业集团股份有限公司金山分公司

品牌名称： 金领冠

代理公司： 北京朗知网络传媒科技股份有限公司

获奖类别： 金旗奖——2018最具公众影响力企业社会责任大奖

项目概述

金领冠是伊利旗下婴幼儿配方奶粉品牌，拥有17年母乳研究历史，是积极的母乳喂养倡导者，获得"中国母乳研究杰出贡献奖"和"中外母乳研究杰出贡献奖"的荣誉。尽管金领冠是母乳替代品，但倡导母乳喂养是金领冠出于社会责任的考量，因此2018年，在全国母乳喂养宣传日，金领冠联合百家企业共同倡导建立"金色母爱 $3m^2$"母婴室。目前，我国母婴室普及率不高，让哺乳期女性常常在工作场所面临尴尬局面，这样的倡议得到了妈妈群体一致认可。

项目调研

背奶妈妈是职场中出现的新群体。面对工作和家庭的双重压力，她们需要每天在公司里给孩子备乳，然而我国大部分企业并没有相应的场所和设施来供她们使用。同时，5月20日是国家卫生部规定的全国母乳喂养宣传日。通过洞

察人群困境，金领冠携手百家企业，共同打造了一场为背奶妈妈响亮发声的公益传播活动，发出“金色母爱 3m²”倡导，呼吁社会和企业建立更多的母婴室，关注和尊重背奶妈妈群体，守护“喂”爱坚持的她们！

项目策划

1. 目标

2018 年，金领冠重新梳理品牌资产，响应《国际母乳代用品销售守则》，提出品牌主张——金领冠，倡导母乳喂养，这对营销提出了一个挑战：将“支持母乳喂养”与“婴幼儿奶粉”有机结合起来，并建立消费联结。

在 5 月 20 日全国母乳喂养宣传日，提高品牌声量，凸显品牌承担的社会责任，并将婴幼儿奶粉也可以支持母乳喂养这个概念落地。

2. 策略

三端联动，品牌端——用行动倡导母乳喂养；公益端——母婴包入驻企业母婴室；销售端——孕妇关怀项目走进企业，提供专属购买折扣。

3. 受众

背奶妈妈。

4. 传播内容

项目核心内容及传播内容如下表所示。

不同阶段的核心内容及传播内容

传播阶段	蓄势期（2018 年 5 月 14 日—2018 年 5 月 15 日）	爆发期（2018 年 5 月 16 日—2018 年 5 月 20 日）	延续期（2018 年 5 月 21 日—2018 年 6 月）
核心内容	职场背奶妈妈到底有多难？小小 3m² 可以大有作为	# 金色母爱 3m²#《同事姐姐总是鬼鬼祟祟》《背奶妈妈的一天》	倡导母乳喂养，金领冠来真的 走进企业，“宝宝，吃对了吗？”

续表

传播阶段	蓄势期 （2018年5月14日—2018年5月15日）	爆发期 （2018年5月16日—2018年5月20日）	延续期 （2018年5月21日—2018年6月）
传播内容	·梨视频、《中国新闻周刊》、《新京报》在微博上发布街采视频，引发讨论 ·金领冠提出 $3m^2$ 可以大有作为 ·金领冠发出“金色母爱 $3m^2$”母婴室倡导海报 ·微信 KOL 发布背奶妈妈文章	百余家机构联合积极互动；董子健发声支持；暖心视频引发母乳喂养大讨论，剧情 H5 及朋友圈落地页投放；权威媒体《人民日报》双微发布；KOL 多样化讲述背奶妈妈；PR 稿占位 + 深度解读	案例包装，营销类 KOL 发文；走进各大企业进行妈妈班讲座；开发爱儿俱乐部新会员

5. 媒介策略

媒体有策略性选择，让投放效果放大再放大。

社会性话题——梨视频；事件定调——《人民日报》；声量扩散——《新京报》《三联生活周刊》；情绪渲染——粥悦悦；案例深度解读——孔二老师。有针对性选择媒体，让内容发挥更大的作用，获得受众更强烈和深刻的反响。

项目执行

2018 年 5 月 14 日，梨视频、《中国新闻周刊》和《新京报》发布街采视频，邀请职场妈妈进行街头采访，浅谈背奶妈妈和母婴室，为话题预热。截至发稿前，街采视频播放量突破 470 万人次。

观看链接：https://v.qq.com/x/page/z06518afx7a.html。

2018 年 5 月 15 日，金领冠在微信朋友圈精准投放剧情式 H5《同事姐姐总是鬼鬼祟祟》。

分析“85 后”及“90 后”年轻妈妈的触媒习惯和阅读偏向，采用动漫搞笑的风格，加入悬疑元素，吸引用户点击进入。加入互动环节，类似网易睡姿大比拼，完成二次传播。

2018 年 5 月 18 日，《人民日报》官方微博发布暖心视频，发声支持“金色

剧情式 H5

母爱 3m²"，将背奶妈妈话题推向高潮，引发大讨论。之后澎湃新闻、《三联生活周刊》、《Vista 看天下》相继助力，扩大传播面及影响力。

观看链接：https://v.qq.com/x/page/a0660a7x2p6.html。

项目评估

从总体结果来看，金领冠不仅使背奶妈妈这个群体走进公众视线，也实际推动了企业内母婴室的建立，同时提高了金领冠的品牌美誉度以及公众的好感度。在微博上相关内容获得了超过 5100 万次的阅读量，106 家蓝 V（机构认证）企业积极互动；职场妈妈街采视频以及暖心催泪视频的发布，引发母乳喂养大讨论以及背奶妈妈的心酸历程，将传播活动推向高潮；微信朋友圈广告以及微博卡片广告的精准投放，获得超高互动点击率以及二次曝光量。

项目亮点

1. 创新营销，百余家企业联动抢占高地

（1）调研母婴室影响人群，聚焦背奶妈妈。

从策划前期，就将目光锁定在母婴室影响人群之一——背奶妈妈，而非所有哺乳期女性，因此人群痛点更加聚焦，最终帮助金领冠以精准犀利的人群洞察和活动第一发起者姿态获益。

（2）击穿痛点，锁定目标人群基础需求。

“金色母爱 $3m^2$” 参与门槛极低，$3m^2$ 是一个让人没有太大压力的付出值，让这件事成为人人可参与、人人可献出一份力的公益小事，而这 $3m^2$ 对于背奶人群来讲，却成为尊严的保有地，母婴包实际助推母婴室建立，解决痛点成为这次推广成功的重要因素之一。

（3）定制化沟通，多角度突出本次活动主旨。

106 家蓝 V 企业分为核心、重点两部分进行推广，核心企业定制海报，重点企业使用统一模板。利用两轨式发布发挥不同企业作用，多角度呈现活动主旨。

2. 情感营销，深入人心达到自传播效果

（1）素人本色出演，真实经历造就真实街采视频。

在街采视频中选择真实妈妈进行对话，让讲述更加娓娓道来，直击人心。深刻刻画背奶话题在这个群体中的普遍性和冲突性，预先将话题推向舆论高潮。

（2）从背奶妈妈的日常生活入手，打通消费者情感链接。

《背奶妈妈的一天》视频从一名职场背奶妈妈平凡的一天入手，却刺痛消费者心房，很多网友评论“一个广告，却看哭了”。

3. 精细营销，优质创意投放高效转化

利用“剧情式 + 游戏互动”提高朋友圈投放转化率，H5 播放完成人数超过 430 万人。

亲历者说　王晓朦　北京朗知网络传媒科技股份有限公司客户总监

在各家竞品抢占的 520 母乳日，如何突出重围，在消费者心目中打造属于金领冠的母乳日，是本项目最大的思考和挑战；如何长期延续品牌影响，形成品牌价值，也是一个思考点。基于以上两个方向，对本项目复盘，成功之处如下。

（1）品牌价值：通过百余家蓝 V 联动，相关微博获得 6300 万次曝光，金领冠在各行业树立发起者的姿态，在坚持母乳喂养、关怀消费者层面树立领先

的品牌形象，也为未来品牌推广提供新思路。

（2）产品价值：通过不同维度对背奶妈妈群体的解读，引发网友的激烈讨论，该话题大大调动网友参与感，开启母乳喂养大讨论，成功为金领冠抢夺话题热度，并在微博形成话题的自传播。

（3）资源价值：积累下包括喜马拉雅、秒拍、梨视频、乐蜂网、芒果 TV、京东母婴、苏宁等 106 家国内大中小企业蓝 V 资源；妈妈班讲座带来目标用户资源。

案例点评

点评专家：郑威　华硕电脑中国业务总部副总经理兼新闻发言人

金领冠 520 母乳日“金色母爱 $3m^2$”精准洞察到背奶妈妈的痛点，将职场妈妈增多与企业和公共场所中母婴室严重不足的矛盾，在 5 月 20 日全国母乳喂养宣传日抛出，问题精准，时间恰当，产品关联性强，不仅快速拉近了品牌与广大受众的距离，更直接建立了品牌和精准用户长期沟通场景，为品牌事件上升为社会热点打好了基础。

问题找得好，也解得好，金领冠用很小的成本撬动了大量的资源。“金色母爱 $3m^2$”母婴室是容易实现的解决方案，一次性无压力的投入即可实现企业、员工、品牌三赢。项目的传播也很有章法，从引发问题讨论到提供解决方案，官媒认可与百余家蓝 V 声援，快速建立了事件的高度与规模，让社会上有更多声音关注、支持背奶妈妈，为金领冠累积了正面的品牌资产，同时实现了从线上声量扩散到线下精准用户的覆盖与价值转换。

金领冠 520 母乳日“金色母爱 $3m^2$”是个很好的项目，建议持续做下去，经年累月，一定会对国内企业及公共场所中母婴室的普及起到正面的推进作用。

《易居乐农，我们在行动》精准扶贫

执行时间：2017 年 11 月—2018 年 6 月

企业名称：上海太德励拓互联网科技股份有限公司

品牌名称：易居乐农

获奖类别：金旗奖——2018 最具公众影响力企业社会责任大奖

项目概述

公益纪实节目《易居乐农，我们在行动》是由易居企业（中国）集团有限公司、东方卫视及新浪微博联合出品，在上海市人民政府合作交流办公室和中国扶贫志愿服务促进会的指导下，由易居乐农总策划、总冠名的以精准扶贫为主题的明星公益纪实节目。

公益纪实节目《易居乐农，我们在行动》每期会有主持人、明星和企业家组成的扶贫小队，在贫困村待上三天两夜，发掘当地特色和致富产品，有效促进各地各界的资源整合，以线上线下双重形式推广当地特色经济作物，帮助特色优质农副产品升级为全国品牌，助力区域经济发展。

节目以良好的带头作用，宣传扶贫模式好举措，营造良好的扶贫舆论氛围，也让更多的贫困户看到脱贫致富的出路。同时，让广大群众加深对精准扶贫的了解，继而带动更多社会企业及个人加入脱贫攻坚的队伍中来，共同打赢打好脱贫攻坚战。

公益纪实节目《易居乐农，我们在行动》宣传海报

项目调研

农业是中国最传统的一个产业，在大多数农村，传统农业生产还是当地人民赖以生存的方式，但受制于天气及市场等的变化，以及务农人员在推广方面非专业，导致收入较低。

中国很多农村和城市居民之间的信息不对称，但现在的百货、零售、菜市场都在变革，移动互联网兴起，相信可以通过努力来打破这种信息的不对称，让贫困地区的好产品通过一定的途径直接跟城市居民产生连接，从田间到餐桌，做到无缝连接。

易居乐农凭借和开发商、物业、社区等的深度合作，以乐农社为平台，打造中国农产品消费流通扶贫的新模式；把 CSA（社区支持农业）的理念在千百万社区里进行推广，让千千万万的居民通过易居乐农接触体验到来自贫困地区的好产品，通过线上下单消费来切实让农民增产增收，持续脱贫致富。

项目策划

跨界创新，打造“媒体 + 精准扶贫”新模式。为打造一档原创的精准扶贫公益节目，易居乐农在策划伊始，对于节目的定位便不止于一档电视节目，而是一项综合的、长期的、实效的扶贫工程。通过《易居乐农，我们在行动》包装出来的扶贫产品，将会有节目合作企业全程跟进项目执行，为贫困县创造稳定的、持续的供销保障。

《易居乐农，我们在行动》首选国家级贫困县，零片酬参与的艺人、媒体人和企业家组成助农团队，由东方卫视制片人、主持人陈蓉带领，分别作为“助农委托人”“名誉村干部”，深入贫困山区、乡间地头和村民各家各户，与村民同吃同住，挖掘开发当地有特色的优质农副产品。节目通过“下乡选品、产品研发、订货会推广、社区推广”四个核心步骤和流程，并通过电视频道、线上渠道、线下资源等全方位的媒体力量，为贫困地区打造特色销售产业链。

项目执行

第一站，陕西省澄城县刘卓村。陈蓉、演员凌潇肃、企业家冯仑、媒体人孙冕组成助农团队，在暴雪天气里走访了当地贫困户，最终确定将 400 年传承的刘卓手工挂面作为扶贫产品，打造“爷爷的面”品牌，在订货会上，因为嘉宾们一系列的营销造势措施，直接为村民们谋得了 4 万斤的销售订单，如果按即有产能，要到 2019 年年中才能完成这 4 万斤的订单。

第二站，云南省新平彝族傣族自治县马鹿寨村。陈蓉、演员钟汉良、演员胡静、企业家钱东奇父子一同体验了当地的沃柑产业，实地采摘与考评，确立了“阿哒的柑”品牌，并由钟汉良手绘了以沃柑为原型的 Q 版（可爱的卡通化版本）插画。在订货会上，助农团队更是一举卖出 165 吨沃柑，销售额达到 520 万元。节目播出之后，马鹿寨村的沃柑 20000 箱全部售罄，强烈提振了沃柑种植基地和当地村民的信心，未来将有更多贫困户参与沃柑产业。

第三站，广西壮族自治区龙胜各族自治县地灵村。陈蓉、演员乔振宇、歌手蔡国庆、企业家朱旭东将当地世代耕种的红糯米作为拳头产品，几经谈判终于说服当地四家合作社合力打造“龙胜胭脂米”品牌，在订货会上帮助当地将滞销的10万斤红糯米订购一空。全村共有231户贫困户，绝大多数都种植了红糯米，滞销的红糯米得以全部售出，帮助他们解决燃眉之急。

第四站，贵州省务川仡佬族苗族自治县。陈蓉、拳击运动员邹市明、演员冉莹颖、演员叶祖新、演员汤晶媚、企业家郁瑞芬组成助农团队，挖掘当地特色灰豆腐果和土蜂蜜。直播连线的订货会吸引了几十家企业踊跃参与，两个小时内总销售额突破200万元。现村内拟建新的灰豆果生产厂及蜂蜜生产合作社，并将新增1000个蜂箱，为村内更多贫困户提供工作岗位。

第五站，河北省丰宁满族自治县十七道沟村。陈蓉、演员王宝强、企业家潘石屹、演员郭碧婷走访后确立推广有潜力的跑山黑猪产业。经过反复沟通，当地猪场负责人终于加入村民合作社。在跑山黑猪旅游文化节上，跑山黑猪肉销售额达到220万元。节目播出后，十七道沟村的贫困户们成立了黑猪养殖合作社，10余户贫困户首批加入了合作社，投身黑猪养殖。

第六站，青海省贵德县达尕羊村。陈蓉带领歌手任贤齐、演员郭晓冬、藏族歌手阿佳组合、企业家孙坚，共同来到海拔3500米左右的达尕羊村，帮助当地打

扶贫助农志愿者朱桢、司雯嘉向社区居民推广产品

助农团队深夜探讨订货会流程

造全新品牌“九牛一牦”。雅克文化节上，来自全国各地的客商一共拍下了435万元的牦牛肉，为节目第一季最后一站订货会画上圆满的句号。

项目评估

利用媒体影响力，传播精准扶贫理念，引发公众积极响应。《易居乐农，我们在行动》13期节目历时三个月，收视率均位列同时段节目类三甲，其中更是有10期获得上星频道同时段电视节目类第一，此外节目口碑也获得了社会各方的一致认可。节目还被评为2018年第一季度广播电视创新创优节目。节目播出期间，东方卫视节目公益宣传片共播出近600条，掀起全民公益的风潮，引发行业内外高度关注，包括人民网、上观新闻、澎湃新闻、《广电时评》、《经济日报》、《解放日报》、《文汇报》、《青年报》、《南方周末》等在内的40多家主流媒体还纷纷发表评论，给予节目高度评价。在网络反馈方面，《易居乐农，我们在行动》豆瓣评分8.4分，微博热门标签#我们在行动#累计有220多万个词条，节目话题总阅读量突破2.3亿次；随着节目的每周播出，百度指数每期涨幅逾

50%；在天涯、豆瓣、知乎等热门社交平台形成多个话题，跟帖评论几乎“零差评”。

此外，参与节目的明星和企业家对节目褒奖有加，不仅选择零片酬加盟，还纷纷慷慨解囊为贫困县设施建设尽心尽力。同时节目也收获了众多社会企业以及普通百姓的帮助，在每站的订货会环节都会有企业和百姓踊跃参与订购，为贫困县村民提供了长期的销路保障。

项目亮点

1. 扶贫先扶志，精准到村、到户、到人，把产业扶贫的思想带到角角落落

《易居乐农，我们在行动》以“滴灌式扶贫”的态度，真正做到了到村、到户、到人，助农团队深入山村，在对外展示贫困地区质朴的风土人情的同时，深入了解当地村民的各种生活，根据不同的致贫原因分类施策，面对面倾听、实打实支着，一次又一次鼓励村民改变现状；同时找出可以帮助他们的方法，透过节目传递回家致富的号召，积极树立产业脱贫的信心。

2. 集合各方资源，统筹协调共同发力，打通产业链条切实推动脱贫致富

公益纪实节目《易居乐农，我们在行动》一边结合当地产业现状，遵循自然规律和市场规律，找出最为适合的产品，群策群力打造品牌，打响口碑；一边通过订货会等方式推动销售，打通线上与线下渠道，帮助“藏在深闺人未识”的独具地方特色的农副产品走出山村，走向全国。

亲历者说 余翀　易居乐农副总经理

《易居乐农，我们在行动》走过六站，也创造了六个“惊叹”。从筹备到拍摄，从乡村到城市，我有幸能参与到这样一项意义深远的项目中去，以第一视角直面全国首档精准扶贫公益纪实节目。

改变群体的力量，来自群体本身。《易居乐农，我们在行动》用一整套可持续的服务体系建立起人人参与的消费扶贫模式，让扶贫捐赠转变为产业可持续发展，使得扶贫更具有现实落地性和可执行性。

这一档节目是我至今为止收获幸福感、成就感最多的节目，同时也是任务最艰巨的一档节目。这样一场前所未有的“公益总动员”，广泛集结政府、企业、明星的力量，激发广大观众和网友的扶贫热情。公益大使放下明星架子为农产品的销售站台吆喝，村民的儿子通过节目的号召返回家中推广家乡品牌、八十多岁的老红军村支书含泪告诉我们“老祖宗留下的红糯米种子不能丢，吃苦耐劳不能丢”……很多细节，至今回忆起来，也是满满感动。

扶贫助农不是闪光灯下的那一瞬间，而是长期的事业。我真真实实地看到了因为这个节目而出现的改变。成非常之事，必用非常之功。希望《易居乐农，我们在行动》成为一个真正的模板，未来具有可复制性，我们愿意用这样的模式来带动中国生活的改变、中国贫困地区的改变，让更多的人加入其中，用这样的方式带动我们整个新时代质的飞跃！

案例点评

点评专家：匡冀南　深圳国际公益学院教授

常规的公益项目经常会只关注到身边的弱势人群，作为社会主体的农民，反而常常被忽视。也正因如此，涉及农业的公益项目少有特色鲜明的尝试。易居乐农敏锐地捕捉到社会的热点，充分发挥了媒体优势，不仅在项目的设计和执行上花了很多心思，更在把握传播规律上做足了功课，在使得项目直接受助人群得到关怀和受益的同时，也将项目的意义和价值尽可能地覆盖到更广泛的人群，建立了项目持续和有效的社会影响力。尤其是在故事性的开放和传播方面，发挥了专业电视策划人员的专长，对于项目的成功实施和推广，树立了一个优秀的典范，值得大家关注和学习。

2018 最具公众影响力环境保护大奖

矿山复垦，再造绿水青山

执行时间：1982 年至今

企业名称：中煤平朔集团有限公司

品牌名称：中煤平朔集团有限公司

获奖类别：金旗奖——2018 最具公众影响力环境保护大奖

项目概述

中煤平朔集团有限公司（简称：中煤平朔集团）是我国主要的动力煤基地和国家确立的晋北亿吨级煤炭生产基地。自 1982 年建矿伊始，就坚持“绿色生产，厚德自然”生态环保理念，遵循建设“绿色平朔”的发展思路，注重环境的保护和治理，始终牢记“挖煤不毁环境”，完善以煤为基的“煤炭开采—洗选—

矿山复垦，再造绿水青山 1

发电—煤化工”工业产业链，打造以土地复垦为主线的“农、林、药、生态旅游”新兴环保产业链，将资源综合利用、清洁生产、生态恢复治理等融为一体，再造绿水青山，为晋陕蒙黄土高原区矿山生态恢复治理树立了典范，为国家露天矿生态环境保护探索出新模式提供了好经验，为我国煤炭行业绿色发展、积极践行“既要金山银山，又要绿水青山”做出了有效探索。

项目调研

1. 项目背景

煤炭资源的开发，特别是露天开采，必然会对环境造成一定影响。平朔矿区地处黄土高原东部、山西省北部的朔州市境内，原地貌沟壑纵横、植被稀疏，生态系统较脆弱。中煤平朔集团经过多年发展，建成了 3 座年生产能力 2000 万吨以上的特大型露天矿，2 座年生产能力千万吨级的现代化井工矿，6 座年总入洗能力 1.25 亿吨的配套洗煤厂，4 条总运输能力 1 亿吨的铁路专用线。如此大规模的煤炭生产，只有坚持绿色发展理念，坚持资源开发与生态环境协调发展，才能实现“既要金山银山，又要绿水青山”。

2. 可行性研究

中煤平朔集团与山西农业大学、山西省生物研究所等多家科研院所联合承担了国家“八五”“九五”等重大课题，攻克“新造地水土流失防治与环境灾害控制综合集成技术”“土壤资源再生利用与生产力快速提高综合集成技术”“草、灌、乔合理配置与植被重建综合集成技术”等技术难题，研究出原地貌生态环境整治中不常见的地形重塑、土壤重构和植被重建技术体系，总结出适宜半干旱黄土区采煤废弃地生态重建的理论与方法，为矿区生态复垦、土地资源综合利用、实现生态发展多样化提供了条件。

项目策划

1. 目标

宣传践行环境保护理念，通过 30 多年的生态复垦和黑色产业绿色开采的生动实践，让全社会深刻理解只要环保理念走在前面、资金投入到位，在露天矿区完全可以实现绿色开采，重视并参与环境保护。

2. 受众

煤炭行业及其他相关行业。

3. 传播内容

中煤平朔集团生态文明建设的30年，从生态实践的开拓与摸索到生态工作的标准化、多样化，再到战略化、产业化，以及资源综合利用、清洁生产、绿色开采的探索实践证明，煤炭企业不仅能挖出金山银山，还能恢复绿水青山，再造绿水青山。

4. 媒介策略

运用微信公众平台等新媒体，国家主流电视台、报纸等大众媒体和煤炭行业网站、行业报刊等行业媒体相结合的传播方式，传播形式多样化、传播覆盖面广而精准，有效覆盖项目受众并影响至行业和社会。

项目执行

（1）矿区土地复垦。

中煤平朔集团坚持生态重建与经济建设同步规划、同步实施、同步发展，在露天矿作业规划中列入环保篇和土地复垦设计，将复垦资金列入生产成本，边生产、边复垦，走出了“剥离—采矿—回填—复垦”一体化的路子，让采掘后的矿山重披绿装。建矿以来，累计投入绿化复垦资金近20亿元，复垦土地4万余亩，恢复耕地1万余亩，排土场复垦区植被覆盖率超过95%。治理井工塌陷面积2万余亩，在矿区周边造林6万余亩。复垦区有油松、苜蓿等各类植物200多种，昆虫600余种，蛙类、野鸡等其他动物30余种，整个矿区绿树成荫、生机盎然。

建成300座日光温室、1.6万平方米智能温室，种植了1000余亩黄芪，同时建造了南排观礼台、西排植物园、环人工湖水体景观带和博物馆等景点，打造以土地复垦为主线的“农、林、药、生态旅游”新兴环保产业链。如今，一个集生态恢复、现代农业、工业旅游为一体的生态园区初具规模，这里也成为

矿山复垦，再造绿水青山 2

了国家自然资源部土地复垦野外观测基地、教育部土地复垦及测量专业教学实践基地。

（2）资源循环利用。

中煤平朔集团着力推进绿色低碳循环发展方式，践行“煤为核心、电化两翼、生态支撑、循环发展”的战略布局，不断延伸煤炭产业链条，实现资源循环利用。通过露井联采，实现了资源回收最大化。露天生产采用“单斗电铲—卡车”的间断式开采工艺，资源回收率达到 96.2%；井工生产采用综采放顶煤回采工艺，工作面回收率达到 85%。通过发展坑口电厂，将煤矸石“变废为宝”，就地转化为电能，实现资源循环最优化；通过发展坑口高硫煤化工产业，将劣质煤转化为煤化工原料，形成了产业辐射互补、板块耦合联动的煤电化一体化发展新格局。

（3）矿区清洁生产。

中煤平朔集团累计投入 30 亿元用于环境综合治理。废水治理方面：在矿区配套建成 13 座污废水处理设施和 67 万方的调蓄水库及复用系统，为选

矿山复垦，再造绿水青山 3

煤厂生产、露天矿道路洒水和绿化提供了水源，整个矿区基本实现废水闭路循环。废气治理方面：陆续淘汰了 30 余台小锅炉，整个矿区实现了环保热电联供。粉尘治理方面：在露天矿采掘区域实施“预湿爆破”和“微差爆破”技术，减少了爆破起尘量；对钻机集尘改造，减少了穿孔作业起尘量；科学规划矿区洒水路线，提高洒水效果，控制了扬尘污染；采用槽仓全封闭原煤储煤场，采用彩钢网架结构全封闭产品煤堆，降低了煤尘污染。煤矸石治理方面：制定了严格的排矸排土标准，采取碾压、覆土等有效防燃措施，杜绝了自燃现象。

项目评估

中煤平朔集团在环境保护、生态建设、发展循环经济方面模范履行央企社会责任，走在了行业前列。国内露天矿的生态复垦全部借鉴中煤平朔集团的先进经验和模式。中煤平朔集团荣获了中华宝钢环境优秀奖、煤炭工业节能减排先进企业等多项殊荣，并受到国内主流媒体的持续关注。2017 年 8 月 3 日，中央电视台新闻联播节目播出了平朔矿区千亩绿地的航拍镜头，介绍了中煤平朔集团公司坚持边开采边复垦，搬走金山银山、留下绿水青山的生动实践。2017 年 10 月 18 日，中煤平朔集团参与的《黄土高原特大型煤矿区 30 年土地复垦与生态重建关键技术与应用》获得国土资源科学技术一等奖。2017 年 10 月 21 日，中煤平朔集团荣获首届“生态矿山——土地复垦与生态修复先锋”荣誉。2017 年 12 月 15 日，中煤平朔集团荣获“2017 中国最具影响力绿色企业品牌”荣誉。2018 年，作为中宣部选定的改革开放典型宣传单位之一，中煤平朔集团在人民网、中国新闻社（简称：中新社）、《人民日报》、《经

济日报》、《光明日报》、《中国煤炭报》、《工人日报》、《中国妇女报》、《山西日报》、《山西工人报》、山西广播电视台综合广播等新闻媒体做了专题宣传。

项目亮点

30 多年的坚持不懈，使原地貌沟壑纵横、黄土漫天、植被覆盖不足 10% 的平朔矿区，变成绿色森林，上万亩的大型林地蔚为壮观，草、灌、乔木次第分明，百里矿区掩映在碧波绿浪中。方圆 380 平方公里的平朔矿区植被覆盖率达到 50% 以上，排土场复垦区植被覆盖率超过 95%。

矿山复垦，再造绿水青山项目不仅改变了环境，改善了当地气候，更带动了地方环境保护、生态复垦，让绿色开采、绿色发展的理念深入人心。

亲历者说 王祥生 中煤平朔集团有限公司党委书记、执行董事

高强度、大规模的露天开发必然会破坏原始地貌，如果没有生态环保理念的指引和工作的跟进，矿区开采必然造成黄土和煤尘的猖狂肆虐。中煤平朔集团作为“中国改革开放试验田”，在安太堡矿建矿初期，就坚持边开采边复垦。根据中外双方的合同规定，露天矿开采完毕，矿方要负责把矿坑填平并恢复原有植被。后来，这种绿色开采的理念和实践不断升华延续。公司坚持采矿与生态并重、边开采边复垦，将复垦资金列入生产成本，将土地复垦与生产建设统一规划、统筹实施，走“采、运、排、复”一体化的路子，为我国露天矿生态环境保护探索出新的模式。

矿山复垦，再造绿水青山项目为全面提升国家露天煤矿生态环境保护工作树立了标杆、贡献了方案。

案例点评

点评专家：左跃　中国核电宣传文化中心副主任

有着30多年的煤炭开采史的中煤平朔集团，不断强化企业使命感，彰显社会责任担当，践行“矿山复垦，再造绿水青山”的环境保护理念，通过生态复垦和黑色产业绿色开采的生动实践，打造了以土地复垦为主线的“农、林、药、生态旅游”新兴环保产业链，成了全国采煤塌陷治理、资源枯竭型城市生态环境修复再造的样板。

中煤平朔集团深入落实党的十九大精神，以习近平新时代中国特色社会主义思想为指导，坚决打好污染防治攻坚战，是践行企业社会责任，秉承对社会负责和符合道德标准的原则进行生产和经营，并坚持保护环境和可持续发展的管理模式的实践典范。

玛氏箭牌 × 大润发“包好不乱丢，共创新社区”公益营销活动

执行时间： 2018 年 3 月—2018 年 7 月

企业名称： 玛氏箭牌糖果（中国）有限公司

品牌名称： 玛氏箭牌

代理公司： 罗德公共关系顾问（北京）有限公司广州分公司

获奖类别： 金旗奖——2018 最具公众影响力环境保护大奖

项目概述

玛氏箭牌一直致力于推广垃圾包好不乱丢的文明意识，希望能营造更清洁、更绿色的社区。在 2016 年、2017 年，玛氏箭牌携手大润发连续发起“包好不乱丢，共创新社区”公益营销活动，自活动创办以来，在全国范围内共计派发 20 万个随身垃圾袋，向市区居民推广垃圾包好不乱丢的文明理念。

秉承着共同的环保理念，2018 年玛氏箭牌举办了玛氏箭牌 × 大润发“包好不乱丢，共创新社区”公益营销活动。近年来，国家、社会越来越关注生态文明建设、环保教育，而孩子是环保教育的先锋力量。为配合国家的关注热点，2018 年，项目加入孩子的力量，以“小手拉大手”的形式，鼓励孩子画出心中的环保世界，通过他们内心对干净世界的执着和创意想法，鼓励更多人加入环保阵营，养成妥善处理垃圾的文明习惯。

项目调研

1. 项目背景

多年以来，玛氏箭牌积极主动承担企业社会责任，在全球各地积极开展环境保护教育项目，推广和践行环境可持续发展的理念和做法。“包好不乱丢”项目是玛氏箭牌全球环境保护教育的重要项目，倡导正确处理垃圾的文明行为，致力于营造更洁净、更绿色的生活环境，2013 年年初项目在中国落地至今，通过有趣的线上线下活动，已影响逾 1000 万公众。

2. 可行性研究

（1）党的十八大提出美丽中国概念，生态文明建设成为国家关注的重点。

在党的十八大和十九大的报告中，多次强调了美丽中国的概念。《中华人民共和国环境保护法（2014 修订）》也明确规定，“各级人民政府应当加强环境保护宣传和普及工作”。生态文明建设、环保教育已是国家、社会关注的重点。未来是属于孩子的，因此 2018 年玛氏箭牌希望从孩子们的视角出发，通过“会讲故事的画”这种走心的形式，用孩子的力量带动大家，一起建设美丽社区环境，引发消费者、社区、企业的积极回应。

（2）玛氏箭牌坚持长期做消费者教育，已有一批消费者接受并认同活动理念，为执行和推广奠定了受众基础。

玛氏箭牌 × 大润发“包好不乱丢，共创新社区”公益营销活动已连续多年选择上海作为启动城市，对上海消费者进行了长期的环保教育，包好不乱丢的理念已渗透到消费者当中，当地主流媒体对此也有了一定的了解。因此，2018 年，玛氏箭牌仍然选择上海作为启动城市，不仅能带动当地消费者的积极参与，也能吸引到众多上海主流媒体的报道，将项目传播力最大化。

（3）公益与商业的有机结合，新机制重点落笔于家庭，吸引商业伙伴积极参与。

玛氏箭牌 × 大润发“包好不乱丢，共创新社区”公益营销活动。2018 年特别加入“小手拉大手”的创意，通过小朋友的画作表达环保并号召全民投票。每位家长“为孩子打气”和“晒娃”的心理都促使着他们成为环保的传播者。这种公益与商业结合的传播创意不仅可以推动环保，也为双方企业的销售利润带来显著增长。

项目策划

1. 项目目标

普及妥善处理垃圾文明理念，鼓励消费者养成文明环保习惯，最终形成社会行为大环境的改变。玛氏箭牌希望通过与大润发携手举办公益活动，促使双方建立更加紧密和长远的合作关系。通过完善双方品牌“商业带动公益，公益反哺商业”的模式，大大提高玛氏箭牌和大润发品牌形象及产品销售。

2. 项目策略

配合国家关注重点，推出创新的主题，吸引更多消费者参与、互动；巧妙激发家长们“晒娃”的心理，鼓励每个家庭成为环保的传播者；线上线下全方位传播，让触达人群数量最大化。

3. 受众

认同垃圾包好不乱丢的文明理念，并希望加入包好不乱丢阵营的人群；玛氏箭牌、大润发企业员工；广大消费者。

4. 主要传播内容

消费者在全国大润发门店每购买 1 件指定玛氏箭牌产品，玛氏箭牌会携手大润发捐赠 0.1 元，用于生产环保随身垃圾袋。2018 年项目首次加入“小手拉大手”环节，鼓励小朋友画出心中环保世界并上传至专用 H5，由全国消费者投票选出最喜爱环保画作。参与投票人数最多的 10 座城市获得免费派发环保随身垃圾袋机会，而获得最多票数的 5 位小朋友则喜获“小小创意环保官”称号。

5. 媒介策略

（1）最大化传播广度。

①传统媒体传播：在活动启动城市上海邀请了当地主流媒体，包括大众类、公益类、生活方式类、网络类及视频类媒体出席和采访。

②企业内部社交媒体传播：在大润发和玛氏箭牌企业微信号定期更新活动进展，号召员工积极参与活动。

③社交媒体传播：选用上海消费者关注的本地消费大号推广活动。

（2）最优化传播效果。社交媒体助力进一步扩大项目影响力。选取社交媒体中的热门自媒体账号，结合自媒体账号的内容风格，与自媒体作者深入沟通

“小小创新环保官”分享自己的环保期许

传播故事，用不同角度和风格传播包好不乱丢理念。

（3）加强深度合作。选取不同类型的重点媒体（大众类、公益类等）发布活动深度专题报道，确保活动传播的影响力。

项目执行

2018 年 3 月至 2018 年 7 月，活动进程及具体细节如下表所示。

活动进程及具体细节

活动进程	
3 月 19 日	确认活动方案和传播故事
3 月 28 日	确认所有活动物料设计
3 月 29 日	线上互动平台 H5 上线
3 月 30 日—4 月 10 日	企业内部征集画作
4 月 11 日—5 月 8 日	全国范围内征集儿童环保画作并投票，社交媒体推广

续表

5 月 9 日—5 月 31 日	儿童环保画作全国范围投票
6 月 3 日—7 月 3 日	普通版环保随身垃圾袋全国 10 城派发
7 月 3 日—7 月 17 日	特殊定制版环保随身垃圾袋全国买赠活动
活动场次 1：玛氏箭牌 × 大润发“包好不乱丢，共创新社区”公益营销活动启动仪式	
时间	2018 年 4 月 11 日
地点	上海，大润发闸北店
实施细节	
致辞	玛氏箭牌和大润发高层致辞，介绍项目背景和理念
儿童环保画作分享	主持人播放三幅儿童画作的创作理念语音，并邀请企业高层分享自己对画作的感受
活动启动	玛氏箭牌和大润发企业高层嘉宾上台启动活动，八位领导手里各拿着一个字牌，一起拼凑成“我承诺包好不乱丢”环保口号，并率先许下环保承诺
高层参观画展	双方企业高层一起参观线下有声画展
儿童作画	现场设置儿童绘画区，邀请孩子现场作画
消费者参观画展	画展对公众开放，邀请现场消费者参观有声画展，并扫画作上的二维码听取孩子的环保创作理念
活动场次 2：玛氏箭牌 × 大润发“包好不乱丢，共创新社区”公益营销活动 10 城派发启动仪式	
时间	2018 年 6 月 3 日
地点	上海，大润发闸北店
致辞	玛氏箭牌与大润发企业高层致辞，分享活动的进度和成果
授予仪式	创作获高票画作的 5 位小画家获得“小小创意环保官”称号，其中两名代表到现场接受“小小创意环保官”委任状授予，分享自己的创作理念和环保期许
启动派发	双方企业高层嘉宾共同启动环保随身垃圾袋全国 10 城派发，6 位嘉宾拿着绿色沙瓶，把“我承诺包好不乱丢”6 个字用沙子填满，并许下环保承诺

续表

嘉宾合照	企业嘉宾一同摆出包好不乱丢手势，用灿烂笑容表达坚定的环保信念
参观画展	现场设有优秀画作有声画展，消费者扫二维码听取孩子的创作理念
垃圾袋派发	嘉宾现场派发环保随身垃圾袋，并介绍垃圾袋的使用方法，把垃圾包好不乱丢的文明理念分享给消费者

玛氏箭牌 × 大润发“包好不乱丢，共创新社区”公益营销活动10城派发启动仪式

项目评估

1. 效果综述

在2018年4月和6月，玛氏箭牌在上海分别举办了两场线下活动，邀请当地主流媒体进行报道；同时，采用社交媒体对线上互动进行传播，吸引了超过

28 万人参与互动。整个活动传播超过 1.3 亿人次，共计捐赠 110 万元公益基金，为 2017 年的 2.2 倍。在全国范围内共计派发 10 万个环保随身垃圾袋。

2. 市场反应

玛氏箭牌口香糖业务同档期增长 4%；玛氏箭牌巧克力业务同档期增长 4%。

3. 受众反应

这个环保随身垃圾袋特别实用，平时出门有时会遇到找不到垃圾桶的情况，有了这个垃圾袋我就可以把随身垃圾存放在里面。我相信这个小小的垃圾袋对下一代的环保教育会起到很大的作用，家长们可以通过这个垃圾袋教育孩子养成垃圾包好不乱丢的习惯，特别有意义。

——活动现场消费者

我非常喜欢玛氏箭牌提出的“小手拉大手”概念，环保教育需要有新的突破，让孩子成为环保教育的先锋是一个非常好的尝试，打破了以往传统的自上而下的教育方式。2018 年是我报道这个活动的第三年，我也见证着这个活动每一年的创新和突破，相信活动会越做越好！

——《环球时报》记者

4. 媒体统计

总计产生 213 篇新闻报道，包括 3 个视频媒体报道，传播覆盖高达 1.3 亿人次，产生的媒体广告价值超过 146 万元。与 2017 年相比，两场线下活动媒体报道数量增加了 49.3%，产生的广告价值增长了 48.9%。

在所有电视、报刊、网络媒体的新闻报道中，项目核心理念包好不乱丢被提及率达 100%，活动图片刊登率达 94%。所有媒体（包括社交媒体）围绕着包好不乱丢文明理念进行报道，品牌和活动信息被广泛传播。

项目亮点

1. 精准抓住家庭消费者心理特点

家庭消费者心理特点——喜欢“晒娃”和喜欢为孩子加油打气，孩子的画作能激励家长主动积极地传播。正因为洞察到家庭消费者心理特点，线上画作投票平台上线短短 3 个月，参与投票和上传人数就超过了 28 万人。这不仅推动了公益的传播，同时为品牌带来了优秀的销售表现，实现“公益反哺商业”模式，一举两得。

2. 增强消费者参与度，让消费者不仅是公益的参与者，更成为公益的推动者

鼓励孩子画出自己内心的环保世界，孩子的画作有机会被定制成环保随身垃圾袋，在全国范围内通过买赠手段派发，成为环保传播的载体。这样的机制，让消费者从环保教育的接受者，成为环保教育的推动者，大大提高了消费者的参与感。短短两个月内，活动便收获 4000 多幅创意的环保画作。

3. 紧密结合国家政策热点，助推传播

活动传播紧紧结合国家的政策热点，推广垃圾包好不乱丢文明理念。把线下落地活动安排在世界环境日前夕，配合 2018 年世界环境日主题“美丽中国，我是行动者”，呼吁市民一同建设绿色、环保社区。

亲历者说　郑丹丹　玛氏中国跨事业部传播总监

2018 年是我们与大润发携手举办“包好不乱丢，共创新社区”公益营销活动的第三年，我们希望有新的突破，要扩大消费者影响范围，还要让消费者不仅是环保教育的参与者，更成为教育者之一。因此提出“小手拉大手”的创意，让孩子成为环保教育的先锋，通过他们天马行空的想象力，把真挚的环保理念用彩色画笔表现出来，这样走心的方式可以影响和感染更多的消费者，让更多人加入包好不乱丢阵营。我们很欣慰，这一次活动的效果完全超乎我们的意料，短短两个月内，我们收到来自全国各地 4000 多幅环保画作，这当中有不少画作还是家长和孩子一同完成的，这对家庭教育非常有好处。“美丽中国，我是行动者”是 2018 年世界环境日的主题，我们希望消费者成为环保教育的推动者，从自己做起，带动身边的人，共同建设美丽中国，绿色社区。

案例点评

点评专家：张晋升　暨南大学新闻与传播学院副院长、教授、博士生导师

企业经营管理活动通常包括两种行为，一种是基于提升产品质量和服务能力的经济行为，另一种是基于提升企业知名度和美誉度的社会行为。在瞬息万变的市场竞争环境中，企业的社会行为具有更为重要的经营价值和传播价值。企业的社会行为不仅是履行企业社会责任的有效手段，也是建立新型消费者关系、树立消费者对企业品牌认同度的重要路径。玛氏箭牌 × 大润发“包好不乱丢，共创新社区”公益营销活动，以建设美丽中国为诉求，以孩子参与环保活动为平台，以营造绿色社区为目标，活动达到了线下线上整合互动的传播效果。

玛氏箭牌 × 大润发“包好不乱丢，共创新社区”公益营销活动的价值体现在以下几方面。一是借势营销。紧紧贴近党的十八大以来建设美丽中国的绿色发展新理念，把生态文明建设的政策热点落实到企业的社会行动中，落实到推广垃圾包好不乱丢的社区文明新风上，可以说是顺势而为、事半功倍。二是借点营销。公益营销要找准活动内容和消费者心理需求的结合点，发挥以点带面的作用。本活动以孩子作为切入点，带动家长参与传播，从家庭源头上拓展活动的影响力。三是借力营销。鼓励孩子以保护环境为主题进行创作，评选出的优秀作品有机会被定制成环保随身垃圾袋，让孩子能够亲身感受和获得参与环保传播的成就感。这样企业的消费者从环保教育的接受者，成为环保教育的推动者，从而大大强化了传播的深度和广度。

7 老板电器电商 × 京东公益“带饭有新益”

执行时间：2018 年 3 月 19 日—2018 年 3 月 31 日

企业名称：老板电器（集团）股份有限公司

品牌名称：老板电器

代理公司：北京行致营销顾问有限公司

获奖类别：金旗奖——2018 最具公众影响力环境保护大奖

项目概述

老板电器一直致力于传承中华悠久饮食与烹饪文明，与智慧前沿的科技相结合，推动国人烹饪生活的变革，用卓越设计和品质、精湛科技，解决厨房中存在的问题与矛盾，创造人类对厨房生活的美好向往。2018 年提出全新品牌主张“创造中国新厨房”。

2018 年春节过后，正值环保问题和食品卫生问题热议。老板电器将这个情况与目标消费者工作餐时间点外卖的普遍现象充分结合，借势环保主题热度，从环保公益的角度持续向下深挖，以带饭为切入点，打造了“带饭有新益”品牌公益沟通平台，鼓励大家回归厨房，告别外卖，减少环境污染。

老板电器结合创意广告形式，配合社会化传播手段，设计了一场具有社会洞察与话题性的品牌营销活动，将主张落到消费者可以参与的行动中去，最终达到公益及电商营销目标双赢的效果。活动中，消费者与年轻新势力插画师合作手绘创意饭盒，为每一次带饭增添不一样的滋味，在阐述环保理念的同时表达“带饭也是件很酷的事”，更符合年轻消费者追求时尚、生活品质的态度。联

合年轻人常使用的平台及 KOL 发声引爆话题，为活动造势，引发社会共鸣。线下路演活动创意 DIY（自己动手做），用定制款饭盒撬动电商销售，实现了与用户的情感沟通，展现了企业的社会责任。

借助地球一小时日及 3 · 27 京东厨电节的契机，多方联合，引发公益效应的放大与爆发。

项目调研

1. 项目背景

（1）2018 年，外卖带来的环境污染成为大众热议的话题。随着生活节奏越来越快，点外卖已经变成了现代生活日常，随着外卖订单的攀升，一次性餐具污染大、外卖餐重油重盐等问题，引发了环保问题和食品卫生讨论。堆积如山的塑料袋、一次性餐盒给环境带来了巨大的负担，也带来了健康隐患。

（2）老板电器致力用科技改变厨房，减少厨房油烟等污染。老板电器 2018 年提出全新品牌主张“创造中国新厨房”，用卓越设计和品质、精湛科技，让在家做饭、带饭上班成为一种乐趣。作为极具社会责任感的企业，老板电器在企业公民实践方面不断探索，坚持投身公益事业，在形式和内容上始终突破创新，以期达到更好的社会效益。

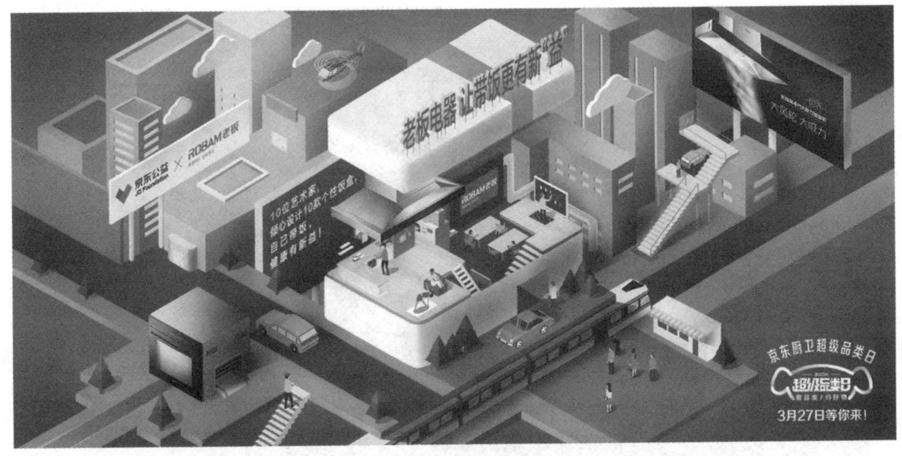

老板电器电商 × 京东公益“带饭有新益”KV（视觉主画面）

2. 可行性研究

参与度高，受众范围广，消费者能够无压力参与，既能够体验厨房的乐趣，养成健康的生活方式，还能实现保护环境、减少环境污染的公益号召，在有趣的活动中加深对品牌的好感，对环保的践行。

项目策划

1. 目标

帮助老板电器达到品牌影响力及效果转化的双赢。

（1）公益环保目标。通过与京东公益联合发起活动，向消费者传达健康环保生活方式的活动主张。

（2）电商营销目标。在 3 · 27 京东厨电节引爆话题讨论，从众多电商活动中脱颖而出，吸引目标消费者，刺激其购买欲，进行销量的转化。

（3）品牌好感度目标。突破传统的公益形式，进行差异化的品牌认知与营销，激发大众参与，深化品牌“创造中国新厨房”的主张，提升品牌社会责任感及好感度。

（4）消费者行为目标。加强年轻消费者对老板电器品牌的认知，令其对品牌的公益态度产生高认同感。

老板电器电商 × 京东公益“带饭有新益”海报 1

2. 策略

（1）整合资源，多方引爆。

整合多方资源，利用各品牌的优势资源实现传播效果最大化，使资源达到共赢的状态。老板电器电商、京东公益及 WWF（世界自然基金会）三方共同开启活动，发出保护环境、减少白色污染的环保主张。

（2）运用多元渠道，引发年轻人共鸣。

多维度口碑外围扩散：老板电器全媒体矩阵 + 双微（微博、微信）+ 直播 + KOL，触达核心精准人群，制造话题吸引关注，联动线上线下，提升推广的效果，有效转化销售。发起“带饭有新益”话题，借助具有强社交互动与媒体扩散传播属性的新浪微博平台，攻占大众视野，令流量持续爆发，品牌大面积曝光，建立与目标消费者更深入的情感沟通及品牌归属感。

（3）打造有持续生命力的公益项目。

以“带饭有新益”为主题，联合不同平台推出系列活动，倡导可持续生活方式，助力绿色环保。

3. 受众

“85 后”至“95 后”年轻人群，一二线城市的“新中产”，以需求高端的“健康高效”人群，与需求中高端的“潮流享受”人群为主，同时辐射三、四、五线的增量市场。

4. 传播内容

“带饭有新益”，将“带饭是健康环保生活方式、带饭背后的社会责任感和健康环保意义”传递给消费者。

5. 媒介策略

（1）多元渠道联动形成整合传播力量。

搭载微博、微信等年轻人日常使用频繁的平台作为活动发布及扩散基地，并全面运用京东公益、WWF 官方自媒体渠道力量，充分渗透活动信息，同时全面运用老板电器官方品牌的传播渠道扩大活动声量，形成整合性传播力量。

（2）善用 KOL 示范效应，让活动及公益主张更鲜明表达。

邀请与年轻人以及带饭行动双契合的 KOL 联合开展活动，发起活动邀请，并通过 KOL 自媒体扩大声势，让更多人了解活动，认知环保的意义和公益的力量。

（3）直播展现公益活动内容，让活动更具深意，真实表达。

让每个参与到活动的都市人能更直观清晰地感受到他们的快乐，同时将其转化为公益力量。

项目执行

（1）预热阶段：2018 年 3 月 19 日—2018 年 3 月 23 日，借力京东公益及老板电器官方平台引发内部参与，利用地球一小时日开展社会化营销。

老板电器作为联盟行动品牌之一，在京东公益公布合作伙伴之时，配合“开启我的60＋生活”活动发布主题海报，并与京东、世界自然基金会官方微博互动。

联合 10 余位艺术家、设计师手绘创意饭盒，当天引爆舆论话题。

（2）引爆阶段：2018 年 3 月 24 日，线下活动，话题引爆。

老板电器电商 × 京东公益“带饭有新益”路演：2018 年 3 月 24 日，在杭州 D32 时尚街区进行线下路演活动。10 款创意饭盒，引发众多消费者围观询问；现场派发老板电器小零食、闯关问答小游戏等环节设置，传播活动信息，起到了很好的宣传作用。与消费者建立强关系，通过消费者 UGC（用户原创内容）产生大量线下线上导流。

老板电器电商 × 京东公益“带饭有新益”直播：2018 年 3 月 24 日，在京东大厦进行公益直播，将外部流量引入 3·27 京东厨电节。邀请画家西茜和美食大咖任芸丽作为直播嘉宾，美食大咖现场传授带饭技巧，画家泼墨公益首秀。结合地球一小时日的直播，引起消费者关注。通过“明星 + 网红”带来的话题讨论和关注度，吸引新的用户群。

（3）收官阶段：2018 年 3 月 27 日—2018 年 3 月 31 日，创意互动，店铺承接。

总结视频案例包装，全网发布，品牌 PR 传播：总结视频《京东公益 × 老板电器“带饭有新益”行动》，记录总结整个活动过程，作为 PR 稿传播素材。

销售额 1% 捐赠公益：活动期间，在专题页面设立“带饭有新益”，拒绝白色地球专区，每卖出一个老板电器指定产品，将产品售价 1% 捐献给京东公益，用于环境治理。京东商城上线活动专题页面，在用户购买商品的过程中，通过京东公益“物爱相连”平台的“爱心东东”功能，直接带动品牌商家捐

赠善款，助力绿色环保项目。

项目评估

1. 效果综述

老板电器以环保为主题，发起公益活动。品牌硬植入形式与活动内产品软植入形式相结合，执行过程中运用老板电器自有优势资源精准锁定目标用户，借力微博、微信、直播平台等社会化媒体矩阵及 KOL 引爆话题，引发社会共鸣；全网媒体渠道持续传播。

集结以上资源，活动三个阶段的传播声量持续上升，品牌大面积曝光。吸引网友报名参与的同时掀起一轮话题讨论，形成品牌、用户的多方联动，进一步强化老板电器和京东公益的品牌认知度和美誉度。

老板电器电商 × 京东公益
“带饭有新益”海报 2

2. 现场效果及受众反应

（1）线下活动触达人群众多，活动效果显著。受众参与热情高涨，丰富多彩的活动形式，规范出色的现场执行，深受受众喜欢，引来很多人驻足围观跃跃欲试。

（2）活动远超预期效果，直播现场综艺效果十足。直播爆点连连，现场气氛活跃。每一环节互动都紧扣主题，主题传达到位。

（3）双微及电商平台，引起话题讨论及高度关注。

老板电器电商 × 京东公益“带饭有新益”活动是很有意义的，通过新潮有趣的活动形式，呼吁大家告别外卖，避免使用一次性餐具，体验在家做饭的乐趣，回归健康环保的生活方式。

——京东公益基金会经理

3. 媒体统计

（1）# 带饭有新益 # 话题阅读量 636.1 万次。

（2）地球一小时日直播，观看总量超 180 万次，点赞次数超 158.67 万次。

（3）路演活动，“自制美食 +DIY 手绘饭盒”引消费者热情参与，参与人数超 1000 人，朋友圈点赞超 2000 次。线下 80 个饭盒礼品全部发放完毕。

项目亮点

1. 手绘创意饭盒，给活动一个充满生机和创意的载体

联合 10 位艺术家，设计 10 款拥有前卫、创意外观便当盒。配合 4 大内容方向、职场日常，网罗各种热点话题，巧妙运用创意，将主张落到消费者可参与的活动中。

2. 微博话题 # 带饭有新益 #，将公益互动推向高潮，让更多人意识到环保的意义

KOL 助力话题讨论，扩大话题影响力。与京东家电、京东公益多方话题联动。

3. 老板电器联合京东公益在地球一小时日邀请画家及美食大咖进行直播，将环保的理念传递给更多人

2018 年地球一小时日，老板电器与京东公益一起在资源循环利用、减少塑料、绿色消费、减少一次性用品、绿色出行 5 个领域共同倡导可持续生活方式，共创美好未来。

4. 落地长期公益活动，化围观热度为参与热情

以此次活动为起点，长期持续下去，与苏宁、天猫等平台联合开展 2.0、3.0 等系列活动。带饭活动的意义不仅仅是倡导健康的生活方式，更是为环保尽一份力，用公益意义将民众围观热度转化为参与热情，并维系活动热度。

亲历者说 杨金鹏 行致上海分公司客户总监

老板电器通过与京东公益联手举办此次活动，担起了企业的社会责任，让活动具有公益属性，更具说服力。活动通过新潮有趣的形式，结合地球一小时

日，以产品为切入点，与消费者互动，提倡健康的生活方式，从生活理念上推动公益意识的发展。巧妙运用创意手绘饭盒，将主张落到消费者可参与的行动中来，通过设计丰富有趣的互动环节，既让消费者在活动中有很好的体验感，又紧扣主题。以小行动来影响大环境。从产品层面来说，此次活动切入公益点，与老板电器的产品关联度高。老板电器一直致力于让科技为烹饪带来更多乐趣，改变厨房的油烟问题，让在家做饭、带饭上班成为一种全新的生活方式，此次活动的主题与品牌主张不谋而合。通过这个活动，老板电器在 3·27 京东厨电节撬动线上销量的增长，实现电商目标和公益的双赢。在打造活动时，老板电器就考虑到将“带饭有新益”作为长期公益线，因此在已经积蓄一定社会影响力的前提下，老板电器后续与苏宁联合开启了新的活动，成功将此次活动打造成有持续生命力的长期公益活动。

案例点评

点评专家：张景云　北京工商大学商学院教授

该活动是一个公共关系“双主体”的活动，老板电器通过与京东公益联手，举办公益传播活动，以“小行动”来减少外卖垃圾，倡导积极健康生活方式并保护环境，在承担企业社会责任的同时，引发公众的参与和关注，提升品牌认知度、好感度和影响力。

在活动时机选择上，结合地球一小时日和 3·27 京东厨电节开展，借势造势，取得较好的传播效果。

该活动虽然是一个公益活动，但将公益点与产品卖点结合起来，通过新潮有趣的活动形式，如运用创意手绘饭盒等方式与消费者互动，实现线上销量的增长。

该活动还具有连续性和持续性，老板电器之后，又与苏宁联合开启了新的活动，拓宽了与电商合作的渠道，也拓展了产品销售的渠道。

2018 自然堂以你之名种草喜马拉雅公益活动项目

执行时间： 2018 年 7 月 12 日—2018 年 7 月 30 日

企业名称： 伽蓝（集团）股份有限公司

品牌名称： 自然堂

代理公司： 上海唐神广告传播有限公司、上海苏豪坊广告有限公司

获奖类别： 金旗奖——2018 最具公众影响力环境保护大奖

项目概述

2018 年，自然堂种草喜马拉雅公益活动进入第二季，携手消费者将公益所得用于建立自然堂喜马拉雅公益植物园，收集、研究、培育、种植喜马拉雅植物，保护植物多样性。为此，自然堂号召所有人以捐出自己名字的方式，凝聚每个人的力量，共同守护喜马拉雅这片人类的自然家园。

TFBOYS 率先响应号召捐出成员名字中的“凯”“源”“玺”三个字，以他们之名，呼吁大家一起为保护喜马拉雅环境、保护植物多样性献出一份力。其后自然堂通过 H5 互动、明星公益合伙人与 KOL 发声、720 线下公益活动、天猫欢聚日活动等方式，分 4 个阶段持续引爆网络热议和消费者参与活动。

项目调研

2016 年 9 月，自然堂携手中华环境保护基金会，成立了“自然堂喜马拉雅

自然堂喜马拉雅公益植物园

环保公益基金”，旨在保护喜马拉雅生态环境，将喜马拉雅膜法面膜前 100 万片销售所得，全部捐赠给基金会，保护有“亚洲水塔”之称的喜马拉雅水源，保护地球“第三极”的生命力。

自然堂在为广大消费者带去美丽的同时，不忘社会责任，一直在为保护喜马拉雅的生态环境不懈努力，对当地的生态资源进行保护性开发。2017 年 5 月，自然堂在日喀则种下绿麦草，为不远处的“神女峰”卓木拉日雪山增添了勃勃生机，此举也在媒体和消费者中间引起了强烈的反响，树立了良好的品牌形象和口碑。为了进一步加深喜马拉雅作为自然堂品牌源头在消费者心中的印象，为消费者“种草[①]”喜马拉雅，2018 年 7 月，自然堂深入喜马拉雅腹地林芝市鲁朗小镇，开展龙胆草生态栽培示范项目，为保护当地植物多样性贡献力量。

① 种草：网络用语，意为通过推荐令人产生要购买的欲望。此处引申为通过推荐令人喜欢上喜马拉雅。

项目策划

1. 目标

加深自然堂品牌源头喜马拉雅的公众认知，促进产品销售。

2. 策略

以公益项目为切入点，激活品牌源头故事；建立你消费我捐赠机制，绑定产品促销，并招募新的消费者。

3. 受众

消费者。

4. 传播内容

（1）品牌层面。①源头教育。展现喜马拉雅多元的生命力和美好的喜马拉雅。②品牌社会责任。展现企业社会责任，取自自然，回馈自然。

（2）公益层面。生态系统逐年退化，大量珍稀物种慢慢消失；购买 1 瓶冰肌水，向“自然堂喜马拉雅环保公益基金”捐赠 5 元。

（3）产品层面。①消费机制。“将公益所得用于保护植物多样性。”②产品

伽蓝（集团）股份有限公司执行总裁刘玉亮（左）和中华环境保护基金会秘书长徐光互赠支票和证书

推广。为消费者“种草”冰肌水。

5. 媒介策略

（1）媒体传播关键事件。郑恺公益视频发布，开启公益活动；活动 H5 上线，消费者积极参与公益行动；实地种草，线下公益践行；天猫欢聚日，一块儿“种草”喜马拉雅，数据导流引爆销售。

（2）媒体传播关键人物。4 位明星公益合伙人陆续发声；9 大媒体公益合伙人引爆网络热议；72 位 KOL 持续“种草”。

（3）媒介渠道。网络媒体、地铁广告、电视广告、户外广告等。

项目执行

1. 第一阶段：联合发声（2018 年 7 月 11 日—2018 年 7 月 19 日）

明星发声（郑恺和 TFBOYS）；KOL 发声，H5 上线；媒体联合发声。

2. 第二阶段：公益落地活动（2018 年 7 月 20 日）

龙胆草生态栽培示范公益活动；公益捐赠仪式。

活动现场图

3. 第三阶段：种草礼盒预售（2018 年 7 月 21 日 –2018 年 7 月 26 日）

不同平台的 KOL 推广。

4. 第四阶段：种草礼盒发售，天猫欢聚日（2018 年 7 月 27 日）

媒体资源导流，天猫欢聚日活动；“一块儿种草”喜马拉雅线下快闪店（韩庚出席）。

项目评估

本项目累积总曝光量高达 38.4 亿次；微博 # 种草喜马拉雅 # 话题页累积话题阅读数 3.3 亿次，超 56 万人次参与讨论 ，互动总人数超过 400 万人；百家媒体投放稿件累计 557 篇 ，总曝光量超过 27.5 亿次，两个 H5 活动页面总访问量 760 万次；7 位自然堂喜马拉雅公益合伙人参与公益行动，72 位 KOL 为品牌助力发声，粉丝覆盖数 3.19 亿人，与粉丝互动 73.6 万次；微信公众号 6 篇推文，阅读人数 12 万人，互动数 123428 次，微博 25 篇推文，总曝光量 1176 万人，互动数超 6.8 万次。

天猫欢聚日活动期间高达 300 万人次进店狂欢，冰肌水累计销售 2 万多瓶，喜马拉雅膜法面膜售出 216 万片；2018 年 7 月活动期间线下冰肌水销售 35 万瓶，环比 6 月增长 81%。天猫欢聚日单日成交额达 1686 万元，相当于日均销量的 25 倍，同比增长 38%。

项目亮点

人工种植龙胆草，既能保护当地的野生龙胆草，又能创造更多效能，对喜马拉雅的资源可以起到保护利用的作用。企业授之以渔，对“自然堂喜马拉雅源头龙胆草生态栽培示范基地”的运营，采取“公司 + 基地 + 农户”的订单农业方式：邀请鲁朗镇扎西岗村村民种植、聘请西藏农牧学院专家为村民提供技术指导，待龙胆草培育成熟，企业会以公平贸易的方式收购村民种植的成果，将其作为自然堂产品的原料来源，从而实现精准扶贫，引导当地农牧民走上生态保护、经济发展的美好生活之路。

2018 年 7 月 12 日，自然堂上线 H5 号召消费者参与互动，捐出自己的名字，

为保护喜马拉雅生物多样性贡献力量。活动期间一共 323 万余人次参与了互动，2 万余人线上申请定制版冰肌水。2018 年 7 月 24 日自然堂公益合伙人韩庚微博发声，呼吁保护喜马拉雅生态，视频一天内播放量冲破 437 万次，70 多位 KOL 扩大影响，产生 5200 万次以上的曝光量。

亲历者说　陈涓玲　伽蓝集团公关传播总经理

自 2010 年开始，我们就一直在思考如何将喜马拉雅和自然堂紧密联系在一起，2016 年，自然堂携手中华环境保护基金会，建立“自然堂喜马拉雅环保公益基金”；2017 年，自然堂发起种草喜马拉雅公益活动，不仅在喜马拉雅种草，保护生态环境，也希望喜马拉雅和自然堂来自喜马拉雅的产品能在消费者心中深深“种草”。

2018 年 7 月，公益活动进入第二季，我们不仅号召消费者一起保护喜马拉雅生态环境，也将更加美好快乐的生活方式带给当地的村民，自然堂准备通过 3～5 年时间为鲁朗小镇的村民定期持续提供防晒护肤产品的体验，记录下当地村民们的美丽变化，同时开展美丽课堂，教授护肤知识，将自然堂美丽、自信的品牌形象传递给他们。

企业做公益，不能只靠头脑一热，我集团运用可复制和可持续发展的思路，推广创新公益形式，利用“公司 + 基地 + 农户”的订单农业方式，精准扶贫，持续不断地提高当地人民收入，计划未来将其复制到泛喜马拉雅地区。

案例点评

点评专家：王晓晖　国际关系学院文化与传播系副教授

随着习近平生态文明思想的提出，中国社会建设美丽中国的热情空前高涨，公众对于生态环境保护及企业在这方面社会责任的践行前所未有地关注。在这样的环境下，自然堂通过公益活动让公众了解其为保护喜马拉雅的生态环境所做的不懈努力，可谓是占尽“天时”“地利”。2018 自然堂以你之名种草喜马拉雅公益活动项目将公益所得用于保护喜马拉雅的植物多样性，号召公众以捐出自己名字的方式参与行动，共同守护喜马拉雅这片人类的自然家园，使公众获得了极大的参与感和成就感；同时，自然堂并非以简单的捐钱捐物的方式做公益，而是挑战“人工驯化龙胆草”这一难题，并对当地农牧民授之以渔，从而实现精准扶贫，让公众切实感受到了自然堂推动绿色环保、承担企业社会责任的巨大诚意，为彰显和弘扬企业的可持续性发展管理模式提供了“人和”的氛围。最终活动不仅在传播方面获得了巨大的声量，在销售转化上也取得了亮眼的成绩。

更为可贵的是，企业将项目打造成自然堂品牌公益 IP（知识产权），以可复制和可持续发展的思路做公益，把保护喜马拉雅环境的活动一季一季地做下去，同时也把喜马拉雅是自然堂品牌源头的这一认知在消费者心中深深地“种草”。

奥林巴斯环保公益项目

执行时间： 2017 年 5 月—2018 年 6 月

企业名称： 奥林巴斯（北京）销售服务有限公司

品牌名称： 奥林巴斯

代理公司： 美格国际公关顾问（北京）有限公司

获奖类别： 金旗奖——2018 最具公众影响力环境保护大奖

项目概述

为唤醒公众的生态环保意识，传达奥林巴斯的品牌理念，提升其在社会大众中的认知度。奥林巴斯围绕 5R（再利用、拒绝一次性、减量化、维修保养、分类回收）环保核心理念，展开系列生态环保公益项目。项目于 2017 年 5 月—2018 年 6 月在全国 5 个城市 11 所高校线下持续开展趣味性科普公益活动，通过“线下小活动—线上大分享”的方式给生态环保理念插上传播的翅膀，裂变式在圈层扩大影响，令生态环保理念深入人心。

项目调研

1. 社会背景

垃圾也是一种资源，特别是塑料垃圾，即白色污染，已经成为中国乃至全球的生态环保焦点。

奥林巴斯始终秉承“实现世界人民的健康、安心和幸福生活”的企业宗旨，多年来深耕公益事业。奥林巴斯开展环保公益项目是其承担社会责任的重要义务。

2. 受众调研

生态环保事业是集文化素质与公共道德于一体的事业，因此教育程度是影响大众对环境判断的重要变量之一，通常文化水平和知识层次越高，对环境问题的严峻形势认识就越清醒，因此奥林巴斯将核心口碑人群锁定为高知人群，而大学生是高知人群中对社会公益极为积极和社会化传播极为活跃的主要人群。

3. 活动形式调研

新媒体时代，线下活动的形式和作用已经发生了巨大的变化。原来单纯的线下活动仅对个体产生影响，新媒体环境下的线下活动已经成了线上圈层裂变式影响的爆发阵地，即线下参与者从原来的受影响的个体转变成了一个圈层的 KOL，可通过有意思的线下活动内容，扩大影响。

项目策划

1. 目标

唤醒公众的生态环保意识，让公众意识到生态环保的责任与使命感。同时，传达奥林巴斯的品牌理念，提升其在社会大众中的认知度和美誉度。

2. 策略

围绕 5R 环保核心理念，展开系列环保公益活动，将公益活动逐步升级。

3. 受众

理工类高校大学生——接受过高等教育，有社会责任感，未来社会新技术、新思想的前沿高知群体，未来企业品牌潜在追随者。

4. 传播内容

（1）话题启动：塑料分类。

2017 年以都市生活中大家熟知的塑料瓶为载体，开展塑料回收利用的 5R 科普知识和实践的推广，通过亲身体验瓶盖和瓶身的回收活动——瓶身和瓶盖分开回收，并用多彩瓶盖拼贴出艺术画，有趣生动地传播生态环保理念。

（2）持续话题：公益 10 年。

2018 年为奥林巴斯公益 10 年，企业以此为背书，持续阐释奥林巴斯生态

环保品牌理念实践。

（3）主题升级：塑料回收。

贴合 2018 世界环境日主题“塑战速决”，升级项目主题，从塑料科学分类升级为塑料垃圾如何科学地再利用，科普不同类型的塑料如何实现 5R，让受众亲身体验塑料再利用的过程，从活动中切实感受废旧塑料回收再利用的价值，从而让垃圾分类的生态环保理念深入人心。

5. 媒介策略

整体形成广泛的社交媒体传播和深刻的传统媒体传播。借全球环境的热门话题以及不同阶段的线下巡展活动，呈现新颖的活动内容，通过层层递进的传播节奏，让奥林巴斯的环保理念脱颖而出，并将环保理念深入人心。通过“5+3”矩阵式的媒体传播，进行了全方位、系统化的整合深度传播，扩大受众人群。

项目执行

奥林巴斯环保公益项目在全国 5 个城市 11 所高校线下持续展开，通过线下巡展活动的“分类回收—再利用”趣味体验，采用媒体矩阵，进行了全方位、系统化的整合传播，并引入多种主流的新媒体分享，以大学生为核心，形成广泛的圈层影响。

（1）话题启动：塑料分类（2017 年 5 月—2017 年 8 月）。

2017 年“分多彩瓶盖，享环保世界”环保公益活动，以垃圾分类为核心内容，大学生亲身体验了垃圾分类及投放，将不同色彩的瓶盖作为创作素材，拼

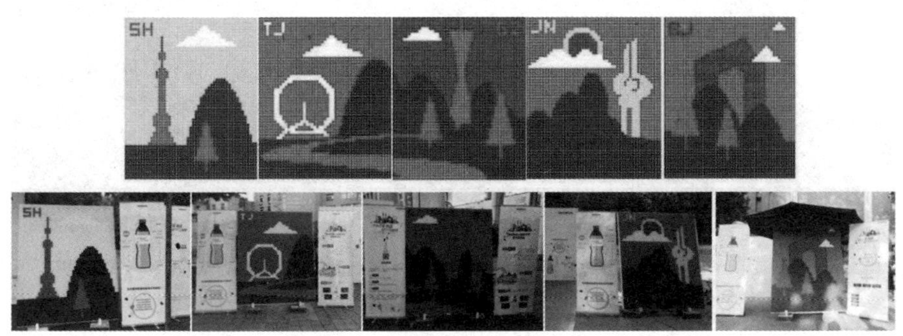

地标拼贴画

贴出五座城市的地标拼贴画，初步传播科学的环保理念。

线下巡展活动地域及时间：北京外国语大学 5 月 17 日—5 月 18 日；天津南开大学 5 月 22 日—5 月 23 日；济南大学 5 月 25 日—5 月 26 日；上海交通大学 6 月 6 日—6 月 7 日；广州大学 6 月 13 日—6 月 14 日。

微博微信发起#分多彩瓶盖，享环保世界#话题，同步微博线上活动直播。推出活动视频扩大影响人群，通过采访高校大学生，以未来社会新思想的前沿群体发声，初步传递对环境的美好愿景以及垃圾分类的理念。推出“分多彩瓶盖，享环保世界”H5，持续扩大影响人群，向大众传播瓶身瓶盖分类常识以及分类的必要性。

（2）持续话题：公益 10 年（2017 年 9 月—2018 年 4 月）。

以公益 10 年为切入点，对塑料回收再利用进行了全方位、系统化的整合深度传播，进而扩大受众人群，引发思考。

（3）主题升级：塑料回收（2018 年 5 月—2018 年 6 月）。

2018 年“环保分类塑造快乐”环保公益活动，以塑料垃圾再利用为核心内容，通过“自行车塑料粉碎机—热熔塑料制作陀螺—DIY 制作胸牌”的体验活动，让大学生切实感受废旧塑料回收再利用的价值，升华垃圾分类的科学理念。

大学生体验自行车塑料粉碎机

线下巡展活动地域及时间：华东政法大学 6 月 5 日—6 月 6 日；同济大学 6 月 7 日—6 月 8 日；北京工业大学 6 月 12 日—6 月 13 日；北京邮电大学 6 月 14 日—6 月 15 日；中山大学 6 月 26 日—6 月 27 日；广州大学 6 月 28 日—6 月 29 日。

微博发起 # 环保分类塑造快乐 # 话题，并同步直播，展示活动现场，为大众传递塑料回收再利用的环保理念。利用社交媒体平台短视频 App、喜马拉雅等进行广度传播。

项目评估

活动线下影响人数达 24.435 万人，线上传播总覆盖 2.2786 万人次。

（1）话题启动：塑料分类。

线下活动影响 11.1 万人次，线上分享覆盖 6248 万人次。现场针对目标人群进行了垃圾分类相关问卷调查，参与调查问卷人数 1.3262 万人。传统媒体电视、报纸、网站报道 100 余篇，影响 2100 多万人次。微博、微信、KOL 分享，除了大 V 以外，至少 5 万名学生进行了朋友圈分享互动，影响超 1800 万人次。发起微博话题 # 分多彩瓶盖，享环保世界 #、H5 互动传播、直播传播等，覆盖 2000 多万人次。官网微博微信自媒体，发布了 15 篇，覆盖量超 300 万人次。

（2）持续话题：公益 10 年。

传播覆盖 7689 万人次。传统媒体报纸、网站持续话题及专访报道 300 余篇，影响 5600 多万人次。官网微博微信自媒体，发布了 21 篇报道，并开设了微信专栏，覆盖量超 420 万人次。通过宣传视频传播、H5 互动传播，覆盖超 1600 万人次。

（3）主题升级：塑料回收。

线下活动影响 13.335 万人次；线上分享覆盖 8849 万人次。现场针对目标人群进行了垃圾分类再利用相关问卷调查，参与调查问卷人数 1.2977 万人。传统媒体电视、报纸、网站报道 150 余篇，影响 3500 多万人次。微博、微信、KOL 分享，除了大 V 以外，至少 6 万名学生进行了朋友圈分享互动，影响超 1800 万人次。发起微博话题 # 环保分类塑造快乐 #、H5 互动传播、视频传播等，覆盖超 2000 万人次。官网微博微信自媒体，发布了 30 篇报道，覆盖量超 500

万人次。抖音、快手、头条号、喜马拉雅、直播等不同形式的新媒体KOL曝光，覆盖超1000万人次。

项目亮点

（1）线下活动亮点。

线下活动将环保主题结合艺术创作以及DIY的趣味体验，令环保深入人心，让大众了解塑料回收再利用的价值。

2017年“分多彩瓶盖，享环保世界”环保公益活动，以不同色彩的瓶盖拼贴出地标拼贴画，最终完成了5幅高1.9米、宽1.6米的全幅瓶盖贴画。

2018年“环保分类塑造快乐”环保公益活动，开展了“自行车塑料粉碎机—热熔塑料制作陀螺—DIY制作胸牌”的趣味体验。

（2）传播亮点。

运用当下流行的社交平台和传播平台，如短视频App、音频App、新闻资讯类App，借助当下流行的社交媒体，将环保理念融入流行趋势，影响更多年轻人，影响未来推动社会发展的主力人群。

亲历者说 张瑶瑶　美格国际公关顾问（北京）有限公司客户经理

接到这个项目时，我由于很喜欢那些变废为宝的装饰，就想是不是可以结合艺术变废为宝，策划持续性的环保活动，作为奥林巴斯公益10年的一个升级。因为涉及线下，选择简易轻松的体验内容很重要，所以我们首先确定了瓶盖瓶身分类及投放，利用不同色彩的瓶盖制作城市地标拼贴画。

我们找到一家专业的环保机构进行合作，通过专业的设备对塑料进行处理，再制作成装饰品。让大家可以切身体会到从塑料分类到塑料回收再利用的价值。

整个活动结合线上传播，以大学生为核心，形成广泛的圈层影响，以“线下小活动—线上大分享”的方式宣传环保理念。唯一的遗憾是传播力度还是稍有缺陷，但是公益是持续性的，我们坚持将公益持续化，以持续不断的小力量汇聚大能量，逐步影响到更多人。

案例点评

点评专家：李志军　中央财经大学新传播研究中心主任

奥林巴斯是一家知名品牌，但可以看出，这个项目启动之前也面临着诸多挑战：如何让更多年轻的群体对品牌有所认知；如何让持续 10 年的环保项目充满活力与吸引力；如何把一个重要的话题落地成普通人愿意参与的活动。环保话题相信很多人是认可的，但是很多项目难以落地，而且很多人对于如何参与环保缺乏必要的认知。所以奥林巴斯选择了理工类院校的学生作为项目的参与者，他们年轻、愿意接受新鲜事物，环保理念更强，而且艺术化的方式促进了大家的关注和分享。在此基础上，奥林巴斯引申出品牌公益 10 年的主题，传达了品牌长期以来行使社会责任的努力和付出，又将环保进一步深化，以科普的方式教授大家科学回收塑料。整个项目有趣、务实，同时以“线下小活动—线上大分享”体现出互联网时代的特征。

金正大亲土种植百千亿行动

执行时间：2018年3月5日—2018年9月

企业名称：金正大生态工程集团股份有限公司

品牌名称：亲土1号

代理公司：友拓传播机构

获奖类别：金旗奖——2018最具公众影响力环境保护大奖

项目概述

金正大亲土种植百千亿行动是金正大生态工程集团股份有限公司（简称：金正大集团）联合农业农村部耕地质量监测保护中心、中国植物营养与肥料学会、世界亲土种植联盟等共同发起的大型亲土种植普及推广活动，是亲土种植富养天下“守护亿亩良田　践行乡村振兴”大型公益行动的落地组成部分。

金正大集团在全国上千个重点农业县，通过示范田建设、服务站打造、田间技术培训、科技带头人表彰、公益基金设立等举措，推广亲土种植产品、技术及服务，以实现千县万村种植模式升级、培育千万新型职业农民、守护改良亿亩良田的宏伟目标，让“绿水青山就是金山银山”成为中国农村的现实图景，谱写全球农业可持续发展的“亲土种植中国方案”。

金正大集团已在全国1000个县建立起3000块高标准示范田、1000个农业服务站，开展了3000场土壤健康大讲堂，惠及200万农民。

启动仪式合影

项目调研

1. 项目背景

土壤污染严重，耕地质量下降，影响农民收入及农产品品质。数据表明，有些地方土壤里钙流失甚至超过 80%，土壤矿物质流失惊人。土壤矿物质的严重流失，会导致食物缺乏矿物生命元素，从而在一定程度上造成人体元素失衡。联合国预计到 2050 年全球人口将接近地球承受力的极限，而地球上的耕地却不会增加。

2. 可行性研究

国家有关部门曾提出我国耕地土壤长期处于亚健康状况，存在退化面积大、污染面积大、有机质含量低、土壤地力低等“两大两低”问题。土壤危害不像雾霾那么明显可见，它的危害是隐形的，长期的，因此公众认知度偏低。农民作为种植者，缺乏土壤关注意识。大部分农民仍然采取传统方式进行种植，为求产量过度施肥，从而导致土壤问题日益严重。

国家出台了《关于加快转变农业发展方式的意见》、“土十条”、《中华人民共和国土壤污染防治法》等相关法律法规，土壤修复的大幕正在拉开。

2017 年，金正大集团推出新型土壤改良产品亲土 1 号系列产品，其源自美

亲土1号产品

国富朗七大生物能技术，具有养地、防病、抗重茬的功效，可以有效改善土壤健康，提升作物品质，实现对土地的边种边养和农业可持续发展。

项目策划

1. 目标

普及亲土种植理念，亲土 1 号卡位土壤，改良万亿市场。

2. 策略

（1）内外部资源整合。

社会资源：百家机构，百位专家共同参与。媒体资源：搭建两级平台，上到中国中央电视台、《农民日报》，下到县域媒体，“空中拉力 + 地面推力”，形成包围之势。内部营销：动员全员力量，打好亲土种植大战役。

（2）多手段多渠道并驾齐驱。

创新传播形式：传统媒体和新媒体传播形式齐上阵，稿件、段子、短视频、表情包等，打到田间地头、打到农民心坎里。

（3）精准定向，直达目标人群。

千县千面：针对不同县的重点作物精准定向，传播亲土种植解决方案，“经销商 + 当地农化人员”服务跟进。百位专家深入田间地头，提供实战指导。

3. 传播内容

对政府，说责任：推动产业兴旺，助力精准扶贫，践行乡村振兴。亲土种

植，功在当代，利在千秋。

对行业，说标准：推动亲土种植成为行业标准。

对消费者，说效果：亲土 1 号，养地防病抗重茬，省时省力省心，是农户发家致富的首选。

4. 传播策略：用快消品的营销方式做农资

权威媒体高度站位，行业媒体纷纷报道。区域媒体报道，传播下沉地方。传播形式多样化，农业界创新营销：H5、长图、九宫格海报、朋友圈海报、小视频等。

项目执行

（1）启动发布会，为亲土种植百千亿行动拉开序幕。（2018 年 3 月 26 日）

金正大集团联合政府部门、专业机构、国内外土壤专家、农业专家共同开启亲土种植富养天下“守护亿亩良田 # 践行乡村振兴”大型公益行动。

（2）土壤健康大讲堂，走入田间地头。（2018 年 4 月—2018 年 9 月）

线下：在全国各县开展 3000 场亲土 1 号土壤健康大讲堂活动，通过专家授课、产品实验、亲土 1 号用户亲身说法等方式，为农户解决土壤问题。让农户亲眼见证亲土 1 号带来的效果。

线上：通过典型人物故事传播吸引用户，通过行业媒体、垂直媒体、县域媒体精准触达农民用户。

（3）蓝海行动，创新形内部营销，汇聚内部力量。（2018 年 7 月底）

以大区作战的方式，组织内部员工及经销商开展相关活动，加深企业内部员工、经销商对亲土种植的认识和了解。

（4）百村推进，公益赠肥。（2018 年 9 月初）

开展公益赠肥活动，送肥到户。

打造良好的口碑传播。

亲土种植四部曲

项目评估

1. 效果综述

2018 年 5 月，亲土 1 号单月销售破亿元。

2. 媒体统计

金正大集团百度搜索指数行业领先，远超竞品，涉及媒体数家，包括央视媒体、行业媒体、区域媒体等，CCTV（中国中央电视台）、新华网、腾讯、搜狐、《人民日报》均参与报道，曝光量达数十亿次。打造农业界多篇爆款文章，网友纷纷点赞。技术领先，金正大集团被称为农业界的华为。央视及地方电视台、电台和知名 KOL，均进行过相关的专题报道和深度解读。

3. 受众反应

农户留言，纷纷求购：发布相关文章后，农民纷纷留言互动，不仅对于亲土种植的理念表示称赞认可，更是多次询问“如何购买”“如何成为经销商”等，想要加入亲土 1 号大军。

经销商积极参与：在举办的土壤健康大讲堂中，经销商不仅积极参与、踊跃报名，还组织农户一起到现场进行感受。其中，仅徐州场的报名人数就近 200 人。

政府及机构鼎力支持：得到了政府各级领导和机关的鼎力相助，农业农村部领导不仅多次出席活动，在会上发表演讲，更是表达出了对亲土种植这一理念的支持。

4. 市场反应

亲土 1 号系列产品单月销量破亿元；启动发布会当天，股市配合大涨，活动次日股票全线飘红。

项目亮点

（1）将内外部资源进行了有效整合，传播最大化。

（2）有效利用媒体资源，打造全方位立体式传播。从央视到地方，权威性到精准传播；多渠道多角度，形成全方位报道。

（3）用快消的思维做农资，创新同时取得良好效果。

亲历者说 肖雪梅 友拓传播机构副总

这是我们第一次接触农业客户，经过及时迅速和不断的资料收集、数据分析、深入调查、互相磨合等阶段，我们逐渐获得了客户的认可和信任，并把多年积累的快消品打法引入农资传播中。

在传播的过程中，我们看到了很多真实感人的故事：徐州农户陈某的黄瓜大棚起死回生，青岛莱西葡萄种植户刘大姐说最喜欢听土地喝水的声音……桩桩件件都使我们感受到这份工作的价值。

在项目执行的过程中，我们同样被金正大集团的情怀所打动。这也使我们看到了金正大集团背后的社会责任感和为农民着想的赤子之心。也正因如此，我们的团队更加投入这个项目中，为更多农民过上美好生活出一分力。

案例点评

点评专家：闫浩 JANUS 营销咨询创始人资深品牌营销顾问

本项目的难点在传播上。如果是一瓶饮料，可以通过传播引导消费者体验，消费者可以短时间内做出购买决策，也可以短时间内决定是否持续购买。但是亲土 1 号属于农资产品，使用周期长，再加之市场上类似产品良莠不齐的宣传，不容易快速引导消费者决策。所以，金正大集团在传播上一改以往的做法，采取了快消品的营销方式做农资，发力在消费者触媒习惯上，采用了 H5、长图、九宫格海报、朋友圈海报、小视频等手段。这样使一个冷门的农资产品一下有了体温。对于陌生的产品来说，消费者能感受到体验到是最重要的。金正大集团在传播管理上不断创造与目标消费者的连接，比如典型农民故事传播、区域差异化传播、精准匹配传播，以及农民关注的媒介平台运用等。线下在全国各县开展讲堂活动，开展相关的专题报道。这些快消式营销手段非常成功地引爆了该项目的传播。

2018 最具公众影响力品牌管理大奖

7 星展银行五十周年品牌重塑整合营销

执行时间：2018 年

企业名称：星展银行（中国）有限公司

品牌名称：星展银行

代理公司：尚诚同力品牌管理股份有限公司

获奖类别：金旗奖——2018 最具公众影响力品牌管理大奖

项目概述

2018 年，星展银行借成立五十周年之际，发布了品牌新战略，揭示银行业新形态的时代已经到来，揭开了全新的品牌与用户关系重塑战役。

过去十余年，星展银行作为亚洲领先的金融服务集团，立足亚洲，“带动亚洲思维”（Living, Breathing Asia），发扬亚洲的优秀传统。业务的发展与成功转型，也对星展银行原有品牌定位提出新的要求。经过系列严谨的调研与创意发想，星展银行品牌战略在 2018 年被重新定义成为“Live more, Bank less”。“Live more, Bank less”按字面意思直接翻译，是“更多享受生活，更少银行服务”之意。星展银行提出“更少银行服务”，旨在通过这种有争议性的提法，制造话题，从客户角度出发，启发客户和公众思考银行服务的本质是什么。

为配合“Live more, Bank less”在中国的落地与推广，星展银行（中国）有限公司（简称：星展中国）在集团成立五十周年以及星展银行扎根中国 25 周年这一十字路口，围绕自身转型，结合了多个渠道及平台，针对自身在中国的核

心受众人群，多维度地进行了一系列整合营销活动，在新时代新机遇下，从产品到品牌，完成了新的转型。

项目背景

星展银行是亚洲领先的金融服务集团，拥有超过 280 间分行，业务遍及 18 个市场，总部设于新加坡并于当地上市。星展银行积极开拓亚洲三大重点增长地区，即大中华、东南亚和南亚地区。星展银行高达 AA- 和 Aa1 的信贷评级，引领亚太地区银行业发展。

星展银行成立于 1968 年，突破了很多新加坡银行业的“第一次”，给新加坡银行业带来全新的面貌。星展中国是星展银行的子公司，于 1993 在北京设立驻华办事处，并于 2007 年 5 月成为在中国本土注册的外资法人银行，是新加坡银行中的第一家，也是外资银行中首批之一。

2006 年星展银行推出“带动亚洲思维”品牌战略，同时也发展成亚洲领先银行。

随着数字化革命的发展，银行业从根本上被重新定义。星展银行在成立五十周年之际，发布了品牌新战略“Live more, Bank less”。新品牌精神意味着星展未来五十年要继续成为引领变革的力量。承诺不断化繁为简，成就广大客户更美好的生活。星展银行新品牌承诺勇敢而直接，不是从银行的角度，而是从客户的立场出发，揭示出：在数字时代，银行服务应该不断追求更简单、更顺畅，轻松易用，让客户感觉不到它的存在，从而可以有更多时间花在自己在乎的人和美好的事物上。

项目调研

星展银行作为新加坡银行，在外资银行中有着得天独厚的优势，更了解亚洲，更贴近中国。在进入中国的二十多年来，星展银行始终跟紧脚步，一步步落实在中国的发展。星展中国的客户主要集中于中外资大型和中型企业，中小企业等企业用户以及高资产净值人群，本次品牌升级战略也充分针对了此类人群进行精准划分传达。

“Living, Breathing Asia”的品牌战略伴随星展银行走过了12年，而不断进阶的金融业发展使得化繁为简成为必要的考虑重点，传统银行的业务在日新月异的金融环境里开始显得死气沉沉。在数字时代，银行服务必须简单、顺畅，自然地融入客户的生活和各种场景中，他们需要的是新形态的银行，星展银行过去几年也一直都把重塑银行服务作为重点。

从重塑银行服务到重塑品牌形象，星展银行把握住其中的关联，进一步打造了整个营销活动。

项目策划

1. 目标

以提高品牌价值，重塑品牌形象为需求，通过传播活动，传递清晰的品牌理念，扩大品牌认知。最终完成由“Living, Breathing Asia”到“Live more, Bank less”的转化。

2. 目标受众

星展银行现有目标用户——高净值人群（包括企业客户，其本身除却公司身份，是希望从繁杂银行业务脱身以享受生活的个体）。关注点为理财、子女教育、养老健康、旅游，同时又期待充裕的家庭时光，关心家庭整体富裕与幸福感，能够陪伴家人。

潜在用户——即将拥有第一桶金进入理财领域的年轻一辈，以及在高净值家庭财富决策中越来越有影响力的二代。

3. 公关策略

星展银行五十周年品牌重塑整合营销，是一个从内部到外部，从线下到线上，从看不见听不着的虚无品牌理念到具象化的过程。

星展银行首先从自身内部入手，从产品服务层面的创新一步步改变原有客户思想，然后通过世界级大会，向广大消费者正式宣告其品牌转型的决心；同时大声喊出自己的新品牌口号，将品牌宣传线逐步拉到线上，通过微信、新闻App等宣传渠道，进行多角度传播互动。继而将品牌理念具象化，以便于传播

的 15 秒短视频贯穿整个宣传时间线，视觉和听觉双重冲击，同时辅以“漫画鸡汤”的心灵触感冲击，从各个维度全面打造新品牌的升级。

项目执行

1. 数字化进程升级——奏响品牌升级的前奏

星展银行一直在进行数字化升级，制作模拟投资游戏“星展财商大作战”直播真人秀，进一步展示线上平台化繁为简的功能，收获了超过 800 万次的点击量。此外，星展银行的品牌旗舰项目“星展银行社会创新家庭创客营”邀请了正能量网络红人阿福，通过网络直播以及网络评选等，共获得约 1200 万次的点击。

星展银行通过这些举动，把化繁为简的理念传播到客户的思想中去，让新品牌的理念一步步渗入。

2. 成功举办“星展银行洞悉亚洲论坛”——正式打响品牌升级第一炮

借着五十周年与品牌重塑的契机，星展银行于 2018 年 4 月在上海举办了“星展银行洞悉亚洲论坛”。作为数字化领先银行，星展银行突破地域限制，通过多维度多渠道，把此次大会的影像传输到约 18 万人眼前。

通过该论坛，星展银行不仅帮助客户紧抓全球新形势和新时代下的新机遇，同时宣扬了星展银行五十周年的新气象。

3. 以社交平台为头部阵地——揭开神秘面纱，首次向公众揭秘品牌升级新标语

星展银行首先在自身官方公众号发布了关于“Live more, Bank less”的新标语中文译名悬赏活动，向所有人征集有关星展银行新品牌标语的中文译名，后将最终的中文译名定为生活随兴，星展随行，第一次全面向客户以及大众揭秘星展银行的新品牌。

同时，星展中国进行了有针对性的朋友圈广告投放，也筛选了不同种类的公众号进行了广告传播，分别抓取了不同关键词进行用户区分，取得了较高流量的点击和转化。

4. 不能忽视的眼球冲击——将品牌印象具象化，以视觉形象加深品牌印象

考虑到星展银行的核心客户群体，星展中国选择北京、上海等一线城市的金融区、热点商圈进行户外大屏广告投放，大范围对已有客户以及潜在客户人群进行眼球冲击，加深品牌印象。

同时，星展中国同步发力“小荧幕”以及“大荧幕”两大视觉阵地，进行了智能电视开机屏和热门电影映前15秒短视频的插入广告投放。“小荧幕”投放上，北京、上海两大主要市场达到3000多万次曝光，超过1000万人次看到星展银行的品牌广告。而“大荧幕”广告中，触达人数则在300万人以上。

5. 音乐是一剂随风潜入夜的强化剂——用声音打通感觉，强化品牌形象

针对品牌重塑升级，星展银行打造了包含30首中外热门歌曲的“遇到你，是我的‘星’运”歌单，并收纳了两首精心打造的星展银行主题曲，在酷狗音乐等音乐平台上线，倡导大家用更多时间享受生活，也正是星展银行“Live more, Bank less”的核心诉求。

星展银行也已经正式启动在抖音上的宣传，成为进驻抖音的驻华外资银行蓝V，设计15秒短视频，嵌入星展银行主题曲，用广受“90后”“00后”追捧的手指舞，吸引更多星展银行后续潜在的目标客户。

6. 理财也需鸡汤炖——以充满童趣的漫画佐以朴素的文字，从心灵层面彻底冲击消费者

星展银行设计了一套“理财心灵鸡汤”漫画，选择和品牌调性相一致的意见领袖一起推广，利用微信平台可实现的多种互动方式，再一次将品牌的新理念清晰地传导至广大消费者。

星展银行也进一步扩大生态圈，打造基于品牌新战略的大数据营销，以及“开眼”等相对小众的视频平台，从艺术的角度传播系列视频，与平台用户产生共鸣，细细品味星展银行的品牌理念。

“理财心灵鸡汤”漫画

项目评估

通过一系列的营销和宣传动作，经过对星展银行原有品牌调性、自身客户特征以及未来品牌走向的深度研究，星展银行五十周年品牌重塑整合营销从线下到线上更加充满活力，让星展银行变得“更年轻”，特别是跨入音乐领域的举动，以及在抖音上的宣传动作，也彰显了星展银行彻底转型的决心。

在这一系列的营销活动中，星展银行通过微信端的传播使微信指数上升了 30 万，百度指数在宣传期间上升了 200%，酷狗音乐星展歌单上线当日即获得 23.2 万次的点击量，同时，通过两次点击量均在 800 万次以上的直播活动，使得星展银行在各领域均有大幅度的品牌传播提升。

本次营销活动，是星展银行五十周年品牌重塑全球传播活动的一部分。2018 年，星展银行已经连续六年在“东盟最有价值银行品牌”中荣获第一，一系列成就和奖项均印证了星展银行在全球传播上的成功。

星展银行一直都在前进的路上，在五十周年之际，星展银行通过这一系列的营销活动，重新定义了品牌本身，并且获得了流量、影响力以及客户的认可，展现出星展银行不同于传统银行的一面和跳出固有思维的初步尝试。“Live more, Bank less”不只是一个品牌口号，更是星展银行对客户的承诺。

项目亮点

整个营销活动从传统营销出发，注入互联网营销的新气象，围绕品牌重塑，从线下到线上，从 PC（个人计算机）端到手机端，更进一步贴合中国人群。从举办“星展银行洞悉亚洲论坛”打响第一炮，以硬广和公关传播为核心重点，在贴合星展银行客户习惯的同时，更是闯入年轻人阵地，从视觉冲击到听觉冲击再到情感冲击，特别是用抖音宣传的新颖方式，为“千禧一代”潜在客户进行了品牌传输，完成了品牌升级，提升了品牌认知。

亲历者说 钱薇　集团推广策略及传讯部助理副总裁

很荣幸能全程参与到星展银行五十周年品牌重塑整合营销中，整个团队从品牌策略定位到数字化尝试及全面推广付出非常多的时间和心力，中间也走过一些弯路，产生过疑问：是否要让大家“忘记”我们的银行身份，接受我们作为一个“人生不可缺少的伙伴”？最后我们坚定地选择了“Live more, Bank Less”。作为亚洲最大的金融服务集团之一，星展银行启动全新品牌战略，重塑品牌与用户关系。以“化繁为简，拥抱数字化进程，为美好生活赋能”为号召，联通线上线下主体，通过多角度、多渠道策划传播，持续扩散品牌影响力。

案例点评

点评专家：张明新　华中科技大学新闻与信息传播学院教授

技术和生活环境的改变，以及用户结构和特征的变化，往往会引起品牌定位的变革。星展银行站在客户的角度，去帮助客户思考宏大的话题。在互联网技术的应用越来越深入的当前，银行业正在被不断认识和理解，星展银行通过主动地带动客户思考如何重新定义银行业，来达到提高自身品牌价值的目的。从客户的立场出发，星展银行主张银行服务应该追求简洁顺畅、轻松易用，从而能够使得客户更加充分地享受美好生活，这种自我革新是非常难得的，需要巨大的勇气和魄力。通过多样化的传播实践活动，这一理念被传达给客户，获得了广大的品牌影响力，对于星展银行自身品牌升级具有积极意义。

上汽荣威 RX8 挑战 moguls 奥运冠军赛道整合营销传播

执行时间：2018 年 2 月—2018 年 3 月

企业名称：上海汽车集团股份有限公司乘用车公司

品牌名称：荣威

代理公司：上海哲基数字科技有限公司

获奖类别：金旗奖——2018 最具公众影响力品牌管理大奖

项目概述

荣威 RX8 于 2018 年 4 月正式上市，作为荣威 RX 系列旗舰产品，带领整个荣威品牌向上突破是这款车型主要承担的传播使命。如何凭借一款高端车型打开更高层级的消费市场？在既定的产品定位“全领域大七座豪华 SUV（运动型多功能车）”的基础上，以科技，立豪华。正如当年奥迪凭其突出的四驱科技跻身一线豪华品牌，荣威想要完成这项认知挑战，同样需要一以贯之，强调其科技基因，在荣威 RX8 这款车型上，“越野科技”是一个突出特征，荣威力图通过完成一项看似不可能的事件挑战，来震撼露出这款产品的最强标签。

事实上，作为一款大七座 SUV，荣威 RX8 的较高重心和较重车身是其完成挑战 moguls 奥运冠军赛道的天生劣势，但正是在这样的条件下，如果能完成这项挑战，将使得这款车的越野科技更具说服力。

这是一次难度值极大的冰雪挑战——征服张家口崇礼太舞 moguls 奥运冠军

赛道[①]，刷新 7 座 SUV 品类历史雪坡爬坡角。

这是一次全渠道融合的传播挑战——建立全媒体传播矩阵，总传播量破 7 亿次大关。

项目调研

1. 市场洞察

近年来伴随着我国汽车市场的迅猛发展，我国汽车自主品牌也得以高速成长，越来越多的自主品牌正在涌现，但是，与合资品牌、进口品牌相比，自主品牌竞争力普遍偏低，尤其是中高档乘用车市场，几乎是国外品牌一统天下，急需一个强势的自主品牌，用一款有实力的产品，打破当下现状。

近 10 年来，自主品牌的产品力已经有了很大提升，可是汽车市场并未对自主品牌产生良好的认知，尤其是在高端消费市场，自主品牌一直增长乏力。要

活动海报

① 崇礼太舞滑雪场猫跳道。

想让消费者认可荣威 RX8 这款自主品牌豪华 SUV，就必须打破他们对于自主品牌的偏见，用实践检验实力，大胆挑战 moguls 奥运冠军赛道，挑战国外豪车都不敢尝试的 32 度陡坡，用事实说话。

2. 产品洞察

荣威 RX8 整车配备 30TS 级豪华纵置蓝芯高效发动机与爱信 6AT 变速箱，为其提供强劲动力，搭载 ALL-DRIVE 智能全领域驾驶系统，为用户提供了智能、运动、雪地、越野、高速两驱、低速四驱扭矩放大 6 种模式。其越野能力以及领先技术成了最大亮点，为荣威高难度的雪地挑战提供了强劲的动力支持。

项目策划

1. 目标

挑战 moguls 奥运冠军赛道，用事实证明荣威 RX8 百万豪车级越野实力及智能四驱的领先技术，在上市前站稳高端消费领域认知，提升目标人群的参与讨论热情，加深其对荣威 RX8 动力性能、豪华品质的认可，强化荣威 RX8 豪华 SUV 定位。

2. 策略

豪车级冰雪挑战——冰雪挑战已经成为豪车品牌证明其豪华品质的必备过程，荣威 RX8 作为一款 7 座 SUV，两次挑战世界级赛道，刷新自我纪录、想象极限，用实力证明其豪华科技品质，为 2018 年 4 月上市加码，为销售助力。

两大噱头环节抢眼，丰富表演增添挑战趣味——国家滑雪队教练员讲解 moguls 奥运冠军赛道，凸显挑战难度；灯光雪道、荧光服滑雪表演、冷焰火秀伴随挑战全程，增添挑战趣味性。

3. 受众

锁定处于人生黄金期的泛“80 后”。

新中产：事业小成，家庭稳定，成熟稳重。背负责任但向往自由：激情犹在，喜欢探索世界，追求驾驶的快感。互联网一代：与网络密不可分。重品质：相信看得到的实力，注重细节。理智稳重：购物之前必三思。

4. 传播内容

传播核心：豪华升级，挑战极限。

产品层面：四驱六挡，百万越野（六大四驱挡位，带来百万豪车级越野品质）；一纵一差，2.5 倍放大（纵置发动机、智能全时四驱系统、电控机械差速锁，扭矩可放大至 2.48 倍）。

5. 媒介策略

（1）新渠道新玩法。

直播合作与红人资源：多平台网红资源全程直播（一直播、花椒直播等），接入微博等平台的优势推广资源，最终搭载到官网形成引流。短视频平台：梨视频、秒拍 PGC（专业生产内容）产出，汽车垂直渠道配合发行，KOL 大范围转发；快手 KOL 原生内容产出，信息流广告推广；抖音发起定制挑战，头部 KOL 现场参与。

（2）传统渠道更多玩法。

专业视频团队跟踪报道：团队全程跟拍，豪华巨制挑战视频。微博全方位包围：Bigger 研究所视频定制；微博 KOL 视频刷屏；通过“热门话题 + 热搜榜单”合作，形成合力。全媒体露出：传统媒体、网络媒体，深度分析、活动花絮、

活动现场

产品文章等在全平台露出。

项目执行

1. 挑战 moguls 探班季（2018 年 2 月）

（1）预热期（2018 年 2 月 6 日—2018 年 2 月 8 日）。

豪华悬疑海报“霸屏”；贴靠平昌冬奥会话题炒作；50 多个网红微博预告上汽荣威 RX8 挑战 moguls 奥运冠军赛道整合营销传播。

（2）活动进行时（2018 年 2 月 8 日）。

媒体缆车游览，感受恐怖 32 度坡；内容输入，讲解挑战背后产品支撑点；国家滑雪队教练讲解雪道难度；正式挑战 moguls 奥运冠军赛道，由《萝卜报告》掌舵人陈震及《兮友视频》当家王茜麟站台挑战，比基尼滑雪现场配合表演；专业视频团队全程记录，30 余位头部网红现场直播，微博大 V 场外直发，微博热搜聚合同期 KOL 合作及公关内容。

（3）盘点回顾传播（2018 年 2 月 8 日后）。

主流汽车媒体：汽车之家 PC 端图文资讯、移动端车家号、移动端新媒体，全面占领汽车之家终端。

视频媒体：快剪视频、豪华大片、解密纪录片，三大视频全网渠道分类别投放（短视频平台——快剪视频、主流视频平台——豪华大片、汽车垂直网站——解密纪录片），并打通微博、微信朋友圈等社交媒体。

4S（整车销售、零配件、售后服务、信息反馈）店屏幕落地传播。

2. 挑战 moguls 正式季（2018 年 3 月）

（1）预热期（2018 年 3 月 14 日—2018 年 3 月 22 日）。

发布倒计时海报：8 天阐述 8 个产品点。发布活动预热海报。

（2）活动进行时（2018 年 3 月 21 日—2018 年 3 月 22 日）。

北京—崇礼路跑拍摄与动态试驾：20 台荣威 RX8，全程 255 公里，媒体轮流试驾，并进行城市及高速路跑拍摄。

崇礼路跑拍摄与雪坡体验：分组车手带队进行山路体验并进行动态拍摄；媒体在车手辅助下体验雪坡驾驶，体验陡坡缓降及前后刹车锁功能。

荣威 RX8 挑战升级，爬坡登顶 + 急速下坡，挑战完整 2 公里 moguls 奥运冠军赛道主雪道；配合灯光音乐、荧光服滑雪、冷焰火秀等；直播规模升级，40 余位网红全程直播；快剪视频 20 分钟刷屏朋友圈，微博大 V 引爆话题讨论；微博热搜聚合同期 KOL 合作及公关内容。

预售价彩蛋公布：挑战成功进入活动高潮，发布预售价彩蛋。

（3）盘点回顾传播（2018 年 3 月 22 日后）。

主流媒体：280 多家媒体参与全网报道，“垂直汽车网站 + 门户网站 + 区域网站 + 平面媒体”等全面铺开。

短视频媒体：梨视频、秒拍专业 PGC 内容 +KOL 转发扩散；快手 KOL 原生内容产出 + 信息流广告；抖音发起定制挑战，头部 KOL 现场参与。

跨界视频媒体：Bigger 研究所视频定制 + 全网分发。

新闻客户端：今日头条信息流 + 原生内容助力。

项目评估

1. 效果综述——亿级事件传播声量

传播上，两阶段总传播量超 7 亿次，其中媒体报道阅读量 1.6 亿次，现场直播观看数 3.53 亿次，微博话题阅读量 1.4 亿次，相关视频播放量 0.6 亿次。

品牌产品上，稳固了荣威 RX8 大七座豪华 SUV 的形象，引发了一次全平台的营销狂欢，引发了受众对于中国豪华 SUV 的探讨。

活动上，整场活动各个环节环环相扣，高潮迭起。真实刺激的活动挑战让各现场大品牌媒体赞叹连连，多种趣味表演互动让参与者大饱眼福，媒体动态试驾体验让媒体亲身接触荣威 RX8 魅力，预售价彩蛋为现场掀起最后高潮。

2. 受众反应

（1）荣威系论坛车友齐聚 RX8 论坛，祝贺预售价公布、期待上市。

各地车友会会长、副会长以及核心的车友会成员累计发布荣威系车主贺电帖 11 篇，相关内容在预售价期间形成一定规模热度，提升论坛热度及版面内容，炒热论坛氛围。

（2）两次挑战百度指数都出现峰值。

消费者因为两次挑战而关注荣威 RX8 车型。

3. 市场反应

2018 年 3 月 22 日，荣威 RX8 试驾稿件在 16 家微信公众号露出，其中头条 7 家，非头条 9 家，总阅读量高达 238 万次，引起行业及潜在消费者的广泛关注，使社会各界对荣威 RX8 有进一步的了解。多家核心垂直门户焦点图露出，荣威 RX8“科技豪华，升级向上 & 全领域大七座豪华 SUV”获得大量传播和广泛关注。媒体以动态感受为主，涵盖外观、配置信息。

环球汽车网 2018 年 3 月 22 日—2018 年 3 月 26 日连续 5 天露出相关文章，总阅读量高达 398 万次，引发大量关注。有关“大七座豪华 SUV”“SuperPilot 主动驾驶”“智联网汽车”及“顶配预售价”等产品点关键词在汽车行业传播开来，使之成为荣威 RX8 的代名词。

4. 媒体统计

挑战 moguls 探班季：总传播量达 3.4 亿次，其中媒体报道传播量 4671 万次，现场直播观看量 1.53 亿次，微博话题阅读量 1.1 亿次，挑战视频播放量 3235 万次。

挑战 moguls 正式季：总传播量达 3.8 亿次，其中媒体报道传播量 1.2 亿次，现场直播观看量 2.0 亿次，微博话题阅读量 3011 万次，相关视频播放量 3178 万次。

项目亮点

媒体传播总量高：核心媒体活动新闻反馈良好，核心 KOL 主动发布朋友圈，阅读量高，传播总量大。

网红直播流量大：集中头部网红资源，活动当天创造流量巅峰，2018 年 2 月 8 日、2018 年 3 月 22 日观看量超 3 亿次，多位主播单人单天累计观众达千万级。

微博话题声势强：微博大号强势推广，活动全程拍摄视频，用精剪活动视频引爆微博视频传播。

自媒体解读阵势强：挑战 moguls 探班季邀请视觉志主导扩散，单篇推送 2 小时破 10 万次；挑战 moguls 正式季邀请 Bigger 研究所解读荣威 RX8，多平台分发，视频播放总量 631 万次。同时，邀请汽车头条等汽车自媒体大号配合解读。

亲历者说 俞经民 上汽乘用车公司副总经理

荣威RX8挑战的赛道，跟其他品牌SUV挑战的都不一样。它们的赛道，是向前；我们的赛道，是向上。向前，消耗的只是动能，追赶的只是速度；向上，积蓄的是势能，比拼的是高度。

荣威自成立以来，就一直用科技向上升级，积蓄势能。创新是基因，“世界级”是标准，“全领域”是实力。

但这样我们就满足了吗？不！这还远远不够，我们要成为站在巨人肩膀上的强者。当然，强者有很多种，有追求极致速度的，有追求极限力量的，我们所追求的，是成为科技武装、向上崛起、全领域的强者。

案例点评

点评专家：王晓晖 国际关系学院文化与传播系副教授

如何扩大产品的知名度和美誉度进而提升品牌价值？荣威没有采取近年来颇为流行的讲述品牌故事的方法，而是返璞归真，回归品牌传播的根本媒介——产品本身。基于对目标市场的深刻洞察，品牌方利用这些消费者对“黑科技”的兴趣和追捧，以“越野科技”为切入点彰显荣威RX8的产品力。但若仅描述产品性能，则难以摆脱“专业性强但枯燥”的局限，很难获得大范围的传播。品牌方另辟蹊径，让荣威RX8挑战难度极高、极陡的moguls奥运冠军赛道。一旦挑战成功，即便是汽车“小白”也能感受到荣威RX8百万豪车级的越野品质，荣威“中国人的高端SUV”的市场地位自然得以成就。此外，“挑战不可能”的悬疑性极大地激发了公众的好奇和关注，可以说是自带流量了。辅以全媒体矩阵的传播渠道，使本次传播突破汽车专业人士和爱好者的圈层，成为全民热点，总传播量最终破7亿次。借由这样一次现象级的传播，荣威传递出清晰的品牌理念，极大提升了品牌价值。

“美至惊鸿”一汽－大众全新一代 CC×富春山居美学鉴赏荟

执行时间： 2018 年 6 月 20 日

企业名称： 一汽－大众汽车销售有限公司

品牌名称： 一汽－大众全新一代 CC

代理公司： 北京迪思公关顾问有限公司

获奖类别： 金旗奖——2018 最具公众影响力品牌管理大奖

项目概述

一汽－大众全新一代 CC（简称：CC）不仅扩展延伸了一汽－大众品牌的精神内涵，充分展示一汽－大众汽车深厚的设计功力，更成为一种优雅生活态度、高品质生活理念的代表。作为以现代建筑艺术阐释中国江南建筑风格的度假酒店，富春山居将精致优雅与现代设计美学建筑艺术进行了恰到好处的融合，山庄内随处可见价值连城的艺术品和极具设计感的高端收藏品，其高端豪华、静谧优美的环境与 CC“美至惊鸿”的“魅动美学”设计理念可谓极度契合。有别于传统常规的活动，此次美学设计鉴赏荟将整个富春山居包场打造成为 CC 美学庄园的概念，打造了一场沉浸式魅力美学鉴赏之旅体验活动，通过庄园内不同场景呈现不同的设计维度，打造 CC 魅力不止一面的概念。与此同时，通过设置多项趣味而优雅的互动体验活动和发布会现场跨界 KOL 及产品设计师对 CC 的深度解读，充分诠释 CC“美至惊鸿”的设计之美。

湖畔展车

项目调研

2010 年，一汽 - 大众将 CC 引入国内，并成功开辟出全新的细分领域，其独特的造型和魅力吸引了无数人的眼光和追求，2013 年，CC 换代升级，以其灵动优雅的身姿、澎湃强劲的动力和领先实用的科技，再次赢得了众多时尚成功人士的关注与青睐；2018 年，一汽 - 大众宣布引入 Arteon（车的产品名称），并将以“全新一代 CC”的名字继续征战中国市场，延续 CC 这个已经积淀了深厚底蕴的高端品牌。2018 年北京车展上，CC 一经亮相便引起了广泛关注，在车展亮相势能的铺垫下，进一步强化高端豪华的产品定位，同时对其核心亮点外观设计进行深入解读，制造传播亮点，为后续上市蓄能。

项目策划

1. 目标

向媒体解读并诠释 CC“美至惊鸿”的设计之美。彰显高级感和豪华感的高格调，在上市前期提升受众期待。

（右起）中国先锋时装设计师张驰、一汽 – 大众销售有限责任公司副总经理马振山、大众汽车品牌外观设计负责人 Marco Pavone、当代著名风光摄影艺术家高磊合影

2. 项目策略

详细解读：通过产品设计师及跨界大咖从各自角度剖析诠释详细解读，使媒体更加深刻了解 CC 的设计之美。

体验感知：跨界大咖现场诠释演绎 CC 之美作品并邀请媒体互动体验，以实操的形式来真切感悟 CC 设计之美。

高端调性：打造豪华惬意的美学鉴赏荟，通过高品质展示物及细节映衬，彰显 CC 的个性和豪华。

扩散传播：让媒体感知 CC 的高端豪华调性与设计理念，并主动进行扩散传播，为上市提前预热。

3. 项目受众

跨界美学设计相关行业大咖，知名汽车媒体及跨界生活艺术类媒体。

项目执行

“美至惊鸿”一汽 – 大众全新一代 CC× 富春山居美学鉴赏荟旨在向媒体解读并诠释 CC“美至惊鸿”的设计之美，为达成良好的互动性与参与感特设置展示互动区，以便媒体深度感知 CC 多面魅力，体现豪华高端感。活动共安排四个体验区，定制专属石膏模型，邀请媒体根据心中对色彩之美的理解，创作出个性并独一无二的 CC。设置品茗互动，感受优雅的内在感悟。全天四个时间段开放高尔夫练习区，集结媒体进行高尔夫互动，感受与 CC 相匹配的生活方式。美学鉴赏荟邀请德国设计师及跨界权威专家讲解 CC 极具魅力、动感与个性的美学设计，嵌入芭蕾舞、T 型台（多用于时装表演的呈 T 形的表演台）走秀等元素，通过个性（服装设计师）、动感与力量（风光摄影师）两方面，邀请极具代表性的 KOL 以 2 个篇章诠释 CC 设计之美。

项目评估

1. 效果综述

“美至惊鸿”一汽－大众全新一代 CC× 富春山居美学鉴赏荟围绕 CC 设计理念，打造 CC 魅力庄园，展现出全方位的设计美学。社会化端通过官方微博进行第一时间的报道传播，打造创意物料 CC 设计解读长图和活动现场美图，并通过 KOL 进行传播，总传播量超 158 万次，总互动量 2161 次。

时尚大片

2. 现场效果

媒体出席率高达 100%，媒体配合度极高，反响热烈，好评如潮。

3. 受众反应

媒体反馈积极，“一汽 – 大众新 CC 如何诠释颜值即正义”“全新一代 CC 演绎惊鸿之美”成为媒体报道的关键信息。

4. 媒体统计

邀请媒体 96 家，落地率达 95%。共收集报道共计传播 241 频次，整体传播总价值超过 2700 万元。

项目亮点

场地选择方面，摒弃传统模式化发布会场地，选用符合 CC 豪华高端调性的富春山居，打造整个庄园无处不在的 CC 概念，进行沉浸式氛围营造，制造传播热点，确保整体活动图片呈现效果。互动环节设置方面，媒体可在庄园内随处拍摄、参与 DIY CC 车模绘色诠释颜 · 惊鸿、用心品茶体会 CC 雅 · 礼悦以及体验高尔夫互动，多维度体现 CC 的魅动美学设计。流程环节方面，柔美芭蕾舞开场、开合屏出车、动感 T 型台时尚走秀、德国设计师解读、权威跨界 KOL 阐述 CC“美至惊鸿”，多个亮点串联整场活动。

亲历者说 关蕊 北京迪思公关顾问有限公司高级客户经理

我认为活动的成功举办离不开 4 个亮点，首先是选址方面，此次美学鉴赏荟打造了一个沉浸式魅力美学鉴赏之旅体验活动，选择调性相符的富春山居，将整个山庄包场打造成 CC 美学庄园的概念，有别于传统常规的在五星级酒店内进行此类活动。其次是跨界 KOL 的选择方面，邀请当代著名摄影艺术家高磊先生以及当代先锋时尚服装设计师张驰先生，分别从各自所在领域以专业的角度对 CC 的惊鸿之美进行深度解读，为 CC 的设计理念进行了权威背书。再次是环节设定方面，嵌入的芭蕾舞开场及外籍模特走秀环节诠释了 CC 的优雅灵动与动感时尚，与活动整体的高端调性也极为匹配。最后是互动性，考虑到活动举办正值世界杯期间，在晚宴的设定方面，摒弃了常规的室内圆桌桌餐模式，选择户外自助长条桌用餐模式，边用餐边看球赛使用餐氛围轻松愉悦，同时有助于媒体间的亲密互动。通过此次活动，我个人也对活动形式产生了新的思考，在环节相对趋同的背景下，如何使此类活动举办得更为丰富创新多样成了日后深度思考的课题。

案例点评

点评专家：孙瑞祥　天津师范大学新闻传播学院原院长、教授，舆情与社会治理研究中心主任

传播力是实现影响力的必要前提，形象塑造是提升品牌价值的重要途径。从这个意义上讲，“美至惊鸿”一汽－大众全新一代 CC× 富春山居美学鉴赏荟，是一次可圈可点的成功公关活动。该活动以提高品牌价值为核心目标，通过精准有效传播，清晰传递了品牌理念，扩大了公众对品牌的认知，全面提升了品牌影响力。

（1）策划理念先进、创意个性鲜明。富春山居的选址别具一格，跨界大咖现场诠释演绎 CC 之美，邀请媒体互动体验，以实操的形式使人真切感悟到 CC 的设计之美，可谓匠心独具。

（2）诉求目标精准、传播手段多元。活动面向跨界美学设计相关行业大咖、知名汽车媒体及跨界生活艺术类媒体，意见领袖定位准确。为达成良好的互动性和参与感，精心设置了展示互动区，嵌入高尔夫互动、芭蕾舞、T 型台走秀等元素，让人体验与 CC 相匹配的生活方式，内容新颖，感召力强。

（3）活动构思巧妙、社会效果凸显。以高超的传播力实现了品牌的影响力，令媒体和公众印象深刻。实现了解读并诠释 CC“美至惊鸿”设计之美、彰显品牌高格调、在上市前提升受众期待的活动目标。

资生堂安热沙夏日营销战役：超常夏日超敢晒

执行时间： 2018 年 3 月 1 日—2018 年 9 月 9 日

企业名称： 资生堂（SHISEIDO）

品牌名称： 安热沙（ANESSA）

代理公司： 上海奥美

获奖类别： 金旗奖——2018 最具公众影响力品牌管理大奖

项目概述

安热沙 2018 年的目标是渗透二、三线市场，其洞察到二、三线消费者对于美好生活方式的向往心态，邀请 KOL 前往与品牌契合度极高的阿布扎比，一起打造充满异域风情、超常向往的品牌创意内容，以吸引目标消费者。2018 年上半年，二、三线市场销售额比 2017 年同期增长 6 倍以上；互动量超预期 57 倍，品牌曝光量超 2.5 亿次。

项目调研

安热沙自 1992 年于日本推出至今，已成为广受好评的专业防晒品牌，并于 2008 年正式进入中国市场，为爱美的中国女性提供适用于不同场合的防晒产品。

在中国，防晒品类的市场主要被一线城市的消费者驱动，因为他们关注护肤并知道防晒对于抑制光老化的重要性。因此，防晒品类在一线城市为红海市场，市场趋于饱和。防晒品牌，尤其是安热沙等领军品牌，都将目光放到了二、三线城市这一尚未饱和的市场，以期达到新的业绩增长，获取新的年轻消费群体。

因此，安热沙把关注点放在二、三线城市消费者被“高大上”的生活方式所吸引，却受限于现实的洞察上。二、三线城市的年轻群体乐于探索，经常关注美妆时尚博主们，渴望拥有像他们一样的生活方式，这正好可以成为品牌内容的绝佳切入点。

此外，相比于一线城市人群，二、三线城市年轻群体拥有更多空闲时间，可选择的娱乐项目却更少，因此特别的娱乐内容和互动可以更好地打动他们，创造深度互动，促进品牌认知普及。

项目策划

1. 目标

（1）消费者认知目标：衡量本次营销活动对品牌知名度和辨识度的影响程度。

消费者认知目标

消费者认知目标	KPI	如何制定 KPI
2018 年上半年曝光量	约 3 亿次	根据 KOL、合作媒体和官方社交平台过往的平均数据统计得出
单次阿布扎比直播的曝光量	300 多万次	根据 KOL 的过往数据平均值得出

（2）消费者行为 / 态度目标：衡量本次营销活动的影响力和对用户的吸引程度。

消费者行为 / 态度目标

消费者行为 / 态度目标	KPI	如何制定 KPI
2018 年上半年互动量	30 多万次	根据 KOL 和官方平台过往的平均数据统计得出

（3）商业目标：衡量本次营销活动对产品销量的影响程度。

商业目标

商业目标	KPI	如何制定 KPI
2018 年上半年二、三线城市 EC（电子商务）销售额	约 1300 万元	KPI 基于 2017 年上半年二、三线城市 EC 销售额

2. 策略

安热沙品牌希望在 2018 年大力加强二、三线城市市场的开发和渗透，并瞄准 18～25 岁的年轻群体，以此作为品牌和销量的增长引擎。

携手明星和 KOL，增加品牌认知度，扩大品牌影响力。

通过异域旅行方式，抓住受众向往美好生活方式的心理状态，让安热沙成为受众向往生活方式的代名词，树立品牌形象，提高市场占有率。

3. 受众

安热沙的现有受众主要为 26～30 岁一线城市女性，2018 年的目标是招募 18～25 岁二、三线城市年轻受众。

从地域和消费水平来看，他们位于二、三线城市，现有消费水平不高但是潜力巨大。

从心理洞察来看，他们羡慕一线城市精致的生活方式，但受限于现实，无法经常出国旅行。

从媒体行为来看，他们是微博、微信、bilibili（哔哩哔哩）等社交平台的主力军，乐于追逐潮流，习惯参与线上互动和分享内容。

4. 传播内容

（1）第一阶段："超敢晒冒险团"。为了从多个角度打动受众，安热沙邀请了 5 位不同领域并深得受众喜爱的 KOL，组成"超敢晒冒险团"，前往阿布扎比经历重重挑战，其中包括知名旅行玩家"猫力"、时尚达人"西门大嫂"、美妆博主"Kenjijoel"、美容达人"小蛮蛮小"以及资深马蜂窝旅行家"张三clover"。

（2）第二阶段："安热沙岛"。由于"超敢晒冒险团"在全国尤其是二、三线城市受到了极大的关注，安热沙确定了以路演的形式，进一步在二、三线城市深入扩散，把阿布扎比的旅游体验包装成“安热沙岛”，作为品牌独创内容，并邀请代言人彭于晏担任岛主，“超敢晒冒险团”成员作为第一批岛民。

5. 媒介策略

为了让更多受众向往体验内容，品牌传播以广覆盖为原则，通过一直播、代言人彭于晏及 KOL 的双微和《ELLE》(《世界时装之苑》) 等媒体进行全国性传播。

为了在二、三线城市深度渗透，品牌传播以深沟通为原则，有针对性地在每一场路演中邀请当地知名的 KOL 和媒体前往直播和报道。

项目执行

（1）第一阶段。

活动通过 KOL 的直播创造娱乐内容，有力展示了安热沙产品超长防晒、遇水效果更强等产品特点。因为阿布扎比是一半是水一半是沙的城市，所以“超敢晒冒险团”可以同时体验日照时间长的沙漠、水上乐园等极限挑战，从而突显出安热沙的产品特点。“超敢晒冒险团”同时产出了大量品牌调性和产品特性相结合的创意内容。其中，“猫力”在水上乐园的直播，打破了她一直以来的直播数据纪录，单场直播观看数超 1600 万人次。

（2）第二阶段。

“安热沙岛”在 2018 年上半年落地到了杭州、无锡、福州等二、三线城市，消费者们可以尽情感受阿布扎比的氛围、与岛主彭于晏 AR（增强现实技术）互动，现场还有天猫“新零售”的无人贩卖机，即扫即得，独特的品牌内容深受消费者欢迎。同时，安热沙为了加强二、三线城市消费者的品牌认知和关注，配合每一场路演都邀请了当地的知名 KOL 和媒体前往直播和报道。

项目评估

（1）消费者认知目标完成情况。

消费者认知目标完成情况

	2018 年上半年曝光量	2018 年上半年曝光量 / 2017 全年曝光量	活动曝光量 /KPI
曝光量	80 多亿次	超 19000%	超 2800%
单次阿布扎比直播的曝光量	1600 多万次	—	超 400%

（2）消费者行为 / 态度目标完成情况。

消费者行为 / 态度目标完成情况

	2018 年上半年转评赞量	2018 年上半年转评赞量 / 2017 年全年转评赞量	互动量 /KPI
互动量	约 2000 万次	超 34000%	超 5800%

（3）商业目标完成情况。

商业目标完成情况

	2018 年上半年 EC 销售额	2018 年上半年 EC/KPI
2018 年上半年二、三线城市 EC 销售额	约 8000 万元	超 600%

项目亮点

洞察到二、三线消费者对于美好生活方式的向往心态，将目光放到了二、三线城市这一尚未饱和市场，把目标受众定位于二、三线城市的年轻人群。

携手受众喜爱的 KOL，通过异域旅行的方式创造受众向往的美好生活，让安热沙成为受众向往生活方式的代名词。

亲历者说 刘艺芃 上海奥美副客户总监

资生堂安热沙进入中国之后一直依靠强劲的产品保持平稳的销量，但是防晒品类产品同质化严重，必须通过品牌的力量抢占消费者的心智，提升对安热沙品牌的向往和认可。所以我们在 2018 年为安热沙设计了全新的品牌策略，通过品牌体验与消费者深度互动，解决他们想享受阳光但怕晒的矛盾心理，并通过大型活动为消费者提供尽情享受阳光玩乐的机会。销售数据和广告价值均显示，资生堂安热沙夏日营销战役：超常夏日超敢晒获得巨大的成功！

案例点评

点评专家：郑亚楠 黑龙江大学新闻传播学院院长、教授

本次活动给受众营造出了一种“优雅不是大城市专属，经典不是世界唯一，繁花可以世俗、细流可以深远”的再造感、新鲜感、独特感和平等感。

（1）对美好生活方式的“打捞”。

防晒产品一贯塑造“高大上”的氛围，殊不知，美的内涵丰富性决定了对它的理解远不是单一维度、一劳永逸的价值评判。安热沙基于对二、三线城市年轻消费者的精准洞察，将重点放在了对美好生活方式的追求上。这完全开启了一种与新的时代对话的思路，让安热沙成为二、三线城市青年向往的美好生活方式的代名词，有效地提高了品牌的知名度和吸引力。

（2）对防晒效果的深信。

面对众多的防晒产品竞争，面对二、三线城市青年的市场选择，怎样才能让目标受众先入为主地“盯”上资生堂安热沙？这无疑是对把追

求美好生活的概念转化为现实购买力的一种考验。资生堂安热沙在资生堂既有品牌多年深耕的信誉基础上，选择了目前青年人喜欢的方式进行营销：其一，通过 KOL 直播强力展示安热沙产品超长防晒、遇水效果更强的突出特点，尤其展示知名旅行博主的防晒挑战，突显了品牌调性和产品特性；其二，通过深入城市的路演，不仅挖掘了新的销量增长点，稳固了安热沙在防晒市场的领军地位，而且展示了品牌价值，让安热沙成为一种生活方式。

小米笔记本新品发布

执行时间：2018 年 6 月 20 日—2018 年 8 月 20 日

企业名称：北京田米科技有限公司

品牌名称：小米笔记本

代理公司：北京驰特营销顾问有限公司（简称：驰特营销）

获奖类别：金旗奖——2018 最具公众影响力品牌管理大奖

项目概述

针对小米游戏本及小米笔记本 Pro 两款产品，以小米游戏本为主打，设计小米游戏本“新性能怪兽”形象，借势国内数码娱乐展会 ChinaJoy（中国国际数码互动娱乐展览会），打造深入人心的形象；实现新品大量曝光，形成品牌区隔化认知。

项目以“觉醒！新性能怪兽”为主题，塑造了以小米游戏本为原型的怪兽形象作为品牌强化，并贯穿了整个执行期，实现了对品牌的精准认知。通过“线上 + 线下”整合营销的方式，整合小米生态链、数码圈、电竞圈为“新性能怪兽”新品造势；预热采用的“怪兽”植入 IP 漫画、全国 400 家小米之家 AR 实景互动、两套倒计时海报、带“米粉”上 ChinaJoy 等创意实现“怪兽诞生”；发布期间展会“性能怪兽”雕塑、H5 游戏带动全场，更有英雄联盟世界冠军、守望先锋国家队等 20 多位知名 KOL 现场用新品开赛；其通过新媒体、PR 和 UGC 综合覆盖性传播，实现新品声量最大化，传播形式和手段精准，让喜爱游戏、“二次元”的年轻人着迷，创造了小米游戏本新的预售纪录。

英伟达、小米、英特尔、京东揭晓新品

项目调研

笔记本市场近年实行以用户为导向的反向定制，游戏本和轻薄本两个细分品类增速迅猛；根据中关村在线调查，2018 第一季度笔记本用户关注的品类，游戏本达 37.28%，占据第一位，游戏本品类热度居高不下，是未来几年笔记本市场的主流品类。

根据 IDC（互联网数据中心）等数据机构调查显示，网游玩家已经超过 3 亿人，群体以学生和上班族为主；偏好对抗性和成长性游戏，守望先锋等游戏是热门；有极高的活力，喜欢酷炫、好玩的风格；购机偏好 DIY 主机和高性价比；对新鲜事物接受度高，是新媒体的主要用户群。其中愿意购买高配置的占总体 15%，预算 8 千元以上用户仍占总体 15%，由此估算小米游戏本新品潜在用户高达 675 万人，用户画像也与新品主推方向十分契合，小米笔记本新品市场前景广阔。

与规格相近的其他品牌游戏本相比，小米笔记本在 CPU（中央处理器）、显卡等核心元件参数相当，外观、性价比等方面则明显更受用户青睐，是能够通过自己鲜明特色获取市场的新品。

而 ChinaJoy 作为国内最大的数码娱乐展会，每年有上百家的知名科技、游戏类媒体全程参与，观展人数达 35 万人次，聚集大量电竞用户，是展现前沿技术、发布最新产品的最佳舞台。举办时间也与小米笔记本新品发布时间相近，可以借势提高传播量。

通过一系列的活动宣传，最大化体现新品极致游戏体验和高配高性价比硬件参数两个侧重面，能够充分引起游戏玩家、“米粉”和一般潜在用户的共鸣，引发更多媒体和行业层面的关注，取得满意的曝光效果。

项目策划

1. 项目目标

让小米游戏本“新性能怪兽”的形象深入人心。

2. 项目策略

聚焦核心游戏玩家，辐射一般用户群体，打造“新性能怪兽”的品牌形象。

3. 目标受众

对游戏类用户而言，重点覆盖喜欢守望先锋、英雄联盟等游戏，对游戏本要求高品质、高配置、高性价比、极具便携性、较高审美需求的中端游戏用户；基本覆盖需要顶级配置的高端电竞用户和玩网游、页游为主的一般游戏用户。

对非游戏类用户，如需要高配置办公的专业人士而言，重点展现配置、性能方面的优势，实现用户转化。

4. 传播内容

以“新性能怪兽”为贯穿整个传播的主题，将小米游戏本形象具现化，其中“怪兽”的心脏、眼睛等分别对应新品的 CPU、显卡等配置，通过酷炫的形象、通俗易懂的卖点，实现对目标用户的传播。

通过破壳诞生、觉醒亮相两个阶段，实现递进式传播直至引爆发布会现场。丰富的传播内容包括线上“怪兽”植入郭斯特《给我来个小和尚》大 IP 漫画、“怪兽巨蛋”空降“北上深”、AR 与“怪兽”实景互动合影、“怪兽”主题悬

念倒计时海报、“米粉”祝福视频等创新性传播，和线下 H5 游戏、新品发布会、拆机评测、主播与职业选手对战等能够产生丰富 UGC 内容的精彩环节，创造了多个诸如“小米空调本”（一键散热功能）等可以被持续口碑传播的笑点、段子。

5. 媒介策略

新媒体层面，预热期以微博为主渠道，微信、小米论坛跟进，通过大 V 郭斯特、小米传播矩阵、垂直 KOL、参展嘉宾、“米粉”递进式传播，全程保持热度，为发布会造势。爆发期通过科技、游戏媒体多类型评测实现全网覆盖；长尾期通过用户晒单活动引发自动口碑传播。整个项目期间覆盖 1 亿以上人群。

直播层面，发布会以斗鱼等游戏平台，小米、京东等电商平台 12 家平台视频直播，媒体文字直播；展会全程战旗直播，充分体现新品强势性能，并有效引导了用户在 B 站（哔哩哔哩）的视频自传播，总计播放量超 700 万次。

PR 层面，多角度稿件覆盖，通过门户网站、科技游戏垂直媒体，在行业和用户中有效发声。

项目执行

小米笔记本新品发布，是由小米笔记本主办，驰特营销执行，全程涉及 28 位多领域 KOL，并与英特尔、英伟达等 8 个品牌进行资源置换的大型活动。

为了让用户更了解品牌的个性，更有情感主张，更能直观感受游戏笔记本内在，设计了从破壳到成年的“怪兽”形象，并用平面、3D（三维）等多种形式衍生了“怪兽”周边，不断加深受众认知。将“怪兽”主题通过软植入的方式，让“新性能怪兽”“小米笔记本 ChinaJoy 不见不散”等核心信息深入人心，进而实现用户转化。

项目从 2018 年 7 月中旬开始正式上线，设计了以天为单位的精准排期，依靠长达 1 个月的提前准备，通过多次和 KOL、技术团队、活动场地方等多方协调会议，最终实现了高度配合，让预热传播能够由点及面、层层推进，在一般用户和精准的科技、游戏、“米粉”垂直圈层中按时间顺序重叠性传播，保证了在 ChinaJoy 可以直接引爆的传播热度。

展会期间，20 位以上的 KOL 都有专属的执行手册，保证其在赛事等环节的配合，保证了流程的正常进行；与合作品牌方，在舞台流程等环节进行了多次彩排，保障实现资源的最大化利用。

从 2018 年 6 月末开始采用 3D 打印等先进技术进行“怪兽”雕塑打样，多次对施工工厂进行考察，以保证搭建时效性，让最终展区还原度高达 98%；网络团队、直转播团队、导演团队每天都进行流程梳理，保证各类游戏赛事和演艺环节的衔接，实现对参展观众的吸引力；线上传播团队也及时发布图片、视频、文章等内容，保证受众不来到现场也能体验同样的乐趣，还为小米游戏本拍摄了所有 KOL 的证言视频，用于后续 UGC 传播。

项目评估

1. 效果综述

预热期，通过多维度、多类型的线上和线下传播活动，实现了科技、游戏垂直领域的高曝光和高讨论度，仅郭斯特漫画传播就覆盖 2000 多万人，形成全网期待，多位各领域 KOL 自发传播，还来到 ChinaJoy 的展会现场。

爆发期，通过线上新媒体、直播，线下全明星赛事、职业选手主播赛事、新品体验和 H5 寻宝等多种形式，实现全网讨论，百度指数展会期间日均增长 3.38 倍，同时展区爆满，日均客流 3 万人。

长尾期，结合 ChinaJoy 的精彩内容和促销内容，出现了阅读量超百万次的稿件，用户自发产出大量高质量 UGC 内容，新品预约量刷新纪录。

最终在整个传播期间，小米笔记本线上传播覆盖人群超 1 亿人，直播观看量超 700 万次；小米笔记本展台每日人流量高达 3 万人，产生多篇阅读量超 10 万次的爆款文章，游戏本新品预约首开 1 小时预订量便达 2 万台，有效达成了新品亮相发布、巩固小米生态链、提升小米笔记本综合影响力的优异效果。

2. 现场效果

展区充满各种“怪兽”的元素，成为 E4 馆众多展区中极为引人注目的展台。英雄联盟和守望先锋的职业选手、主播亮相更是引爆全场，吸引了许多观众前

小米笔记本新品发布会上，主播、职业选手与观众合影

来观战。后方产品体验区也全部爆满，大量媒体、KOL、用户争相体验。H5 游戏也是排起数米长队，ChinaJoy 期间每天均有 1 万～2 万人参与；高达 2 米“怪兽”雕像更是成为合影必备的网红地点，在众多现场报道中惊艳亮相。

3. 受众反应

预热期，郭斯特漫画植入反响极高，“怪兽”形象深入用户；AR 实景互动的创新玩法，吸引了全国众多“米粉”前去门店参与；倒计时海报更是被用户形容为“文案鬼才”，转载热度高。

英雄联盟、守望先锋的职业选手、主播的对战和水友赛，吸引了大量游戏核心用户专程前来，在体验区咨询新品并现场下单，创造了很多小米相关的视频再创作、流行语。邀请的媒体、KOL 也自发多天在展区体验。

4. 市场反应

小米游戏本新品首发 1 小时预约量便超过 2 万台，ChinaJoy 期间预约量超过 10 万台，不断刷新纪录。“新性能怪兽”形象深入人心，概念也被多家知名手机、笔记本厂商沿用，成为数码产品市场大热描述语。

5. 媒体统计

现场参与发布会媒体 20 家，来自门户和科技、游戏垂直媒体，产出了多篇优质的现场发布会报道和新品测评稿件。自主发布稿件 8 篇，网络媒体共发布 240 频次，预计阅读量超 1500 万次，单篇单个媒体稿件最高阅读量超 100 万次。此外，受邀拆机的 KOL 奥拉猪汪发布专业评测，阅读量不到 1 小时超 10 万次。

项目亮点

1. 预热期

微博郭斯特漫画一经发布便入选当日动漫热门精选；数字尾巴等多家科技KOL自发参与AR活动，并发微博；受邀的战队、主播发布“怪兽”与战队两种主题倒计时海报引爆整个游戏圈，“米粉”积极参与送祝福去ChinaJoy活动，成功多领域聚焦小米笔记本。

2. 爆发期

搭建上，充分体现“怪兽”元素，舞台和体验区实现了功能隔离，展区中央的“怪兽”和小米游戏本拆解模型更是吸睛利器，实现了搭建创新。

内容上，举办英雄联盟、守望先锋主播与现役电竞战队比赛，守望先锋全明星主播阵容同台，并和“粉丝”进行互动，还有铁拳等游戏巡回赛，全程搭配直播，实现了赛事创新及多个圈层的用户体验，并产生了多个游戏梗。

带“米粉”去ChinaJoy等活动，也考虑了非游戏群体的辐射，将多种用户做了重叠曝光。

亲历者说 杜芮 北京驰特营销顾问有限公司客户经理

本次小米笔记本新品发布，是全年营销的重点。秉承“因为米粉，所以小米”的企业精神，我们设计了大IP植入、AR实景互动、电竞赛事等多种媒介形式的传播，只为给用户带来专业、极致的新品体验。

在我们的协助下，活动有效实现了新品在科技、游戏垂直领域大量曝光，通过多种全方位展示性能的环节积累了新品口碑，提升了品牌声量，拓宽了用户群体，刷新了预售纪录。

本次活动挑战很大，单ChinaJoy期间比赛采用的游戏，就经历过3次变动，传播内容、KOL阵容也都随之进行数次更改，在档期很紧的情况下执行了漫画内容创作、AR、H5的技术开发、守望先锋全明星阵容等多个需大量协调的环节，最终产品销量也回应了我们的选择和努力。

为了保证高效推进，核心执行团队由6人增加为11人，2018年7月以后，

所有人全月无休，甚至有两位成员在高烧情况下仍然坚持了工作，保障了活动的顺利推进。

案例点评

点评专家：张猛　方太集团品牌总监

从 2016 年小米笔记本推出到 2018 年小米游戏本新品上市，小米笔记本以“品”为“牌”，对品牌丰富与深化，包括针对核心目标人群进行比较清晰的分析，通过配套系列动作完成小米笔记本新品发布，其亮点如下。

（1）新品形象 IP 化。借助郭斯特漫画 IP 传递“新性能怪兽”产品认知，将产品及其配置生动形象表达，并始终贯穿本次活动中，做到线上传播、线下落地、二次传播、UGC 内容的统一，是一次比较好的整合营销，让产品快速被用户理解和记住。

（2）圈层营销运用炉火纯青。“因为米粉，所以小米”，小米始终抓住“米粉”的需求，从而带来小米产品的诞生，抓住核心游戏用户，从热门的专业赛事明星阵容，到现场对战活动，打通“发布 + 展会 + 预售”一系列连贯动作，激发从核心圈层到最大范围的目标人群对新品发布的关注和购买。

康师傅女排 21 碗面营销

执行时间：2017 年 12 月 9 日—2017 年 12 月 15 日

企业名称：康师傅控股有限公司

品牌名称：康师傅

代理公司：北京博睿创维体育发展股份有限公司

获奖类别：金旗奖——2018 最具公众影响力品牌管理大奖

项目概述

DIY 面是康师傅新产品，需要着重通过营销展现产品属性和特点，康师傅借助郎平生日这样一个特定时间，用女排队员为恩师、长辈做生日面的创意作为产品展现和口碑输出的窗口，形成了当日体育圈传播热点，吸引了各路媒体报道，产品与品牌通过事件获得了高曝光度，树立了受体育明星欢迎的正面品牌形象。

项目调研

1. 背景

根据尼尔森数据显示，2017 年康师傅方便面销售额占有率达 50.6%，稳居市场第一位[①]。快消食品行业受消费产业升级等因素影响增长率有所放缓，随着

① 《2017 年中国方便面产销现状分析　销量下滑、但仍是方便面全球最大市场》，https://www.qianzhan.com/analyst/detail/220/180613-b03e03e3.html，2018-06-13。

消费者的健康意识的完善，快消食品行业急需由内向外转型。

在此过程中，康师傅确立了提升品牌力、持续引领行业、培养下一代、强化民族品牌四大目标，进行全面发力。然而，“方便食品不利于健康饮食、消费方便产品的行为与高品质健康生活相矛盾”的观点，对品牌和产品有消极影响，需要企业通过针对性的营销传播逐渐改善大众的观念。

2. 可行性

（1）女排队伍是中国消费者关注的焦点，具有明星效应。郎平和她的队员们在微博上拥有数量众多的“粉丝”。

（2）女排队员和体育媒体在郎平生日当天为郎平送祝福是近年体育圈惯例。

（3）郎平对中国女排的贡献巨大，代表着女排精神。她的生日值得被大众记住，事件关注度高、传播力强。

（4）生日吃长寿面是中国传统习俗，康师傅面品可与生日场景结合。

（5）DIY 面产品用料丰富、营养健康，选择空间大、烹饪效果好，21 碗风味各异 DIY 生日面的创意完美切入产品特性。

（6）21 碗来自五湖四海的各式各样地方特色面的集中呈现和为女排功勋郎平庆生的场景可引起受众情感共鸣，利于传播。

项目策划

1. 目标

品牌层面：延续康师傅支持中国体育事业的品牌形象，强化康师傅女排 IP，提升康师傅品牌美誉度。

产品层面：传播康师傅安全健康的产品本质，全面升级产品新吃法、新场景，彰显产品蕴含的情感纽带内涵。

2. 受众

全行业大众消费者。他们易受舆论影响，若加以合适的引导，就可以改变其消费行为模式。

关注体育资讯、重视饮食健康的人群。该人群目前在我国增长率高、消费潜力大；爱好运动、重视膳食，可填补品牌的受众缺口，是对品牌整体受众的补充，能让企业发力中高端产品的品牌战略有效实施与拓展，进一步印证品牌形象。

中国女排“粉丝”、排球运动爱好者：具有女排情怀、崇尚女排精神，认同以郎平为代表的女排 KOL；年龄结构大致呈正态分布，有可观的消费能力与需求。

3. 策略

女排主帅郎平的生日当天，21 名队员亲自动手，分别为恩师做一碗风味独特的生日面。

项目执行

1. 创意执行

（1）设立 # 生日面接龙为郎导祝寿 # 话题，组织女排弟子线上为郎平送上生日祝福。

（2）多位郎平亲自执教过的女排弟子以康师傅 DIY 面为原料做生日面，线下为郎平庆生。

（3）将“21 道弟子生日面”视频及图文整合汇总，细分不同的传播重点，产出体育线、社会线、美食线、亲子线四类传播内容，分别在相应渠道传播。

（4）对于传播内容的留言给予实时引导；从郎平对女排贡献、生日吃面传统以及郎平与女排队员的师徒情谊等多方面进行二次引导和维护。

2. 传播渠道

传播针对特定传播时间和传播内容，关键传播渠道为 KOL 自媒体和手机门户客户端。

传播内容偏向品牌文化与产品输出，相较短篇报道，更适合以图文形式传播。目标受众年龄跨度大，在线上图文、视频传播的同时也需要兼顾电视等传统传播渠道。

传播时间限定为郎平生日当天及此后一日，就热点事件——女排主帅郎平生日和现役女排队员为恩师做面等高流量话题进行时效性极强的全渠道井喷式

传播，具体渠道包括：21 名 KOL 运动员在内的 29 项微博自媒体；腾讯、新浪等 14 个移动客户端；CCTV5 专题报道；新华社报道；微信、微博流量大号；各大视频平台等。

项目评估

在传播周期内，微博话题 # 郎平生日快乐 # 热度明显，阅读总量达到 2327 万次，为预期的 232%，曝光度极高，进而吸引到多家知名媒体跟进，使影响力再次升级。

各渠道传播 KPI 均超过预期，朱婷等现役知名 KOL 运动员的图文视频内容关注度高；传播过程中品牌露出度高，传播效果良好，受众评论丰富，微博及门户客户端正面评论比例远超同类。

康师傅女排 21 碗面营销借助郎平在体育界的影响力展现了产品特性和食用场景，众弟子为郎平生日送祝福的热点事件吸引了众多媒体与受众的关注。

利用事件传播，把 DIY 面定义为“为你所爱所尊敬的人所制作的料理”，在企业品牌升级的背景下向受众讲述了一个合理的情感营销故事。利用郎平、朱婷和众多女排队员的亲身体验式产品背书，向受众展示了 DIY 面中可能蕴含的情感寄托，制造并升华了产品寓意演示；印证了企业希望传递的产品内核。

项目亮点

（1）明星效应：借助郎平及女排队员的人气，吸引大众关注。

（2）讲好故事：康师傅品牌润物细无声的产品植入，帮助讲述 21 碗生日面的故事。

（3）主打情感牌，制造话题引关注。

（4）多家媒体跟进，影响力升级。

亲历者说 李宜泽 北京博睿创维体育发展股份有限公司项目总控

这次营销呈现了一个队员们为庆祝教练生日而努力做面的故事。康师傅将自己的DIY面产品植入，通过情感营销的方式顺利赢得受众好感。

这次康师傅女排21碗面营销之所以能引爆，是因为以下几点。

女排队伍是中国各体育团队中成绩突出的体育团队，也一直是中国消费者关注的焦点。郎平和她的队员们在微博上拥有数量众多的“粉丝”，借助她们的良好形象与康师傅品牌关联，可持续制造好感。

这次的品牌植入并没有简单粗暴地吆喝产品，而是将康师傅的新品DIY面作为一个元素植入故事中。从女排队员对郎平的尊重爱护中，消费者可以看出这是健康营养充满爱心的面。

跟随女排队员，“粉丝”也纷纷为郎平做面送上祝福，在微博等平台上形成话题发酵，扩大影响。

名人参与，用户跟进，多家媒体关注并转发了这次话题，事件影响力进一步升级。

案例点评

点评专家：杨丽萍 广西财经学院公共关系学系主任、副教授

康师傅是占据中国方便面市场半壁江山的品牌，有较高的知名度。但同时面临着产品销售增长率有所放缓的问题。如何在自媒体时代更好利用KOL自带流量和“粉丝”效应，吸引目标受众的注意力，增加受众对品牌和产品的认可度和黏性，就成为康师傅品牌提升和产品战略转型升级中必须要面对的课题。

康师傅女排21碗面营销正是解决企业市场转型需求的一次典型的事件营销成功案例。事件营销是指通过策划、组织具有新闻价值及社会影

响力的事件，引起媒体、消费者等社会公众的兴趣与关注，以求提高企业或产品的知名度、美誉度，树立良好品牌形象，最终促成产品或服务销售的营销手段和方式。成功的事件营销需要把握好以下关键点：具有明确的主题；具有特定的目标受众；具有较高新闻价值；注重传播效果等。该案例的成功之处可以归纳为以下几点。

（1）巧妙运用热点事件开展事件营销，传达 DIY 面的核心理念。DIY 面是康师傅新产品，市场认知度较低，需要着重通过营销展现产品。同时品牌层面需要提升康师傅美誉度。康师傅正是利用国家女排教练郎平过生日的特殊时机，通过精心策划、组织女排弟子为郎平制作生日面，非常巧妙地将郎平生日庆生活动与中国传统的吃长寿面习俗紧密联系起来，运用事件营销，传递康师傅 DIY 面清晰的品牌理念和形象；实现了 DIY 面产品特性的有效传播。

（2）精心策划与企业公关目标一致的事件，强化品牌形象。康师傅一贯打造健康安全和支持中国体育事业的民族品牌形象。热点事件策划也紧紧围绕这一企业公关目标展开。康师傅通过整合线上和线下传播手段，制造具有新闻价值的热点事件，吸引社会公众、媒体广泛关注；利用女排和郎平自带的“粉丝”流量效应，激发公众、“粉丝”等的兴趣，从而形成二次传播，扩大社会影响力。

（3）充分利用自媒体传播手段，打造消费场景强化消费体验，多维度讲述品牌情感故事。整合运用 KOL 微博自媒体、移动客户端；主流媒体专题报道；微信、微博流量大号；各大视频平台等多渠道立体传播，最终助推康师傅品牌理念和 DIY 面新品的核心诉求得以快速广泛传播。从而实现了新闻效应、广告效应、品牌效应和口碑传播效应；获得经济效益与社会效益。全面提升康师傅企业和产品的品牌知名度及美誉度。

走进不一样的富士康

执行时间： 2018 年 4 月—2018 年 6 月

企业名称： 富士康科技集团

品牌名称： 富士康

代理公司： 北京汉诺睿雅公关顾问有限公司

获奖类别： 金旗奖——2018 最具公众影响力品牌管理大奖

项目概述

2018 年恰逢富士康在深圳设厂 30 周年及富士康工业富联上市，富士康希望通过一场品牌活动激发社会对品牌的全新认知。为此，走进不一样的富士康通过讲述 30 年来的感人故事，把富士康对员工和社会的关爱释放出来，用新的标签替换过去负面认知；用一串串可信数据，展示出品牌在科技、互联网、工业制造领域的建树，让富士康技术实力进入“高光时刻”。

通过走进不一样的富士康，加之系列高峰论坛，富士康的高科技、责任感、有情有义的形象，得到了深入展示，也为富士康工业富联上市挂牌做了必要的信息铺垫。

项目调研

2018 年是富士康深圳设厂 30 周年，及工业富联上市之年，对于富士康来说，这是品牌形象的分水岭，也是修复品牌声誉的关键一年。

在此之前，富士康被不实负面新闻缠身，虽然时隔多年，但品牌形象迟迟没有翻新。此外，近年来富士康在科技、人文和员工关怀上有了巨大进步，企业也从制造业向科技行业转型，工业互联网更是拿到了上市的通行证。

基于上述背景，企业期望通过走进不一样的富士康，让社会见识不一样的富士康，认可富士康新面貌。

项目策划

1. 传播目标

通过传播向大家揭开富士康的神秘面纱，并帮助富士康扭转不利印象，建立人文关怀的正面形象；扭转“代工厂”印象，树立科技前沿创新进取的企业形象。

2. 目标受众

行业：关注行业领军企业的动向，热衷制造业转型相关话题。

员工：在企业里寻找尊重和价值感，期待看到更广阔的发展前景。

投资者：关注富士康工业富联上市后的企业前景与价值空间。

媒体：希望探寻富士康作为发展样本的社会价值。

产业链与关联者：希望从中找到富士康未来发展方向，寻找新合作契机。

3. 策略与方法

讲故事：找到基层员工，走进富士康的园区，深度挖掘 30 年来的温情故事、幸福文化、人才培养、公益关怀等内容，通过一个个真实的故事，向世人展示富士康不为人知的一面，激起世人探寻新富士康的欲望，改变以往的负面印象。

亮数据：富士康曾经代表着中国制造的高水平，现在正由中国制造向中国智造转型。用事实说话，将富士康 30 年来专利技术、科技创新、产品产业等数据化，着重体现 30 年来其取得的科技成果。

做互动：打开富士康的大门，让大家走进来，亲眼去看，亲耳去听，了解一个更真实的富士康。同时跟行业、媒体和大众互动起来，全方位展示不一样的富士康。

4. 传播内容

以“三十而立　智造未来”为传播主题，通过对30年历程的盘点和回顾，重点突出富士康30年对国家经济、区域就业、员工关怀等各方面的贡献，通过对富士康未来30年的展望和规划，突出富士康与产业、经济的紧密关系。即未来30年，富士康将通过应用人工智能、更迭专利技术、布局工业互联网，助力中国制造向中国智造转型。

项目执行

1. 预热期：小而美

前期预热从小处着手，通过一个个发生在员工身上的小故事折射出富士康30周年来的历史变迁。通过抖音，将员工丰富的日常生活和多才多艺展示给大家，另外还邀请媒体进行了一次“实况采访”，富士康的人文历史、员工福利、公益关怀等不言自明。

2. 执行期：强有力

2018年6月，富士康30周年庆系列活动陆续举办。高峰论坛、内外部展览、员工同乐会盛典、88回娘家等活动将全新的富士康带到大家面前。通过邀请媒体走进富士康（参观园区、参加系列活动），媒体系列访谈，媒体及企业直播，KOL及新媒体扩散等多渠道多角度，逐步释放活动信息，引起话题讨论，制造热点，从而将活动推向高潮。

3. 后续期：有深度

对富士康的转型升级进行深度思考。通过系列总结和回顾，展示富士康30周年的成果，并通过中央电视台《国家财经周刊》、凤凰卫视《领航者》等系列媒体的CEO（首席执行官）访谈，深度解读富士康的30年及未来战略发展。

富士康“三十而立　智造未来”实体经济与数字经济融合发展高峰论坛

项目评估

富士康的正面信息比例大大提高，企业形象从刻板向科技温情方向转型。

富士康工业富联上市当天媒体做了大篇幅报道，当天股票大涨，前 3 天涨幅累计达 81%。

传播期百度指数呈大幅上升状态，均值提升 200%，活动期舆论最高峰提升 1300%。

项目亮点

将企业 30 周年与国家改革开放 40 周年相联系，提升了高度和影响力。现场布置处处体现了富士康的科技创新，如舞台屏幕使用了富士康最新的 8K 大屏；将故宫的《清明上河图》，通过富士康的 8K 技术，现场展示给大家，引发现场观众的 UGC。多平台直播联动，除了官方微信直播、媒体直播等，还将直播接通到各园区内，引发百万名员工及网友同时在线观看。

亲历者说 **魏宗杰 北京汉诺睿雅公关顾问有限公司文创事业部负责人**

本项目最大的难点在于大众心中固有的印象太过根深蒂固，相比于空白品牌的传播，富士康的传播更需要关注危机层面的反弹，由于工业富联上市在即，品牌信息及上市信息传播也非常重要。因此，戴着枷锁跳舞是我们给这次工作下的定义。在执行过程中，我们也时刻关注品牌传播引发的社会反馈，尽量避免信息被过度解释和放大。执行过程中，我们也深入富士康业务一线，去采集人物故事样本，找到老员工了解当年故事，每一次采访对我们都是一次洗礼。正是有深入一线的经历，才让我们能写出有血有肉的故事，感动更多人。

案例点评

点评专家：李兴国 中央党校（国家行政学院）教授、中国公共关系协会常务副会长

企业公共关系的关键是实事求是、对症下药，本案例的优点如下。

（1）注重调查研究，敢于直面问题，不讳疾忌医。

（2）策划思路正确。

（3）传播有针对性，注重分类传播。

（4）传播手段生动。初步实现通过传播活动，传递清晰的品牌理念，扩大公众品牌认知，全面提升企业或产品的品牌知名度及美誉度的初衷。

（5）项目评估比较具体，有说服力。

佛山高新区国际咏春拳大赛

执行时间： 2018 年 3 月—2018 年 12 月

企业名称： 佛山高新区管委会

品牌名称： 佛山高新区管委会

代理公司： 佛山高新区品牌公关协会

获奖类别： 金旗奖——2018 最具公众影响力品牌管理大奖

项目概述

佛山武术文化源远流长，具有深厚的人文积淀，而佛山高新区核心园区所在地狮山镇更是咏春拳一代宗师叶问的故乡，拥有深厚的咏春文化底蕴，在中国武术发展史上具有重要的影响力。

本项目得到了国家体育总局武术运动管理中心支持，省武馆中心和省武协的主导，由佛山高新区承办，中新社、外交学院等单位协办。在 2018 年区域协调发展与精准扶贫成果报告会上，佛山高新区分享了本项目情况，因而荣膺中国“2018 十佳最具投资营商价值园区”称号。

项目调研

咏春拳是武术的一个优秀拳种，它具有科学的原理，简洁有效的招式。早年因叶问传至中国香港，其徒弟梁挺等人把咏春拳推广到海外。2008 年以来《叶问》系列影片的热映，使得越来越多的国人对咏春拳熟悉并认可，自此之后，国内形成咏春拳学习热潮，而被誉为“一代宗师”的叶问正是佛山人，因此以咏春拳作为文化内涵注入佛山高新区，有助于形成新风气，提升城市品位。

专家团的综合调查报告分析得出，佛山高新区咏春拳品牌具备历史性、技击性、大众性、时尚性和娱乐性等特性，把握其发展规律，根据其相应的特点制订项目方案，有助于积极引导，促进其发展。

项目策划

1. 项目目标

希望通过筹备国际咏春拳大赛及大赛内容下的一系列公关活动，擎起弘扬咏春文化的大旗，运用城市公关的营销策略，最终把佛山打造成世界闻名的“世界功夫之城”。

2. 项目策略

（1）城市品牌定位：佛山高新区将以“世界咏春文化交流中心”作为城市定位，这不但为佛山高新区市民所熟悉，更能反映本土武术文化的独特形象。

（2）城市形象塑造：把城市的内涵用物质的形式展示出来，让其成为一种更容易被理解的实体。塑造城市形象就是把城市的思想宣传出去，让更多的人了解，赢得世界的认可。如叶问纪念馆、叶问咏春文化研究院、南海青少宫青少年咏春拳训练班、罗村咏春体验公园等宣传阵地及城市旅游点建设。

（3）城市事件营销：城市的受众通过参与交流论坛、文化娱乐、体育赛事三大类别的城市事件获得对城市的直接感受，进而加深对城市的认知。

3. 项目受众

全国咏春文化爱好者及游客。

4. 传播内容

通过佛山高新区国际咏春拳大赛等一系列城市事件营销，塑造城市形象，提升城市知名度，在市民心目中打造佛山高新区是“世界咏春文化中心”的一对一的品牌联想。

5. 媒介策略

动用不同领域媒体资源宣传项目，务求报道全面到位。

（1）电视媒体：中国中央电视台、佛山电视台、广东卫视。

（2）平面媒体：《新快报》《珠江时报》《南方日报》《南方都市报》《信息时报》《佛山日报》《羊城晚报》《珠江商报》《南方工报》《广州日报》。

（3）网络媒体：百度新闻、腾讯新闻、新浪新闻、搜狐新闻、网易新闻、今日头条、抖音、喜马拉雅、行动派、界面新闻、活动行、动脑、好奇心日报、36 氪、虎嗅、知乎、一直播。

（4）门户网站：佛山新闻网、网易、搜狐、腾讯等。

项目执行

1. 预热期：2018 年 3 月—2018 年 4 月

为项目开展前期宣传，拉动受众关注与参与。

开展项目："我的功夫秀""咏春微课堂"；咏春进校园、进村（居）；《极限挑战》佛山咏春篇。

2. 启动期：2018 年 5 月—2018 年 7 月

全面启动项目，提升项目影响力。

开展项目："叶问回家"甄子丹、张晋等《叶问 3》剧组成员拜访佛山；3167 人打咏春创造新的吉尼斯世界纪录；佛山咏春无影手创造吉尼斯世界纪录；粤港澳咏春拳精英交流赛；ONE SHOW 佛山高新区宣传形象征集活动。

3. 高潮期：2018 年 8 月—2018 年 11 月

旨在持续项目宣传，引爆知名度。

开展项目：《问道南海》系列专题片登陆凤凰卫视；中外青年"功夫之城"修学之旅；"世界功夫之城"武术文化国际论坛；第四届世界咏春拳大赛。

4. 持续期：2018 年 12 月

在国际咏春拳大赛结束之后，与合作媒体对大赛期间的精彩花絮进行汇编，就国际咏春拳大赛回顾报道，着重国际化文化交流角度，突出表现国际咏春拳

纳斯达克大屏宣传

大赛的特点，持续宣传项目，固化佛山高新区“世界咏春文化中心”的城市形象，并开始筹备 2019 年项目，做好铺垫。

开展项目：申请国家级非遗项目；佛山高新区第四届国际咏春拳大赛“刷屏”美国。

项目评估

1. 现场效果

佛山高新区国际咏春拳大赛已举办 4 届，本届咏春拳大赛被誉为政府及业界高度重视与支持项目、权威认证比赛、超大规模的咏春文化盛典以及宣传力度广泛活动，活动现场累计观看人流量约 100 万人次，是佛山高新区对外宣传重要项目之一。

2. 媒体统计

本项目宣传范围覆盖佛山高新区重要主干道户外广告牌、广佛地铁、广州白云机场、北京高铁站、中国中央电视台、凤凰卫视、纳斯达克大屏、纽约时代广场等多个国内外高端平台，共吸引 34 个国家、185 个拳馆及机构、3000 多

名武术爱好者、100 万名市民与游客参与，宣传浏览量达 9523.9 万人次之多。

项目亮点

1. 政府及业界高度重视与支持

佛山高新区国际咏春拳大赛由国家体育总局武术运动管理中心、广东省武术运动管理中心、广东省武术协会主办，佛山国家高新区管委会承办，以及中国新闻社广东分社、外交学院体育对外交流研究中心、南海区文化体育局、狮山镇人民政府、佛山市体育总会、佛山咏春拳总会等多个单位协办。全市咏春拳馆均参与其中，并获得叶问长子叶准的鼎力支持。

2. 权威认证比赛

获得国家体育总局武术运动管理中心支持，加蓬国家武术协会主席本扎，一代咏春拳宗师叶问的儿子叶准、外甥卢文锦师傅，香港洪拳名家刘家勇师傅，澳门咏春国术总会会长麦国根等武术界重要代表均出席了本次活动。

3. 超大规模的咏春文化盛典

先后在佛山高新区、贵州、杭州、北京、澳大利亚、德国、瑞士、加拿大、法国、英国等多个地区及国家设置海选专场，34 个国家 3000 多名选手参加选拔，最终 1686 多名选手晋级决赛，参与最终咏春文化盛典。

案例点评

点评专家：陶西　益海嘉里食品营销有限公司电子商务、数字化营销总监

独特的地域文化是记忆符号，是稀缺资源，佛山高新区巧妙借力一代宗师叶问故乡和咏春拳文化推广自身品牌，打造城市名片的做法很有新意和社会价值。

佛山高新区对外部公众和投资者而言都是陌生的，而叶问和咏春拳通过影视作品和武术传扬广为人知，既是本土符号，更是超越地域性的通识元素。佛山高新区通过围绕国际咏春拳大赛的一系列事件营销和整合传播，塑造“世界咏春文化中心”的品牌形象，全面拉近了佛山高新区的公众认知和关注，将商业推广项目与地方人文、地域文化结合，相得益彰，传播效应倍增，为有潜力的二、三线城市推广和品牌建设提供了一个可资学习借鉴的模板。

宜信普惠《战书》

执行时间：2017 年 8 月 31 日[①]

企业名称：宜信普惠信息咨询（北京）有限公司

品牌名称：宜信普惠

代理公司：普信恒业科技发展（北京）有限公司

获奖类别：金旗奖——2018 最具公众影响力品牌管理大奖

项目概述

作为 2017 赛季中国足球协会杯赛、2017 赛季中国足球协会超级杯赛的官方合作伙伴，宜信普惠品牌营销方向在战术上定位为体育营销，推出了足球主题的 TVC（电视广告影片）《战书》，与亿万球迷互动，并将其推至最高潮。

《战书》微电影描述了一位少年为了帮助酷爱踢球的父亲完成人生最后一场比赛，给 2001 年闯入世界杯的中国老国足队员们写信，希望他们出现在比赛现场。足球的精神内核，体现了宜信普惠服务广大小微人群，助力每个中国人实现中国梦的企业愿景。

项目调研

近几年互联网金融机构兴起，行业鱼龙混杂，很多用户谈之色变。宜信普

① 本活动执行时间为 2017 年 8 月 31 日，活动后续传播影响延续至 2018 年。

惠是从事普惠金融业务13年的专业品牌，专注为广大小微企业主、个人提供借款咨询服务，帮助他们提升生活品质，实现更美好的生活和人生梦想。宜信普惠迫切需要从品牌上区别于其他机构，形成独家竞争力。金融品牌不同于其他产品，没有实物、无处不在又无法具象描述，尤其是宜信普惠核心的科技能力、风控能力，更是难以具象化；宜信普惠需要新一轮的品牌升级营销活动，打破受众旧的认知，让“专业”“金融科技”等核心概念，被受众认可。

足球是世界性的语言，足球梦是中国人共同的梦想。宜信普惠通过足球与品牌受众展开对话，借此塑造品牌性格。宜信普惠所提出的“赢无止境”“精彩每一个中国梦”，正是将足球代表的激情和梦想，以及人们日常生活中的拼搏和奋斗融合在了一起。在此基础上，宜信普惠将全线业务在金融科技语境下进行梳理，通过《战书》微电影突出夯实宜信普惠在中国的行业地位和业务实践。

项目策划

1. 目标

让品牌出现在用户最喜欢的事情、最喜欢的场景里，为品牌指数带来环比100倍的增长。

2. 3F 策略

FUTURE——以科技和灵感启发用户对于未来的思考。

FAITH——品牌即信仰，值得信任，且具备精神上的领导力，让用户成为品牌“忠粉”。

FUN——创造与生活息息相关的场景，以参与、魅力、情怀、愉悦让金融变得通俗易懂。

3. 受众人群

年龄20~55岁；男性为主；有房贷、车贷，人生正处于上升期，有创业想法等。

主要选择2个一线城市（北京、上海），10个重点城市（沈阳、天津、南京、杭州、广州、郑州、武汉、长沙、西安、成都）。

4. 媒介策略

按照预热—引爆—持续升温—宜信普惠金融理念—案例包装执行，这几个

关键的节点中，分别在不同的传播渠道制定了对应的传播方式。

预热：首发《战书》微电影海报，花絮刷屏占领朋友圈。

引爆：2017 赛季中国足球协会杯赛事结束后，零点朋友圈卡片广告“霸屏”，微博打榜话题升温，线上引发集体怀旧。

持续升温：结合荣誉之战聚力体育 PPTV 平台，《战书》开启二次传播，与此同时在知乎引爆话题，宜信普惠占领 10 个城市的日报。

宜信普惠金融理念：发布宜信公司创始人、CEO 唐宁先生深度稿件，植入宜信普惠金融理念，拔高品牌立意，占领舆论阵地。

案例包装：通过新媒体 KOL 解读品牌案例，同时发布唐宁以及宜信普惠高管的深度稿件。

5. 策略分析 + 投放效果分析

（1）决胜时间点 + 情感内容 + 科技助力。

2017 年 8 月 31 日国足“绝杀”乌兹别克斯坦，在朋友圈引起了不小的轰动，宜信普惠在这个时间点上发布微电影《战书》，请来范志毅、李玮锋、马明宇、李毅、杨晨、徐阳、符宾、于大宝、张稀哲九位足球明星来拍摄，故事在热爱足球的儿子写给国足老将们的一封信中拉开序幕，这封信中儿子娓娓道出了自己和父亲关于足球的动人故事。

《战书》在 PPTV 等比赛直播媒体播出，这一波“回忆杀”让无数球迷看到曾经熟悉的球员身影。

大数据挖掘，清晰化“TA+ 同理心”，营造参与感。宜信普惠联动大数据平台腾讯，产出“个人商业信贷市场消费者研究报告”及“社会化媒体调研报告”两份大数据报告，深度分析普惠用户人群特点，洞察用户行为习惯。

据统计显示，一个企业想提高自己的品牌认知度，每提高 1% 就需要投入 2000 万元的广告费，但借助体育营销，同样的花费，效果可以提高 10%；选择体育营销是不错，但切入点是什么？重金？大牌明星？都不是。而是，针对用户兴趣标签定制营销活动。基于大部分用户为男性的观察，宜信普惠的用户关注足球高于篮球，关注中国球星多于国际巨星，关注本土赛事多于国际赛事。

同理心，挑动用户神经。宜信普惠从事普惠金融业务 11 年，专注为广大小微企业主，个人提供借款咨询服务，帮助他们实现人生梦想。足球之所以吸引亿万观众，是因为独有的竞技精神、追求卓越、追求梦想的精神力量；在这一点上，宜信普惠拥有和足球同样的精神力量。

与高度商业化的“精英足球”中超相比，足协杯颇具“平民”色彩，业余球队能与职业球队同台竞技，更显公平，因此，宜信普惠决定了与足协杯赛事的合作。中国足球承载了中国几代人的梦想、记忆及情感，激动、遗憾、荣辱与共、不放弃……宜信普惠将这些元素融合在一起，折射在一对普通父子身上，成就了《战书》这个故事。

（2）情绪营销＋社交助力。

参与比赛和追求梦想一样，唯金牌论已经消失，人们尊重的是为梦想奋斗过的人生，在国足止步世界杯门前的时候，宜信普惠在比赛结束后第一时间，推出系列海报“跟时间赛跑的人，未必跑得过时间，但一定会跑赢自己”“生命的意义不在于呼吸了多少次，而在于有多少次激动到无法呼吸”，这一组平面海报，无一不在表达对梦想继续坚持的情感。

项目执行

（1）在宜信普惠体育营销领域深度挖掘“足球”这一国民大众体育项目，与品牌调性深度结合，并根据调研报告，深度挖掘并快速锁定用户兴趣标签，制定传播内容《战书》视频的创意及脚本。

（2）确认绝佳时间点，在绝佳时间点推出创意内容，快速占领用户心智达到情感共鸣，引爆全民热议，打造社会性话题。

（3）依据用户触媒习惯及大数据分析，通过三大核心社交平台（微信、微博、知乎）触达用户，打造用户情感闭环，完善宜信普惠体育营销链条。

微信：通过微信卡片广告精准锁定目标用户，在决胜时间点进行创意内容《战书》视频的投放。

微博：在微博发起互动话题，引发用户讨论，在大 V 及 KOL 带动下迅速升温，成为热点话题，占领 TOP 榜单位置，形成用户 UGC，快速成为热点。

知乎：专业问答平台大 V 带领对话题进行讨论，体现专业、权威性，从普

宜信普惠《战书》海报

通用户到专业球迷更大范围、更深层次覆盖。

（4）制订专业传播计划：按照预热期、传播期、发酵期和案例包装期 4 个阶段设计传播规划。通过企业内宣平台，外媒传播平台步步为营，环环相扣，科学合理进行传播。并在执行中根据事实情况调整策略，比如根据比赛结果，及时增加媒体资源，更大限度覆盖用户范围，高频次与用户互动，达到传播效果。

（5）传播阶段品牌立意植入，使整体事件立意鲜明，与品牌价值结合密切，达到好的创意内容为品牌服务的效果，并通过权威财经、行业及知名大 V 对品牌立意包装传播，使品牌深入人心。

项目评估

宜信普惠通过足球精神来体现其就像中国球迷陪伴国足一样，默默地用“更高、更快、更强”的金融服务陪伴着客户的成长，助力他们在追梦的路上赢无止境。在传播节奏上，契合 2017 年 8 月 31 日国足“绝杀”乌兹别克斯坦的热点，在朋友圈引起不小的轰动，“宜信普惠”的微信指数 2017 年 9 月 1 日环比增长超过 100 倍。

从投放的数据上看，宜信普惠取得了不俗的“战绩”：利用全新微信

KOL 互选广告形式，视频停留时间 10.91 秒（行业平均值为 8.1 秒），调动 55 个 KOL 引爆 6449 万次文章阅读；微信朋友圈广告，总体互动点击率超过 3%，原生页面平均停留时间约 20 秒；而文章页视频贴片的互动点击率也高达 2%，远超视频贴片类广告大盘水平。

视频微信投放 2 天点击量破亿次，微信用户停留时间高于行业平均值 4 倍以上，微信指数增长 128 倍，微博视频播放量突破 800 万次，互动话题浏览量超 4000 万次；观看视频内容达 50% 的用户达到 50%，完整观看的用户占比 27%；聚力体育三大平台（移动端、个人计算机端、互联网电视端）累计 UV（独立访客）2195.2887 万次，VV（视频播放量）4625.7322 万次。

KOL 张佳玮《足球梦，算不算中国梦里最难实现的一个？》，表达对梦想的不懈坚持和努力，核心是在潜移默化营销消费者对于品牌的情感共鸣，知乎话题 1 天浏览量破 20 万次，得到上万条赞同。

范志毅、李玮锋、马明宇、李毅、杨晨等球星，在微博上以话题 # 你的梦想还在吗 # 与品牌粉丝互动，将有足球的情怀，转化为对品牌的好感和关注。

微博（微博话题、官微及 KOL 发布、新浪官方及球员发声、蓝 V 新闻媒体）话题上线一小时，微博话题排行榜单第 8 位，体育榜第 3 位。话题累计阅读量突破 4234.1 万次，累计讨论近 9.6 万次。秒拍视频播放量超 562 万次，总播放量近千万次。

项目亮点

在体育营销中，直播时的广告，或者赛场边上巨大的品牌 LOGO（商标）和口号，已经有些过时了。宜信普惠的体育营销打造了体育赛事与品牌合作的新模式。

在 2017 年，宜信普惠《战书》营销，帮助宜信普惠的目标覆盖人群寻回了梦想的滋味。

在品牌推广中最难的就是如何让内容有趣，让品牌受众爱看。宜信普惠《战书》无疑做到了这一点，其通过选择一个良好的时机将客户们的视线凝聚，通过一场世界杯回忆和亲情渲染将客户们带到普通生活场景中，并成功结合宜信

宜信普惠《战书》海报

普惠的业务。最后通过客户标签的识别和大数据的服务，将内容送到了准客户眼中。

亲历者说 宋付尧 企业传讯部高级经理

宜信普惠《战书》以梦想为核心，但是"梦想"一词比较空也比较大，如果没有具体的场景，就不能引发受众情感共鸣。

对于中国人来说，一个具有普遍性的梦想就是足球梦，但是 2017 年，中国国家队的世界杯预选赛之旅十分不顺畅，国人对于足球的热情已经降到冰点。因此乍看之下，围绕着国人的足球梦来进行营销，貌似时机并不是很好。然而，国家队在 2017 年 5 月、6 月的比赛大放异彩，国家队的精气神让人过目难忘。最后两场世界杯预选赛，国家队的比赛也非常值得期待，环境已经给借势营销带来了需要的风口。

为了强化梦想的概念，我们请来了 2002 年闯入世界杯的老国足，给中国球迷带来回忆杀，告诉大家梦想不灭，曾经的梦想也实现过。那时候的足球比赛，现在的球迷们往往都是跟着父辈们一起看的，因而顺理成章地将回忆升华，从足球梦转换到亲情上，从而引发了更强烈的共鸣。最后这两场比赛中国队发挥很好，我们也顺着球迷的热情，将营销活动推向高点。

项目结束之后我们回头看时会发现，借势营销，运气确实非常重要，但如果没有充分的准备，也是无法借着运气获得满意的结果的。

案例点评

点评专家：汪珺　海航集团境外公关传播总监

宜信普惠《战书》能够取得良好“战绩”，在我看来，有两点功不可没。

一是宜信普惠做到了对用户数据的深刻分析，实现了从前端到后端、从方案制订到实际投放全过程中的“主动、双向、精准”。比如，根据宜信普惠的分析，其产品大部分用户为男性，且关注足球高于篮球、关注本土赛事多于国际赛事，因此首选足球以及“足协杯”作为营销突破点。又比如，宜信普惠将《战书》传播的主阵地放在微信，并基于自己的种子用户，通过数据筛选，精准锁定与其品牌密切相关的人群，进行精准投放。

一是足球贴近大众，且近年来足球话题进一步升温，传播得当，容易引起大众共鸣，从而加深品牌印象。宜信普惠本身具有“普惠大众”的品牌特性，其提出的“赢无止境”“精彩每一个中国梦”，将其代表的普通人在日常生活中的拼搏与足球的激情和梦想联系在一起。如此借力体育营销，无论是品牌贴合度还是感染力，都很高。

有一种父爱叫硬派——驭胜全新生活+品牌发布会暨体验日

执行时间：2018 年 3 月 17 日—2018 年 3 月 21 日

企业名称：江铃汽车股份有限公司

品牌名称：江铃驭胜（简称：驭胜）

代理公司：北京爱创天杰营销科技有限公司

获奖类别：金旗奖——2018 最具公众影响力品牌管理大奖

项目概述

突破传统形式，打造创新理念，围绕活动主题进行宽度衡量，深入品牌，从活动形式、环节设置、体验感受、品牌信息接收情绪等方面思考，带给全国重点媒体、重点经销商及亲子家庭充满新鲜感的活动体验。

项目调研

驭胜作为中型 SUV 市场上极具品牌特色的自主 SUV 品牌，颇具市场口碑，深受一群懂车、懂生活的忠实消费者的喜爱。他们敢于担当，在外，是实力中坚，在家，是中流砥柱。驭胜 S350，是他们忠实的伙伴，是一张给人以安全感和信赖感的名片。

作为中坚力量，一个有责任有担当的真男人，不免会因生活奔波劳累，忙于工作，苦于没时间陪伴家人。接送孩子上班的路途，与孩子在车里互相交流，

有一种父爱叫硬派——驭胜全新生活 + 品牌发布会暨体验日

因为不能时刻陪伴，所以只能用心陪伴。正是这种热爱生活的方式，让驭胜车主成了硬派车主。驭胜产品品质过硬，性能过硬，与驭胜车主性格硬派的特质不谋而合。“不知道将来要走哪条路，那我陪你全部走一遍”，这是驭胜车主对家庭的承诺，对子女的“硬派父爱”。

资深车主会更想体验驭胜 S350 的性能，希望增加活动记忆点，更倾向于一家人参与。亲子类活动多由合资品牌举办，很少有自主品牌举办这类活动。

项目策划

1. 目标

在体现产品功能性强及科技配置的同时让用户回归家庭、亲近自然、热爱生活、开阔眼界。

2. 策略

产品体验 + 亲子互动挑战 + 平台发布。

3. 受众

33 家媒体，40 位经销商、亲子家庭。

4. 媒介策略

有一种父爱叫硬派——驭胜全新生活方式 + 品牌发布会暨体验日，从父亲的角度出发，通过汽车、旅游、摄影等媒体进行传播，用感性的写作手法引起用户共鸣，从而使其感受驭胜品牌温度，体会有一种父爱叫硬派的新主张。

项目执行

1. 别开生面的沙滩试驾

现场由专业的试驾教练，设置有趣的硬派沙滩越野科目，调动参与性与积极性，现场气氛热烈。

2. 有趣有挑战的亲子互动

突破传统的亲子协作互动环节，寓教于乐，加深用户理解，迅速使用户感情升温，培养萌宝对品牌的印象。

3. 风情美味的海滨 BBQ（烧烤大会）

在自然户外环境下，因地制宜，原野餐桌搭配品牌形象露出，萌宝身着变身秀服装在篝火旁进行舞蹈互动，燃起晚宴热浪。

4. 璀璨动人的海上烟花

夜空中，海上璀璨绚丽的烟花，渲染了氛围，深化了晚宴的仪式感。

亲子互动

5. 温情催泪的萌宝 VCR（短片）

萌宝 VCR 情节渲染全场，在场嘉宾热泪盈眶，氛围温馨感人，获得大家一致的高度好评。

6. 回到童年的露天影院

深化亲子情感，营造硬派老爸陪伴萌宝看动画片的机会与回忆，直击媒体内心需求和痛点。

项目评估

1. 活动

活动紧密围绕父爱及产品硬派的特性，将环节、品牌元素与主题内容顺畅衔接，发布会现场邀请远道而来的“忠粉”车主，表达对品牌的高度忠诚和衷心祝福以及对平台的全力支持，加强了媒体对品牌信心、经销商对产品的信心。活动结束后，亲子家庭对展车台特性展示及驭胜 S350 表现出浓厚的兴趣，使活动圆满落幕，现场好评如潮。

2. 传播

好的内容自带流量、好的活动自带位置，从出稿内容及发布位置能看出媒体对本次活动的极大肯定。

截至 2018 年 3 月 28 日共发布稿件 35 篇；阅读量超 160 万次、点赞量超 9000 次、评论量超 1900 条。

在合作非头条的情况下，头条占比 30%，二条占比 40%，60% 的网络媒体用首页焦点图的位置对本次活动给予肯定。

驭胜 S350 预热期传播阅读量与点赞量超过吉利，与奥迪持平。

项目亮点

通过活动让硬派家庭有良好的车型功能性体验，增进其情感认知，通过互动体验及 2018 款驭胜 S350 发布，让硬派家庭更加了解全新科技配置。在体现产品功能性及科技配置的同时让用户回归家庭，亲近自然，热爱生活，开阔眼界。

亲历者说 杜超凡 北京爱创天杰营销科技有限公司客户副总监

活动安排紧扣活动主题，紧密围绕父爱及产品硬派的特性，精准对应儿童、媒体、经销商的人群特性，分类别思考。将分别针对不同人群的活动环节及品牌元素与主题内容顺畅衔接。

根据活动场地的自然特质，因地制宜，匹配不同环节的设施设备细节。用新鲜椰汁替代量产饮料，配备环节专属人员、备品，用细致入微的感性关怀，释放活动理念，突出产品特性，助力嘉宾对活动的认知。

在整体活动的环节设置中，深化品牌与媒体，媒体与萌宝之间的情感沟通交流。如沙滩亲子互动环节，寓教于乐，通过亲子协同，培养孩子对品牌的直观印象。

通过多维度、多层次的环节设置，如进行沙滩试驾、亲子互动、经销商会议等深化情感交流的方式，直击嘉宾的内心。

案例点评

点评专家：殷俊 重庆工商大学艺术学院院长、教授、博士生导师

活动结合驭胜 S350 这一汽车产品的自身功能及形象定位，将硬派和父爱有机糅合，在相关策划中，主题、关键词与品牌形象较为贴合，有助于提升驭胜品牌的美誉度和传播力。尤其是突出了驭胜品牌的父爱内涵，在一定程度上能够将驭胜的硬派形象与其他相似汽车品牌加以区分。通过一系列的执行策划，尤其是亲子互动等活动，在驭胜客户群中产生积极的反响，增进品牌亲和力，并有助于吸引一批潜在客户群。由此，通过各个细分环节的实施，企业在一定程度上传播了驭胜的品牌文化，扩大了公众品牌认知，并对全面提升此品牌的知名度及美誉度产生积极的推动作用。

2018 最具公众影响力数字营销大奖

骏派 CX65《生活在别处》

执行时间： 2018 年 4 月 24 日—2018 年 5 月 20 日

企业名称： 天津一汽汽车销售有限公司（简称：天津一汽）

品牌名称： 骏派 CX65

代理公司： 上海灵思远景市场营销顾问有限公司

获奖类别： 金旗奖——2018 最具公众影响力数字营销大奖

项目概述

从夏利品牌向骏派品牌进行战略转型，2018 年是天津一汽的关键年。作为天津一汽的首款跨界旅行车，骏派 CX65 是民族家轿品牌突破自我、突围市场的战略车型，其不仅要赢得产品的市场占领，更要实现品牌对消费者的全新心智占位。

面对并不成熟的旅行车市场，品牌有引领行业的机会，但更有不被主流市场接受的挑战。而骏派 CX65 的客群定位在二、三线城市中低收入的消费者，对他们讲“旅行的生活方式”，更有挑战性和难度。

企业围绕北京车展、苏州发布会两大营销节点，通过系列视频导入、线下事件深化、线上 H5 引流、品牌发布会引爆四大营销步骤，完成了一次亿级传播声量、蓄客量超预期 1.72 倍的营销战役。

项目调研

（1）品牌发展瓶颈：以夏利为代表车型，天津一汽曾经是家喻户晓的民族家轿品牌。但随着市场的发展和变革，天津一汽逐渐出现品牌老化、客户流失、市场占有量急剧下滑等问题。

（2）产品定位：与前兰博基尼首席设计师 Filippo Perini 跨国合作、车体采用跨界式设计，作为民族汽车品牌的一次重要跨越，骏派 CX65 是天津一汽的首款跨界旅行车。大的后备厢空间、跨界式设计、平民价格，是骏派 CX65 的显性卖点。

（3）目标市场环境：旅行车在国内尚未被主流人群认知和接受。骏派 CX65 面对非成熟的市场，面临多重挑战。

（4）受众行为分析：定位在入门级的价格，骏派 CX65 面向的是中低收入的目标客群。他们节俭务实、家庭责任感强、生活压力大。所以，骏派 CX65 目标人群所追求的旅行，与国外旅行车和国内传统的旅行观念有明显的区别。他们没有过多的资本，去追求别人眼中的“诗和远方”。

项目策划

1. 目标

（1）市场目标：实现品牌在上市期后，百度搜索指数提升 3 倍以上（相较于预热期）、蓄客总量达到 5000 人。

（2）品牌目标：借骏派 CX65 这款车，通过全新的生活主张和线上线下组合传播，为天津一汽品牌老化、气质陈旧的品牌形象进行一次颠覆。

（3）客群占领目标：对目标受众慢慢植入品牌的全新形象，对潜在的年轻客群进行品牌渗透。

2. 受众

男性为主、26～35 岁、家庭月收入 1 万元左右、首次购车为主（约 85%）、三口之家为主（约 62%）。定位经济体面型、节俭务实型的“城市新移民”，他们是家庭的主人翁，生活压力大、家庭责任重是普遍的特征。对于他们而言，家庭的幸福往往大于个人的追求、家庭的生活升级大于自己的生活方式升级。

3. 策略

对于旅行的演绎，多数的传统广告往往侧重在生活方式和意识形态上。但对于骏派 CX65 普通收入的受众而言，这样的旅行，离他们较远。

他们的收入不高、生活压力较大、家庭责任沉重，他们需要的是用一次近距离的出行和小小改变，带给自己或家庭有仪式感的幸福。虽然是旅行车，但骏派 CX65 鼓励的不是去追求远方的大山大河，而是追求近距离小美好。

基于目标人群真实的生活洞察，骏派 CX65 提出了生活在别处的策略概念。其想要传达的，不是追逐远方，而是在平凡日常中发现生活的特别之处。

4. 传播内容

（1）《生活在别处》系列视频。

（2）线下事件营销：阿骏的生活铺。

（3）线上创意 H5《阿骏的生活铺 × 神奇留声机》。

（4）8 小时沉浸式发布会。

5. 媒介策略

（1）内容策略：通过 3 个故事，还原消费者真实的日常；通过一个概念化的实体空间，重新建构消费者的生活方式；通过一场沉浸式的全日制体验，让媒体经历一次有生活内容、打动人的发布会。坚持“内容的第一性”，骏派 CX65《生活在别处》从始至终，一直坚持以消费者生活和产品空间为原点，通过内容的创造实现品牌的传播。

（2）媒介整合策略：从线上到线下、从概念到概念实体化、从传统推广到营销创新，骏派 CX65《生活在别处》不是毕其功于一役的单次传播，而是以策略概念为核心、分四步层次推进、涵盖多种传播形式的营销。

（3）媒体矩阵 + 精准投放策略：在较低营销预算的背景下，骏派 CX65《生活在别处》在媒体的选择和传播上，却做到了“面大、点细、网络联动”的效果。首先，覆盖媒体超过了 300 个，保障了传播的声量。其次，对于媒介的选择和费用投放，将主体费用优先投放在中低收入者使用频次高、触发率高的媒介平台。比如，在视频投放上，优先选择西瓜视频、秒拍视频、第一视频等；在新闻门户的选择上，优先与今日头条进行合作。

项目执行

1.《生活在别处》系列视频——概念导入，引爆话题

通过“等待篇”“喊喂篇”“摇头篇”,《生活在别处》系列视频捕捉目标受众生活中的痛点，实现了心智占位和心理共鸣。结合目标受众的使用习惯，优先选择今日头条、西瓜视频、秒拍视频、第一视频等有针对性的媒体进行视频投放。回归产品的专业品质，同步选择了大咖评车、品车友会、车舞飞扬、汽车先闻等头条号、百家号媒体。基于扩大传播影响力和提升品牌形象的目标，选择了首席营销官、开眼视频、数英、北上广生活圈、生活热议等有广泛影响力的媒体。

2. 阿骏的生活铺线下事件——承接话题热度，转化线下流量

借力视频传播的话题热度和品牌声量，进行深化传播。结合“生活在别处”的概念和超大后备厢这一卖点，将那些就在受众身边、却愈发遥远的事物（公园花香、滨海道回声、乡村泥土、山野空气等）进行了商品化包装。同时，将骏派 CX65 的后备厢打造为生活铺。结合北京车展这个自上而下都倍加关注的活动，通过阿骏的生活铺，将品牌的生活主张，通过一件件小商品展销出去。

《生活在别处》视频截图

阿骏的生活铺商品概念包装

3. H5《阿骏的生活铺 × 神奇留声机》——再造线上热度，为上市发布预热

对阿骏的生活铺进行概念深化，骏派 CX65 在铺子里引入了一台神奇留声机。那些因为忙碌而逐渐被遗忘的声音，都收录在铺子里的留声机中。借由这个连接生活与远方的载体，留声机收录着曾离人们很近，现在却愈发遥远的声音。而当你用心聆听时，你就会警醒：真正的生活在别处。以品牌官微传播作为触发点、媒体、KOL 转发作为发散点、用户转发分享作为爆发点，H5 收获了广泛的品牌认同。同时，这个 H5 加入了上市发布会的宣传信息，在海量的互动传播过程中，对车型正式上市进行充分的线上预热。

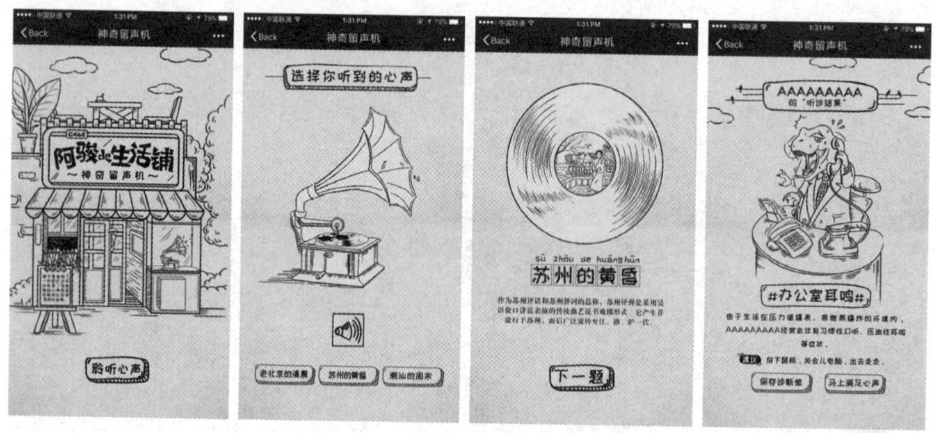

H5 截图

4. 生活在别处 × 生活观发布会——8 小时线下沉浸体验，传播力转化为内容力

改变传统的发布会模式，骏派 CX65 的上市发布会回归“生活在别处”的核心概念，在苏州的金鸡湖策划了一场 8 小时沉浸式体验。通过帐篷与野餐、帆船体验、自行车拉力、钓鱼、射箭、高尔夫等，与会的 250 家媒体，在一场“旅行式的发布会”中获得了对骏派 CX65 直观的认知。

项目评估

1. 效果综述

在有限的预算下，获得大量品牌曝光和媒体、客群关注。赢得客户认同、收获市场推崇。

从走进客群内心的创意洞察，到线上线下联动的创意执行，再到营销节点的有节奏落地，骏派 CX65《生活在别处》实现了产品、市场与概念、创意的统一。

对于站在战略转型关口的天津一汽，骏派 CX65《生活在别处》为品牌在消费者心智中建立了全新的价值形象。而对于旅行车市场中的新进入者，骏派 CX65 这款车型更是借此赢得了市场广泛的认知和关注，提升了实际到店量。

2. 现场效果

（1）凭借概念化的空间包装和概念商品的赠送，阿骏的生活铺在车展现场成为媒体、同行、大众人群关注的焦点之一。北京车展期间共吸引超过 2000 人的到访和互动体验。

（2）作为一场打破传统模式和体验的发布会，生活在别处 × 生活观发布会通过 8 小时的内容体验，赢得了行业媒体一致的赞许。这场吸引 250 余家媒体的发布会，饱受各方赞许。15 家行业头部媒体的大咖，还首次为骏派 CX65 联合证言。

3. 媒体统计

行业主流媒体对产品和品牌进行了 2518 次专题报道；十五位行业头部大腕，第一次为骏派品牌联合证言；系列视频累计播放量超过 5000 万次；吸引知名作家苏岑自发传播。

4. 市场反应

相较于预热期，产品在上市后的百度搜索指数提升 500% 以上、蓄客量提升到 8610 人（超过原定目标 1.72 倍）。

项目亮点

1. 传统民族车企的颠覆式营销创新

面对品牌老化带来的市场困境和消费者流失现象，骏派 CX65《生活在别处》打破了天津一汽传统的推广模式和策略。通过一系列的营销创新，努力为天津一汽带来颠覆性的形象革新和市场变局。

2. 有限预算下的亿级声量传播

在预算有所限制的前提下，呈现了媒体覆盖广、营销动作多、传播内容丰富、传播声量超预期、媒体主动传播和受众二次传播频次高的特点。

亲历者说 任建鹏 上海灵思远景市场营销顾问有限公司汽车项目组创意组长

天津一汽过去以温暖亲民的姿态见证了国民生活的形态变迁、汽车工业的发展迭代。面对这样一个洞悉普通家庭生活梦想，始终与大众消费者对话的民族车企，我们问了自己一个问题：天津一汽谈旅行，会是怎样的呢？

经过与第三方调研公司的沟通、与全国 4S 店负责人的接洽、与身边有购买倾向的消费者的深入交流，我们深刻地发现：天津一汽的目标消费者勤俭、务实、责任感强、常以自我牺牲来换取家庭的幸福。他们想要的旅行，绝对不是传统认知中的“说走就走”“诗和远方”。相较于大山大河的自我消遣，他们更倾向于用一次短途之旅，给自己和家人生活上的改变，获取幸福。

虽然骏派 CX65 定位为“跨界旅行车”，但我们为目标消费者重新定义了旅行的意义。以“生活在别处”为概念，我们鼓励消费者用一次近距离的出行和小小改变，给自己一次生活的喘息、给家人一次有仪式感的美好体验。

我们从一开始就将骏派 CX65《生活在别处》定义为一次长效传播、多维营销联动、有现象级传播能量的营销战役。虽然预算比较有限，但我们通过对执行团队、媒介资源、第三方团队、渠道资源等全效管理，依旧保证了四大营销动作的优质完成。

在发布会现场收获 200 余家媒体的一致赞许；在线上获得众多媒体、近亿级的声量传播；在每一个传播互动环节，都能赢得消费者的广泛参与和内心共鸣。我们庆幸通过骏派 CX65《生活在别处》，让旅行车在普通消费者的生活中有了新的幸福意义，也为天津一汽赢得市场突围和形象焕然一新而感到欣慰。

案例点评

点评专家：赵晓光　奥美北京经营合伙人

传播行业从业者最重要的能力是听懂客户的声音，并且能够将其转化为有创意、可执行、有效果、可传播的项目。骏派 CX65《生活在别处》的可贵之处在于将客户的要求充分理解并仔细分解，找到目标受众与旅行主题的契合点，让传播内容不仅满足受众的要求，更打动受众的内心，再结合执行上的细致安排，做到“向对的人说对的话”，实现有效传播。在传播形式上，多种形式综合运用，并根据目标受众的触媒习惯与不同传播形式的触达方式差异，有针对性地进行节奏安排，最终实现极好的传播效果。

华龙宝宝：打造核电公众沟通IP和配套主题营销策划

执行时间： 2016年4月—2018年9月

企业名称： 福建福清核电有限公司

品牌名称： 华龙宝宝

代理公司： 浙江核趣科技有限公司

获奖类别： 金旗奖——2018最具公众影响力数字营销大奖

项目概述

华龙宝宝作为一个核电圈内的大IP，于2016年4月策划诞生，华龙宝宝憨厚可爱的形象在诞生发布会上获得公众强烈好评，华龙宝宝的推出，是核电行业公众沟通的突破，表明企业真正做到站在人民群众的角度考虑公众沟通的问题。

在线上，华龙宝宝被很好地应用在新媒体领域，它可爱的形象极易产生有感染力的图文，这些图文多次获得大量点击，它已经拥有了专属的手势和宣传视频，从卡通人物的视角讲解核电，让公众能够轻而易举地理解核电原理，同时它还拥有自己的表情包和漫画，华龙宝宝表情包在核电领域流传广泛，早已从线上走到了线下。

华龙宝宝衍生出的各类产品和载体，共同助力品牌健康发展。大批量的华龙宝宝玩偶、钥匙圈等周边深受众人喜爱，销量喜人，华龙宝宝漫画形象也被应用到各大手册之中，华龙宝宝专题的可视化图文和画册，让众人容易接受，愿意阅读，同时它也渗透核电公众沟通线下发展的方方面面，线下有它的发布

华龙宝宝入驻欢乐谷

会、时光胶囊活动、魅力之光科普活动，各式各样的创新互动让华龙宝宝的形象深入人心。2018 年，华龙宝宝作为一家二级央企企业文化形象，入驻北京欢乐谷。接下来，华龙宝宝也将作为“一带一路”倡议的代言人之一，成为中国核电公众沟通中必不可少的一部分。

项目调研

核电行业的行业壁垒高，不容易被理解，而核反应堆由于客观原因也不是人人都可以参观的，且一般核电企业地处偏僻，核电工作人员又来自全国各地，与当地公众的沟通有些不足，加之核电行业的工作十分封闭，于是就造成核电“高冷”的假象。

核电原理深奥晦涩，如果是枯燥的科普，核电人不愿意讲，公众也不愿意听。核电原理纷繁复杂，难以让公众理解，公众也不愿意花时间深入了解，不了解就会引发不必要的猜测，这对于核电行业来说是十分不利的。所以，核电的公众沟通显得格外重要。

核电行业公众沟通 IP 空白，急需一个符合核电特色的 IP 来辅助宣传。而华龙宝宝以国之重器华龙一号为原型，极具核电特色。华龙宝宝形象的开发，是经过严谨分析的，企业研究了迪士尼 IP 的形象设计及玩偶特质，发现善良憨厚的形象更适合核电行业的 IP 打造，这样的形象设计可以使受众的覆盖面更广。

华龙宝宝发布会

项目策划

企业制定了线上线下联动的营销战略，因为目的是公众沟通，受众是行业内人群、海外目标核电国家以及项目周边群众，所以将华龙宝宝人性化，同时丰富华龙宝宝形象，用接地气的方式进行核能科普和核电品牌建设。

在线上，打造华龙宝宝表情包，融入大众日常聊天，策划华龙宝宝独特手势，加深人们对华龙宝宝的印象，制作生动的视频，以视频的形式，让华龙宝宝的形象更加立体、更加鲜活。

在线下，制作华龙宝宝周边物料，包括马克杯、钥匙扣、玩偶、动画、折页、视频、海报等。同时，举办华龙宝宝发布会、时光胶囊活动、魅力之光科普活动，将线上视频等进行展示，配合发放周边实物，让大家可以和华龙宝宝进行互动，华龙宝宝作为活动参与的一员，与人们一起玩耍，一起学习核电知识。

项目执行

1. 实施细节

（1）2016 年，以华龙一号为原型，填补行业空白，从 13 组原型设计中选择了华龙宝宝，并围绕华龙宝宝，设计合影手势——华龙手势，在发布会进行

组合发布。

（2）配套设计其他周边产品和素材，从一个小小的钥匙开始，逐渐覆盖整个行业的宣传周边，配合主题科普活动。

（3）全流程配套，将物料制作与线下会务联系起来。

（4）运用各种渠道进行推广，包括线上视频网站、微信、微博、线下交流活动等。线上线下互相推动，线上宣传引流到线下，线下互动"固粉"反馈线上。

（5）同国资委央企旗下 IP 矩阵进行有效合作和互动，以共同入驻欢乐谷为代表事件。

2. 项目进度

第一阶段（2016 年—2017 年）：IP 设计、手势设计和发布会。

第二阶段（2017 年—2018 年）：周边产品、表情包和主题科普营销，覆盖中国核电成员单位。

第三阶段（2018 年—2019 年）：走出行业，和央企进行矩阵互动，扩大影响力范围。

3. 控制与管理

确立产品质量控制清单，扩大生产战略合作伙伴队伍，寻找合作的企业，审核其各项资质，对标迪士尼的合作厂家，甚至直接与迪士尼的合作厂家达成战略合作协议；同时提高设计制作的资质要求，明确需要审核的条目，有针对性地提高华龙宝宝的整体品牌质量。

项目评估

1. 效果综述

（1）华龙宝宝在核电领域拥有巨大的影响力，是核电领域迄今为止最大的 IP，与它相关的线上宣传遍布微信、微博、网页视频以及各大搜索平台。

（2）华龙宝宝的意义已经不仅仅在于核电公众沟通，它更是中国核电的品牌形象，象征着华龙一号，华龙宝宝要走向国际。2018 年 6 月，华龙宝宝正式入驻北京欢乐谷。

（3）现场效果：以华龙宝宝为 IP 举办的活动，现场反应都十分热烈。

2. 受众反应

受众非常喜爱，国内外华龙宝宝用户均给予了好评。在中国国际核电工业装备展览会现场，很多参观者要求与华龙宝宝合影发朋友圈等。华龙宝宝的形象也获得了华龙一号设计师的肯定，他对华龙宝宝在核电公众沟通领域的贡献表示欣慰。

3. 市场反应

华龙宝宝得到了政府层面的肯定，落户北京欢乐谷；华龙宝宝得到行业内认可，几乎每 3 个核电工程师中就会有 1 个正在使用华龙宝宝相关周边；用户十分喜爱，无论是线上还是线下，与华龙宝宝相关的可视化信息推送总是能得到爆款效果，华龙宝宝周边也是参观者争相购买的纪念品之一。

华龙一号总设计师同华龙宝宝合影

4. 媒体统计

（1）线上出现阅读量超 10 万次的爆款文章，视频点击量超过 200 万次，全媒体点击量超过 10 亿次。

（2）华龙宝宝的周边销售额累计突破 400 万元。

项目亮点

（1）核电圈科普 IP 形象。结合线上与线下，从 0 到 1 打造核电吉祥物 IP，演化核电公众沟通的周边，从线上的多方面矩阵宣传落地到实体互动，在互动中让大家喜欢华龙宝宝，更加关注核电咨询科普，从而由线下反哺线上，形成良性循环。

（2）央企代表。于 2018 年 6 月代表核电行业入驻北京欢乐谷。

（3）中国名片。在“一带一路”倡议中，核电作为国家名片，华龙宝宝代表华龙一号，将频繁出现在国际舞台。

亲历者说 **倪凯军　华龙宝宝项目负责人、产品经理**

核电是一个典型的 B2B（企业对企业）行业（电厂到电网），日常与公众几乎没有交集。因此，核电的科普宣传一定要有效果，针对不同的人群，我们希望让人们熟悉核电，让迷茫的人了解核电，让了解的人热爱核电。一个优秀 IP 有这样的力量。我们将目光聚焦在华龙一号，它是我国主推的三代核电技术，是新一代的国家名片，天生自带流量，这就是我们打造华龙宝宝的初心所在。

塑造一个 IP 很难，过去核电宣传非常保守，也不太注重效果，各公司的宣传没有形成合力，更别提内容产品的 IP 化和全产业链运营了，外界对核电为数不多的闪光点都没什么印象。福建福清核电有限公司希望对核电科普进行系统化的跨媒体开发，于是我们一同探讨，对华龙宝宝形象进行深入挖掘，借助不同的媒介，创造出统一的、共鸣的娱乐体验，通过完善产业链，使华龙宝宝 IP 形象成为代表核电的文化符号。

案例点评

点评专家：钟育赣　中国高等院校市场学研究会副会长、广东外语外贸大学教授

该策划的主要亮点一是创意，二是互联网传播和新媒体手段的应用。主要思路是打造一个易于沟通、公众喜爱的品牌形象，并围绕其开展系列主题活动。从憨厚可爱的华龙宝宝，以及由此衍生的各类产品和载体来看，多样性的线上线下互动，令公众容易接受并愿意去了解华龙宝宝。这也为实现公众对核电从“不了解”到“了解”，从“惧怕”“恐慌”到“平静”“接受”，从“非自愿”到“自愿”这个长期目标奠定了较好基础。

百雀羚 × 快手造梦季

执行时间：2018 年 8 月 1 日—2018 年 8 月 7 日

企业名称：上海百雀羚日用化学有限公司

品牌名称：百雀羚

代理公司：北京快手科技有限公司（简称：快手）

获奖类别：金旗奖——2018 最具公众影响力数字营销大奖

项目概述

百雀羚洞察当下年轻群体的情感诉求，让每一个平凡人都有“敢梦敢美”的权利。用“全民造梦季”的互动活动去激发群体认同和参与，奉献了百雀羚 × 快手造梦季的营销案例。用户在快手用视频晒出梦想，带上 # 百雀羚喊你来造梦 # 的标签，标签页会收集用户的所有相关视频。短短一周（2018 年 8 月 1 日—2018 年 8 月 7 日），共计 877.4 万人参与，用户上传 2000 多个视频作品，点赞 21.1 万次。

项目调研

近年，百雀羚在新营销平台和方式的尝试上一直保持开放和积极的姿态。而快手始终强调用记录和社交的方法去提升每个人独特的幸福感，这种记录也迸发出了很大的商业价值。

百雀羚这次选择与快手合作，主要是两者在市场、人群、调性和精神上高度契合。首先，快手是国内移动互联网超级平台之一，快手的日活跃用户高达 1.2 亿人，人均使用时长超过 60 分钟。

其次，双方的用户重合度很高。快手用户覆盖大中小城市。用户下沉深度构成快手的独特优势，是百雀羚不能忽略的重要渠道。快手的用户有 80% 是“90 后”，是未来潜在消费人群。

最后，快手的营销价值在于其独特的“老铁经济”——有温度、信任度和忠诚度的深度社交关系链，更易于传递品牌信息，与“粉丝”互动，价值强大的区域渗透力，给品牌活动联动渠道和销售提供了可能。

项目策划

首先是红人站台营造气氛，突破冷启动。百雀羚此次请到了品牌代言人坤音四子 ONER 站台，活动上线前就快速聚集了一定人气，活动上线 24 小时用户的参与就突破了 300 万人，此时红人投放还没有启动。

其后，伴随用户参与的爆发，快手平台网络红人 @ 薛忠健、@ 小越女 、@ 十三妹 home、@ 金毛轮胎陆续上线，百雀羚根据每个红人的特质，定制传播内容，通过或欢乐、或感性的场景化故事表达，丰富诠释话题意义，以原生内容激发广大“粉丝”的创作欲。持续刺激参与曲线和互动曲线直线上升。

百雀羚 × 快手造梦季海报 1

营销活动期间，素人的 UGC 成了真正的主角，也再次印证了快手平台营销的“套路”与众不同。由于快手平台的强社交属性，“粉丝”跟博主之间建立了高度的信任和黏性，基于这种信任，品牌活动更易获得良好的互动和转化效果。截至发稿前，共计征集到素人参与作品 2056 个。

项目执行

百雀羚 × 快手造梦季不仅线上玩转短视频营销，触发巨大品牌声量，并且调动了线下。是化妆品品牌与短视频平台联动，实现营销与渠道直接关联，从线上到线下全整合的创新之举。

活动页通过品牌账号及 4 位 KOL 拉动放大效应，海量优质素人作品。作品和产品相关度高，通过多元化内容为品牌吸引更多潜在用户并加强其对百雀羚品牌的认知。

用户互动反响热烈，充分表达对百雀羚品牌的认可与喜爱；品牌通过用户评论反馈直接了解其真实想法，且品牌忠实用户聚合到评论区，与其他用户互动，产生正向引导，帮助品牌树立品牌形象。

项目评估

百雀羚发动了全国 CS 渠道（销售终端网络系统）深度参与。百雀羚绍兴海洋城店经销商负责人指出：门店做活动期间，整个系统的员工几乎都在参与，通过玩的方式，百雀羚真正抓住了年轻消费者的心理。绍兴越城区解放北路店美容顾问说："店内活动期间单天业绩 60% 以上由百雀羚贡献，而平时这个数据是 30% 左右。"活动拉动效果可见一斑。

可以说快手与百雀羚此次的合作示范了一种超出传统整合营销方式的新整合营销，不只以媒体整体运营为主要特点，而是彻底联动了渠道和终端，是一种更深入和有效的营销方式。

项目亮点

1. 整体效果

汇总数据来看，活动得到了很好的传播扩散，引发用户积极互动点赞，提高了用户参与热情，内容深入触达投放人群并积累了经验，助力百雀羚快速高效地找到自己的广大用户群体。

百雀羚 × 快手造梦季海报 2

2. 投放方面

活动引发了用户兴趣，建立了用户对品牌的认知，为品牌收集了潜在用户群，凸显了品牌核心文化。从投放效果来看，4 位 KOL 的素材都达到了很好的效果，每条素材至投放结束仍保持上升曲线。

亲历者说 钱明　快手商业市场经理

在受众对营销“套路”日趋熟悉，流量红利日渐式微的今天，传统的品牌“自嗨式灌输”显然已经没有了市场。以快手为代表的短视频分割了后流量红利时代的注意力，它同样也是品牌与用户亲密沟通的平台。

百雀羚 × 快手造梦季正是凭借高社交互动性以及更完整的整合传播方式，让用户从围观到参与，自发成为品牌传播的一环，帮品牌打造口碑，从而俘获更多的用户。这一合作为其他品牌在短视频领域与“粉丝”沟通互动提供了可借鉴的思路与方法。

案例点评

点评专家：张晋升　暨南大学新闻与传播学院副院长、教授、博士生导师

注重参与和分享是网络时代用户消费习惯的一大特点，消费者这种化被动为主动的需求动机的转变，决定了公共关系的模式必须以创造和满足用户需求为宗旨，以强化用户的体验感和参与度为要务。在流量红利逐渐式微，传播模式日益同质化的背景下，选择恰当的传播平台和传播方式，精准捕捉目标群体的心理需求，创设吸纳用户参与的营销活动，可以在短时间内实现品牌影响力的快速增长。百雀羚借助快手这一社交互动性较强的平台，让用户从围观到参与，从品牌的消费者到品牌的传播者，大大提升了品牌的影响力和认同度。

这一案例的启示在于，一方面，企业公关的关键在于做用户的工作，用户的消费习惯和需求动机发生了变化，企业也要及时感知这种变化并针对变化适时做出调整和改变；另一方面，企业公关要不断利用新的平台、开拓新的阵地。用户在哪里，市场和阵地就在哪里。近年来随着短视频流量的爆发性增长，以快手为代表的短视频也成为企业品牌借力升级的有效手段。

江淮 iEV6E 运动版上市新媒体营销

执行时间：2018 年 6 月—2018 年 8 月

企业名称：安徽江淮汽车集团股份有限公司（简称：江淮汽车）

品牌名称：江淮 iEV6E 运动版

代理公司：智美互动（北京）科技有限公司

获奖类别：金旗奖——2018 最具公众影响力数字营销大奖

项目概述

新能源汽车市场的竞争依然处于市场占位阶段，自主品牌、合资车、跨界造车的品牌差异不大，消费者对于品牌的认知度较低。加之新能源汽车受制于充电桩安装密度、充电时长、续航里程等使用门槛，消费者对于产品的信赖感不足。

江淮 iEV6E 运动版是一款纯电动 SUV，在舒适度和续航里程上都有很大优势。它的受众群以“85 后”为主，画像为有过高等教育经历、已婚已育的男性。为此企业在产品上市期间，结合产品 390km 续航里程卖点，以“一起来充电”为传播主题，在抖音发酵，在微信、论坛扩散，最终通过垂直媒体对产品卖点的详细解读，让消费者对产品特点和品牌优势有了深度的理解。

项目调研

新能源汽车用车费用低、不限行，适合短距离代步，符合目前消费者的主要用车需求。而随着消费需求的升级，消费者对于新能源汽车远途续航及舒适度提出了更多的要求。

江淮 iEV6E 运动版动力强劲，最高续航 390km，在一定程度上可以满足消费者续航里程增加的要求。

项目策划

1. 传播目标

吸引更多的消费者参与互动，加强品牌与准消费者的情感链接；扩大上市声量，提高产品和品牌知名度；反复强调产品动力强劲、续航里程长的卖点，让产品深入人心。

2. 传播策略

（1）预热期：红人自创充电舞合作，短视频平台发酵。

邀请抖音平台流量红人根据产品卖点原创编舞——充电舞，并联合抖音红人及江淮汽车全国经销商，同步开启 # 一起来充电 # 抖音大赛。

（2）上市期：官微多种“充电”物料传播，论坛精华话题引爆。

针对产品卖点设计制作海报、小视频、互动 H5 等物料，邀请消费者在微信、论坛平台参与 # 一起来充电 # 活动。通过刷屏式营销引起消费者情感共鸣，实现大范围曝光。

（3）延展期：垂直媒体产品深度解析，引导产品、品牌口碑升级。

联合汽车之家、太平洋汽车等主流汽车网站，制作全景看车等产品内容，并通过首页推荐的巨大流量引导准消费者对产品和品牌进行了解。

倒计时海报

项目执行

针对江淮 iEV6E 运动版上市预热期和上市期，官方持续发声，用一个接一个的创意内容，比如抖音红人视频、创意海报及互动 H5 等，吸引消费者关注参与。在延展期，通过大量的媒体报道和产品深度解析，塑造产品的良好口碑和品牌形象，具体细节如下。

卖点海报：结合产品续航里程长、动力强劲等卖点以及一起来充电主话题，制作海报增大曝光及舆论正向引导。

小视频：以产品续航里程 390km 为创意点，制作 10 秒小视频，扩散新品上市信息。

论坛：联合垂直论坛在江淮汽车专区开展一起来充电互动活动，并发布产品口碑引导帖、产品卖点解读帖等，吸引论坛“粉丝”参与互动，对产品产生深度了解。

互动 H5 ：以江淮 iEV6E 运动版上市“万里公测第一跑”线下活动为依托，围绕运动版超长续航里程的卖点及新能源车的环保理念，在线上发起“万里公测第一跑”H5 互动活动，在充分展示产品卖点的同时，吸引更多的目标用户和潜在用户的关注及互动。

全景看车：与汽车之家、太平洋汽车等主流垂直汽车网站联手打造全景看车，使用户在了解产品动力强劲和续航里程长的同时，全方位观测新车细节，提升产品形象与品牌专业性。

测评稿件：邀请垂直网站参与产品深度测评，并通过测评稿件对产品做深度解读，让消费者对产品有更深的了解。

项目评估

江淮 iEV6E 运动版上市新媒体营销通过海报、互动 H5、小视频等多种创意形式进行传播，其中倒计时海报及卖点 10 秒小视频在朋友圈引起刷屏式传播，直观形象地展示产品信息。配合“万里公测第一跑”线下活动，在线上开展长达 2 个月的线下互动，互动 H5 PV 达 40 多万次，吸引老客户和潜在客户广泛关注。

在抖音平台，邀请抖音红人贝贝叔叔，13 名抖音美女网红，200 家经销商参与挑战。贝贝叔叔的点赞互动量为 6878 次，美女网红的点赞互动量达 35500 次，播放量近 170 万次。

项目亮点

刷屏互动：海报、小视频刷屏传播，互动 H5 点击量近 2 万次，访客数 1 万人。

优秀呈现：联合专业媒体网站制作全景看车，并在汽车之家首页推荐，太平洋汽车首页推荐。

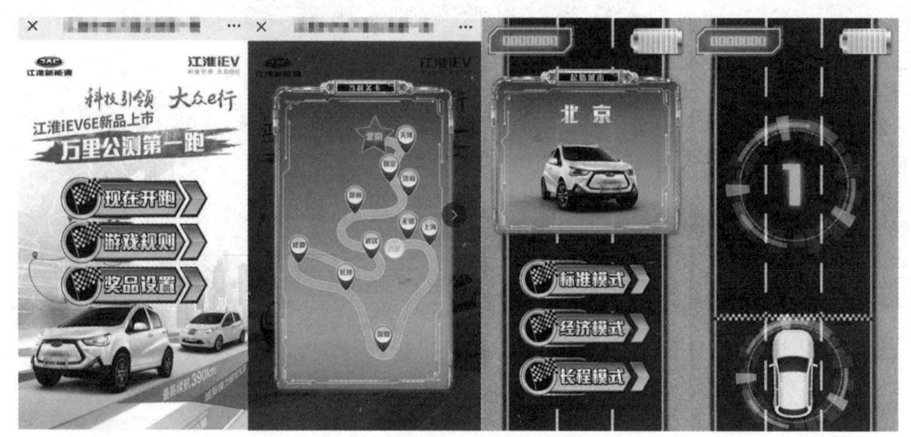

"万里公测第一跑" H5 截图

亲历者说 田菲　智美互动（北京）科技有限公司 汽车事业部副总

江淮 iEV6E 运动版上市新媒体营销，从项目竞标到正式开始倒计时传播只有 10 天的时间，客户又希望能够在新媒体平台做出亮点，获得更多的曝光和口碑，我们时间紧任务重。

由于我们服务江淮汽车已久，对品牌调性有比较深的认识，因此我们把重点放在了如何在新媒体领域做出突破性的传播尝试，以此获得更精准的人群曝光上。

项目进行时，正是抖音等短视频平台疯狂刷屏的时期，通过多项调查和研究，我们发现抖音平台的消费群体和目标消费群体吻合度较高，而这个时候车企利用抖音做营销的还很少，因此我们决定以抖音网红为突破口做一系列的整合营销传播。

通过与客户的反复沟通，策划、设计、技术等同事的通宵调整修改，最终我们在规定的时间内完成了倒计时、上市发布、产品评测等一系列的推广工作。

我们认为，新能源汽车的着重点是“新”，是超前的品牌意识和产品理念促使企业生产不断更新迭代的新能源汽车产品。所以我们的推广工作也应当围绕“新”来做文章，内容新、平台新、玩法新，这样才会帮助产品脱颖而出。

案例点评

点评专家：杨智予　凤凰数字科技副总裁

中国的新能源汽车市场目前还处在“战火纷争”的阶段，很多企业都在努力打造实力车型，以占据这一新品类的市场。相对于传统汽车来说，电动汽车的续航里程是消费者极为关注的点。所以各大新能源汽车厂商无论是产品的研发还是营销宣传活动，都难免遇到续航里程的问题。但单纯以续航里程作为宣传，又难免陷入“数据流”的固定“套路”中，难以形成差异化传播。江淮 iEV6E 运动版上市新媒体营销就实现了突破。

企业借助当下流行的抖音短视频，锁定了产品的核心受众群体，创造了“一起充电”和“充电舞”的流行话题，巧妙地将新车卖点与年轻人的流行文化进行关联，可以短时间内扩大影响，也为接下来的活动做足了舆论铺垫。接下来企业通过“万里公测第一跑”线下活动和线上互动 H5 的联动，进一步对潜在消费者进行了二次筛选，让关注者通过趣味交互的方式对江淮 iEV6E 运动版的续航能力有了深入了解，以促进最终购买，整体的推广节奏表现出了成熟的营销规划和执行能力。

阿里健康“三八女王节”健康品类联合营销活动

执行时间： 2018 年 3 月 1 日—2018 年 3 月 12 日

企业名称： 阿里健康信息科技有限公司

品牌名称： 阿里健康

代理公司： 高诚美恒（上海）市场咨询有限公司

获奖类别： 金旗奖——2018 最具公众影响力数字营销大奖

项目概述

阿里健康基于行业洞察为消费者带来一场关于“美好身体密码”的探秘之旅，重新定义女性“身体至上”的新价值观，鼓励女性由内而外焕发真正美丽；传播方面，社交平台、媒体、网红同步发力，精选多领域女性为健康发声，露出大型促销平台，形成一键式导流购买。

项目调研

作为健康品牌，阿里健康在 3 月 8 日的时间节点上应该传达一个社会的态度，在“她经济”下站在女性健康角度，从女性自身出发，呼吁赋能女性新力量。

项目策划

1. 内容策略

（1）话题先行，邀请多领域女性现身分享，抛出一个关于女性、社会、身体、生活态度的话题。邀请 5 个行业的优秀女性代表洪义辰、黄皙、羚羊、芙安君、徐黛妮现场以自身经历为核心，梳理生活困扰 、期许以及对美好身体的理解。

（2）海报穿透，发布 9 张女王心声品牌海报。阿里健康表明自己的态度，从不同需求角度告诉消费者，阿里健康向全社会的女性发出呼吁：每一个女性都值得拥有并应该由内而外焕发美丽。9 张健康宣言，说中了女性的心声，引发消费者共鸣。

（3）用 10 张美好身体货品清单，导流购买。联合三九健康专业科普“十大身体部位健康解读”，真正帮助消费者掌握知识，同期站内 8 大 KOL 直播美好身体秘密所在。

美好身体密码图标

艾丽品牌海报

珍视明品牌海报

2. 传播策略

（1）多渠道发力，将话题持续推高：微博、微信、淘内（淘宝站内）三大渠道同步发力，精选多重领域“女王”为健康发声。

（2）针对不同 KOL 的属性特点，深度合作原创稿件，给予 KOL 较大自由空间。

（3）借力三九健康，强强联合，将健康密码落地。

（4）同步淘宝，8 大热门网红直播推介产品，形成一键导流购买。

项目执行

重构“三八女王节”女性消费品类排行，通过共情营销，有效将健康品类推到了消费者选择前端。唤醒女性对于自身健康的关注意识，将健康养护化为日常生活一部分，同时引领消费者首选电商渠道进行健康方面消费的新趋势。

项目评估

活动上线 12 天，覆盖人群共计 1.02797230 亿人次，评论 7.0031 万条，转发 2.5505 万次，点赞 2.2052 万次。

项目亮点

一次深层的洞察：身体是一切美好的开始，而使之美好的密码，就藏在每一寸身体里。

一个全新的呼吁：女王真正的内涵应该是“照顾自身”，由内而外焕发美丽。

9 张健康宣言，戳中了女性的心声，#美好身体密码#话题瞬间风靡，引近 5.7 万条热烈讨论。

亲历者说 方楠 高诚美恒（上海）市场咨询有限公司客户总监

（1）对节日本质的有效解读更容易获得用户好感。

（2）高质量的案例会收获更多来自行业的认可。

（3）大资源的使用更容易让受众信服。

（4）内容形式的创新将会捕获更多用户。

案例点评

点评专家：席庆　辉瑞中国政府事务、市场准入及企业沟通部高级总监

国际妇女节向来是各种女性题材传播的密集时段。要在这个时段让所传播的内容与众不同，而且在受众中产生共鸣是具有一定挑战性的。与以往传统的侧重于社会、时尚、文化和娱乐等女性题材的传播内容相比，该活动的独到之处是换了个角度，从女性身体各个部位出发，让女性换个视角、由内而外地审视自己。这无疑能唤起更多女性的共鸣，由此将营销内容巧妙地融入女性自身的话题中，被受众所接受，达到“随风潜入夜，润物细无声”的效果。在传播方式上，一方面，品牌选择不同行业的具有代表性的女性 KOL 合作，而且给了她们充分发挥的空间，让不同背景的女性都从中找到共鸣点；另一方面，品牌充分结合了传统媒体、社交媒体和主题海报等多种传播方式，扩大了传播的效果，覆盖了不同领域和不同兴趣点的女性受众，让传播效果得以最大化。

讯飞翻译机 2.0 嗨翻日韩营销传播项目

执行时间： 2018 年 8 月 1 日—2018 年 8 月 31 日

企业名称： 科大讯飞股份有限公司

品牌名称： 科大讯飞

代理公司： 智者同行品牌管理顾问（北京）股份有限公司

获奖类别： 金旗奖——2018 最具公众影响力数字营销大奖

项目概述

讯飞翻译机官方双微在线上招募体验官，与讯飞翻译机 2.0 共赴嗨翻日韩之旅。两位达人体验官在日本和韩国切身体验翻译机全新上线的中日 / 中韩离线翻译及其他实用功能，通过录制旅行 VLOG（视频博客）和旅行游记等形式，验证了讯飞翻译机 2.0 拥有强大的 AI（人工智能）翻译技术，的确是一款值得信赖的旅行神器。

项目调研

在中国出境游的游客中，采取自助游的游客比例正在逐步提升。从跟团游为主到自助游为主，从主要集中在热门旅游目的地到路线越来越分散，这是一个逐步进化和成熟的过程，在这个过程中，存在着巨大的增量需求，主要就是语言沟通需求。从跟团游到自助游，最大的障碍无非是语言沟通、行程安排、路线规划障碍，后两者实际上已经通过携程这类互联网平台得到解决，唯独语

言沟通成为瓶颈，这也是 AI 翻译机最大的风口。

讯飞翻译机 2.0 作为科大讯飞智能语音领域的典型应用，具备强大的技术实力，但缺乏 C 端（消费者）大众视野的强传播与向外界展现实力的窗口。项目着眼于出境游场景，传播全新上线的中日 / 中韩离线翻译功能，致力于解决出行中的语言问题；向 C 端建立技术实力认知、塑造品牌温度的起点。打造有高度、有技术、得人心的产品认知，通过市场突破口吸引受众获取流量，实现销量、品牌认知双转化。

项目策划

1. 目标

通过发起全网体验官招募活动，召集新老用户使用讯飞翻译机 2.0“打卡”日韩，强化讯飞翻译机 2.0 中日 / 中韩离线翻译功能、全球上网功能、即时互译功能、拍照翻译功能的产品优势，提升产品知名度，树立行业地位。

2. 策略

双微平台发起全网体验官招募活动，并借助话题 # 嗨翻日韩 # 传播，提升品牌曝光率。

采用视频、海报、GIF（图像互换格式）等创意形式，生动形象传递产品卖点优势，强化用户认知；多平台达人、KOL 持续多维度发声，借势节日热点实现新品功能升级的全网告知，刺激用户对产品的喜爱度，提升产品认知度。多品牌跨界合作蓝 V，一起为 # 嗨翻日韩 # 话题助力，实现多品牌联动传播。电商平台同步配合招募活动，实现线下销量的引流。

3. 受众

旅行爱好者、学生、商务人士、外语学习、跨国工作者、科技发烧友。

4. 传播内容

（1）邀请两位旅游博主，作为体验官，带着讯飞翻译机 2.0“打卡”日韩，分享一路的精彩旅程。

（2）结合当下高热度、高传播力的平台抖音，邀请外国类 KOL、英语学习类 KOL 结合产品功能拍摄创意视频，吸引年轻消费者的关注与互动。

（3）通过小红书的种草产品评测视频及达人笔记，展现产品 34 种语言互译、中日／中韩离线翻译、全球上网功能、方言翻译等方面的优势特点。

（4）选取旅行类、美妆类、综合类、美食类、外国类、行业媒体等微博大号从不同的维度传播，丰富传播内容与传播角度。

5. 媒介策略

利用小红书、抖音等平台及媒体资源，提升传播声量；联合多品牌蓝 V，实现微博多品牌联动传播；在外围媒体扩散上，通过多家媒体配合活动进行深度传播。

项目执行

（1）2018 年 8 月 3 日，项目正式启动，招募活动同步开启，吸引达人、“粉丝”参与，同时邀请去哪儿网、途牛、南方航空等蓝 V 予以配合。

（2）2018 年 8 月 9 日，体验官招募结果公布，发布视频宣言。

（3）项目线上 + 线下活动同步进行。

“猴菇旅行历险记”“蘑菇张”两位体验官启动日韩之旅，深度评测讯飞翻译机 2.0 全新中日／中韩离线翻译功能，并体验产品卖点。二人于自有平台（微博、微信、秒拍、小红书）发布相关图片、游记、使用体验、视频体验等内容。

微博 KOL@ 秋山燿平、@ 有去阿摇、@ 歪果仁体验派发布相关视频，以“土味情话”“八国情话”“媳妇不在歪果仁生活不愁”为主题，结合讯飞翻译机 2.0 卖点予以视频传播。

抖音红人“快学英语”发布“人机大战”视频，挑战讯飞翻译机 2.0 翻译精准度、可理解程度、语言种类，凸显讯飞翻译机 2.0 优势。

体验官带着讯飞翻译机 2.0，一人一机体验无语言障碍的日韩之旅，与当地深度交流。

（4）在传统媒体上，通过行业、产品／技术、导购／评测、深度解读等多维度配合活动进行深度传播。

（5）在权威媒体进行发声，讯飞翻译机 2.0 登上央视《机智过人》舞台，与撒贝宁、韩雪、赵立新等明星互动；经历“中文十级”难题测试、八国播音员新闻播报实时翻译测试、剧本台词翻译测试等，最终获得“机智过人”称号，入围“2018 智能先锋”。

（6）自媒体 KOL 站台。微信公众号 / 极致客，发布原创文章《惠及 1.3 亿人！这几项黑科技让它比撒贝宁还会说》并予以推送，深度解析讯飞翻译机 2.0 技术能力以及在《机智过人》节目中的表现，文章阅读量突破 10 万次。微信公众号，广告门，发布原创文章《AI 范儿新营销它可能是今年最会沟通的品牌》并予以推送。总结营销新玩法，树立 AI 翻译产品营销典范形象。

在日本使用讯飞翻译机 2.0

项目评估

截至 2018 年 9 月 5 日，网络报道累计覆盖量超 10.8245 亿次；百家号累计覆盖量超 7088 万次；今日头条累计覆盖量超 8730 万次，累计阅读量超 5.4 万次，累计评论 129 条。微信公众号合作、极致客阅读量为 12.09 万次，转发量为 467 次，点赞量为 1134 次。视频传播累计覆盖量超 4959 万次，累计阅读量超 6.3 万次，新浪点赞 1 万次；KOL 视频传播总量超 267 万次。# 嗨翻日韩 # 微博话题，阅读量超 1818.2 万次，微博总声量超 275 万次。

稿件基本达到全收录的效果，众多稿件被网页、新闻、首页所收录，效果显著。2018 年 8 月，百度指数日搜索指数最高达 1098，整体日均值 487，移动日均值 295，整体较同年 7 月增加 61%，移动较同年 7 月增加 69%；2018 年 8 月微信指数，日搜索指数最高达 3.9212 万。首页竞品负面出现率稳定在 0−1 篇。该活动的报道，在众多媒体上均实现了远超预计的传播效果。

项目亮点

（1）“线上 + 线下”同步启动，“实测 + 快评 + 图文视频”同步传播。

（2）多手段复合型创意模式：创意型内容，用内容强化用户认知，引导流量，给潜在用户实现引流，拉动销量；采用视频、海报等创意形式，生动形象传递产品卖点优势；利用小红书、抖音等平台及媒体资源，提升传播声量。

亲历者说 林伯建 科大讯飞股份有限公司科大讯飞消费者品牌市场品牌经理

讯飞翻译机 2.0 是科大讯飞继离线翻译功能的“晓译”翻译机之后，推出的新一代人工智能翻译产品。继中俄 / 中英离线功能之后，讯飞翻译机 2.0 上线了中日 / 中韩离线翻译功能。

我们发起了全网体验官招募活动，并在前期联合多品牌蓝 V 发布系列打卡海报，后期邀请多位 KOL、达人，多平台、多角度持续发声。

我们串联多个热点，用各种方式宣传了讯飞翻译机 2.0 的功能，致力于打造新一代网红机！在执行过程中，同事们顶着时差和 KOL 沟通，是提醒项目进度的管家婆、是随叫随到的小迷妹，也是 KOL 文案美化的小能手，是堆起各种新闻稿件、产品稿件、深度稿件，“霸屏”百度首页的搬砖工。

案例点评

点评专家：滕元良　山东管理学院工商学院党总支书记、教授

该项目主要借助当下小红书、抖音等新兴的媒介形式，采用互动体验式的营销方式，将线上宣传推广与线下互动营销相结合。在传播形式上，既有二维的图片文字，也有三维的视频，以极富创意与感召力的形

式，通过线上与线下结合的方式，将讯飞翻译机 2.0 呈现在受众面前，让受众积极主动地参与项目，而不是生搬硬套地让受众进行感知。这种多平台、多角度、多场景、多手段的复合型创意模式强化了用户的认知，引导了流量，突出了产品卖点，进而拉动了产品销量，最终达到了营销的目的。在一定程度上，形成了行业内极具创意性的营销事件，获得了较高的知名度，影响力大大增强。

该项目从以上的角度来看是较为优秀的，算得上营销的上乘之作。

2018 最具公众影响力内容营销大奖

美素佳儿品牌数字公关传播

执行时间： 2018 年 6 月 1 日—2018 年 7 月 31 日

企业名称： 菲仕兰食品贸易（上海）有限公司

品牌名称： 美素佳儿

代理公司： 上海灵思远景市场营销顾问有限公司

获奖类别： 金旗奖——2018 最具公众影响力内容营销大奖

项目概述

2018 年 6 月，一份由多国营养学家联合参与的《含有不同糖化水平的蛋白质的婴儿奶粉对中国婴儿肠胃的影响》的调研报告在美国营养学会（ASN）举办的世界营养年会上展示，报告指出，美素佳儿相较于同实验的其他品牌奶粉，其蛋白质糖化水平最低，且提升无便秘率 3 倍，夜间哭闹减少 1/3。美素佳儿是荷兰皇家菲仕兰公司旗下的奶粉品牌，产品主推“不上火不便秘”卖点。此次美素佳儿受到世界一流权威机构美国营养学会的专业认可，抓住机遇，展开一系列品牌数字公关活动，并促成《人民日报》与外资奶粉品牌合作。借由国内外权威媒体的影响力，传播事件的权威专业性，奠定可信赖基础。同时邀请主导报告调研的专家现场解说、分享观点，引发行业媒体的讨论和传播，最终实现从行业到消费者的大范围信息渗透，令美素佳儿树立奶粉行业新标杆。

世界营养年会

项目调研

美素佳儿源自荷兰自家牧场，采用鲜奶到罐装一次完成的工艺，其母公司荷兰皇家菲仕兰公司迄今已有 140 多年历史。2017 年奶粉品牌研究报告中显示：美素佳儿在奶粉市场中拥有很高的品牌认知度，达到 94%。然而近几年，美素佳儿的品牌故事及产品属性不断被竞品模仿复制，导致其品牌形象及产品卖点的表现与竞品间的区隔缩小，甚至被竞品赶超。因此，为保证未来的业务增长，美素佳儿必须打破现状，用更多事实去证明产品的优越性。

借由权威机构的专业背书，美素佳儿将更好地证明品牌的专业造诣，在消费者心中树立值得信赖的奶粉品牌形象。

项目策划

1. 目标

依托权威背景，进行多角度、多渠道，从行业到消费者的全方位渗透传播。提升美素佳儿的权威性，强化品牌与卖点“不上火不便秘”的关联。

2. 受众

美素佳儿的目标受众是 20～29 岁，高学历、高收入的年轻妈妈。她们会通过母婴社区、公众号等互联网平台获取奶粉信息，购买奶粉有一定心得，更多地关注奶源、口碑，以及是否易消化吸收，是否具有“不上火不便秘”功效。但对于奶粉实际功效的评判，还没有形成统一的标准。

3. 策略

理性与感性结合，打造美国营养学会权威认证，让消费者放心、安心、省心的“不上火不便秘”奶粉品牌。理性层面，不断强调美素佳儿受行业权威背书，塑造专业形象与口碑；感性层面，基于消费者奶粉相关的痛点，提供全方位解决方案。

4. 传播内容

（1）核心内容：美国营养学会权威认证，美素佳儿帮助宝宝“不上火不便秘”。

（2）国内外权威媒体：路透社等国外权威媒体作为新闻源，客观报道事件内容及报告结果。

（3）《人民日报》专访及长图文制作：报告主导专家、中国营养学家盛晓阳教授接受《人民日报》专访，分享报告调研经过，并深入分析报告结果，指出美素佳儿获得认可的原因。《人民日报》制作长图文进行详解。

（4）母婴类头部大号解读：母婴类大号作为消费者可信赖的信息获取渠道，针对报告提出自身见解，形成良好的消费者教育认知。

（5）母婴类 KOL 种草：口碑维度，针对妈妈们难以选择好奶粉的相关痛点，根据自身经验提供专业解决方案。通过横向测评及产品单品评测，强化美素佳儿产品力及产品口碑。同时，将“获得行业权威认可”，作为强有力的信任状，根植于消费者心中。

（6）口碑内容优化：从用户角度输出，有效提升美素佳儿与“不上火不便

盛晓阳接受《人民日报》专访

秘”“获得专业认证”等产品利益点的关联性。

5. 媒介策略

通过“1+1+*N*”媒介策略形成传播矩阵，实现线上传播内容有深度，影响范围有广度，线上互动有参与度。

1 家海外媒体 +1 家国内权威媒体：路透社和《人民日报》联合报道，确立事件权威性。

N 个传播资源覆盖：母婴类头部大号解读、母婴类 KOL 种草，聚拢核心消费人群；门户及垂直主流网站全程跟进，全网信息扩散；口碑平台精耕，提升美誉度。

项目执行

（1）权威媒体定调，凸显事件权威性。世界营养年会召开后，路透社针对报告展出事件及报告结果发起报道，引发 238 家海外媒体转载。随后，《人民日报》、新华网、中国网和中华网联合转载社评，奠定此事件的权威基调。

（2）人民日报专访，专家深度解读报告。《人民日报》邀请报告主导专家、中国营养学家盛晓阳教授进行独家专访，专访报道在《人民日报》客户端发布后，多次受行业媒体转载发布。

（3）母婴类头部大号解读，与消费者进行强沟通。借助母婴类头部大号丁香妈妈和科学家庭育儿在受众群体中的影响力，提高内容关注度。

（4）母婴类 KOL 种草，提高好感度。针对同一内容，进行 KOL 多关联平台分发，实现移动端占领，扩大信息覆盖。

（5）口碑内容优化，提升品牌美誉度。在母婴垂直平台进行内容精耕，以问答、测评、体验等多种形式突出产品工艺、奶源方面的优势。

项目评估

本次公关传播成功提升了美素佳儿“不上火不便秘”的权威性和消费者对品牌的信任感，在消费者心中搭建美素佳儿奶粉“不上火不便秘”的深刻认知。

传播效果远远超出预期 KPI，总覆盖人数超 1962 万人，比预期提升 337%，传播中涵盖的媒体总价值为 693 万元，比预期提升 350 万元。

传播中获得用户总互动 4 万多次，与美素佳儿相关的评论 2 万多条，其中好评率为 100%，提及“不上火不便秘”的内容占比为 58.8%。

本次传播引起市场极大反响，获得行业媒体自发性二次传播和其他品牌跟风贴靠。自发性二次传播共超过 300 次，总覆盖人数 15000 万余人，媒体价值 272.5 万余元。

本次传播共涵盖 339 家媒体资源。1 家海外媒体（路透社），4 家主流媒体（《人民日报》、新华网、中国网、中华网），2 个母婴类头部大号（丁香妈妈、科学家庭育儿），13 个母婴类 KOL（妈妈手册、小食代、芝芝妈妈等），52 家门户 / 母婴 / 健康类网站，另有 238 家国外媒体自发转载，29 个行业媒体二次传播。

项目亮点

（1）成功促成了《人民日报》与外资奶粉品牌合作，并实现了“路透社 +《人民日报》+ 新华网 + 中华网 + 中国网”的权威媒体组合，扩大了此次传播的影响力。

（2）充分利用 KOL 多平台关联属性，进行一点内容全网分发，实现移动端占领。

（3）产生大量自发性的二次传播，同时，传播中产生大量优质 UGC。

亲历者说 徐莉娅 上海灵思远景市场营销顾问有限公司客户总监

项目初期，我们对奶粉行业进行了广泛深入的调研，发现目前市场上“不上火不便秘”已成为众多奶粉品牌共同的诉求点，但并没有形成统一的评判标准。美素佳儿想要脱颖而出，必须成为行业中的领先者。而此次受到美国营养学会权威认可，正好为美素佳儿提供了一个前所未有的机遇。我们团队通过对相关案例的研究总结，为美素佳儿制定了系统严谨的公关传播策略。运用国内

外权威媒体及权威儿科专家为其背书，首先在行业内引起热议，随后借助行业内的育儿专家及意见领袖，深入浅出解读报告，与消费者进行深度沟通，完成从 B 端（企业）向 C 端的信息渗透，最终成功将美素佳儿打造成奶粉行业新标杆，并实现了消费者心中的本品牌与“不上火不便秘”卖点的强关联。

案例点评

点评专家：林晨　环智传媒集团总裁

一次成功的公关热点事件一定是“好内容 + 好传播”的共同成果，美素佳儿获得世界营养年会上报告的权威支持，是企业扩大品牌知名度和美誉度的一份绝佳的传播素材。

美素佳儿品牌数字公关传播以国际权威媒体路透社相关报道切入，通过《人民日报》专访重点引爆新闻的国内影响力，配合行业 KOL 发声及口碑维护工作，在短时间内迅速形成了一波舆情讨论的小高潮，将产品想要传递的价值有效传递至受众群体，提高了受众的品牌认同感和参与度，形成了超出预期的曝光效果，为品牌带来了高质量的传播效果。

末班地铁·温暖都市夜归人

执行时间：2017 年 9 月 26 日—2017 年 12 月 26 日[①]

企业名称；北京京港地铁有限公司

品牌名称：京港地铁

获奖类别：金旗奖——2018 最具公众影响力内容营销大奖

项目概述

京港地铁秉持“以客为先”的理念，在为乘客提供安全、可靠、舒适、便捷的生活服务的同时，持续打造现代城市的出行空间。2017 年，京港地铁发起文化类公益项目末班地铁·温暖都市夜归人，希望在夜间地铁运营时段，充分利用地铁广播及地铁内的媒体空间如灯箱、墙壁等，用创新的地铁广播及金句文案的形式，给予都市夜归人以温暖与激励。

末班地铁·温暖都市夜归人邀请多位北京交通广播知名主持人、京港地铁总经理邵信明打造了京港专属的地铁电台；设计温暖而激励人心的金句，装饰在 4 号线的两座主题车站的墙壁、柱体上，以及 4 号线、14 号线的部分灯箱中；推出与乘客互动的 H5 页面及微博、微信互动话题；在车站及列车电视屏幕中播放温暖而激励人心的视频，为乘客打造集视觉、听觉于一体的浸入式体验。

① 本活动执行时间为 2017 年 9 月 26 日—2017 年 12 月 26 日，活动后续传播影响延续至 2018 年。

末班地铁·温暖都市夜归人1

项目调研

1. 项目背景

京港地铁在为乘客提供服务的同时，持续打造现代城市出行空间。京港地铁希望用创新的形式，调动地铁内的视觉、听觉资源，为乘客提供温暖、贴心的出行体验。

2. 可行性研究

京港地铁所运营的地铁4号线、14号线、16号线、大兴线，4条线路周边有科教区、高科技园区和繁华的商业区。根据乘客调研，京港地铁的乘客85%以上为在北京打拼的年轻人，他们每天乘坐地铁在城市中辛苦打拼，仅工作日夜间22时到末班车结束，京港地铁4条线路便会运送乘客约8万人次，发起此项目，有一定的受众群体。

项目前期，京港地铁在车站进行了为期一个月的调研，了解了许多故事。都市夜归的乘客需要温暖和陪伴，京港地铁也想与他们分享这样的故事，分享这样的温暖，这也是促成该项目的原因之一。

同时，京港地铁站务、乘务、维修等一线员工每天夜间都坚守岗位，为乘客提供出行服务。他们付出辛勤的工作，同样需要温暖和鼓励。

京港地铁有较多车站媒体资源，如车站广播、车站墙壁、柱体、灯箱、电视屏幕等，可以利用车站广播系统播放温馨的话语、轻松的音乐，同时通过墙壁、柱体、灯箱、电视屏幕等展示温暖与激励都市夜归人的文字、画面、视频等。

项目策划

1. 目标

让打拼的都市夜归人感受温暖，传递京港地铁“以客为先”的理念，通过新颖的地铁广播、文案、画面等多种形式，营造充满爱意的地铁环境。

2. 策略

围绕末班地铁 · 温暖都市夜归人的主题，京港地铁从视觉、听觉、互动体验等多维度营造温暖的出行体验。

（1）56 座车站播放暖心广播。2017 年 9 月 26 日—2017 年 9 月 28 日每天 22 时至 23 时 30 分，4 号线、14 号线、16 号线及大兴线中的 56 座车站，滚动播出地铁电台 2 分钟一条的温暖广播，由京港地铁总经理邵信明及北京交通广播知名主持人录制，用温暖的声音和舒缓的音乐陪伴并激励都市夜归人。

（2）2 座主题车站营造温暖视觉体验。2017 年 9 月 26 日—2017 年 10 月 26 日，4 号线国家图书馆站、菜市口站展示金句文案，道出在城市打拼的人的心声。

（3）地铁灯箱及屏幕营造视听感受。2017 年 9 月 26 日—2017 年 12 月 26 日，4 号线、14 号线展出主题灯箱，4 号线、14 号线、16 号线及大兴线车站及列车的电视屏幕播放主题视频，抚慰都市夜归人。

（4）互动 H5 分享心声、领取爱的车票。京港地铁发布 H5，网友可以分享自己的故事、送出温暖声音，参与过程中有机会获得地铁车票。

3. 受众

面向都市夜归人，包括夜间乘坐京港地铁的乘客以及夜间值守在工作岗位的一线地铁工作人员。

4. 传播内容

（1）声音：根据车站乘客特点，如学生、上班族、购物人群等，京港地铁制作青春、回家、散场等多主题广播声音内容，让不同的地铁听众获得专属温暖。

（2）文案：通过车站柱体、灯箱、梯牌展示数十条金句文案，同时，在灯箱上及车站、列车的电视屏幕上展示，这些金句文案或诙谐调侃、或温柔抚慰、或励志振奋，风格突出，形式多样，道出都市夜归人的心声。

5. 媒介策略

（1）预热期（2017 年 9 月 23 日—2017 年 9 月 26 日）：通过京港地铁官方微博发布倒计时及互动话题，引发网友关注；同时，北京交通广播通过热门节目及其微博、微信进行预热。

（2）爆发期（2017 年 9 月 26 日—2017 年 9 月 27 日）：通过京港地铁官方微博、微信推出互动 H5 及征集活动，实现与网友的有效互动；与北京交通广播合作打造专属栏目，并在栏目中实时与微博互动；北京交通广播在《一路畅通》等热点节目中持续传播；中新社、中国网、国际在线、北京时间等媒体现场探访，第一时间收集乘客感受进行报道，形成项目全媒体立体化的传播。

末班地铁 · 温暖都市夜归人 2

（3）持续期（2017 年 9 月 28 日—2017 年 9 月 29 日）：通过京港地铁官方微博、微信及北京交通广播微信同步开展故事征集，北京交通广播知名主持人郭炜、顾峰、李莉等利用个人微博发布或转发相关项目内容，新闻媒体持续报道。

项目执行

（1）为给乘客提供便捷的服务，需要在确保车站服务信息正常播放的情况下，加载地铁电台广播，对广播系统进行了反复调试。

（2）为给乘客提供舒适的服务，地铁电台广播的内容、声音大小都需要严格控制，提前进行测试与试听。

（3）在项目开展中，工作人员也会注意收集乘客的反馈，确保让乘客体验到温馨的环境。

项目评估

1. 效果综述

从受众情感出发，具备创新、话题及温度等特点，引发受众的强烈共鸣，获得好评的同时，也引发了大众对于都市夜归人的关注，并增加了京港地铁这一品牌在受众中的温度感、提升了品牌形象与口碑。

2. 现场效果

在项目推出当天，专属的地铁电台广播响起、车站内文案和氛围的营造，彰显了温暖的环境。

3. 受众反应

广播播出当天夜间，车站很多候车的乘客听到广播后都会驻足倾听，在媒体采访中也有乘客表示，有这样的广播陪伴非常温馨，希望能多有这样的项目；在京港地铁官方微博、微信、互动 H5 以及北京交通广播的节目、微博中，网友纷纷留言，讲述自己与末班地铁的故事，以及对此次项目的温暖感受，获得良好的受众反馈。

4. 媒体统计

（1）从传播上，得到媒体的广泛关注，各地媒体及网站、KOL 账号总计发出报道 309 篇，广告价值超过 510 万元，点击量超过 114 万次。媒体在报道中，使用“治愈”“温暖”等关键词，并评论项目懂得探求用户真实需求、传播正能量、将企业的社会责任和人文关怀融入营销的创意中，对都市夜归人的关注彰显了公共服务的贴心。

（2）用户转化良好，京港地铁官方微信、微博推文阅读量超过 77 万次；京港地铁今日头条及一点资讯账号平台推荐量达到 44 万次，点击阅读量近 7 万次；互动 H5 点击量超过 4 万次。

项目亮点

（1）在地铁内打造地铁电台，即在一般的出行信息类广播的基础上，在站台广播中增加温暖人心的声音内容和舒缓的音乐，让地铁乘客有耳目一新的感觉，引发乘客对传播的主题都市夜归人的关注。

（2）整合广播电台与地铁两个平台的资源，利用地铁电台这种全新的形式，在地铁引入广播电台主持人的声音，通过资源整合联合更多社会力量，让都市夜归人感受到温暖与激励。

亲历者说 杨苓 京港地铁公共关系总管、新闻发言人

我们此前关注乘客的安全文明出行和地铁文化，推出了很多公益项目。此次，是我们首次将重点放到城市人的情感需求上，关注都市夜归人的感受，为他们提供温暖的出行陪伴，希望给他们以激励。从项目反馈上，我们也获得了非常好的效果，这将是未来我们努力的一个方向。

同时，对于地铁广播的打造，从发布单纯的服务信息到具有情感温度的内容，也是我们一次全新的尝试，未来我们也将继续秉持“以客为先”的理念，根据乘客的需求，不断丰富我们的广播、车站空间，为乘客提供优质的服务。

案例点评

点评专家：李志军　中央财经大学新传播研究中心主任

京港地铁在运营伊始就体现出与众不同的特质——有文化、懂服务。所以京港地铁有这样的项目，我是不感到意外的。不管是航站、铁路车站，还是地铁沿线，向来都是流动人群聚集所在，所以不会缺少故事；这些场所有最基本的职能，但也可以延伸出来，作为漂泊人暂获心灵安慰的港湾。"以客为先"服务理念的落实是永无止境的，准点、安全到达是基本的，企业还可以加上心灵层面的交流。特别是在今天大都市人群极度焦虑这样一个现实面前，企业通过能够触动人心的语句，在一个相对封闭的环境里，抓住夜间这样一个人们较为疲惫、感情需求比较丰富的时段，可以非常有效地打动目标受众。加之京港地铁采用了各种线上线下的传播渠道组合，很好地传达了信息与情感，无形之间将企业的品牌和服务理念有效地植入消费者心中。

疯狂小狗“6·18”电商营销项目

执行时间：2018 年 6 月 4 日—2018 年 6 月 20 日

企业名称：徐州苏宠宠物用品有限公司

品牌名称：疯狂小狗

代理公司：AMO Corp. 爱茂机构

获奖类别：金旗奖——2018 最具公众影响力内容营销大奖

项目概述

疯狂小狗是徐州苏宠宠物用品有限公司旗下宠物类品牌，致力于宠物食品研发与生产制造，为消费者提供宠物主粮、休闲零食、日常用品、清洁用品等等产品。本项目主要是通过把握“6·18”这一电商大促时间节点，通过线上互动线下直播的联动方式，为电商引流，同时向消费者传递品牌价值理念，提升品牌知名度。

项目调研

疯狂小狗专注于宠物狗食品领域，为“小白”宠物主提供养宠解决方案，其中包括“高性价比的产品＋多维度知识提供＋垂直社区”。项目借由“6·18”年中大促节点，抓住机会打出品牌“品质放心粮”的理念与消费者进行情感沟通，目的是实现电商引流的同时，通过有趣的内容传递品牌价值，实现客户获取和用户黏度增强。

项目策划

1. 传播目标

通过创造有趣内容，引发消费者共鸣；输出品牌理念，提升用户黏性；设置趣味互动，促进分享扩散；有机融入折扣信息，引导转化。

2. 传播策略

借助大促节点，通过“我们最疯狂的故事”这 1 个主题，《疯狂美食 party》H5 和《疯狂小狗说》直播这 2 大核心事件，面向复购人群、有狗人群、无狗人群这 3 类目标人群，提升品牌认知度，增加电商转化率。

3. 受众

品牌的目标用户为 15～25 岁年轻女性用户，这些用户大多为初次养宠的“小白”宠物主，养宠经验较少。此外，其他养宠人群和非养宠人群也是重点培养的潜在用户。

4. 传播内容

趣味海报、创意动画和 H5、直播、长图文战报等。

《疯狂小狗说》直播

5. 媒介策略

垂直类 KOL“回忆专用小马甲”和宠物训练师宁蔚精准打通养宠人群和爱宠人群，吃播美少女密子君广泛覆盖非养宠人群。借由媒介实现对目标人群的最大覆盖，对目标受众的有效到达，整合媒体、技术、平台等资源，为营销创新服务。

项目执行

项目主要分为预热期、爆发期和延续期三个阶段。

（1）预热期（2018 年 6 月 10 日—2018 年 6 月 16 日）。2018 年 6 月 10 日生成微博互动话题 # 我们最疯狂的故事 #，邀请观众参与现场直播活动；2018 年 6 月 12 日，品牌官方微博发；布密子君和宁蔚的直播预告；2018 年 6 月 16 日全平台发布趣味 H5《疯狂美食 party》，微博同时发布趣味 GIF 致敬海报，吸引观众眼球。

致敬海报

（2）爆发期（2018 年 6 月 18 日）。“回忆专用小马甲”、密子君、宁蔚和品牌官博在这天同时发布趣味动画和《疯狂小狗说》直播预告，下午六时直播正式开始并顺利完成。

（3）延续期（2018 年 6 月 19 日—2018 年 6 月 20 日）。收集项目数据、素材，完成长图文战报。

项目评估

1. 效果综述

线上传播数据喜人，部分内容在无传播资源的情况下仍然取得了过万次的自然传播，同时也为电商带来了相当数量的销量增长，直播活动现场观众表现踊跃，配合积极，线上观看人数突破 200 万人。

2. 现场效果及受众和市场反应

现场歌手演唱《狗粮就爱疯狂小狗》，活跃直播现场气氛；创始人表达了品牌态度，并发布“6·18”价格，深受消费者认可；疯狂观察家宁蔚和密子君上台，从专业训练角度和美食角度谈论疯狂小狗，令观众受益良多；此外，直播中有多个环节邀请现场观众上台与嘉宾进行互动，观众积极性很高，踊跃参与，表现机智、妙语连珠。同时高颜值 DJ（唱片骑师）为直播现场调动气氛；淘系达人现场同步促销信息，介绍产品，为电商引流，增加销量。

3. 媒体统计

覆盖曝光量超 1436 万次，总互动量超 1695 万次；官方淘宝直播平台直播点赞量超 1600 万次；微博话题阅读量高达 762 万次，“回忆专用小马甲”、密子君微博阅读量高达 704 万次；官方淘宝直播平台累积观看量超 207 万次，同比上升 77130%；官方淘宝直播平台，最高在线数 179 万人，同比上升 952%；淘系达人直播观看量超 4.7 万次，点赞量超 18 万次；无任何传播资源推广情况下，H5 自然传播量约 1 万次。

项目亮点

优质内容引发传播，优质资源契合品牌。创意内容致敬经典动画形象，将公众标签化，使公众找到共鸣，自发宣传。利用宠物界专业人士、博主以及品牌，直播宣传品牌价值，让消费者看到品牌态度；以品牌动画形象为主视觉，进行二次创作，致敬经典动画形象。原创歌曲作为背景音乐，邀请消费者参与活动。H5 分享机制是上传照片自动生成标签，多种标签选择，引导用户自发分享。

亲历者说 陈梦萍 AMO Corp. 爱茂机构项目经理

作为本次项目的策划和执行人员，我认为此项目在策略层面，洞察准确，逻辑清晰；在执行层面，团队合作顺利，沟通及时，执行人员工作积极，面对问题沉着冷静，解决及时，对接工作有条不紊，重视沟通和团队协作能力是项

目顺利执行的关键。

案例点评

点评专家：吴志远　华中师范大学传播系主任副教授

没有声量的品牌，很容易被消费者淡忘。有一定市场地位的品牌，更要注重与消费者定期沟通，才能彰显品牌实力。沟通的目的，包括加深品牌记忆，扩大品牌覆盖面。特别的时候，沟通还可唤醒品牌记忆。

从这个意义上说，疯狂小狗“6·18”电商营销项目是中规中矩的。这类项目的关键点，是选好时机，讲好故事并找好讲故事的人，选择恰当的传播渠道。

按照这几个指标去衡量疯狂小狗“6·18”电商营销项目，可以发现：“6·18”是电商年中促销大节，消费者自然心中有所期待；宠物的故事，是广告传播三大利器中的一种，只要认真去讲故事，总有人会关注；而宠物界垂直类网红，自然是讲宠物故事的好人选。网红们带来线上直播的流量，而线下活动的配合，也会触发现场的自然传播。

7 腾讯应用宝母亲节长辈关怀

执行时间： 2018 年 5 月 9 日—2018 年 5 月 14 日
企业名称： 腾讯科技（深圳）有限公司
品牌名称： 腾讯应用宝
代理公司： 北京锐易纵横公关顾问有限公司
获奖类别： 金旗奖——2018 最具公众影响力内容营销大奖

项目概述

应用宝除了应用下载市场本身，特开发了长辈关怀功能，针对老年人不知如何下载 App、找不到手机功能入口等痛点，通过远程帮助的形式让子女能够直接看到父母的手机界面，“手把手”教父母操作。同时，子女还可以通过 QQ、微信等渠道将 App 链接同步给父母，父母点击链接即可直接跳转至应用宝自动下载。让千里之外的子女能随时随地帮助父母解决手机使用难题。

项目调研

随着移动互联网的发展，越来越多的老年人换上了智能手机，但他们在使用智能手机时，总是会遇到各种问题，需要向子女求助。而子女若不在身边，父母解决手机问题的难度就会进一步增大。

由于对智能手机不熟悉，父母一般很难理解子女讲述的操作步骤，而远在外地的孩子只能通过电话指导，进一步增加了双方的沟通成本。另外，老年人

记忆减退也是使用智能手机的一大阻碍。不少年轻人反映“已经教过很多次的问题，下次再遇到，父母依然不知道该如何操作”。

如何抛去冰冷的产品功能宣讲，让本次传播更有温度，是整个项目组面临的最大挑战。

项目策划

1. 目标

推动青年人群为自己的父母安装应用宝，并尝试长辈关怀功能。

2. 策略

围绕应用宝，通过情感触动的形式引发广泛用户关注长辈关怀功能，再通过趣味 H5 增加用户黏性，提升用户产品功能使用率。通过“带爸妈重返青春”的概念触动用户，不是只有改变衣着习惯可以“带爸妈重返青春”，教爸妈使用智能手机，紧跟时代潮流，也是“带爸妈重返青春”的一种方式。

3. 受众

年龄 15 ~ 35 岁，男女不限。包括学生、不同行业安卓手机使用者。

4. 传播内容

《带爸妈重返 18 岁》温情视频，AI 人脸融合让爸妈重返青春。

5. 媒介策略

调动优质媒介资源，微信、视频网站、自媒体人朋友圈等同步发力，形成全网覆盖模式，以达到最佳传播效果。其中自媒体人内容沟通是重点与突破点。

项目执行

1. 情感触动，通过温情视频打动用户，引发广泛用户关注长辈关怀产品功能

选择 5 组真实的父母与子女，在子女不知情的情况下，通过给父母特型变装，让子女和年轻 20 岁的父母对话。通过直观的变装体验，让子女感受到，父母不是跟不上时代，只是需要帮助和引导。

智能手机的使用也是一样，在移动互联网时代，教爸妈熟练使用智能手机也是“带爸妈重返青春”，紧跟潮流的一种方式。

视频在腾讯视频、秒拍、爱奇艺、搜狐、新片场等多个主流视频网站全面铺设传播，新片场、爱奇艺强势推荐，引发用户广泛关注，应用宝长辈关怀功能应势露出。

配合视频传播，微博发起#穿越青春时光机#温情话题，从回忆父母年轻模样，穿越看父母青春年华的角度，在情感层面触动目标人群共鸣，引发大量用户留言晒父母年轻照片，分享和父母的点滴、父母爱用的App，贴合移动互联网生活。

2. 通过AI人脸融合H5，趣味化增加用户黏性，提升对长辈关怀功能的认知

为进一步提升用户对长辈关怀功能的认知，联合腾讯AI开放平台人脸识别和天天P图，制作“爸妈的18岁”H5，通过上传父母照片，一键“穿越”到爸妈的18岁，他们或是校园女神、朋克少女，或是运动健将、霸道总裁……

通过长辈关怀功能，实现手把手教父母玩手机、使用App，让父母的手机上网操作变得简单、快捷，生活上增添色彩。

“爸妈的18岁”H5

3. 腾讯应用宝客户端、中新网新闻客户端位置推荐

@耗这口、@剑神葡萄、@红肚兜儿等微信自媒体在朋友圈集中发力，引发“穿越”热潮。

4. 借势母亲节，独辟蹊径制作“给妈妈的情书”，促进用户行动，提升产品功能使用率

母亲节的礼物千篇一律，应用宝对长辈的关怀万里挑一！用户可在App中

上传和妈妈相关的照片并选择喜欢的表白语，制作“给妈妈的情书”海报，对父母多一些日常生活上的理解和关心，提升应用宝长辈关怀功能使用率，为父母解决智能手机使用问题，让父母和智能移动互联网生活接轨。

“给妈妈的情书”H5

5. 微信 KOL 情感长文《你见过爸妈 18 岁的样子吗？》

与知名微信公众号唇红领白合作，通过讲述令人感动的故事，引发大量用户共鸣留言。

项目评估

1. 效果综述

（1）视频发布覆盖 4 家视频平台，温情视频播放量超 400 万次，视频插入“爸妈的 18 岁”H5 中，视频曝光超 29 万次。

（2）社交平台等外部渠道扩散影响 9000 万受众，“穿越青春时光机”微博话题累计获得 7910 万次阅读，上榜话题榜 1 次，热门话题榜 Top7，社会话题榜 Top4。

（3）微信情怀内容收获阅读量超 10 万次。

（4）以微信朋友圈为传播主阵地，微信媒体群、QQ 群等辅助针对性扩散传播。“爸妈的十八岁”H5 共获得 PV 29.7362 万次，UV25.9069 万次，参与量 32.4629 万次。“给妈妈的情书”H5 独立访问量 9.9834 万次，参与互动 12.2275

万次。

（5）应用宝微信指数遥遥领先众多竞品，2018 年 5 月 14 日达到传播高峰，微信指数突破 355 万，日环比增长 833.86%。

（6）项目传播期间，应用宝品牌价值指标呈倍数领先竞品，在 2018 年 5 月 12 日达到 1184，较前三天均值上涨 408。

（7）项目传播期间，应用宝官方微博粉丝数量增长 1773 人，较上一时间段增长 241.6%。

2. 受众反应

（1）“粉丝”主动微博晒出父母年轻时的照片，回忆父母青春芳华，并为父母送出祝福，打造温情话题。

（2）“粉丝”纷纷留言，分享和父母的温情瞬间。

3. 媒体统计

微博：思想聚焦、清南师兄、奔波儿灞与灞波儿奔、中国新闻网等。微信：唇红领白。朋友圈：耗这口、宅男宅女爱冷笑话、大脑切片、红肚兜儿等 20 余位自媒体人。

项目亮点

1. 父母变装实验，独辟蹊径重返 18 岁

父母逐渐老去，越来越跟不上飞速发展的互联网时代，穿的衣服你嫌老土，智能手机的功能怎么都教不会……

本次项目抓住父母渐渐老去的点，以一个变装实验，和时光赛跑，“带爸妈重返青春”。让子女和年轻的父母对话，变装前后的直观对比，引发子女对父母关怀的思考：父母可以很潮，只要我们对父母多一些关心和耐心，父母的智能手机也可以玩得很好，只要像小时候他们教我们看书识字那样教他们。

2. 精准 AI 人脸融合带爸妈重返 18 岁

为了保证 AI 人脸融合效果能达到最好，团队先后挑选百余位男女模特进行模板照片实拍，角色模板与腾讯 AI 开放平台及天天 P 图的团队先后磨合调试数十次，才保证了最终人脸识别的效果。

亲历者说 王丽霞 北京锐易纵横公关顾问有限公司项目经理

项目上线期很短，只有短短一周，但是前期和产品侧反复沟通、筹备、准备了月余。为了保证 AI 人脸融合效果能达到最好，团队先后挑选百余位男女模特进行模板照片实拍，每个角色先后拍摄 3 次，才有了最终不同角色的人物模板；

拍摄视频时，为了能达到前后年龄、形象上的反差，项目组请了 2 个造型团队，其中演员变装后的造型团队为负责《美丽俏佳人》《时尚芭莎》等节目的著名造型团队马锐风尚美学；此次物料的筹备过程较为艰辛，所幸结果令人十分满意。

案例点评

点评专家：张明新 华中科技大学新闻与信息传播学院教授

腾讯应用宝母亲节长辈关怀讲述的是一系列非常温馨动人的故事。首先，就故事的主题看，它是一个关乎老年人智能手机使用的话题，涉及应用宝的长辈关怀功能，目的是帮助年龄较大的父母学习使用手机，帮助他们更好地融入当今的网络生态环境。其次，就故事的讲述形式看，它采用了多样化的、互动型的方式，讲述了以亲情为核心内容的多个故事。这些故事包括温情视频拍摄、微博 #穿越青春时光机# 话题发起和讨论、趣味化 AI 人脸融合、“爸妈的 18 岁”H5 制作、“给妈妈的情书”H5 制作等，这些活动充分借助了新兴的技术和表现形式，能够引起年轻一辈的关注和参与。

美好的感情，是人类生活的依托，也具有打动人心的持久性力量。每一个用户，都是一个充满了感情的人。以亲情为诉求，以灵活的方式讲述好亲情主题的故事，是本案例成功的关键所在，其所蕴含的规律，应该成为相关公关活动的良好借鉴。

霍尼韦尔利用环保技术帮助中国企业践行“美丽中国”

执行时间：2017 年 10 月至今

企业名称：霍尼韦尔（中国）有限公司

品牌名称：霍尼韦尔

获奖类别：金旗奖——2018 最具公众影响力内容营销大奖

项目概述

十多年前霍尼韦尔就提出了“东方服务于东方”的中国战略，立足中国国情和中国客户的需求来开发技术和产品，并已在这个市场投放了众多保护大众健康、助力企业节能减排的优质解决方案。

十九大召开后的几个月，霍尼韦尔号召员工攻读十九大报告。旗下的特性材料和技术集团组织了 30 位亚太区高管学习十九大报告，还将报告译成英文，邀请本土和外籍专家给管理层解读。

2018 年 3 月，霍尼韦尔宣布，加入由中国国际经济交流中心和保尔森基金会共同发起的“争做‘零’跑者”全球公益活动，承诺到 2022 年每美元营收所产生的温室气体排放比 2016 年降低 10%。霍尼韦尔已在中国自行开展了 100 多个增效节能项目，并且正在推广践行减少有害废物以及其他废弃物。

2018 年 5 月，霍尼韦尔发布针对中国大气质量的相关研究报告，详细分析中国当下主要大气环境问题的成因，提供相应解决方案，帮助企业在国家环境政策的引导下，实现环境保护与经济效益之间的平衡。同时宣布成立霍尼韦尔（中国）有限公司环境保护研究院。

霍尼韦尔宣布环境保护研究院正式揭牌

项目调研

霍尼韦尔作为一家百年企业，积极践行绿色发展、文明发展理念，并且正计划让中国工厂获得 ISO 50001 认证。在提升自身环保标准的同时，霍尼韦尔在环保技术上不断探索研究，并在与客户的长期合作实践中积累了宝贵经验和数据，助推绿色工业，支持可持续发展。

在大气环境问题方面，霍尼韦尔拥有用于生产高辛烷值汽油的连续催化重整技术（CCR）、降低工业排放的低氮燃烧技术、低挥发性有机物（VOCs）排放的涂料配方等一系列解决方案。其中，霍尼韦尔 UOP 旗下凯勒特低氮氧化物燃烧技术已被中国石化集团北京燕山石油化工有限公司、恒力石化（大连）炼化有限公司等多家企业成功采用，帮助企业实现大幅减排，满足国家各项排放法规规定。2017 年，凯勒特还在河南洛阳成立了火炬 VOC 排放测试中心，旨在帮助客户降低工业火炬系统中的 VOCs 排放，提升火炬性能。该中心的成立填补了中国火炬 VOC 排放测试的空白。

在缓解全球变暖方面，霍尼韦尔引领开发的新一代低全球变暖潜值解决方案已经应用在全球超过3000个超市和4000万辆车中，助力城市的低碳发展。霍尼韦尔UOP的MTO（甲醇制烯烃）技术是一项清洁、高效的煤炭资源利用方案，可提高煤炭的清洁开发利用，降低中国对石油进口的依赖，目前已被惠生（南京）清洁能源股份有限公司、江苏斯尔邦石化有限公司等多家中国企业广泛使用。

霍尼韦尔将公司各个业务涉及环保的技术和研发人员整合在一起，发布产业绿色升级报告，成立环保研究院，与环保单位和机构展开合作，介绍公司的一系列环保技术和解决方案，了解对方需求及面临的挑战，为其进行量身定制。

霍尼韦尔利用所拥有的各项环保技术、产品和解决方案，帮助企业在国家环境政策的引导下，实现环境保护与经济效益之间的平衡，助力中国实现建设“美丽中国”的美好愿景。

项目策划

霍尼韦尔公司50%以上的产品和技术都与环保、能效相关，通过该项目的开展，全面而详细地介绍霍尼韦尔先进的环保技术、产品和解决方案，为公司寻求新的业务机会，扩大合作，保持业务高速增长。

在传播策略和媒介上，霍尼韦尔同时邀请大众主流媒体和行业媒体、KOL，参与见证“争做‘零’跑者”全球公益活动、产业绿色升级报告发布、环境保护研究院正式揭牌等里程碑，介绍霍尼韦尔对于产业绿色升级的一些见解。同时，在产业绿色升级报告发布会暨环境保护研究院正式揭牌媒体活动上，根据不同业务线和领域细分，组织不同场次的媒体采访，让媒体朋友与集团和各部门领导进行近距离沟通。相关报道在电视、报纸、网页、社交媒体平台等多个渠道播出和投放。另外，配合产业绿色升级报告的发布，霍尼韦尔还开展了一轮数字化传播和营销，制作了小程序分阶段进行宣传，同时在公司微信公众号、公司网站等平台发布，与同行业KOL公众号合作，进行报告宣传和正式发布。

第三方参与是项目开展的重要组成部分。在产业绿色升级报告撰写过程中，霍尼韦尔动员了超过20位来自不同专业领域的专家领导，包括博士、博士后和高层管理人员，展开跨领域、跨专业沟通及指导，确保整篇报告的专业性和可读性；而在产业绿色升级报告发布当天，霍尼韦尔邀请了保尔森基金会、清洁空气联盟等第三方机构的专家共同参与讨论及接受媒体采访。

项目执行

1. 学习十九大报告

（1）组成学习小分队：十九大召开后，霍尼韦尔第一时间下载并打印了报告的中英文版本，组成 30 多人的学习小分队对报告进行个人学习和集体讨论，学习小分队包括 3 名负责业务管理的副总裁以及来自财务、技术、公关、战略市场等 10 个职能部门的总监级负责人。通过深入学习，霍尼韦尔从十九大报告中汇总、梳理出“美丽中国”“健康中国”等与业务紧密相关的关键词，确立未来重点发展产业和方向，表示将把环保作为重点板块推进。

（2）十九大报告解读：2018 年 1 月，霍尼韦尔在开年大会上举行了一场十九大报告解读，邀请中国创新问题专家到场向公司高层详解十九大报告中蕴含的中国市场战略。

（3）媒体参与：2018 年 1 月，包括中国中央电视台、上海广播电视台、中国日报在内的主流媒体来到霍尼韦尔公司，了解霍尼韦尔开展的十九大报告学习活动并展开相关报道。

2.“争做‘零’跑者”全球公益活动

2018 年 3 月，霍尼韦尔特性材料和技术集团副总裁兼亚太区总经理余锋代表霍尼韦尔出席了“争做‘零’跑者”全球公益活动。在会上，余锋代表霍尼韦尔做出了温室气体减排承诺并接受《21 世纪经济报道》《中国经济周刊》《中国日报》《中国经济导报》《中国环境报》等媒体的采访。

3.《霍尼韦尔产业绿色升级报告之大气环境治理篇》发布暨霍尼韦尔（中国）有限公司环境保护研究院正式揭牌媒体活动

（1）环保白皮书发布：2018 年 5 月 22 日，霍尼韦尔发布针对中国大气质量的研究报告《霍尼韦尔产业绿色升级报告之大气环境治理篇》，报告介绍了多种先进技术、服务以及产品，以助力实现“美丽中国”的良好愿景。

（2）成立环保研究院：霍尼韦尔（中国）有限公司环境保护研究院于 2018

霍尼韦尔发布针对中国大气质量的研究报告《霍尼韦尔产业绿色升级报告之大气环境治理篇》

年 5 月 22 日正式成立。该研究院以市场和技术研究为主，计划每年对外发布一两份针对中国环保现状和市场以及环保技术应用和前瞻的报告，同时为企业和政府提供相应的咨询服务。该研究院还将积极与各大院校、研究机构、环保组织展开交流合作，推动创建中国环保发展的跨产业联盟，集结各方力量共同为青山绿水做出贡献。

（3）媒体参与：20 余家媒体对发布会进行了报道，分享霍尼韦尔对于产业绿色升级的一些见解。主会场发布后，霍尼韦尔还在分会场组织了 4 场媒体采访，让记者们同集团和各部门领导进行近距离的沟通。

项目评估

1. 学习十九大报告

包括中国中央电视台、上海广播电视台、上海外语频道、《中国日报》、《环球时报》、《经济日报》、《解放日报》、《上海日报》、澎湃新闻英文版在内的主流媒体对霍尼韦尔号召员工学习十九大报告进行了集中报道，并对霍尼韦尔特性材料和技术集团副总裁兼亚太区总经理余锋、霍尼韦尔亚洲高增长地区企

学习十九大报告媒体采访

业传播副总裁卢荣进行了专访，产生 41 篇独家采访报道，600 余家媒体进行了转载。电视、报纸及互联网累计媒体传播量达 8.46 亿次。

2. “争做‘零’跑者”全球公益活动

包括《21 世纪经济报道》、《中国经济周刊》、《中国日报》、《中国经济导报》、《中国环境报》、《中国经营报》、《中华工商时报》、中国网等在内的主流媒体对此展开报道，累计媒体传播量达 3.44 亿次。

3.《霍尼韦尔产业绿色升级报告之大气环境治理篇》发布暨霍尼韦尔（中国）有限公司环境保护研究院正式揭牌媒体活动

媒体活动吸引了包括《中国化工报》、《中国经济导报》、人民网、界面在内的 26 家主流媒体及行业媒体参与，产生 175 篇高质量报道，累计媒体传播量达 16.99 亿次。同时展开的数字化传播及社交媒体推广产生了 1.6 万余次产业绿色升级报告概览阅读量和 800 余次全文下载量。

项目亮点

1. 环保解决方案本土化研发、生产、服务

以霍尼韦尔凯勒特的低氮氧化物燃烧技术为例，早在 2006 年，凯勒特就在上海成立了独资工厂，已完成超过300个项目的制造和供货。2017年霍尼韦尔UOP中国研发及工程技术中心在张家港成立，该中心将为霍尼韦尔UOP工艺技术的交付、项目调试、技术支持和维护更新提供支持。凯勒特依托霍尼韦尔UOP强大的全球化研发能力，利用本土化的资源，致力于促进中国炼油石化行业低排放、高能效的燃烧技术的发展。

2. 产业绿色升级报告获环保领域专家认可

《霍尼韦尔产业绿色升级报告之大气环境治理篇》获得包括国家应对气候变化战略研究和国际合作中心前主任李俊峰在内的环保领域专家认可。

3. 产业绿色升级报告数字化传播和营销

配合产业绿色升级报告的发布，霍尼韦尔制作了小程序分阶段进行宣传，同时在公司微信公众号、公司网站等平台发布，与同行业KOL公众号合作，进行宣传，浏览次数、报告下载量、问卷填写人数以及潜在客户开发均创新高。

亲历者说　戴丝云　霍尼韦尔特性材料和技术集团亚太区高级战略分析师

《霍尼韦尔产业绿色升级报告之大气环境治理篇》的诞生源于一次内部的小型讨论：如何更好地利用霍尼韦尔的技术为环保事业出一份力？作为一家拥有百年历史的高科技企业，霍尼韦尔在环保领域积累了相当丰富的技术和经验，然而受制于专业领域的表达局限，如何能够用更容易被大众和市场所接受的语言和形式来传递信息，成了一个新的课题，而产业绿色升级报告的写作就是一个大胆尝试。

为了能够尽可能详细地吸收理解每一项环保技术的原理、应用场景和功能，在整个报告的撰写过程中，我们大约动员了超过20位来自不同专业领域的专家领导，跨部门甚至是跨专业的沟通和指导贯穿了从开始到最终定稿的4个多月，以确保整篇报告的专业性和可读性。环保是关乎全人类命运的重大命题，与普通的B2B业务不同，环保关系到的不仅仅是政府、企业，更是普罗大众的切身利益，我们希望能够通过通俗易懂而又不失专业性的文字和图表，来为身边的人答疑解惑，宣传环保的重要性。

除了技术方面的严谨认真，我们还详细地研究了环保、石化等行业的相关政策和法规以及市场现状，并且结合过去霍尼韦尔在全球成功实施的环保案例

经验，最后总结出具有针对性的解决方案。为了能够得到最真实可信的反馈，霍尼韦尔积极与地方环保部门、相关企业以及第三方环保组织联系，开展了学习会议等一系列活动，在经过充分讨论和反复认证后，筛选出了最终呈现在产业绿色升级报告中的内容。

案例点评

点评专家：尚恒志　河南工业大学新闻与传播学院院长、教授

霍尼韦尔利用环保技术帮助中国企业践行“美丽中国”的成功主要在以下方面。

（1）紧扣政府与公众关注的热点问题。环境保护是民众关心的热点，霍尼韦尔认真组织员工学习十九大报告，响应政府提出建设“美丽中国”的愿景，开发一系列环保产品，老百姓欢迎，可谓得民心，顺民意。

（2）勇敢承担企业的社会责任。霍尼韦尔积极践行绿色发展理念，推广践行减少有害废物以及其他废弃物；发布产业绿色升级报告，向中国企业介绍多种先进技术、服务以及产品，助力实现“美丽中国”的良好愿景；成立环保研究院为企业和政府提供咨询服务，推动创建中国环保发展的跨产业联盟，集结各方力量共同为“青山绿水”做出贡献。不仅说得好，而且做得好，充分展现了一个企业的社会责任。

（3）充分利用各种媒体宣传。学习十九大报告、“争做‘零’跑者”全球公益活动、《霍尼韦尔产业绿色升级报告之大气环境治理篇》发布暨霍尼韦尔（中国）有限公司环境保护研究院正式揭牌媒体活动开展时都与媒体紧密合作，主流媒体、行业媒体、微信等新媒体多管齐下，线上线下整合传播营销全面开展，实现了做得好，说得也好。

百达扬® 上市社交媒体项目

执行时间： 2018 年 3 月 28 日—2018 年 7 月 18 日

企业名称： 沈阳三生制药有限责任公司

品牌名称： 三生制药

代理公司： 高诚美恒（上海）市场咨询有限公司

获奖类别： 金旗奖——2018 最具公众影响力内容营销大奖

项目概述

百达扬®（注射用艾塞那肽微球）是一款“一周一次”的降糖药。三生制药作为一家上市药企，首次尝试社交传播，希望通过打动人心的系列微电影，对目标受众及公众传播一周一次的概念并使其深植人心，制造公关话题，同时完成品牌的线上建设。

在深刻理解产品的基础上，提炼“一周一次”的药品特性，将核心受众的生理、心理诉求，与自由相结合，通过对自由的追寻与思考，引发受众共鸣、传播核心价值观，用感性的故事隐喻理性的药品特性。

通过街头采访视频和微电影，“一周一次”概念深入人心，引发了社会舆论关注。

项目调研

（1）基于产品本身的调研。艾塞那肽微球可帮助改善 2 型糖尿病患者的

微电影截图1

血糖控制，为糖尿病患者提供更多药物选择。但是未来，可预期的竞品会陆续上市，对于三生制药来说，抢占市场只有半年时间，市场先机十分有限且珍贵。

（2）基于糖尿病患者针剂治疗状况的调研。以前的针剂每天打 1 到 4 针，一年至少 365 针，而一周一次的降糖疗法，一年至少可以少打 313 针，大大减轻患者针剂频次高的压力。

（3）基于糖尿病患者的调研：大多数糖尿病患者一开始采用药物治疗时选用口服药物，当口服药物难以控制病情或者疗效不佳时，患者会考虑采用针剂注射的方式。但由于针剂注射频次过高，很多患者在选择是否采用针剂治疗时都非常犹豫。所以，要最大限度地降低消费者的恐惧，引入一个新的概念，尽快占领市场，把“一周一次”的概念强化，让糖尿病治疗新技术和“一周一次”概念形成强关联。

项目策划

1. 定位

通过打动人心的视觉呈现（系列微电影）形式，与潜在受众进行概念传递，将“一周一次”的理念传递给大众。

2. 目标

产品上市前后，让潜在受众主动关注“一周一次”，让“一周一次”的用药理念深植人心，制造公关话题。

3. 受众

有一定经济能力的 2 型糖尿病患者。

4. 策略

（1）街头采访制造话题，将糖尿病患者每天痛苦这个被许多人忽视的事实放入公众视线。

（2）打造微电影，聚焦成功中年人痛点，引发网友围观热议。

（3）“一周一次，为自由”话题承接品牌活动，落地 2 型糖尿病患者。

项目海报

5. 传播内容

通过几个不同阶段的视频，制造了对每日打针的关注，从而打透“一周一次”的概念 。

街头采访视频，随机采访路边的人，把糖尿病患者很痛苦这个事实置入公众视线中，唤醒消费者心中对自由的向往。

将在泰国拍的短视频剪辑成两个短片，一个是完整的故事，时长约 3 分钟；另一个是由三生制药的 COO（首席运营官）亲自配音的短片。两个短片表达重点不同，诠释了三生制药“一周一次，为自由”的品牌精神。前者讲述了一个男人，从普通青年成为一个成功男人的成长故事。后者更简洁、直接，积极地引导大众去寻找自己的自由。

6. 媒介策略

多渠道资源有效整合，传播掷地有声，传统视频平台内容铺垫；社交平台 KOL 话题引爆，带领节奏，引发热议；移动端短视频平台助力 UGC 扩散；知识平台专业背书增强公信力。同时通过新闻发布会，平面媒体、网络媒体、通讯社及电视报道等多媒体同步报道。

项目执行

（1）第一阶段，精心打造话题点，定向引爆；娱乐八卦话题，社交群众喜闻乐见，具有社交话题度；“一周一次”话题快速进入公众视野；糖尿病知识软性植入传播。

全国多地街头采访，趣味问题引发路人神回复，“糖尿病人每天要打针很痛苦”记忆点深刻，网民积极互动；线上各大平台传播，传播多渠道覆盖。三生制药官方微博 5 条，官方发声掷地有声，带领节奏。2018 年 4 月 28 日官方微博倒计时海报无缝连接。2018 年 5 月 2 日发布街头采访视频，为产品上市带来良好预热。4 篇微博从医疗轻科普、段子手的角度出发，围绕“一周一次”“糖尿病人每天打针很痛苦”传递核心信息；外围 KOL 传播矩阵如 UC、今日头条通过趣味内容吸引网民关注；论坛内容切入严肃话题；知乎内容从严谨的糖尿病科普知识角度出发，字字有证，以学术角度再次传播糖尿病患者每天打针的无奈现实，同时引出三生制药即将上市的新产品；“一周一次”话题全网发布，引导舆论，强化记忆点。

（2）第二阶段（配合上市发布会），承接开放式话题，话题赋能放大，高举高打。

微电影诠释“一周一次，为自由”；品牌借助犀利洞察中年人社会心理诉求，对公众进行价值教育；三生制药官方微博 3 条，医疗健康微信公众大号“问上医”发布漫画，通过通俗有趣的内容对大众进行专业的产品传播教育；5 篇微信内容分别从医疗健康、时事热点、生活杂谈、广告营销等角度，围绕“一周一次，为自由”话题，以及泰国导演、高管配音的噱头传播造势；6 篇微博围绕“一周一次”“什么是自由”“为自由发声”传递核心信息，同时与三生制药建立直接强关联；在百度知道平台进行互动及科普，将品牌理念与专业知识渗入回答中；在知乎平台配合品牌进行传播，结合“自由”及“一周一次”话题，引发讨论。

（3）第三阶段，重磅产品认领。

百达扬® 成功上市，“一周一次，为自由”传播广泛，针对目标受众进行健康垂直传播。

项目评估

传播期间视频播放总数超 1300 万次，KOL 阅读总数超 1300 万次，微博话题榜总阅读数 3121 万次，一度进入微博话题榜热门主榜第 32 名，引发大量社交讨论，社交平台互动总数超 2.5 万次。

共刊发了 146 篇报道，其中原发报道 55 篇，网络转载报道 92 篇。阅读量为 3.53480899 亿次，话题评论 691 条，点赞 994 个。原发报道包括 18 篇平面媒体报道；12 篇网络媒体报道；9 篇财经媒体报道；3 篇证券媒体报道；11 篇新媒体报道；1 篇通讯社报道；1 篇电视报道。

微电影截图 2

项目亮点

用一些元素的叠加，如泰国导演、高管配音等去增强事件热度和吸引力。把一个大家都聚焦的中年人焦虑的社会话题“大家都很忙”变成一个可以去行动的方案“一周一次”。一定程度上造成了市场轰动，引起了一定量的传播，在 PR 端也属于一个轰动性的项目。让大众知道了糖尿病周制剂的出现，知道了三生制药，也巧妙联想到产品。这个项目主要是靠洞察取胜，最大的亮点在于价值观的正确传达。从患者使用频率的增减上升到情感的诉求，从而引发共鸣，

获得超出预期的传播效果。

亲历者说 **南晶　三生制药公关部高级经理**

我们团队接到了一个艰巨的任务：让更多的人知道“一周一次”降糖药在中国上市。我和我的团队突破传统公关思维，首先在社交媒体上进行“一周一次”的话题炒作、微电影营销，并与线下发布会巧妙结合，在百达扬®上市之初，便赢得了近 4000 万次的信息曝光，视频播放量 1300 余万次，全国各地几千名患者主动问询。这是医药行业新药上市公关传播的一次全新尝试。然而，在项目执行过程中，筹备周期紧张给团队带来了不小的挑战（时间、预算、行业法规等），幸运的是集团领导鼎力支持，充分信任，团队及时更换备选方案，内外部通力合作，最终克服了困难。通过本项目，我们总结了 4 点经验：①对于任何新产品的上市，公关策划团队最好能前期介入，充分准备；②积极开展跨部门沟通，包括与外部合作伙伴的沟通，确保信息通畅；③对项目要有整体思维，系统规划传播渠道；④大胆创新，勇于承担，发挥协同效应。

案例点评

点评专家：吴伟农　艾尔建中国企业事务部总经理

新品上市的公关活动通常有两大功能，一是将新品上市消息告诉目标人群，二是强调差异化。糖尿病新药百达扬®凭借“一周一次”的服用特点异军突起，对需要天天服药的糖尿病患者无疑是好消息。在三生制药市场与公关团队的推广过程中，制定和落地的传播策略是明确简单的，就讲“一周一次”，所有传播活动都围绕这一中心信息，也因此达到了预期传播目标。

确保这一项目成功的一个关键因素是，手段齐全。即传统媒体传播和新媒体传播相结合，精心运用小视频、社交平台等。策划方锁定触动患者内心痛点的社会焦虑话题：大家都很忙，大多数2型糖尿病患者以口服药为主，又因为时间空间的限制，不一定能做到每天按时用药。百达扬®“一周一次”的用药方式就凸显了差异化优势。市场公关专业团队要做的工作是适时适地将此信息通过合适的渠道传播给专家人群和目标患者人群。

在百达扬®积累了足量患者效果数据后，应再进行一次传播，用更有力的数据说明百达扬®的治疗效果与时间成本优势。

可么多么（COMOTOMO）妈妈奶瓶品牌传播项目

执行时间：2018 年

企业名称：北京三环优品商贸有限公司

品牌名称：可么多么（COMOTOMO）

代理公司：势合能力公关咨询（北京）有限责任公司

获奖类别：金旗奖——2018 最具公众影响力内容营销大奖

项目概述

奶瓶行业其他竞品目前多强调物理层面的产品功能特点，可么多么则采取情感营销策略，提出妈妈奶瓶新定位，抢占消费者心智资源。

可么多么针对母婴用户群体年轻化的趋势，设计了“coco”“momo”吉祥物形象，同时采取微博热门话题、街头采访视频、抖音短视频、创意图文等新媒体形式，开展线下活动及跨品牌合作等方式，多角度阐述妈妈奶瓶的理念，并利用微博 KOL、微信公众号大号、新浪育儿平台等意见领袖三方证言，提升行业话语权，并与消费者保持高频沟通。

项目调研

可么多么为美国品牌、韩国制造，作为中高端母婴品牌，已在用户群中拥有良好的口碑，可么多么奶瓶颜值高、设计独特、瓶身采用安全的硅胶材质，有“断奶神器”“喂养神器”“网红奶瓶”等称号。

妈妈奶瓶的理念如何与可么多么产生强关联？是项目需要解决的重要问题！

年度重大节点官方发声，其他第三方进行策应联动，尽可能通过多元的方式与消费者进行沟通；采用贴合“85 后”“90 后”父母的触媒习惯的方式与消费者进行沟通，进行线上线下整合立体式传播；除了公关发声外，采用广告等方式进行高空信息覆盖，让妈妈奶瓶的理念深入人心。

项目策划

1. 项目目标

妈妈奶瓶是宝宝更容易接受的奶瓶，对大人来说奶瓶只是冷冰冰的喂养工具，但是对宝宝来说，奶瓶就是妈妈，从宝宝的视角出发，诠释妈妈奶瓶理念，让“可么多么，妈妈奶瓶”这一口号占领用户心智。

2. 项目策略

借势母亲节、父亲节、七夕等节点，通过系列营销，采用抖音短视频、创

微博截图

意图文、微博热门话题、大号约稿等多种创意形式，传播妈妈奶瓶理念，内容轻松、幽默，以引发受众共鸣，让其进行自传播。

3. 受众

可么多么妈妈奶瓶的受众主要为 26～35 岁的年轻妈妈，同时可么多么也重视 19～25 岁的潜在母婴用户群体，她们多为高学历、高收入妈妈，在母婴产品的选择上重视质量、口碑和功能性需求的同时，也注重宝宝的安全感等情感需求。

4. 传播内容

（1）母亲节街头采访视频 + 微博热门话题 # 为孩儿他妈打 call#。

在母亲节前一天发布街头采访视频预告篇，母亲节当天发布街头采访视频，从采访路人奶爸们是否带孩子、做家务切入，引出家庭购买奶瓶的选择，并邀请奶爸们当场体验可么多么，配合 # 为孩儿他妈打 call# 微博话题及 KOL 联动，传播妈妈奶瓶物理层面的安全、抗摔、防胀气等功能。

预告篇视频链接：http://t.cn/R35gvpX?m=4238850245581977&u=2678510271。

完整篇视频链接：http://t.cn/R3f8Vko。

（2）父亲节“爸爸胸前哺乳”抖音短视频。

借势抖音热门神曲，在搞笑、轻松的抖音短视频中植入可么多么妈妈奶瓶，从而实现品牌年轻化、趣味化，并通过微博焦点图、朋友圈海报、微信文章、微淘等方式联动引流。

（3）牛郎织女创意漫画及微博热门话题 # 七夕让全世界知道妈妈奶瓶的好 #。

以漫画长图的形式将牛郎织女故事进行创意新编，并在其中植入可么多么妈妈奶瓶的品牌元素和理念，传递妈妈奶瓶的理念主张，将妈妈奶瓶打造成安全感、情感依恋的载体，尤其在父母陪伴缺失的情况下。微博母婴 KOL“超妈菲菲”“辣妈曼迪爱种草”“糖豆 candy 的日常”，情感类 KOL“不二大叔”助力话题 # 七夕让全世界知道妈妈奶瓶的好 #。

5. 媒介策略

线上微博 KOL 助力、微博热门话题榜、抖音挑战、微信图文传播、微信朋友圈传播，线下开展跨品牌合作“宝宝爬”等活动。

项目执行

（1）母亲节街头采访视频＋微博热门话题＃为孩儿他妈打 call＃。在母亲节前一天放出母亲节街头采访视频预告篇，视频里受访者评价可么多么“妈妈神器”“挺软的”“像人体”等，引发观众好奇心和想象，为话题预热。而母亲节街头采访视频完整篇则以对老婆表达平时说不出口的爱意与感谢为结尾，打动人心的同时又契合母亲节的氛围，使人们对妈妈奶瓶留下深刻印象。

（2）父亲节“爸爸胸前哺乳”抖音短视频。视频展现了奶爸尝试各种网红喂奶方法都被宝宝哭闹拒绝，换了可么多么妈妈奶瓶后，轻松安抚了宝宝，体现可么多么妈妈奶瓶是宝宝更容易接受的奶瓶。

（3）牛郎织女创意漫画＋微博热门话题＃七夕让全世界知道妈妈奶瓶的好＃。在广为人知的传统故事牛郎织女的基础上进行创作，轻松有趣的漫画形式使受众认为可么多么品牌的形象更加亲切可爱。

项目评估

（1）母亲节街头采访视频＋微博热门话题＃为孩儿他妈打 call＃。微博话题上线 1 小时，占据微博话题排行榜第 3 位，话题累计阅读量 699 万次，累计讨论量 3.3 万次，视频总累计播放量超 11 万次。

（2）父亲节“爸爸胸前哺乳”抖音短视频。累计播放量超 20.3 万次，累计获 1.1 万次点赞，176 条评论。

（3）微博热门话题＃七夕让全世界知道妈妈奶瓶的好＃。上线 1 小时，微博话题排行榜第 7 位，话题累计阅读量 2322 万次，累计讨论量 2 万条。

项目亮点

对本来就有一定知名度的“网红奶瓶”进行品牌升级，从物理层面的功能提炼出情感层面的妈妈奶瓶理念，符合妈妈群体精神层面的需求，利用线上“双微一抖”等新媒体手段传播可么多么就是妈妈奶瓶，配合多个母婴 KOL 助力，

结合线下“宝宝爬”活动及跨品牌合作，让“可么多么，妈妈奶瓶”这一口号深入消费者心智。

亲历者说 **刘文亚　势合能力公关咨询（北京）有限责任公司新媒体运营**

可么多么妈妈奶瓶主打的理念是从宝宝的视角出发看世界，在本项目中，我们团队也时刻提醒自己，从受众的角度出发，用有趣、创意、接地气的内容去传达品牌理念，真正做到打动人心，而“双微一抖”等新媒体手段为我们提供了合适的渠道传播理念，帮助我们和受众互动，为可么多么品牌赋予新的内涵和形象。

案例点评

点评专家：李明德　西安交通大学新闻与新媒体学院院长、二级教授、博士生导师

本项目最大的亮点是抓住了潜在消费者人群较为青睐的传播渠道，抖音、微博热门话题、母婴微信公众号大号等，这些都是年轻妈妈们常获取信息的渠道。所以投放内容的阅读率、精准度较高。同时品牌抓住了节日的时机，在“双微一抖”上充分发挥了奶瓶的创意，比如在母亲节策划了街头采访短视频和微博热门话题 # 为孩儿他妈打 call#，把产品和节日充分结合起来；在父亲节策划了“爸爸胸前哺乳”抖音短视频；在七夕策划了牛郎织女创意漫画及微博热门话题 # 七夕让全世界知道妈妈奶瓶的好 #，利用节日气氛推广产品理念。

本项目充分体现出，站在用户角度讲好产品故事，并且利用目标消费者喜欢的信息传播渠道进行内容投放，加之平台自带的社交属性，可以击中消费者的需求，引发消费者的共鸣，起到良好互动和自发传播的效果。另外，结合节日气氛策划网络事件营销不失为一种巧妙的热点结合方法，“节日 + 产品故事 + 热门传播渠道”堪称网络营销的经典模式。

由此，我们能感受到这是一个巧借节日热点和热门渠道的高质量品牌传播项目。

2018 最具公众影响力 公关活动大奖

2018 阿迪达斯哈登 MVP 中国行

执行时间：2018 年 6 月 30 日—2018 年 7 月 6 日

企业名称：阿迪达斯体育（中国）有限公司

品牌名称：阿迪达斯

代理公司：上海铂立营销策划有限公司

获奖类别：金旗奖——2018 最具公众影响力公关活动大奖

项目概述

在 NBA（美国职业篮球联赛）2017—2018 赛季之中，阿迪达斯代言人、休斯敦火箭队的当家球星“大胡子”詹姆斯·哈登，凭借整个赛季的绝佳表现入选了赛季的第一阵容。

北京时间 2018 年 6 月 26 日，随着詹姆斯·哈登捧起 MVP（美国职业篮球联赛最有价值球员奖）的奖杯，这份荣耀归属终于尘埃落定，2018 赛季是哈登的赛季，颁奖典礼是专属于哈登的夜晚。为庆祝哈登当选 MVP，阿迪达斯为其开启了整个夏天的 2018 阿迪达斯哈登 MVP 中国行之旅。2018 年 6 月 30 日阿迪达斯携手詹姆斯·哈登“登”陆上海，强势“占领”上海东方体育中心；2018 年 7 月 2 日阿迪达斯携手詹姆斯·哈登“登”陆北京，第一时间与

2018 阿迪达斯哈登 MVP 中国行 1

中国球迷共享荣耀，分享喜悦，共度狂欢，掀起了一场夏日篮球风暴，也将创造者精神传递给了所有球迷。

2018 阿迪达斯哈登 MVP 中国行 2

项目调研

阿迪达斯，作为世界体育用品顶级品牌，自诞生之日起，始终以“领跑者”的姿态伫立，用“全倾全力（Adidas is all in）”和“没有不可能（Impossible is nothing）”的品牌态度，积极传递“不断前进、不断超越”富有激情的创造者精神，全力践行成为“领导世界的运动品牌”的使命！

詹姆斯·哈登，阿迪达斯头号篮球巨星，出色的 NBA 休斯敦火箭队领袖，拥有自己的阿迪达斯专属签名鞋和独有 LOGO，对篮球充满热爱与坚持，保持前进动力铸造传奇篮球人生，鲜活演绎了不断突破、不断创造的人生态度！

NBA2017—2018 赛季是属于哈登的赛季，作为全球体育品牌翘楚的阿迪达斯，在赛季进行中也大胆预测哈登有望获得 MVP，阿迪达斯更在 2018 年 6 月中旬，提前释出全新三款哈登 MVP 系列纪念版战靴，提前为哈登锁定 MVP，以即将迸发的“热点”为核心进行市场营销布局。

项目策划

1. 项目目标

（1）作为体育用品装备顶级品牌，作为阿迪达斯创造者精神的代表，实现阿迪达斯与哈登多位一体，互利共生。

（2）借助“詹姆斯·哈登 MVP”打造阿迪达斯品牌强化、用户黏合、产品联动、销售转化的立体营销活动。

2. 活动受众

以篮球球迷“粉丝”为核心的广泛用户。

3. 策略与创意

从“最佳第六人”到陪跑三年，詹姆斯·哈登逆流而上，终于等来了属于自己的第一座 MVP，为事件的引爆集聚了无限的能量，情感在此迸发，带来了巨大的传播效能，因此整体策划以公关活动为核心，以赋能大声量传播为目标，联动终端行销，实现“品牌—产品—渠道—市场—用户”的高度整合串联，通过阿迪达斯携手哈登与“粉丝”“零距离”接触，将品牌主张融入篮球精神中，增强用户群体对品牌的理解认同，实现品牌美誉度的正向提升与销售激活的双向转化。

事件和情感并行，打造一个哈登主场，不断实现用户释能，达到官媒与社媒相融合，高声量曝光。

主线一：声量事件。通过核心事件传递品牌的态度主张“Impossible is nothing”，策划多重互动内容，深度挖掘品牌话题，借助多平台媒体全方位深度传播，引发媒体和公众的关注，同时加强多渠道门店销售推广，实现热点事件与品牌的同步高声量曝光。

主线二：情感触动。极致发挥品牌与代言人的双生关系，“最好的关系是我懂你”，挖掘哈登母子情深、“粉丝”情谊、兴趣爱好和自身魅力等多元角度，找寻哈登和球迷内心潜藏的共同记忆和情感共鸣，为哈登打造一个“只有哈登专属”的个人主场，强化品牌与用户的黏合度。

项目执行

1. 活动预热期（2018 年 5 月初—2018 年 6 月中）：声量传播与实效营销结合，转化品牌关注拉动消费

（1）赋能“粉丝”，与知名体育平台虎扑合作，提前一个月在线上发布活动相关信息，通过抽奖、送祝福、招募现场“粉丝”等小而精的互动有效引爆线上体育“粉丝”热度与二次传播力度。

（2）转化销售，将公关活动与产品关联，通过买赠、抽奖等方式将用户引导至阿迪达斯线下官方销售渠道，借此提升阿迪达斯哈登系列品牌的市场销量和影响力。

2. 活动引爆期（2018 年 6 月中—2018 年 7 月初）：悬念揭晓燃爆“粉丝”热情，多频点触激发心中狂热

（1）“登”陆上海 MVP 狂欢之夜。全国上万“登迷”齐聚上海东方体育中心，规模空前盛大，现场舞台整体以标志性的哈登头像为创意，在炫目的灯光与裸眼 3D 视觉效果下，舞台正中央哈登巨型头像缓缓升起，万人共同呼喊“MVP”，狂欢之夜的主角哈登正式登台亮相。在这个“只有哈登专属”的球场，不但有常规挑战，还有独具风情的中国书法特色互动，就连哈登经典动作撒盐、后撤步与欧洲步等也融入舞蹈娱乐“粉丝”，哈登乐在其中“现学现卖”一起“尬舞”，将活动切换到派对模式；活动现场播放对哈登母亲的采访视频，回忆其成长往事和筑梦之路，传递阿迪达斯品牌态度，并邀请其母亲亲临活动现场，与“粉丝”共享这份荣耀与感动；此外，虎扑球迷为哈登制作祝福视频，解说员杨毅代表所有中国球迷为哈登送上“粉丝”一同绘成的 MVP 海报，哈登高高举过头顶感恩球迷，更为现场“粉丝”送上亲签的 MVP 配色战靴！

（2）夏创“火拼”北京站。企业为球迷“粉丝”打造了一场互动火拼，汗水伴随着喜悦，折射出耀眼的光辉，闪亮体现阿迪达斯篮球“火拼”精神。同时阿迪达斯签约球星刘晓宇作为东道主代表，为哈登送上一双特别定制版“关公 ×Harden Vol. 2”战靴——两只鞋面分别绘有关羽和哈登，一位是战场上冲锋陷阵、一夫当关的美髯公关羽，一位是球场上大杀四方、力挽狂澜的大胡子哈登，两人眉宇间的轻松与自信，大将之风溢于言表；同时，多种中国风元素以及MVP融于一体，包容万象、立意深远，等不及各家媒体拍摄，哈登就开心抱走了这份礼物。

（3）哈登校园公益活动。哈登来到了北京市博文学校，为该校的20名外来务工者子女学生代表带来了一堂别开生面的篮球训练课，再次彰显了阿迪达斯与哈登在社区中推广体育运动的共同愿望，更用切身的努力和行动鼓励孩子们勇敢逐梦，创造属于自己的非凡人生。

（4）立体传播全线覆盖，自媒体大号和KOL持续关注，中央电视台体育频道和腾讯体育等重点媒体深度传播，将2018阿迪达斯哈登MVP中国行打造成声量事件，狂欢之夜网页和直播全频覆盖，詹姆斯·哈登本人也对此感到非常满意，自发在自己的社交账号中发布了感谢视频，非常期待再次来华。

项目评估

1. 效果综述

这是一场盛大的MVP盛宴，吸引了1万多名球迷“粉丝”来到现场一起互动。除去票务带动的线上与线下的品牌营销，线上活动预热宣传，获得巨大的传播效益，媒体传播总价值超过1.32亿元。

2. 现场效果

多方面整合活动营销要素，吸引超过1万多名球迷来到不同的活动到场；用世界级秀导团队精准打造互动现场，哈登、“粉丝”用户与品牌的情感体验，一度燃爆；一流的直播团队也保证更广范围传播的快速性与流畅性。

3. 媒体统计

截至2018年8月，总计发布466篇有关哈登MVP中国行的媒体报道，相关报道和内容获8700万人关注，点赞总量破348万条。媒体在线直播点击浏览量1500万次，覆盖精准粉丝超20万人。哈登自媒体传播效果亦十分惊人，在线视频点击浏览量近40万次，在线直播点击浏览量1000万次，获得点赞350万次，总评论数1.5万条。

4. 市场反应

阿迪达斯哈登MVP系列纪念版战靴形成市场抢购，据不完全统计，仅上

2018 阿迪达斯哈登 MVP 中国行 3

海站一站活动就为阿迪达斯提升了数百万元的同期销量。

项目亮点

（1）在上海体育中心单独为一名球星打造一场盛大的 MVP 狂欢，创造传播高点，形成万众瞩目，集聚传播核心事件。

（2）点面结合，既有高度上的呈现，更有广度上的参与，涵盖商业、娱乐、公益等多个维度。

（3）阿迪达斯与哈登，既有品牌融合，更有情感共鸣，用强大的情感触动来激发声量事件，借势立体化传播，展示新媒体时代公关传播的大众力量，打造品牌与事件的融合，多位一体互利共生。

亲历者说 Mark Xu（许淮尘） 上海铂立营销策划有限公司高级客户经理

对于我们来讲，这个项目也是克服重重挑战，最终实现成功的公关事件整合传播，令人难忘。

哈登在中国拥有着巨大的球迷基础，当听到哈登中国行的计划时，我们既激动又期待，也愿与品牌方“豪赌”一次，在充满变数的情况下准备主方案，还要准备第二计划，最终庆幸能见证并参与打造这样一场大声量、极具传播意义的 MVP 球星狂欢。

近几年球星的中国行活动较多，如何在庆祝球星荣誉的同时建立深度的品牌关联度，从品牌激活、体育营销等多个角度出发，打造一场难忘的盛典？为了想明白到底该怎么做，团队从整体策划、创意设计、现场互动、球星接待、“粉丝”邀请等各方面进行了多次的沟通、论证与调整，只为最终的完美呈现。

感谢品牌方的信任，也感谢团队伙伴的默契配合，尤其是对哈登巨型头像出场仪式的支持，风险与震撼并存，几轮驳回，又几轮商讨，最终在所有人的缜密筹备下，大家坚定了这个极具视觉性、故事性的创意。

此次 2018 阿迪达斯哈登 MVP 中国行，燃爆了上海和北京的夏天，闪亮体现了阿迪达斯富有激情的创造者精神。整体提升品牌传播力量、球星影响力和球迷认可度，能够让大家都满意，这太棒了！

案例点评

点评专家：邵松岩　北京海天网联营销策划股份有限公司前任 CEO，营销活动专家

完美的公关项目一定是“一气呵成”的。它需要品牌主对市场深刻的洞见，在不确定中把握确定的结果（哈登成为 MVP）；也需要项目承接团队和品牌主有深度的默契，在短时间内进行广告、公关、活动的横向开展和深度策划。这个项目的成功落地，体现了甲乙双方日积月累、深度的“功力和修为”，是两位“武林高手”的“珠联璧合”，而不是仓促上阵。

从呈现效果看，项目体现了诸多跨界和融合：时间维度上，有从过去到现在又到未来的融合，深度体现了品牌“Impossible is nothing”的品牌态度；空间维度上，有体现中西方文化理念的融合，“美髯关公”打通古今，横贯中西；情感维度上，有体现品牌和代言人、代言人和“粉丝”的融合，“最好的关系是我懂你”；价值维度上，有品牌美誉度提升和产品销售促进的融合；这些融合十分巧妙，不落俗套，耐人寻味。

2018 阿迪达斯哈登 MVP 中国行堪称经典，这样的经典，是可遇不可求的。

QQ炫舞十周年

执行时间：2018年5月26日

企业名称：腾讯科技（深圳）有限公司

品牌名称：腾讯

代理公司：北京海天网联营销策划股份有限公司

获奖类别：金旗奖——2018最具公众影响力公关活动大奖

项目概述

QQ炫舞十周年盛典是腾讯QQ炫舞在十周年之际主要针对玩家举办的大型线下盛典。盛典旨在给玩家带来一场精彩的线下派对，同时引发大众关注，拉动产品数据，同时提升炫舞品牌影响力。盛典在舞台设计、明星选择、环节设计方面融入了大量炫舞游戏的经典元素和场景，给玩家带来全方位的沉浸式体验。在节目设计方面做到精品化、流量明星结合热门内容制造热点引爆大众关注，引发大量自发的二次传播。在传播方面，深度联动九大明星“粉丝”团，使盛典影响力得到有效扩散。最终项目取得了远超预期的效果。

项目调研

1. 项目背景

2018年是QQ炫舞的十周年，作为一款经典的音乐舞蹈游戏，QQ炫舞在过去获得了大量玩家的喜爱，总注册用户超过3亿人，然而因为端游市场整体

QQ 炫舞十周年盛典 1

下滑，新游戏不断分流，QQ 炫舞面临活跃用户下滑的问题，为了稳定活跃用户，拉动用户回流，维持 QQ 炫舞在市场上的曝光，提升品牌影响力，同时也借势十周年这个特殊的节点，腾讯计划举办一场大型的玩家庆典，引爆活跃用户关注，同时尝试触达流失用户，提升产品数据，将 QQ 炫舞的品牌影响力推向高点，重新掀起一场游戏的风潮。

2. 可行性研究

（1）根据过往经验和调研结果，在历年周年庆市场活动中，用户对于线下玩家活动关注度和参与度最高。

（2）QQ 炫舞用户日常喜好中，对音乐的喜爱位居第一，并且用户对明星线下演唱会、音乐节形式感兴趣。

（3）QQ 炫舞用户关于 QQ 炫舞最深的 IP 记忆点在于游戏内经典的 BGM（背景音乐）以及社交记忆（玩家在游戏内真实的社交故事）。

项目策划

1. 目标

通过打造一场玩家认可、大众关注的盛大玩家庆典，助力端游页游用户回流、稳定活跃度，手游拉新，提升 QQ 炫舞品牌大众影响力，巩固 QQ 炫舞在音舞游戏中的地位。

2. 策略

三端产品和市场联动，主推情怀向传播，以激活老用户，玩家庆典迅速提升热度，引爆玩家关注和参与，刺激回流和新进，稳定活跃度。

3. 受众

核心受众：QQ 炫舞三端游戏活跃用户、流失用户。

次核心受众：受邀明星“粉丝”，泛娱乐用户。

4. 传播内容

传播主题：光聚十年，闪亮如你。

（1）第一阶段预热期，激活老用户。使用 IP 用户印象极深的内容 BGM 和社交回忆，唤醒玩家对 QQ 炫舞的情感。通过举办 QQ 炫舞十大 BGM 金曲翻唱大赛以及联合电台讲述玩家故事，激活老用户关注盛典。

（2）第二阶段爆发期，迅速提升热度。通过举办十周年盛典，迅速提升品牌热度，引起更广泛用户的关注。通过主题曲传递品牌概念，品牌视频预热盛典，玩家认可大众关注的盛典引爆热度。

主题曲由徐佳莹演绎，旋律抒情，歌词诠释了 QQ 炫舞玩家的十年情感，并融入大量游戏关键词，触动玩家情感。品牌视频由 QQ 炫舞内容架构师张皓宸演绎，诠释 QQ 炫舞世界每个玩家都是一束光，光与光相交照亮 QQ 炫舞，玩家齐聚盛典，光聚十年，闪亮如你。盛典兼顾“为玩家定制”以及“有大众影响力”。

5. 媒介策略

结合市场重点内容，“音乐线 + 明星线”双线并行对游戏用户及泛娱乐用户进行触达沟通，唤起老用户游戏情怀同时，提升外围用户对 QQ 炫舞 IP 的关注度，最终通过流量收口帮助产品稳定活跃度扩大 IP 辐射度。

（1）音乐线。通过酷狗、QQ 音乐渠道发起 QQ 炫舞十年经典 BGM 合集，引发用户回忆，同时配合开屏、首页横幅等核心资源拉动盛典直播预约。

（2）明星线。盛典预热及后期传播，与爱豆、会火、微博围绕盛典内容进行联合推广，通过盛典抢票、明星预告预热、后台直播及花絮内容二次传播的

方式对盛典进行全周期推广，提升明星“粉丝”的关注度；同时在现场设计互动装置，给予“粉丝”一个跟明星互动的模拟体验，通过语音技术将明星语音智能化，模拟场景，带出盛典内容，同时拉近“粉丝”和明星的距离。

（3）收口。直播收口，腾讯视频、QQ 音乐、企鹅电竞、B 站、虎牙、触手等平台优质资源曝光，推广盛典直播。流量收口，通过多渠道进行用户流量收口，通过标签、号码包以及明星素材的优化提升用户的转化效率。

首先，沉浸式体验打造，每一个部分都与 QQ 炫舞有关，让玩家感觉进入了梦幻的 QQ 炫舞世界。

舞台氛围。外场设置历史墙、游戏体验区和互动区等，内场分五个舞台区域，还原游戏经典场景，同时融入箭头、音符等经典元素，代入感十足。

明星选择。现场出席的明星陈伟霆、华晨宇、林宥嘉、王心凌、徐佳莹等均为与 QQ 炫舞有过合作的艺人，同时加入 QQ 炫舞自有艺人，让玩家和表演嘉宾不疏离。

环节设计。特别设计了游戏 PK（对决）、情怀回顾等环节，将 QQ 炫舞十年老玩家邀请回来分享他们的炫舞故事，将盛典气氛营造得温馨感动。

其次，有传播力的内容打造，做到每一个表演都值得发一条朋友圈。

精品化打造。每一个表演的灯光、舞美、编排都精心设计，明星表演曲目结合 QQ 炫舞经典歌曲及明星个人成名曲，兼顾 QQ 炫舞相关度和传播度，同时实力派艺人的出色发挥，使盛典遍布优质内容。

“流量明星 + 热点内容”引发“粉丝”和大众关注。提前规划三类能引爆关注力的内容：花样呈现玩家感兴趣的内容（王心凌首唱QQ炫舞经典BGM《水仙》），流量明星演绎当下热门音乐舞步（陈伟霆跳网红《海草舞》），高科技融入呈现梦幻舞台（QQ 炫舞首个虚拟偶像星瞳线下 AR 首演）。

现场“突发事件”及时传播。现场因明星临场发挥而产生的关注焦点，例如陈伟霆玩游戏时的呆萌画面、华晨宇自曝胖了十斤等，由后期配合传播，快速形成关注热点。

最后，“粉丝”运营，盛典利用“粉丝”制造话题，辅助传播话题，例如盛典当天策划陈伟霆“粉丝”戴不同颜色的假发现场应援，引起媒体关注报道。

QQ 炫舞十周年盛典 2

项目评估

1. 效果综述

此次盛典很好地实现了预定目标并达到超越预期的效果，打造了一场既受玩家认可，又有大众影响力的盛典，同时有效地帮助产品数据提升。端游月活止跌回升，回流用户环比增长 41%；手游盛典当日活跃环比增长 25%，新增环比增长 68.6%；盛典直播观看量达 1179 万人次，QQ 炫舞历年最高；盛典相关视频点播量共计 820 万次；微博主话题阅读量 2.3 亿次，相关内容凭自然流量登上微博热搜 3 次；百度指数、微信指数、微博指数均为上半年峰值；媒介活跃 CPA（每次行动成本）3.97 元，达到预期目标。

2. 现场效果

到场观众共计 2500 人，现场座无虚席；线上观看人数突破了 QQ 炫舞历史纪录；现场舞台效果呈现、多个环节都堪称完美。

3. 受众反应

盛典得到核心受众 QQ 炫舞玩家的高度认可，73% 的玩家认为这是一场定

制的盛典，有许多充满回忆的 QQ 炫舞元素，70% 以上的用户认为舞台设计和盛典环节设定能极大程度体现 QQ 炫舞元素，对官方所有用心的设置都有所感知。明星“粉丝”对盛典的满意度基本“零差评”。

4. 市场反应

盛典当天，#QQ 炫舞十周年 # 微博主话题阅读量飙升，3 个有关盛典的内容凭自然流量登上微博热搜（“陈伟霆 海草舞”“华晨宇胖了十斤”“陈伟霆代言 QQ 炫舞手游”）；盛典相关稿件登上新浪娱乐、光明网娱乐等娱乐媒体首页推荐；在微博上，盛典相关短视频引发 100 多位娱乐 KOL 自主传播，视频总播放量 320 万次，微博总互动量近 2 万次。游戏陀螺、首席娱乐官、腾讯游戏等知名公众号撰文分析报道此次十周年盛典的营销意义。

5. 媒介统计

（1）音乐线。QQ 音乐 2018 年 5 月 26 日上线盛典直播，并配合闪屏等资源推荐扩大盛典曝光，并于 2018 年 5 月 27 日上线 # 炫舞十周年演唱会歌单 # 合集持续发酵，总曝光量超 8426 万次，总点击量超过 258 万次。

（2）明星线。演唱会发酵：与爱豆、会火的联合推广，爱豆 H5 活动页面 PV 数超过 47 万次，UV 数超过 21 万次，参与人数达到 10 万人，相关评论超过 2 万条；会火会长直播最高同时在线人数达到 182 万人，累计观看用户数

QQ 炫舞十周年盛典 3

2694 万人，收获评论 3295 条。

大众平台扩大曝光：通过微博话题 2018 年 5 月 25 日上线提前预热，2018 年 5 月 26 日微博热搜以及演唱会明星配合宣传 #QQ 炫舞十周年 # 扩大品牌曝光和影响力，微博话题阅读量 2.1 亿次，总点击量超过 344 万次。

（3）线下活动媒体产出。邀请 3 家娱乐类媒体及 2 家电视台到现场观赏演唱会盛况，3 家线上媒体配合通稿推荐，共推荐 5 处资源，均为首页资源，产出 6 项原创内容，新浪微博额外配合 1 个微博游戏话题榜前 10 位资源推介；东南卫视、广州广播电视台 2 家媒体配合产出 4 个演唱会现场报道，于电视台娱乐节目中播出。

项目亮点

（1）首次实现 QQ 炫舞三端联动，助力产品数据和市场热度的大幅提升。三端产品统一配置优质资源进行盛典推广，同时盛典售票、直播、游戏环节奖品都结合三端游戏特点定制化呈现，是不同形态产品协调推广的一次突破。

（2）为了避免给游戏玩家造成这仅仅是一场拼盘演唱会的印象，同时为了迎合大众用户的观看和传播，盛典最大化兼顾玩家定制和大众影响力，营造了玩家认可、大众关注的市场热度。

（3）盛典在明星演出和游戏定制环节（例如游戏 PK、十周年生日环节等）方面做到了完美融合，使整场演出既是一场盛大的音乐派队，也是 QQ 炫舞玩家的狂欢派队。

亲历者说 林捷 腾讯科技（深圳）有限公司品牌经理

此次项目的圆满完成得益于早期我们已有清晰的思路以及每个板块都有非常专业的团队支持。在与项目执行供应商接洽之前，团队对盛典要做成什么样子已经有较明确的想法，所以项目推进很高效，包括看上去复杂的舞台。我们已经明确了想要的方向、必须融入的元素、功能需求等，所以舞美方案一次就定了，后续只是在一些细节上优化，这样避免了反复修改造成的团队内耗，这

对团队士气和项目推进效率都很有帮助。

这次盛典是一次内容繁多、流程相对复杂的活动，除了整体统筹方要足够专业优秀以外，盛典的每一个板块也需要专业团队加持，我们的舞美、节目编排、整体运营、AR 技术等都交由国内顶尖的团队执行，就是这样从整体到细节都采用高标准的要求，才在最后保证了每一个环节都能完美体现。

案例点评

点评专家：樊传果　江苏师范大学文化创意产业研究院院长、广告研究所所长、传媒与影视学院教授、硕士生导师

看完 QQ 炫舞十周年，我为整体策划创意之完美、执行力之强、传播效果之好点赞。这再次说明：一个好的策划案，必须坚持清晰的目标导向、问题导向、效果导向，并将这三个导向贯穿于策划、创意与执行的全过程。QQ 炫舞十周年项目在这方面堪称经典。

从项目描述情况来看，策划目标非常清晰，问题找得也非常准确。围绕该目标，企业制订了一整套的、富有创意的和有效的活动方案与传播方案，给玩家打造了全方位的沉浸式体验；引发“粉丝”、大众与媒体关注、二次传播，取得好的传播效果，该项目在活动过程设计、节目内容设计、传播话题设计方面，不仅做到策略精准，富有创意，而且方案的每一个环节、每一个细节的策划设计都做到了精细化、精品化；在传播内容、媒介运用等方面也非常富有创意，通过“流量明星 + 热点内容”，深度联动 9 大明星“粉丝”团，巧妙运用“音乐线 + 明星线”双线并行的媒介策略，对游戏用户及泛大众用户进行触达沟通，很好地实现了预定目标并达到超越预期的效果。

2017 百威英博“明智饮酒　拒绝酒驾”大型公益活动

执行时间： 2017 年 9 月 2 日 [①]

企业名称： 百威投资（中国）有限公司

品牌名称： 百威啤酒 (Budweiser)

代理公司： 上海达毅思创公关顾问有限公司

获奖类别： 金旗奖——2018 最具公众影响力公关活动大奖

项目概述

百威英博不仅向消费者提供优质的酒类产品，更注重安全、健康、未成年人教育等公共领域，希望能更好地履行企业公民的社会责任。十年来，百威啤酒联合各级政府、交警部门、中国酒业协会以及社会知名的公益人士，提出“明智饮酒，拒绝酒驾”。

2017 年，百威英博策划执行了 2017 百威英博“明智饮酒　拒绝酒驾”大型公益活动，在公安部交通管理局指导下，共同庆祝“明智饮酒　拒绝酒驾”十周年，并隆重发布 2017 百威明智饮酒公益片《明智选择》，由陈奕迅领衔发出公益之声，让明智选择成为酒驾的休止符。

活动还与中国道路交通安全协会在北京联合举办了新学期第一堂公益必修

① 本活动执行时间为 2017 年 9 月 2 日，活动后续传播影响延续至 2018 年。

2017 百威英博“明智饮酒　拒绝酒驾”大型公益活动

课，通过线上线下的广告、公关、媒体、渠道全方位传播，缔造了一场广受关注的公益活动，吸引众多公众参与，成功聚集媒体和社会的关注，清晰准确地传达了品牌的理念，带动百威啤酒知名度和美誉度的进一步提升。

项目调研

1. 项目背景

2016 年，百威英博发布《中国明智饮酒指数报告》，对中国消费者的饮酒习惯进行了调查。通过深入中国不同群体消费者，《中国明智饮酒指数报告》全面展现了国人在饮酒知识、态度、行为等方面现状。据报告调查显示，2016 年中国消费者明智饮酒指数的整体得分仅为 68 分，还存在不明智的饮酒行为。

2. 可行性研究

（1）十年累积，为项目实施提供经验。十年来，百威英博联合社会各界向消费者倡导“明智饮酒　拒绝酒驾”理念，“明智饮酒”已成为全社会共识。在十年这个重要节点，百威英博希望对“明智饮酒”理念做出总结，以榜样和真实的故事向消费者传达“明智饮酒　拒绝酒驾”的理念。百威英博中国理性饮酒事业自启动以来展开了多形式的公益活动，包括在全球设立理性饮酒日，向员工、零售商和消费者宣传理性饮酒的重要性；开展“驾给我好吗”“爱的代驾”等主题活动，帮助消费者避免酒后驾车；开展“家庭对话”活动，预防未成年人饮酒。

（2）携手权威，拓展项目影响力。十年来，百威英博联合各地交警部门、中国酒业协会、上海交通工程学会以及社会知名公益人士如姚明、刘翔、李娜、陈奕迅、陆毅等，全方位向消费者倡导“明智饮酒　拒绝酒驾”。与之前的系列主题活动相比，这次活动与公安部交通管理局携手开展，更具公信力和影响力。

（3）全媒体传播，凝聚各界力量。通过线下海报、宣传册、原创音乐、系列微电影、全新公益片等创新方式，让公众更好地理解“明智饮酒　拒绝酒驾”的意义。全媒体的传播为扩大影响力提供了通道和平台，从最初的企业独自开展活动，到社会各界加入其中，参与群体不断壮大，合作伙伴不断增加，受众不断扩大。关注理性饮酒、关注道路安全不仅仅是百威英博一家企业实现社会责任的行为，它将个人、家庭、企业以及整个社会力量结合起来，从而共同“酿造”一个更美好的世界。

项目策划

百威啤酒邀请陈奕迅作为公益大使拍摄的公益片，从明星、酒驾受害者、交警、代驾司机等不同人物的视角讲述故事，使公益片愈加打动人心。活动还邀请黄轩、段奕宏等一线明星拍摄拒绝酒驾主题的公益广告，号召消费者明智饮酒。活动传播渠道不断升级，从线下海报、宣传册到原创音乐、系列微电影、全新公益片等创新方式，使传播内容更加丰富立体，让公众更好地理解“明智饮酒　拒绝酒驾”。

百威啤酒携手中华爱心基金会，在腾讯公益平台上发起“明智饮酒　安全出行”步数捐赠公益项目，将“明智饮酒　拒绝酒驾”的理念推向新的高度，发动社会公众捐献自己的日常步数，帮助百威英博实现配捐50万元的目标，这笔善款将会投入机动车驾驶人交通安全宣教项目等公益领域。

项目执行

2017 百威英博“明智饮酒　拒绝酒驾”大型公益活动于 2017 年 9 月 2 日晚在北京太庙举办，包括交通主管部门、合作单位、媒体、嘉宾等在内约 300 人参与了现场活动。

活动场地按照不同的功能，划分为 VR（虚拟现实）观影、历史墙、酒驾互动体验区、专访区、合影区、舞台区等几部分。其中，VR 观影区通过最新的 VR 技术展现酒驾危害，给来宾带来直观的冲击力；历史墙以“10”为造型，通过 10 个依次排列的不闭合圆环，组成一个独立的展览区域，展示百威啤酒公益项目十年来的亮点和成就；酒驾互动体验区可供参与者带酒驾眼镜进行扭扭车比赛，真实体验醉驾效果，通过趣味的互动游戏体验酒驾的危害，身体力行，传播活动主题。

活动设计了若干个具有丰富内涵和冲击力的环节。时任百威英博亚太北区总裁吉祥、中国酒业协会副秘书长兼啤酒分会秘书长何勇、中国道路交通安全协会常务副理事长樊汉国先后致辞，活动正式开始。活动现场发布了由陈奕迅领衔主演的公益片《明智选择》，其他几位主演也上台分享了拍摄心得以及各自在拒绝酒驾公益领域的故事。《明智选择》从名人、执法者、酒驾受害者、代驾司机等多重角度，结合每个人的亲身经历及感悟，讲述他们真实的感受和明智选择的故事，向观众深刻诠释了明智饮酒的重要性。为了表彰陈奕迅在酒后不开车、道路交通公益事业方面的贡献，公安部代表现场为其颁发荣誉证书。活动现场还宣布，百威啤酒将在微信运动发起步数捐赠项目，并将捐款应用到机动车驾驶人交通安全宣教项目等公益领域。活动最后，陈奕迅与百威啤酒、公安部、中国道路交通安全协会等合作单位的代表一同完成拒绝酒驾公益活动启动仪式。

项目评估

百威英博聚焦明智饮酒的公益活动已举办十年。据不完全统计，十年来全国范围内累计超过 18 亿人次接受了百威英博提供的明智饮酒的宣传和教育；宣

《明智选择》公益片首映

传覆盖城市从最初的个位数，到如今全国近 50 个；对餐厅、酒吧销售人员进行理性售酒培训，覆盖售点超过 1 万个、人数超过 10 万人；联合权威媒体、专家开展未成年人不饮酒的专项公益活动，向超过 1 万多名未成年人和其家长开展未成年人不饮酒的“家庭对话”活动；明智饮酒志愿者人数总计超过 3 万人。

“明智饮酒　安全出行”项目发起的捐赠步数公益活动受到广泛关注，网友纷纷慷慨地捐赠出行步数。在上线不到 24 小时内，就有超过 70 万人捐出 100 亿步，公益行动圆满完成。这 100 亿步爱心也转化成了一套套机动车驾驶人交通安全宣教箱，捐赠给专注交通安全教育领域的宣教员，打造交通安全宣教流动教室，提升机动车驾驶人交通安全意识和驾驶技能，营造文明安全的交通运输环境。

活动通过 23 个直播网站进行在线直播，450 万名观众实时在线观看；全国 21 家主要媒体报道了该项目，将影响力扩大到更广泛的受众；来自公益大使陈奕迅及官方社交媒体的传播，引发了轰动，媒体的渠道更是让活动获得了数十亿次的曝光量，达到了预期传播效果。

项目亮点

1. 打造京城红色风暴

太庙与故宫一墙之隔，是五千年中国传统文化的标志与象征。活动选择在太庙举办，无论是活动的意义，还是活动的内涵，都与太庙相得益彰，红色的现场设计大气威严，给京城带来了红色风暴。

2. 明星 IP 拓展影响力

作为百威英博多年的公益伙伴，陈奕迅此前就曾为百威英博的酒后不开车电视公益广告倾情演出。十周年之际，作为百威英博明智饮酒大使的他领衔出演公益短片《明智选择》，在开学季为公益发声。凭借陈奕迅强大的“粉丝”号召能力，和十年来百威英博推出的系列公益短片积累的效应，活动获得了非常好的传播效果。

3. 社会协同共创安全交通

这次活动特别注重凝聚社会的力量创造安全的交通环境环节，凝聚不同社会职业的人群，组成社会协同志愿者，人人为道路安全出力。活动现场，交警公布了违规酒驾相关事故资料，站在执法者的立场号召大家一同“明智饮酒　拒绝酒驾”；普通司机代表呼吁所有司机朋友一同遵守交通法，为自己安全负责，也为他人安全负责；消费者代表呼吁身边的亲朋好友拒绝酒驾，督促他们一同远离酒驾。

亲历者说　王璐瑶　上海达毅思创公关顾问有限公司高级客户主任

2017 百威英博“明智饮酒　拒绝酒驾”大型公益活动的策划和推出，正好在百威英博开展“明智饮酒”十周年的节点上。这次活动的举办，是对这十年的公益行动的一次梳理和总结，也标志一个全新的起点。活动的流程和现场设计都围绕这一主题进行，通过图文视频等形式对十年公益历程进行了回顾，也吸引了更多的力量参与其中。

由于活动选址在太庙，我们增加了很多安保和统筹方面的工作，进行了周密的安排，还特别针对户外场地可能遇到的下雨等突发情况，设计了完善的备用方案。由于有了充足的准备，现场流程把控非常到位，每一步都按照预想的节奏顺利进行。

传播方面，我们通过新媒体平台和传统渠道进行了信息全方位推广，信息有效送达目标受众。我们很欣喜，活动收到了良好的传播效果，不但引起了各界关注，而且扎扎实实促成了行动的改变。社会各界力量的参与更是让我们感动，政府部门、行业协会、公益组织、演艺明星、媒体相继加入，很多企业也加入了进来，让“明智饮酒”成为获得广泛认可的理念和准则，这是活动最大的意义和价值所在。

案例点评

点评专家：陈凯　北京汉诺睿雅公关顾问有限公司董事长

2017百威英博“明智饮酒　拒绝酒驾”大型公益活动，从活动的策划、资源运用及活动执行上都有值得学习分享的地方。

首先，在活动策划上走心。有效利用品牌方的《中国明智饮酒指数报告》，通过调研报告提供策划依据，将企业品牌的公益行为上升到社会及行业的高度，明确活动目的，向消费者倡导“明智饮酒　拒绝酒驾”。同时，讲好故事，不是空喊口号，而是通过策划，让公益大使、名人、执法者、酒驾受害者、代驾司机从不同角度讲述，给受众留下深刻印象，促使其转化为行动支持。

其次，在资源运用上专心。企业公益活动通常会流于形式，自说自话，但本活动在资源上的合作可谓可圈可点，不仅联合了中国酒业协会、中国道路交通安全协会以及社会知名公益人士包括明星参与，更为重要的是邀请到公安部交通管理局，政府部门的参与让活动的权威性和公信力上了一个很高的台阶，这是百威啤酒多年坚持的结晶，也为活动的可持续发展奠定了一个良好的基础。

最后，在活动执行上细心。活动参与体验主要靠细节体现，本活动在执行上有几个难点，涉及与政府部门的沟通、特殊场地的协调、明星的调配及“粉丝”管理，保证每个环节的通畅是现场执行成功的关键，活动筹备了 2 个月，其实是执行细节的反复推敲及对突发性问题的沙盘预演。

品牌方的《中国明智饮酒指数报告》是很好的品牌资产，对社会大众及行业都有很好的行为指导作用，可以作为后续重点传播内容；另外，陈奕迅作为公益代言人，不同于商业代言人，需要在活动传播上重点刻画公益行为与个人及行业的关系。

一汽-大众 T-ROC 探歌探秘 T 纪元

执行时间： 2018 年 6 月 6 日—2018 年 6 月 9 日

企业名称： 一汽-大众

品牌名称： T-ROC 探歌

代理公司： 北京迪思公关顾问有限公司

获奖类别： 金旗奖——2018 最具公众影响力公关活动大奖

项目概述

一汽-大众品牌旗下 SUV 的开山之作 T-ROC 探歌在召开品牌发布会后，开启了上市前的一系列预热动作。为了将一级产品卖点拆解释放，让媒体和用户产生深刻感知，引导舆论塑造产品高价值口碑，也为 T-ROC 探歌打造“自信、时尚、无畏、活力”的品牌标签，公关团队精准洞察当代年轻消费群体的喜好，跨界与业内顶级的密室逃脱团队合作，量身打造一汽-大众 T-ROC 探歌探秘 T 纪元。

密室融合了时下流行的游戏机制。游戏包含寻物、娱乐、解谜、推理、NPC（非玩家角色）演员等元素，还采用研发的百万级穿戴式装备，将线上科技、线下实景和沉浸式体验等娱乐形式交互融合，打造全新游戏模式，给玩家身临其境的体验。

项目调研

作为一汽-大众的首款SUV，用户及媒体对T-ROC探歌的产品存在疑虑，其高价值未被充分感知，同时时尚、自信、探索、无畏的品牌调性也亟待向目标群体渗透。

真人密室逃脱游戏起源于国外，流行于年轻人，已成为时尚潮流的标志。游戏形式也随着年轻人多元化的需求不断进化升级，如今形式更创新，内容更丰富。玩真人密室逃脱需要自信无畏、敢于探索、具备冒险精神，与T-ROC探歌青春自信、时尚个性、现代科技和品质的调性不谋而合，紧张的节奏能够点燃玩家的激情，不仅能达到寓教于乐的目的，更让受众在游戏过程中深刻感知了T-ROC探歌的产品魅力。

项目策划

1. 目标

用年轻化的营销方式和呈现手段，迎合当代年轻消费群体的喜好，为T-ROC探歌塑造“自信、时尚、无畏、活力”的品牌标签，让媒体和用户深刻感知，引导舆论塑造T-ROC探歌口碑。

2. 受众

自信个性的年轻一代。T-ROC探歌的产品口号是“敢梦敢征”，它是为深处蓬勃繁荣的新时代、拥有前所未有自信的一代年轻人量身定制的SUV。在经济、文化繁荣发展以及消费观念转变的宏观背景下，自信成为当代年轻群体与生俱来的气质。不盲目从众，不刻意出众，不将就，敢想敢为，只做自我；充满激情与冒险精神，喜欢探索一切，享受发现未知的乐趣；通过探索实现对平常生活的拯救，在过程中寻找快乐，在经历中发现自己。

3. 策略

打造一场更有爆点、更娱乐、更感性、更专业的沉浸式跨界产品体验盛典。

跨界IP联合，话题引爆：整合密室逃脱跨界资源，结合多元个性元素，将品牌调性物化延展，制造源源不断的话题与爆点，突出品牌个性，触发二次传播。

产品卖点拆解，深度科普：将产品优势从空间、配置、操控、安全等维度进行深度拆解阐释，联合厂商，在密室逃脱空间布置中为核心产品卖点设置相关展示或互动环节，深化卖点记忆，促使媒体多触点感知。

媒体渗透，受众感知：通过主流媒体背书，占领行业媒体版面，渗透产品优势；同时让公众感知“年轻、时尚、自信”的品牌调性，引发公众对 T-ROC 探歌的好奇心，为后续公关活动奠定流量基础。

节奏承上启下，层次分明：延续品牌发布会的传播热度，在上市之前在社会化平台制造热点话题，借跨界合作保持曝光和声量；有重点有层次地释放信息，保证媒体报道频率和内容新鲜度。

4. 传播内容

（1）核心信息：全感官体验重塑级别的紧凑型 SUV 的高价值。

T-ROC 探歌提供同级极佳“净值空间”（空间、配置）：“短悬长轴”理念、L99-2 标准、更灵活的空间方案；搭载 Beats（节拍）音响、Active Info Display 新款全液晶数字仪表、加热方向盘、玻璃水喷嘴加热、越级全景天窗、电动尾门等。

一辆可以跑拉力赛的城市 SUV（操控、安全）：“短悬长轴”保证灵活性、驾驶模式选择、瀚德第五代中央差速器、4MOTION 四驱系统、独立悬架；车身结构特殊强化、5 座安全带未系提醒、5 座安全带预紧、安全带夹紧锁舌、倒车紧急制动。

（2）内容规划：形式多样，贯穿始终。

传播内容预热：活动前期制作预热海报，并拍摄密室短视频，在活动开始前两天在朋友圈和社会化平台传播造势。

专业性与娱乐性兼备：制作专业的文件，将产品卖点充分拆解，为媒体科普，在搭建物料展示中，使用趣味性强的标题及文案，让媒体在观看体验中过目不忘，印象深刻。

内容优质，时效性强：活动传播核心信息、标题以及新闻稿件等内容反复打磨，质量较高，而现场拍摄大量精彩图片和视频，追加工厂车间拍摄，四大车间全方面展现，为后续工厂传播累积大量素材，分别搭建三个不同的云直播平台，快速拍摄修片上传，保障分享的时效性；预热视频连夜拍摄剪辑，不仅质量高，创意好，更让传播及时高效。

项目执行

（1）能量补给仓——产品力详细拆解，研发人员全面讲解。

大胆采用撞色设计，迎合 T-ROC 探歌的色彩运用风格，符合年轻化的品牌定位，风格年轻时尚；搭建 Alcantara（欧缔兰）和 Beats 音响展区，凸显核心品质卖点及净值空间概念。与 Alcantara 和伟巴斯特品牌联合，互利共赢，建立合作信任关系，为后续的公关合作打下了良好的基础。

能量补给仓

（2）净值空间站——与密室逃脱跨界合作，多触点感知 T-ROC 探歌魅力。

专业的策划团队，为 T-ROC 探歌量身打造科幻剧本，剧情引人入胜，氛围烘托充分，将产品卖点和品牌调性融入其中，趣味性和专业性兼备。专业的密室团队，具备丰富的现场管理经验，面对临时突发状况能够从容应对。

（3）原力竞技场——极限路况模具驾驶，极致操控体验。

亮色喷漆 + 走心文案，诠释品牌年轻化；标准尺寸的定制校具，让媒体驾驶 T-ROC 探歌感受“可以跑拉力赛的城市 SUV”；而专业教练团队，讲解充分，提供安全保障。

原力竞技场

（4）基地穿梭机——探秘 T-ROC 探歌超级工厂黑科技，见证高品质 SUV 的诞生过程。

在车间设立发光立牌，配以 T-ROC 探歌核心卖点文案，凸显工厂科技智能，为产品科技实力背书。T-ROC 探歌定制路线，见证高品质 SUV 诞生，讲解内容融入 T-ROC 探歌核心工艺，使人近距离见证 T-ROC 探歌生产工艺。

项目评估

1. 传播走势

带动 T-ROC 探歌整体声量上升，于 2018 年 6 月 7 日达到传播高峰，相关报道共计 678 篇。

基地穿梭机

2. 声量分布

整体声量主要分布在网络新闻平台，占比 57%，手机 App 辅助传播，占比 24%；媒体报道则以媒体原发稿件传播为主，占比 72%。

3. 传播内容

除品牌和车型外，“年轻”“紧凑”“试驾”“动感”等词成为媒体报道热词；重点话题中以“T-ROC 探歌产品力分析”“T-ROC 探歌试驾体验”“T-ROC 探歌设计解码”等为主。

项目亮点

破旧立新，打破传统，与行业顶尖的密室逃脱团队合作，通过沉浸式情景模拟和极具科技感、品质感的活动氛围，为 T-ROC 探歌量身打造集静态体验、娱乐互动、悬疑解谜、影院剧情于一体的创意模块化空间。紧张的节奏点燃玩家的激情，不仅能达到寓教于乐的目的，更是一汽 - 大众突破常规，在营销领域勇于尝试、引领先锋的证明。

亲历者说 **于苗苗　北京迪思公关顾问有限公司项目负责人**

前期筹备策略先行，有的放矢。

节奏策略：延续品牌发布会的传播热度，在试驾之前制造热点话题，借机保持 T-ROC 探歌曝光度和声量；有重点有层次地释放信息，保证媒体报道频率和内容新鲜度。

营销策略：结合跨界密室 IP，将 T-ROC 探歌的品牌调性和产品卖点物化延展，制造话题与爆点，突出人群个性，触发二次传播。

内容策略：将产品优势从空间、配置、操控、安全等维度进行深度拆解阐释，联合 Alcantara 和伟巴斯特为核心产品卖点设置相关展示或互动环节，深化卖点记忆，促使媒体多触点感知。

人群策略：通过主流媒体背书，占领行业媒体版面，渗透产品优势；同时让公众感知 T-ROC 探歌的品牌调性，为后续公关活动奠定流量基础。

传播内容形式多样，贯穿始终，活动过程给用户和媒体提供了多元体验，满意度达到新高。

形式创新：主题新颖，活动中融入了年轻潮流元素，别开生面的产品体验不仅赢得了媒体的好评，也树立了行业跨界营销的新标杆。

多方共赢：不仅与佛山工厂紧密合作，还迎合需求，举办了区域专场，同时还与 Alcantara 和伟巴斯特等供应商展开紧密合作，在多方对接中保证活动有序进行并达到了多方满意的活动效果。

优质产出：不但产生了很多与活动相关的优质图片和视频，更增加了工厂拍摄计划，在工厂多方取景拍摄，为后续专项传播积累了大量素材。

执行高效：执行期间遭遇台风暴雨的考验，团队准备充分，应对及时，保证了活动的正常进行。

案例点评

点评专家：李明德　西安交通大学新闻与新媒体学院院长、二级教授、博士生导师

一汽 – 大众 T-ROC 探歌探秘 T 纪元，最大的亮点是找准了年轻消费群体的喜好，通过年轻人青睐的密室逃脱游戏来吸引他们的注意，让他们通过游戏体验了解到 T-ROC 探歌的产品功能、特色、品牌文化。同时 T-ROC 探歌与密室逃脱的调性又非常契合，都体现出“自信、时尚、无畏、活力”的特点，让潜在消费者在玩游戏的过程中，潜移默化地感受到产品的内在品牌文化，带给消费者文化体验。

这一案例充分体现出品牌传播当中精准洞察潜在消费者喜好的重要性，公关活动的目的是提升产品的知名度、美誉度，如果能够抓住潜在消费者的喜好就能引起他们的好感和关注；同时把产品和公关活动的调性结合起来，就能够让消费者把好感传递到产品上。另外，富有创意的活动能够引发媒体的报道和自媒体的围观，参与其中的消费者或者围观人群都会被活动所吸引，从而自发拍照，通过社交媒体广泛传播。

由此，我们能看出这是一个较为成功的从洞察消费者喜好的角度切入的公关活动案例。

7 “早治疗　愈希望”丙型肝炎健康教育计划

执行时间：2017 年 6 月—2018 年 1 月

企业名称：中美上海施贵宝制药有限公司

品牌名称：百时美施贵宝

代理公司：罗德公共关系顾问（北京）有限公司上海分公司

获奖类别：金旗奖——2018 最具公众影响力公关活动大奖

项目概述

为助力提升中国丙型肝炎（简称：丙肝）的整体防治水平，促进世界卫生组织（WHO）提出的到 2030 年“消灭病毒性肝炎”这一愿景的实现，由中国健康促进与教育协会发起、百时美施贵宝支持的“早治疗　愈希望”丙型肝炎健康教育计划应运而生。

该计划通过整合线上线下传播渠道与资源，以大众、丙肝高危人群及患者为主要目标受众，集中专家、媒体和明星力量，在全国范围内实施疾病教育工作，鼓励公众加强对丙肝的关注，提高高危人群和患者对“早检测、早诊断、早治疗和规范治疗”的重视。

凭借丰富的疾病知识、多样的传播形式和多元的传播渠道，计划受到了广泛的社会响应与讨论，并取得兼具广度与深度的传播效果，积极有效地加强了目标受众对丙肝的重视，从而促使他们及早行动。

项目调研

1. 项目背景

2016 年世界卫生大会上通过的《全球卫生部门病毒性肝炎战略》提出：到 2030 年，将新发病毒性肝炎感染减少 90%，病毒性肝炎引起的死亡数减少 65%，最终促进“消灭病毒性肝炎这一严重公共卫生威胁”的愿景的实现。

目前，中国约有 1000 万丙肝病毒感染者，但与高发病率形成鲜明对比的是“低认知、低诊断、低治疗”的困局。很多丙肝患者确诊时已发展为肝硬化，甚至是肝癌，无形中增加了患者家庭及国家的经济负担。

消除丙肝必须直击薄弱环节，通过规范的疾病教育，让公众，尤其是高危人群及患者，了解丙肝感染途径，实现早检测、早诊断；让确诊但未治疗的患者了解丙肝危害，尽早治疗；让正在治疗的患者了解丙肝其实是可被治愈的，尽早开始规范治疗。只有将社会各界的力量与资源化为实际行动，以疾病教育为根本，以理解与关怀为依托，才能将早检测、早诊断、早治疗和规范治疗落到实处，使更多中国丙肝患者重获精彩生活。

2. 可行性研究

（1）疾病认知与教育。

由财新健康点与益普索联合呈现、百时美施贵宝支持的《中国丙肝患者认知及治疗现状调研》显示，九成患者或多或少对丙肝存在错误认知，特别是对治疗中必要的医学知识知之甚少。因此，提升患者、高危人群乃至公众对丙肝的正确认知，促进早筛查和早治疗，是提升中国丙肝整体诊疗水平的关键。

（2）医疗现状。

丙肝病毒的隐匿性极强，且慢性化率高。如不及时治疗，患者病情发展为肝硬化、肝癌带来的住院费用将给个人、家庭及社会公共卫生带来沉重的经济负担。

所以，如何集中社会各界的力量，提高丙型肝炎预防与规范治疗的水平，也是病毒性肝炎领域的一大课题。

项目策划

1. 目标

（1）持续提升公众、高危人群及患者对丙型肝炎预防、诊疗的认知。

（2）促进高危人群及患者尽早采取行动，早诊断、早治疗、规范治疗。

2. 策略

（1）借助第三方协会的权威性和明星的号召性，提高社会关注度，加强公信力和影响力。

（2）打造可持续的传播生态圈，优化传播效果的同时，更广泛且精准地与受众实现传播联动。

（3）策划具有创新性和可持续性的活动，同时普及兼具话题性和科普性的疾病教育知识，确保传播有效性和黏性。

3. 受众

普通大众；丙肝高危人群；丙肝患者；媒体。

4. 传播内容

（1）中国丙肝防治面临“低认知、低诊断、低治疗”的挑战，并给公共卫生带来沉重的负担，形势严峻。因此，鼓励并加强公众特别是丙肝高危人群的早期筛查至关重要。

（2）丙肝并非终身相随，遵循“早发现、早诊断、早治疗”的原则，丙肝是可以被治愈的。

（3）强化规范诊疗，呼吁提高检测完善性、治疗规范性和用药安全性。

5. 媒介策略

（1）传统媒体奠定项目权威性：利用全国范围重点城市的核心大众类与健康类媒体，通过政府、协会、专家背书，确立高度的同时实现信息地域广覆盖。

（2）社交媒体扩大项目影响力：以微博大流量平台制造传播话题，以微信细分属性平台精准定位受众，将关键信息植入，优化传播效果。

（3）自有媒体平台强化传播力：与终端门户网站合作，同时搭建专属微信阵地，定期发布疾病教育文章，进一步强化关键信息传递。

“早治疗　愈希望”丙型肝炎健康教育计划 KV 海报

项目执行

1. 项目进度

（1）前期准备（2017 年 6 月—2017 年 7 月）。

“谈丙话肝”微信公众号建立，好大夫在线项目专题页搭建。

（2）项目启动（2017 年 7 月 26 日）。

世界肝炎日前启动新闻发布会。

“早治疗　愈希望”丙型肝炎健康教育计划启动仪式

（3）第一轮打卡活动（2017 年 7 月 26 日—2017 年 8 月中旬）。

“每日打卡”机制上线，推出“话丙充积”“丙肝医生”“科普丙肝”“趣话丙肝”四大活动板块；世界肝炎日上线明星公益视频，随后推送“一镜到底科普图文”和“Bingo BingGo H5 游戏”；联动微博意见领袖及微信意见领袖传播。

公益视频截图

（4）第二轮打卡活动（2017 年 11 月 29 日—2017 年 12 月 1 日）。

“即刻打卡”机制上线，联动微信意见领袖传播。

（5）持续性传播（2017 年 6 月—2018 年 1 月）。

13 个城市、23 场专家访谈，《我是大医生》科普电视节目传播，《我是大医生》科普电视节目微博二次传播（联动 8 个微博健康类账号传播），好大夫在线专题网站科普内容持续传播，“谈丙话肝”微信公众号科普内容持续传播。

2. 实施细节

（1）项目启动：线下媒体发布会，为项目传播营造有利舆论氛围。

“早治疗　愈希望”丙型肝炎健康教育计划于 2017 年世界肝炎日前正式启动。

（2）制造声量：结合世界肝炎日，制造社会议题，引发公众讨论。

借助 7 月 28 日世界肝炎日的契机，通过微博及微信平台，首发由明星黄渤参与拍摄的公益视频，形成话题和声量。

（3）传播引流：通过公益视频，将目标受众引流至自有传播阵地，挖掘高危人群与患者。

通过微博话题链接与好大夫在线的首页露出，抓取对丙肝话题感兴趣的目标受众，将其引流至好大夫在线项目专题页。搭建自有的微信公众号“谈丙话肝”，通过第三方微信意见领袖发文，吸引用户转发及关注。同时，从好大夫在

线专题页设置的微信二维码联动项目专题页与项目微信号，实现 PC 端与移动端的双向导流。

（4）第一轮打卡：自有传播阵地，强化疾病知识科普。

营造社区概念的打卡活动，借助丰富多样的“每日打卡”机制，鼓励参与者持续访问，在获取丙肝知识的同时，免费获得向好大夫在线平台权威专家在线咨询的机会。

（5）持续性媒体传播：以一、二线城市为主开展专家科普采访，巩固传播效果。

联动 13 个城市，邀请各地极具影响力的平面媒体和社交媒体，与 26 位各城市丙肝领域的专家进行深入交流。此外，邀请北京大学第一医院王贵强教授担任北京卫视《我是大医生》节目嘉宾，进行疾病科普。

（6）第二轮打卡：新一轮社交媒体强化疾病认知，将意识转化为行动。

基于线上线下传播活动的积淀，借助社交热点话题，于 2017 年 11 月 27 日起，开展了新一轮辐射微博与微信的活动，呼吁高危人群尽早检测。在微信平台推出“即刻打卡”栏目，通过自有微信平台“谈丙话肝”及覆盖高危人群的第三方微信公众号进行传播。在微博平台通过 8 个健康类微博账号，二次传播《我是大医生》科普内容，并链接至好大夫在线项目专题页，使更多目标受众获益。

（7）自有传播阵地：持续性疾病教育，多维度多形式强化认知。

制作丙肝科普手册、项目书签等，将项目专题网页与“谈丙话肝”微信公众号的二维码植入相关物料，实现线下至线上的引流。持续通过寓教于乐和包括表情包、动画视频在内的多种图文并茂的形式，传递丙肝相关知识。与好大夫在线合作，搭建项目专题页，从疾病预防、诊断和治疗方面入手，全方位传递丙肝科普知识。

项目评估

1. 效果综述

以微信公众号“谈丙话肝”和好大夫在线疾病科普专题页为核心平台，联动新浪微博和微信意见领袖、明星资源、媒体、专家等，通过公益视频、微博话题页、趣味微信图文、H5 互动、媒体采访文章等形式，多维度地为公众，特别是丙肝高危人群和患者，持续提供全面、正确、科学的疾病教育内容，鼓励参与者在寓教于乐中获得知识。

2. 现场效果

启动仪式现场设置了疾病科普互动区域，以机器人与嘉宾现场互动等新颖且有趣的形式向各位在场嘉宾与媒体开展丙肝知识科普。此次活动得到了现场嘉宾与媒体的高度认可和充分好评，激发了包括中新社、中央电视台、北京电视台等权威媒体的报道意愿，为启动仪式成功营造了正面、积极的舆论环境，引发广泛关注与讨论。

3. 受众反应

凭借内容的丰富性与形式的多样性，项目受到了广泛的讨论与好评，尤其是得到目标受众的积极反馈与正面评价，肯定了传播的有效性与影响力。

4. 媒体统计

（1）线下活动媒体传播结果。

线下启动仪式：626 篇媒体报道，42 家出席媒体，原发报道 62 篇，网络转载 564 篇，涵盖平面、电视、广播、网站、微信等媒体；触达 1 亿余人次。

两轮专家科普采访：580 篇媒体报道，62 家采访媒体，原发报道 86 篇，网络转载 494 篇，涵盖北上广等 13 个一、二线城市主流平面、电视、网站、微信等媒体，其中，原发稿件篇幅大于 1000 字的报道占比 91%；触达 1.5 亿余人次。

（2）线上媒体传播结果。

第一轮打卡线上传播（数据截至 2017 年 9 月 15 日）。公益视频阅览量 12755000 次；微信（含第三方账号）阅读 472814 次，点赞 4407 次，新浪微博第三方微博账号 10 个，自有微博账号 26 个，话题页曝光量 70296000 次，转载 10116 次，评论 5699 条，点赞 76251 次；“谈丙话肝”微信账号，“粉丝”数 4860 人，公益视频、文章 24 小时打开率 1464%,《一镜到底》文章 24 小时打开率 817%,好大夫在线专题网页 PV175944 次，UV174293 人；搭载于“读丙话肝”微信账号的微网站 PV47873 次，UV12266 人。

第二轮打卡线上传播（数据截至 2018 年 1 月 23 日）。微信（含第三方账号）账号 5 个，送达人数 4582173 人，分享人次 3828 人，阅读数 211103 次，

点赞 1498 次，评论 452 条；新浪微博科普视频浏览量 240000 次，微博账号 8 个，话题页新增曝光量 649000 次，转载 539 次，评论 275 条，点赞 849 次；“谈丙话肝”微信账号“粉丝”数 7536 人，打卡 H5 文章阅读数 2654 次；第二轮打卡 H5 PV11668 次，UV6471 人；搭载于微信及好大夫在线的网站 PV25259 次，UV22953 人。

项目亮点

（1）覆盖地区广、联动人群多：集合了协会、专家、名人、媒体、企业等社会各界的力量，在全国范围内开展了切实有效的丙肝疾病教育工作。

（2）丰富联动的传播生态圈：通过多角度的疾病知识、多样化的传播形式、多维度的传播渠道，构建了丰富联动的传播生态圈。

（3）广泛且精准地覆盖目标受众：在社会对丙肝“标签”化严重、疾病传染途径敏感等因素的影响下，通过目标受众更易接受的方式，鼓励其正视疾病，并有效将核心信息传播至高危人群及患者之中，并使之接受，实现了目标受众的精准抓取与联动传播。

亲历者说 宋辉 百时美施贵宝中国企业事务部负责人

在发起之初，我们便深刻感受到了中国健康促进与教育协会在提升丙肝健康教育工作上的决心。

我们围绕“早治疗 愈希望”的传播主题，联动专家、明星及媒体等社会各界力量，通过多角度的疾病知识、多样化的传播形式和多维度的传播渠道，达到提升公众对丙肝的认知，并促进丙肝高危人群及患者“早诊断、早治疗且规范治疗”的传播目标。

作为一家有社会责任感的企业，我们的使命不仅是专注创新药物的研发和可及性，我们始终积极参与中国各个病毒性肝炎防治项目，通过支持公益的疾病教育活动、创新的数字化学术信息交流、多维度的防治对策研究等，将“治愈希望”带给百万中国丙肝患者。

我们非常荣幸此次能够参与和支持“早治疗　愈希望”丙型肝炎健康教育计划，为加强公众对丙肝的关注、提高丙肝高危人群和患者的筛查和治疗意识，起到了积极的推动作用。参与并支持这一计划不仅印证了百时美施贵宝致力于提升中国肝炎防治的诚心，更兑现了公司助力中国患者战胜丙肝的承诺。

案例点评

点评专家：郑亚楠　黑龙江大学新闻传播学院院长、教授

这是一个将痛苦转化、将危险化解、将无知扫除的案例。它的核心是健康教育，是大众启蒙，是救人救心。因此，它呈现出以下特点：第一，品牌立意明确而深刻。以加强公众对丙肝的关注和防治为出发点，以持续的公益教育活动和联动的传播生态圈为沟通形式，集社会各界力量赢得广泛反响，并精准触达丙肝高危人群和患者，有效提升了百时美施贵宝的知名度和美誉度。让品牌具备公益传播力，使企业在承担社会责任的同时，传播自身，达到了商业与公益的双赢。第二，运用多维手段持续地、节点性地传播。品牌的立意是总领，要想让公众了解进而说服公众转变观念、有黏性，还在于传播渠道、传播手段。“早治疗　愈希望”丙型肝炎健康教育计划细致地梳理了线上线下的传播平台，选择一系列可行及同时迸发的方案。其一，对传统媒体选择那些已有权威积淀的平台，如科普栏目《我是大医生》。其二，对线上媒体选择有一定影响力的好大夫在线。其三，开辟专属微信阵地，建立“谈丙话肝”微信公众号，通过短视频、微信图文、H5 互动等定期发布疾病教育文章，进一步强化关键信息的传递。其四，十分注重节点性日期的选择，涌浪式地拍击目标人群的需求，尽显提醒、关怀之心。

雅加达亚运杭州时间“万科，与杭州一起2022”品牌借势城市热点传播案例

执行时间： 2018 年 8 月 30 日—2018 年 9 月 2 日

企业名称： 浙江万科南都房地产有限公司（简称：杭州万科）

品牌名称： 万科

获奖类别： 金旗奖——2018 最具公众影响力公关活动大奖

项目概述

2018 年 9 月 2 日雅加达亚运会闭幕式，杭州参加接旗仪式并正式进入“亚运时间”。作为城乡建设与生活服务商，万科时刻关注并愿意参与城市重大公共事件，助力杭州“世界名城”的建设发展。本案例以“万科，与杭州一起 2022”为主题，在杭州市中心繁华地段“武林广场”巨幕策划线下市民迎亚运共襄城市荣光活动，并以城市映像片《杭州，不只是杭州》为核心传播道具，引发市民关注。并通过线上线下的全案传播，打造杭州品牌借势亚运的“教科书级”城市整合传播案例，广受市民和政府官方的好评。

项目调研

1. 话题的城市背景

杭州，作为一座聚焦度迅速提升的城市，已经迈入了万亿 GDP（国内生产总值）俱乐部，处在中国大城市的第一方阵，并以创新活力催生出一大批独

活动现场

角兽企业。在“后峰会、前亚运”的重要时期，杭州的城市能级更是迅速提升，已不再只是固有的“人间天堂”城市印象，更朝着多元化的“世界名城”前进。

2. 万科的品牌宣传诉求

与城市共生共长，万科作为城乡建设与生活服务商，经过多年的实践与沉淀，具备居住、产业办公、商业消费、养老、房屋租赁、物流、教育、文化艺术等多种生活场景的空间服务能力。近年来，万科新的战略定位虽然在政府、同行与合作方间已经有了一定认知，但从“企业品牌”到“城市品牌”的格局和影响力仍需外向型打开，加强更多面向城市的品牌传播。

3. 借势的节点判断

杭州在日新月异地发展，市民城市自豪感在加强，自 2018 年年初，我们对杭州重大公共事件的节点进行了综合梳理，并初步判断 2018 年 9 月 2 日这个杭州正式进入“亚运时间”的节点将自带传播流量和关注度，成为全年的市民情绪高潮点。在此节点可拉近万科与城市之间的关系，为品牌在社会公众内获得较好的口碑。

综合上述因素，结合城市发展特色及企业品宣诉求，核心创意“万科，与杭州一起 2022”和“杭州不只是杭州”顺势提出 ，计划借势雅加达亚运杭州时间的高光时刻，进行主题为“万科，与杭州一起 2022”联动线上及线下的传播。

项目策划

1. 项目目标

（1）借力城市热点，通过服务城市重大公共事件，突出万科城乡建设与生活服务商的定位，加强万科杭州品牌的城市格局和外向型影响力。

（2）强势绑定亚运机遇，在杭州正式进入“亚运时间”的高光时刻，在没有巨额赞助的前提下，仍可以通过借势于体育营销第一时间绑定万科与亚运会之间的关系。

（3）打造热点事件，通过核心传播道具及全案传播策划，在专业上打造现象级传播案例，例如核心道具视频全网传播量超百万次等。

2. 核心策略

通过借势城市热点和利用体育营销，核心围绕城市映像片，联动线下全民活动，并进行全网媒体发酵，引发广泛的二次传播。

3. 传播受众

（1）以杭州市民为核心传播对象，突破地产行业壁垒，塑造万科杭州城市品牌的格局和美誉度。

（2）通过核心资源整合和事件的民间影响力，有意识地策划和获取政府层面的关注。

（3）通过打造现象级传播案例，扩大万科在公关行业的影响力。

4. 传播内容

（1）核心传播道具：城市映像片《杭州，不只是杭州》。影片时长 3 分钟，以古今杭州双线交织表现“不只是”的城市发展特色，从体验式镜头视角充分激发市民自豪感；并以快节奏、技巧型的创意转场为表现手法，通过亮点桥段的前置设计和张弛有度的剪辑节奏、“乐画平行”及“中国风 + 电子混音”的音乐编排，在杭州众多宣传片中脱颖而出，不落俗套。影片中还巧妙植入万科元素，在不打扰受众观看的前提下完成传播诉求，赢得品牌口碑。

（2）全案传播内容：线下承接活动“万科，与杭州一起 2022”，选址杭州“武林广场”巨幕为创意载体，进行视频首发。同时，以“2022 时空之门”

市民纷纷进入“2022 时空之门”

装置吸引市民进入，激发市民与2022年的情感联系，参与画面直接映射于城市大屏，成就当晚事件性互动。通过前置规划话题内容，进行全网渠道内容策划。

5. 媒介策略

（1）造势期。

悬念式剧透，由内而外发酵，通过朋友圈充分引起外界好奇；社群预热，通过本地生活自媒体、电台节目等进行活动信息预告。

（2）首发期。

官方绑定，先声夺人：与杭州电视台综合频道合作，雅加达亚运会记者连线“分会场”，并定于活动当晚由官方微信首推视频强势绑定与亚运关联。

直击现场，全民参与：除电视台直播之外，邀请网易、新浪进行直播并发起话题。

（3）发酵阶段。

前置策划，渗透权威媒体：与新华社、《杭州日报》等核心媒体第一时间沟通进行报道。

全网布点，多维传播：直播、双微、自媒体 KOL、新闻 App、门户网站近 50 家渠道布点；并通过《钱江晚报》专题策划、行业深度解读等拔高立意。

项目执行

1. 整体策划

在选定节点后，分析传播机会，排查潜在隐患，对临近节点进行传播的相关性分析，并反复探讨未来所要表达的城市核心主题。同时，对不同传播道具的优劣势进行调研比较，确认以《杭州，不只是杭州》作为本次传播核心抓手，并围绕它启动全案传播的策划。

2. 视频拍摄

明确主题后，“前置对标”及“脚本策划”环节双线启动，对杭州 30 余处典型场景进行为期 3 天的高密度勘景，并专访新、老杭州人，加深对影片主旨的理解。脚本确定后通过为期两周的拍摄剪辑，与专业团队反复沟通创意，挑选合适的音乐风格及调色意向，最终完成城市映像片。

3. 线下执行

寻找符合视频“仪式感”发布诉求的优质户外媒体，充分考虑媒体区位因素及呈现效果质量，选定“武林广场”巨幕，并综合创意空前性和话题性挖掘互动方式，最终确定以“2022 时空之门”为核心创意装置，联动大屏进行互动。执行过程中以体育元素进行氛围烘托，强调市民现场体验的参与感。通过网易、新浪直播，让未能到场的观众感受活动现场气氛。

同时为配合电视台直播环节，与记者前置沟通策划万科品牌露出形式、内容及画面，并结合直播“时间调整”的潜在隐患，进行活动流程“模块化”处理，确保线下每一环节都可随时服务于直播需求。

4. 线上传播

提前进行为期一周的发酵传播，对发布日期、选题、标题、渠道等各维度进行高精度的策划和铺排。对近 50 家布点媒体进行不同风格、不同维度的通稿内容安排，并进行专门对应的选题策划，确保各维度丰富的解读视角和传播量级。

项目评估

（1）整体事件曝光量近 3000 万次，“万科，与杭州一起 2022”活动现场参与及网络直播、话题讨论人数超 110 万人；《杭州，不只是杭州》视频全网传播量近 200 万次，上海、厦门、广州、深圳等 20 个城市同行及绿城、融信、阳光城等近 10 家友商主动转发。

（2）社交平台传播量：以微博、微信为传播主阵地。其中 3 天时间内新浪微博客户端话题总曝光量超过 2500 万次，讨论量超过 4.2 万次；微信端投放官方微信、本地自媒体平台、行业属性平台、KOL 等各维度渠道，总阅读量突破 110 万次，并产出三篇阅读量超 10 万次的热门文章。

（3）全网传播：直播画面，对万科进行充分露出；同时策划新华社、《杭州日报》等关注并进行亚运专版露出，其中新华社曝光量超 52 万次；并借势《钱江晚报》国际日策划专版。

（4）专业类平台的传播：被数英网、场库等专业数媒平台主动收录；同时在公关行业专业点评号“公关界的 007”，以专业度强的选题内容被广大行业内读者收录，阅读量超 10 万次。

（5）杭州电视台综合新闻频道直播特别节目在电视、网络同期直播，呈现效果受到政府和公众好评。

项目亮点

1. 节点的精准把握

在未投入巨额赞助费用的前提下，借势城市热点事件进行体育营销，“四两拨千斤”率先绑定万科与亚运会之间联系，突出城乡建设与生活服务商定位。

2. 以微信平台为二次传播主阵地，营造多轮刷屏现象

杭州万科客户服务号阅读量超 10 万次（企业号，借势第一时间发布，刷新

历史最高纪录）；你好杭州阅读量超 10 万次（本地生活自媒体，以生活化口吻解读视频，配合媒体矩阵社群传播）；公关界的 007 阅读量超 10 万次（行业专业点评号，策划专业选题内容，被广大行业内读者收录）。

3. 多维度渠道扩大包含政府、媒体及市民的公共影响力

合作杭州电视台综合频道，覆盖全杭州市市民观众，直播特别节目受市长点名表扬；社交媒体以微博、微信为主阵地，通过直播、话题策划、热文策划形成刷屏现象，营造良好二次传播氛围。

4. 巧妙渗透各业务理念，传播中丰富品牌形象与内容维度

与万科内部随园养老、泊寓、万巢教育等各业务充分沟通，联动各业务以公众身份参与“2022 时空之门”创意环节，展示业务核心理念，并统筹各业务借此势能二次传播。

5. 吸引各户外媒体合作方主动约片投放

万科各资源方，如“武林广场”巨幕、杭州剧院 LED（发光二极管）大屏、萧山机场 T1 到达层 LED 主动邀约播放。

亲历者说 陆琪男 杭州万科品牌高级专业经理

只有洞察城市发展，结合品牌诉求，牢牢把握传播机会，才有可能高度完成现象级传播。这个过程也更加考验我们的精细策划和资源整合能力。

在一场全案整合策划中，每一个环节都必须紧扣，也必须对于每个决定进行可行性分析和风险预判。在确定传播主题后，我们对核心道具进行了前置条件梳理，如“如何在短时间内迅速引人关注”“如何在官方宣传片可能发布的情况下正面交锋”等。

对于传播势能的判断也非常重要，时刻关注传播趋势，以策略驱动，才能够产生预期的效果。为了弥补视频的不足和传播量级可能不够的风险，我们在策划期间便精确每个阶段的内容与渠道，在传播执行层面，根据视频传播热度的生命周期进行灵活调整。

案例点评

点评专家：赛来西·阿不都拉　浙江大学城市学院营销传播学系公共关系方向负责人、副教授

借势营销在本质上是一种公共关系的策划和营销，是企业利用能够吸引目标受众注意并符合企业内在价值与外在形象的新闻事件、社会热点等来营销推广企业的一种营销手段。它既要考虑企业与公众之间的关系建立，也要考虑所借之“势”与企业之间的关系建立。因此企业会抓住并利用一切机会造势，通过“氛围的营造”，创造出有利于品牌传播的环境，达到与受众有效沟通的目的。其根本原则是建立事件与品牌之间的关联，通过顺势、造势、借势等方式，提高企业或产品的知名度、美誉度，树立良好的品牌形象。

万科巧妙地借势杭州正式进入“亚运时间”的城市热点，通过对杭州进行悉心洞察并参与到重大公共事件里来，用创新的内容制造以及线上线下全网渠道传播演绎和呈现了万科在新时代摒弃旧思维、调整角色定位的战略方向。案例把对杭州的理解和新意精准地进行了传达，也把万科对杭州城市的尊重、理解和为之骄傲的情绪融入全过程，用其别样的叙事方式讲述了韵味杭州故事和万科的商业逻辑，体现了一个品牌与城市共同成长的深刻洞察。使万科的品宣诉求和精神内涵得到有效彰显，此案例不仅是多维度渠道传播的公共影响力事件之一，同时也成为万科为建立企业声誉，而从长远和全局角度，开展有计划的和持久的信息传播以及与之相关的行动经典实践。

中移互联网移动认证社会化传播案例

执行时间：2018 年 4 月—2019 年 3 月

企业名称：中移互联网有限公司

品牌名称：移动认证

代理公司：广州圣达广告有限公司

获奖类别：金旗奖——2018 最具公众影响力公关活动大奖

项目概述

移动认证（原名：统一认证）于 2017 年 11 月修改。通过帮助移动认证建设社会化宣传渠道，实现了从无到有，从目标受众为 0 到在行业内有普遍知名度的跨越。

项目调研

移动认证是以手机号码作为开放的统一账号体系，为各类移动互联网应用提供信任登录、认证服务、安全服务的产品体系。主要竞品有第三方授权登录，如社交类、支付类授权登录；其他运营商的网关登录产品。

移动认证官方希望在社会化渠道广泛宣传，配合品牌商务从领头科技公司开始合作，影响整个行业。

项目存在以下挑战：国企品牌传播初期，品牌尚未定型；开发者对移动认证无了解，网关认证带来的登录技术更新非刚需，开发者有抵触情绪；三大运营商互有竞品，竞品间无差异化，传播上互相跟进，整体相似度高；费用限价，且只能以微信、微博、网站、直播五类媒体软性内容的投放费用结算。

结合统一认证的产品属性与开发者群体的工作职能，对受众进行了下列的五类细分，这五类受众直接影响客户是否采用统一认证，具体情况如下表所示。

受众细分

受众类型	职能
决策	具有决定的权力，指挥企业及产品线的发展方向，是企业或部门的灵魂
产品	负责市场调查并根据用户的需求，确定开发何种产品，选择何种技术、商业模式等，并推动相应产品的开发组织
运营	主要包括流量监控分析、目标用户行为研究、日常更新及内容编辑、网络营销策划及推广等
前端	负责 App 或系统的前台编程开发，将产品的规划和美工的设计结合为用户使用的平台。插件开发、新 App 开发都可划分为前端
后台	负责 App 或系统的后台的技术选型、搭建、性能优化、运维实践、架构设计。手机系统开发者的主要工作都属于后台开发

项目策划

经过分析，发现不同层面的开发者对于该产品的需求各有不同。如何结合统一认证的不同优势针对不同层面开发者的痛点，便成了策略核心。

同时，B 端专业受众与 C 端受众相比，需求更直接，行为模型更简单，只有精细的划分才能最大化提升传播效果。

不同开发者在社会化媒体上获取专业信息及知识的渠道也因专业内容的不同呈小众扎堆，却又相互离散的分布。

针对五类受众进行有策略的内容输出及展开传播间的互动，利用波纹传播模型。

第一步，通过针对不同细分受众的定制化内容的覆盖做到各个专业领域击透；第二步，通过各领域间的相互辐射和沟通，实现传播效果相互增益，加大传播面和内容可信度及影响力；第三步，各执行层和中层均有所认知后，多维度向决策层发挥影响力，帮助扩大移动认证在决策者眼中的优势和影响力。

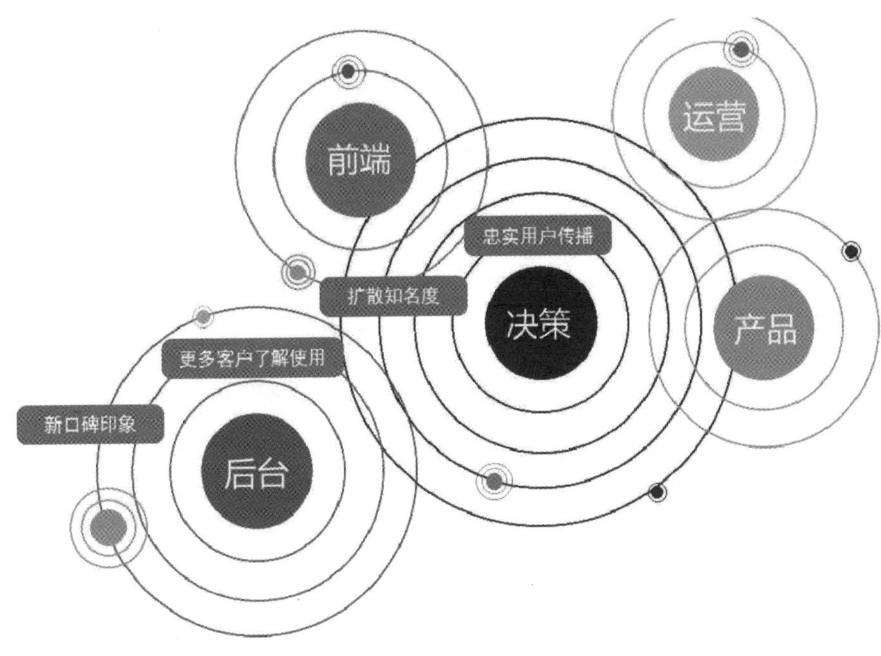

波纹传播模型

项目执行

执行流程如下图所示。

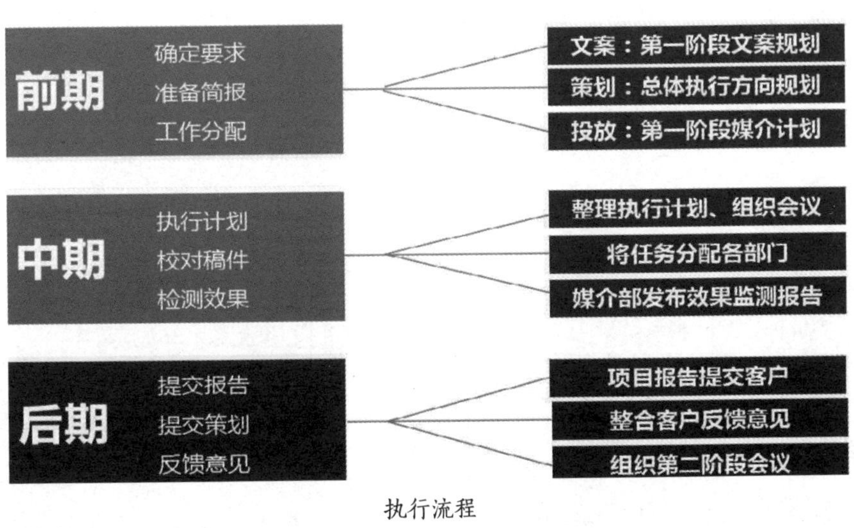

执行流程

在上述完善的流程外，还有一些其他的执行细节，例如在每次对外传播执行后，进行舆情监测、处理，出现危机也会有完善的处理机制。

1. 舆情监测

提供 24 小时的舆论监控，包括网络新闻负面、搜索引擎负面、论坛博客类负面、第三方大型门户网站门户类负面。

2. 舆论处理

舆论处理流程包括发现负面信息，定性负面判定，控制干预处理。

3. 危机处理机制

（1）应急机制。

预防为主，常备不懈；以人为本，减少危害；统一领导，分级负责；依靠科学，加强合作。

（2）危机公关处理工作。

危机发生时，项目团队要以最快的速度实施危机控制以及设定管理计划。倾听公众的意见，并确保组织能把握公众的抱怨情绪，可能的话，通过调查研究来验证组织的看法。设法使受到影响的公众站到组织的一边，以帮助组织解决有关问题。邀请公正并权威的机构来帮助解决危机，以便确保社会公众对组织的信任。时刻准备应付意外情况，随时准备修改组织的计划，切勿低估危机的严重性。及时把情况准确地传达给客户，不要夸大其词。当危机处理完毕后，吸取教训并完善相关危机处理数据库。

项目评估

截至发稿前，移动认证品牌传播效果如下表所示。

移动认证品牌传播效果

关键词	搜索结果	竞价公司数量	长尾词数量	百度指数	360 指数	百度搜索量
移动认证	1320 万个	0	7393 个	84	0	40
移动实名认证	755 万个	0	1873 个	167	0	60

截至 2018 年 5 月，移动认证已接入内外部业务共 2206 个，其中外部业务

1896 个，内部业务 310 个。Top200 业务已接入 27 家（Top5 接入 2 家），另有 19 家正在调测，接入速度显著提升。同时，移动认证业务数据成倍增长，月活用户数超 5.4 亿人次，同比增长 157%；平均日活用户超 1.1 亿人次，同比增长 120%；日均认证数超 5.8 亿人次，同比增长 241%。

主要接入代表业务如下表所示。

代表业务

企业种类	企业名称					
金融类	中国银行	支付宝	浦发银行	同花顺	招商银行	苏宁金融
工具类	腾讯 Wi-Fi	蜂助手	车轮查违章	58 同城	猎豹清理大师	优信二手车
影音娱乐类	爱奇艺	第一弹	芒果 TV	影音先锋	暴风影音	趣头条
电商类	派派	美柚	小红书			
教育资讯类	金山词霸	一点资讯	快看漫画			
出行类	ofo 小黄车	途牛旅游	悦动圈			
手机品牌类	小米手机					

项目亮点

针对 B 端市场借助波纹模型进行传播规划。洞察出针对各个领域开发者的传播手段。针对决策、产品、运营、前端、后台这五类开发者，进行有针对性的多角度传播覆盖，促使“销售”的完成。

在渠道的选择上，综合五类开发者的触媒习惯，以科技类微信公众号及开发者聚集的垂直网站为主要传播渠道。针对不同产品的目标人群，仔细研究其生活轨迹、生活形态、触媒习惯等。寻找广告切入的最佳契机。在传播内容的制作和创意执行上以“求新”“强基”为主。信息爆炸时代，以用户为导向、技术为驱动进行碎片化、精准化营销。每个阶段都明确传播目标。基于“求新”

的目的进行跨品牌合作，并改变品牌输出模式。结合“强基”，构建起独属于移动认证的传播矩阵，占领传播制高点，提高传播回报率。双管齐下为移动认证搭建起一整套完整的传播策略。

通过社会化的方式实现与B端用户双向沟通，通过独创的策略组合和精准的媒介搭配，超预期实现了宣传效果，得到需求部门的高度评价。

亲历者说 黄友礼 广州圣达广告有限公司项目经理

在与中移互联网有限公司的合作服务过程中，我负责对接客户并统筹安排工作等事项，主要对接的是事业部移动认证技术的社会化推广宣传。这是公司首次做此项技术的传播工作，对于我们服务团队来说有些许挑战，需要我们团队有更好的整体策划与传播规划，我们团队前期也做了大量的调研与分析工作。此次合作对于我们团队是一笔巨大的经验财富，增长了我们团队的能力，也更好地完善了公司的配置与流程。起到了很好的社会化媒体营销宣传效果，扩大了移动认证技术的声量，显著提高了移动认证技术的知名度，让更多的企业和开发者接入使用移动认证技术，也让广大用户享受技术合作后带来的好处。

案例点评

点评专家：苏宏元　华南理工大学新闻与传播学院院长、教授、博士生导师

中移互联网移动认证社会化传播案例从表面上观察既未举行大型公关活动，也未出现轰动性的传播事件，但仍然较为成功地实现了有效的社会化传播，可以说是一则“平淡无奇”的“理性化”公关案例。

此案例的成功基于对竞品、挑战和目标受众的科学调研和分析，尤

其是对关键因素目标受众严格分类和职能定位，并仔细研究其生活轨迹、生活形态、触媒习惯等。在此基础上进行“分众化”的传播策划，特别针对“不同层面开发者的痛点”，以获取事半功倍的传播效果。针对移动社交时代传播环境的变化，同时采用波纹传播模型，强化B端市场目标受众之间的横向传播，在整体上提升传播力，实现社会化传播效益的最大化。

此案例还设置了严谨的执行流程、灵活的沟通机制和危机处理机制，有力地保证了项目的实施及其质量，实现了传播目标，最终的传播回报率高，业务量提升快。

总体而言，中移互联网移动认证社会化传播案例策划科学周密，执行力强，有实效，值得同行学习借鉴。

创新中国（DEMO CHINA）2018 年总决赛

执行时间： 2018 年 5 月—2018 年 9 月

企业名称： 创业邦（北京）传媒文化有限公司

品牌名称： 创业邦

获奖类别： 金旗奖——2018 最具公众影响力公关活动大奖

项目概述

创新中国源于美国 DEMO 活动，2006 年由创业邦正式引入中国，自北京首秀后十余年间聚焦高成长企业、互联网公司与创新商业模式，每年吸引有潜力的初创企业上台展示，并有熊晓鸽、徐小平、沈南鹏、阎焱、朱啸虎、邓锋等超过 1500 位国内外顶级投资人列席，以优质的资本连接优秀的创业者。截至发稿前，创新中国累积报名参赛企业近 4 万家，3000 余家优秀创业企业登台展示，帮助企业融资超过 100 亿元。

自 2011 年起，创新中国秋季峰会正式落户杭州。此活动已成为杭州市政府支持创业生态建设、倡导资源联动与开放共享的重要举措之一，创新创业的高度活跃已成为杭州崭新的城市名片。

2018 年创新中国再次聚集中国创新创业新力量，共有来自全球 19 个城市的 54 个优秀创业团队齐聚杭州，争夺总决赛冠军。此次比赛在内容策划和活动传播中均有较大的突破，使创新热潮从线下延伸至线上，并辐射全国。

盛大开幕

项目调研

2018 年因为很多企业在一级市场的估值过高，一部分企业在上市之后表现并不尽如人意，所以这也使得中国的早期投资变得更加艰难，资本市场寒风瑟瑟。

但是创业邦希望在创新中国的舞台上，不管这家企业处于哪个发展阶段，只要是真正优秀的项目，就一定能获得脱颖而出的机会。创业邦希望更多初创企业和草根创业者，能够被优秀的机构所发现。为了达到这一目标，创业邦调研了 100 多位一线投资者，通过与投资者多次沟通，在活动策划和推广上都下了很大的功夫。

在竞争日益白热化的各个领域，人们常说创业三个月便是一年，投资一年出现一个风口，行业三年一个轮回，产业五年一次转型升级。在这样的环境中，企业不断面临“临界、跨界、破界”。各个产业边界不断被打破，每位创业者都有可能成为一个意见领袖登上舞台，他们可能像龙卷风一样改变甚至彻底颠覆一个行业。那么不断迭代的“新的战场”又将升级至何方呢？创业邦以“新战场·无边界”为主题，希望探讨如今剧烈变化的商业环境催生的“新战场”。

项目策划

1. 传播目标

帮助杭州市打造创新创业城市形象，对接优质资本与创业项目，帮助更多创业者成功。

2. 传播受众

政府、投资者、创业者及对创新创业感兴趣的人群。

3. 传播策略

以解决创业痛点为中心，通过多渠道整合营销，多维度展现活动影响力，吸引创业项目及观众报名；通过大咖午餐拍卖活动，触发一线投资大咖自传播及媒体关注，提升品牌美誉度。

第一阶段（2018 年 6 月—2018 年 7 月）：前期预热。

在创业邦微信公众号发布《您已抵达 2018 创业新战场，一份实用的战地地图了解一下》等稿件介绍活动，导入大量讨论及转发，引发创业者关注。

第二阶段（2018 年 8 月—2018 年 9 月）：强势推广。

与中新网、网易、蓝鲸财经、金融界、和讯网、界面等 50 余家财经、科技和创投类媒体合作投放广告，并在相关领域较有影响力的活动上投放会刊、易拉宝，设置展位；发布《如何续写创业神话？创新中国为您解码资本寒冬投资“新赛道”》等多篇稿件；发布《用爱心照亮童心，这场创投盛宴独家聚焦“营养的贫困”》并联合双微广泛传播；多位知名投资人出镜，打造创新中国电梯路演挑战赛，引发关注预热总决赛。

第三阶段（2018 年 9 月）：长尾传播。

邀请中央级媒体、财经类媒体、创投类媒体及杭州地方媒体进行现场报道，并组织项目及嘉宾专访，辅以会后二次传播，强化活动热度。

4. 媒介策略

中央级媒体：CCTV、中央人民广播电视台、新华社、中新网，提升品牌背书及美誉度。

门户网站：新浪财经、网易科技、搜狐、腾讯财经、凤凰网科技，提升品牌背书及活动覆盖度。

大众直播媒体：爱奇艺、优酷、斗鱼、ZAKER（一款阅读类软件）、蜻蜓FM，提升活动参与度。

专业直播媒体：第一视频、一刻 talks、凤岐茶社，提升目标人群覆盖度。

新媒体及客户端：界面、ZAKER、商界、一点资讯、每日经济新闻、中新网、互动百科等手机客户端，提升活动影响力。

自媒体：创业邦、微链、博链财经、3W 等 30 余个自媒体联合推广，促进目标观众报名参会。

地方类媒体：杭州电视台、浙江电视台经济生活频道、《杭州日报》、《浙江日报》、《每日商报》、《都市快报》等，提升活动地方渗透力。

创投类媒体：猎云网、品途、投资家、创客猫、创客时代等，精准覆盖创投目标人群。

渠道合作：通过合作伙伴进行精准推送，总计覆盖 1720 万用户，增加活动辐射面及参与度。

垂直社群：针对精准受众进行裂变活动，共覆盖 65 万“粉丝”，增加活动辐射面及目标人群参与积极性。

短视频：通过自有短视频网站开设专栏，通过往届峰会“大咖演讲”及“项目路演”类短视频引发线上关注，实现线下导流，配合预热及后续传播。

项目执行

1. 发布“战场”邀请函，全国范围内召集有志之士前来“应战”

2018 年 6 月 13 日，微信平台发布文章《您已抵达 2018 创业新战场，一份实用的战地地图了解一下》，作为 2018 创新中国“战场解读”，发出“英雄征集令”。紧接着 2018 年 6 月 22 日，发布文章《还在梦想着创业的人，什么时候你们听说过创业简单了》，在解读当下经济形势、揭秘“资本寒冬”本质的同时，通过回顾历届在创新中国舞台上崭露头角的“英雄”，让更多人了解创业行为，引发创业者情感共鸣，也让更多人能够感受到创业邦“帮助创业者成功”的品牌力量。2018 年 6 月 29 日，在文章《600 万天使融资，了解一下》里，告诉大家“资本寒冬”其实并不可怕，重要的是找对方向和路子，而 2018 创新中国的舞台，就是这个正确的方向。

2. 打造强强联合的明星战队，征集战队最强音

以《虽然“重新定义”被国足玩坏了，但这次我们是认真的》从“重新定义”的概念出发，追踪当下舆论热点，揭秘 2018 创新中国创新玩法，在《那些在比赛中 C 位出道的冉冉新星，现在还好吗》中，盘点 2017 年明星项目后，实现与高通、红杉、梅花、英诺、启赋、丰元等创投机构联合宣传的目的。

3. 上线创新中国品牌 H5，加强“粉丝”互动性

以测试“武士值”的方式，利用交互性强的 H5 与创业者进行互动，实现品牌曝光，强化“新战场，无边界”主题调性。

4. 裂变式观众招募策略

利用“转发分享 + 领取福利”的裂变方式，分阶段推出不同价格的入场票。

5. 大咖午餐拍卖

一方面从创业者实质需求出发，另一方面从社会公益层面出发，通过搭建线上拍卖平台，对接知名投资人与创业者，既帮助创业者从知名投资人处获得“资本运营宝典”，又帮助贫困山区的孩子们加强营养，用社会的力量回馈社会，一箭双雕，也传递出创业邦“帮助创业者成功”的品牌精神。

6. 现场围绕“新战场，无边界”的主题概念，打造一场“人生不止，创业不息”的创业巅峰对决

活动现场分为“原力唤醒空间”“企业加油站”“六大行业竞技场”“三大行业高峰论坛”“终极 PK 盛典”五大部分，从展示、互动、交流、分享、碰撞等多元的角度，360 度打造一个生动活泼、激情饱满、火力全开、青春洋溢的科技前沿思维“战场”。

项目评估

1. 效果综述

创新中国 2018 年总决赛得到了相关政府、投资人和创业项目的广泛参与和赞许，强化了创业邦“帮助创业者成功”的品牌定位，同时将品牌与企业社会责任高度融合，通过大咖午餐拍卖的新颖形式，实现了创投与公益的互动，进

一步奠定了品牌的价值。

2. 现场效果

活动当天有雨，但依然挡不住近万名观众的参与热情。无论会场还是户外展区都人头攒动，热闹非凡。外展区覆盖衣、食、住、行、玩，并由斗鱼直播将主论坛情况向外展位现场直播，吸引了众多当地青年观众参与。开幕式上，徐小平和邓锋进行巅峰辩论，现场观众反应热烈，会后嘉宾直呼过瘾。股权拍卖环节，北京鑫韩企业管理有限公司被青松基金创始合伙人刘晓松以 300 万元的出价拍得 1% 的股权。杭州小鱼科技有限公司被源码资本创始合伙人曹毅以 120 万元的出价拍得 1% 的股权，杭州遂真生物科技有限公司被普华集团董事长曹国熊以 200 万元的出价拍得 1% 的股权。

展区人头攒动

3. 受众反应

活动后百度新闻搜索结果达 730 万个，破历史纪录。

4. 媒体统计

活动前期报道 251 篇，现场报道及会后报道 355 篇，总计媒体报道 606 篇，报道阅读量 2000 多万人次。其中，CCTV 新闻频道、中央人民广播电台、浙江电视台经济生活频道、浙江公共新闻频道、杭州电视台一套及四套等对活动进行了报道。而大咖午餐微博推广，总阅读量超过 20 万次；微信推广 14 篇，总阅读量近 20 万次；直播平台总观看量逾 200 万次。

项目亮点

1. 一次颠覆传统的 DEMO DAY

在策划上做了多处创新，包括创投奇葩说、巅峰辩论、战队路演模式、虚拟投资等，使活动内容更为生动，形式更为丰富，现场更富有娱乐性和竞技性。

2. 一次成功的公益营销

联合“一个鸡蛋”项目，开展大咖午餐拍卖活动，并将募集资金全部捐献给上海联劝公益基金会，用于给贫困地区儿童午餐加蛋。该活动共募集资金 10 万元，将爱心献到了贫困儿童餐桌。

3. 全渠道的整合营销

传播覆盖电视媒体、平面媒体、广播电台、自媒体、新媒体、直播及短视频等，各路一线投资机构大咖共同参与微博及微信传播，KOL 效应也在传播过程中得到了很好应用，从高度及维度上全面实现品牌曝光度及美誉度提升。

亲历者说 马婧 创业邦（北京）传媒文化有限公司品牌公关总监

创新中国每年吸引中国极具潜力的初创企业及国内顶级投资人，已成为中国双创领域的顶级赛事。作为一个运作十年以上的成熟活动，如何将老酒酿出新香，在新一代的年轻受众中打造品牌与时俱进的影响力及好感度，是摆在整个团队面前的一道大题。它要求我们既要基于对创投风口及趋势准确把握，进行合理的话题设置，又要以新的受众群体喜闻乐见的形式和渠道进行全面而精准的传播。

不管是在大赛环节设置还是在传播渠道上，今年我们都在不断求新求变，不仅关注上台展示的企业，更让观众成为主动参与者。现场特别设置嘉宾辩论与观众现场投票互动，给了到场但没有机会上台的创业者们一个与大咖直接对话的机会，碰撞出了不少的火花，这虽增加了团队现场把控及前期话题准备的难度，但收到了很好的反响。

创新中国是一部记录中国创业创新活色生香的编年史，大赛上走出的许多企业已成为今日中国商业之脊梁。而创新中国本身也在不断创新，不忘初心，本着“帮助创业者成功”的使命，我们希望通过创新中国这个舞台，让更多优秀的初创企业能站在聚光灯下，得到助力，快速成长，也为更多创业者、投资人、政府以及第三方机构建立优质创投资源的连接。

案例点评

点评专家：高源　知行博艺会展公司合伙人

创新中国活动已经连续举办多次，知名度已经很高，如何在经济形势不被看好的情况下，依然保持创新，让本次活动能吸引有潜力的创业企业、评委嘉宾、投资人是非常重要的。

线下活动部分流程环节设计紧凑，主持人是整个活动的灵魂，主持人连续六年主持，对活动环节熟悉，对创业者、投资评委嘉宾及现场观众心理诉求把握精准，外场设计了展示、互动交流、分享区。

在创业者 6 分钟路演和现场 1% 股权拍卖期间，气氛一直十分热烈。活动还结合了时下大热 IP《奇葩说》形式，现场可以 PK。

报名的创业路演精彩，创业项目吸引人，投资大咖也很吸睛。

传播以“新战场、无边界”为主题，以“战场”邀请函打造热血悬念，“英雄征集令”召集创业者前来。前期线上传播话题围绕创业、评委嘉宾、投融资故事。传播媒体丰富，覆盖人群丰富，垂直用户获取方便。

最终 600 多篇报道，覆盖 2000 多万人次的优秀成绩，堪称创业类峰会活动的一个标杆，我对此活动非常感兴趣，以后也会持续关注。

7 “健康饮水喝熟水”今麦郎凉白开创新熟水品类公关事件

执行时间：2017 年 1 月—2018 年 6 月

企业名称：今麦郎饮品股份有限公司

品牌名称：今麦郎凉白开瓶装水

代理公司：北京文津蓝讯品牌管理有限公司

获奖类别：金旗奖——2018 最具公众影响力公关活动大奖

项目概述

创建于 2006 年 2 月的今麦郎饮品股份有限公司（简称：今麦郎饮品），在 2016 年年初面向市场推出首款熟水产品今麦郎凉白开瓶装水（简称：今麦郎凉白开），产品采用 UHT125℃纯物理烧开杀菌工艺，传承中华民族优秀饮食文化，为消费者随时随地健康饮水提供选择。

“健康中国”时代，倡导健康饮水。从 2017 年起，今麦郎饮品携手行业协会，以专业的术语及科学的定义，联合专家学者、媒体记者及 KOL 等，举办“健康饮水喝熟水”系列公众传播活动，深化今麦郎凉白开品牌形象塑造，加强与公众的情感维系。

项目调研

2017 年年初，今麦郎饮品向中国民族卫生协会提出制定《熟水包装饮用水》团体标准的申请，经过对专业和行业的考察，专家认为相关标准的制定具有必要性、可行性及先进性，并正式立项，核心工作围绕溴酸盐、特征指标及理化指标等展开。

烧开过的水，就是熟水，家里烧开晾凉经常喝的温开水、凉白开，就是熟水。自从人类发现了火，就学会对饮用水进行处理——净化、煮沸，“吃熟食，喝熟水”，这是人类为生存、为健康而战的“天生绝技”。

从原理上讲，今麦郎饮品生产出来的今麦郎凉白开，和家里烧开晾凉的水是一样的，其基本原理是：采用 UHT125℃纯物理烧开灭菌技术，冷却后超洁净灌装，获取熟水产品，产品效果安全、可靠，非矿泉水、天然水及纯净水等瓶装生水常规采用的臭氧杀菌工艺，不会产生溴酸盐等消毒副产物。

综上，今麦郎饮品携手品牌管理供应商，积极开展行业背书（熟水论坛）、专业定义（熟水团体标准、饮用水国抽报告分析）及品类标识（熟水标识）等系列品类创新工作，并结合社会营销（全民健步走支持用水）等公关活动，将“不喝生水喝熟水”“健康饮水喝熟水”等公关理念，从专业认知推向专业背书，从全民推广推向全民教育、全民普及。

项目策划

1. 目标人群

今麦郎凉白开以 20～35 岁为主要消费人群，以“80 后”人群为主要沟通群体，包括凉白开忠实饮用群体、对凉白开有健康联想的人群及对凉白开有感情连接的人群；消费饮用场景包括社区及家庭推广、运动及健身人群、户外旅游人群及会议用水。

2. 传播要点

一个健康饮水话题：“不喝生水喝熟水”。一个健康饮水主题：“喝熟水对身体好＝匹配健康养生学＋适合国人体质＋杜绝溴酸盐隐患”。

3. 公关策略

以品牌联动、跨界合作、名人营销及热点新闻等方式，对标、对战矿泉水、纯净水，深入传递品牌信息，拓展品牌知名度和美誉度，全社会倡导“健康饮水喝熟水”。

4. 媒体计划

（1）深挖传播资源，扩大影响力。“线上社交媒体＋线下实体店＋平面海报＋纸媒＋电视媒介”，覆盖消费者“视听界面”，深入开展二次传播。

（2）整合外部传播渠道，形成分级传播体。优选新华网、人民网及央视网等，与中国经济网、中国网等重点媒体对接，沟通活动内容和活动亮点，掀起媒体传播热潮。

（3）分步传播内容，完善活动传播链。通过传统媒体和自媒体进行预热造势、持续发布、回顾报道，用活动载体传播时代变迁、城市发展、文明进步、大众情怀等内容，让消费者深刻感受社会发展对饮用水理念带来的改变，创造全民分享、共同参与的互动传播氛围。

项目执行

结合行业专业及社会营销等方向，制定传播路线图，有序挖掘活动亮点及专家观点，全方位传播“健康饮水喝熟水”品牌理念。

1. 行业背书

（1）2017 年 4 月 16 日，首届中国熟水产业创新论坛与“2017 年全国健康饮水大会”同期举行，“熟水标准”正式立项、熟水工艺获得行业创新奖、“凉白开技术颠覆＋文化传承优势”格局推出。

首届中国熟水产业创新论坛现场

（2）2018 年 6 月 13 日，第二届健康饮水（熟水）产业发展论坛在北京召开，“包装饮用水抽检信息与分析报告”（国抽报告）发布、KOL 共论“熟水凉白开是日常补水理想选择”、今麦郎凉白开通过 NSF(National Sanitation Foundation，美国全国卫生基金会) 认证、倡议“健康饮水喝熟水”。

第二届健康饮水（熟水）产业发展论坛

2. 专业定义

（1）“熟水团体标准”。

2017 年 8 月 14 日，中国民族卫生协会在“全国团体标准信息平台”发布“熟水包装饮用水团体标准”，自 2017 年 9 月 10 日起正式实施。

熟水定义：“采用超滤、纳滤、反渗透等膜过滤技术，仅通过不低于 100℃物理加热杀菌工艺，加工制成的包装饮用水。”

（2）国抽报告。

核心观点：2016—2017 年两年间，抽查包装饮用水发现，产品不合格率为 8.72%，其中溴酸盐超标及铜绿假单胞菌检出不合格率占到 6.52%。主要原因在于臭氧使用控制不当，同时反映出我国包装饮用水食品安全标准非常严格。

专业结论：采用纯物理烧开技术杀菌获得的熟水产品，区隔于添加臭氧化学试剂消毒、存在溴酸盐生成隐患的矿泉水及纯净水等瓶装生水，从包装饮用水中细化出“熟水”创新品类，为人民群众健康生活带来新的福祉。

3. 品类标识

2018 年 1 月 25 日，“健康饮水专委会 2018 年专家座谈会”在北京召开，今麦郎凉白开获得“熟水品类开创者”、许可使用“熟水品类标识”等荣誉，可在说明书、铭牌及包装物等上面标注所执行的团体标准编号及商标标识。

4. 社会营销

（1）CBA（中国男子篮球职业联赛）官方饮用水。

自 2017—2018 赛季起，今麦郎凉白开连续成为 CBA 三个赛季官方饮用水，助力中国男子篮球职业联赛飞跃发展。

（2）“常喝凉白开，健康走起来”全民健身活动。

2017 年年初，今麦郎凉白开在河北、河南、山东及山西等四省三十城，发起大型全民健步走活动，“常喝凉白开，健康走起来”。

2017 年 5 月 20 日，“美丽河北，文化行走——第二届万人健步走”暨今麦郎凉白开美丽河北行石家庄站活动开始后，CBA 球员易建联亲临现场与观众互动，倡导健康饮水从我做起，“我也是喝凉白开长大的。”

“常喝凉白开，健康走起来”全民健身活动

（3）CCTV2 官方饮用水。

2017 年，今麦郎凉白开成为“CCTV2 官方饮用水”，“早起一杯水，养身又润肠”，建立品牌认知，提升品牌影响力。

项目评估

活动开展以来，权威重点媒体现场报道 60 篇次，二次跟进宣传 42 篇次，直接新媒体阅读人数超过 15 万人次，扩散新媒体 100 余篇次，总曝光量超 1000 万人次，总互动量超 580 万人次，此外，线下活动直接参加人数超 12 万人。

1. 传播频次

（1）首届中国熟水产业创新论坛。

媒体直接报道 27 篇次，其中，移动端 2 篇次，阅读人数 3345 人次，PC 端（新华网、中国经济网）24 篇次，转载 50 篇次，平面报道 1 篇次，计 1200 字；二次宣传 12 篇次，移动端 8 篇，阅读 5.0541 万人次，PC 端报道 4 篇次，转载10篇次；A类微博红人发布报道2次，转发量超5600人次、互动评论超300条，总曝光量超205万人次；微信平台发布报道8次，其中专家类微信4篇，行业类微信1篇，朋友圈3篇，总曝光量超37万人次，总阅读量超7.8万人次。

（2）第二届健康饮水（熟水）产业发展论坛。

媒体直接报道23篇次，其中，14家权威网络媒体联动报道，转载48篇次；3家新媒体现场发布，阅读8770人次，6家平面报纸登报，计7760字；二次传播22篇次，其中App移动端11篇次，阅读9.8231万人次；PC端传播11篇次，转载17篇次；KOL热门微博15篇次，点赞超8000人次，其中，郭艾伦微博1篇次，点赞7917人次，范志红微博11篇次，点赞145人次，马冠生微博3篇次，点赞75人次。

"王婧鱼儿游"等体育类博主一直播实况，直播近1小时，曝光超300万人次；"正常人办不出这种事儿""敲服气"等抖音网红，发布"郭艾伦转球开盖"视频，累计观看量突破78万人次；#挑战郭艾伦篮开盖神技#抖音挑战活动及传播，"篮球少女哎哟薇""废才篮球手"及"F仨花式篮球－Lil"等网红参赛，累计点赞超20万人次，曝光超350万人次；"虎扑CBA""马亮少年"及"冷知君"等篮球体育、生活及热门资讯等微博大V大号，加持或转发郭艾伦首发微博，扩散互动超4.4万人次，曝光超2700万人次；"每日精选""每日必看"及"篮球教学论坛"等微信热门生活大号，推送健康饮水喝熟水及郭艾伦运动补水秘籍等信息，阅读量超10万人次；"TMT财经观察"（腾讯新闻）、"体坛竞技大爆料"（网易新闻）、"财经交流"（天天快报）、"竞技体育圈"（一点资讯）等同步引爆，圈层辐射，阅读量超4万人次；"蓝鲸财经"财经类百家号媒体发布熟水论坛信息，并通过今日头条移动端、凤凰网财经PC端等同步推送，阅读量超9万人次，转载9篇次。

（3）"健康饮水专委会2018年专家座谈会"。

媒体直接报道10篇次，其中，移动端（微信大号）报道2篇次，阅读人数4415人次，PC端报道（新华网、中国经济网）5篇次，转载11篇次，平面报道3篇次，计3300字；二次跟进报道8篇次，移动端4篇，阅读2.0189万人次，PC端报道4篇次，转载9篇次。

（4）“常喝凉白开，健康走起来”全民健身活动。

现场参与人数 11.7 万人，直播观看 143 万次，线上微博阅读量 1456 万次，媒体总曝光 3662 万次。

2. 传播表现

“熟水”及“今麦郎凉白开”等关键词百度指数持续稳定上升，同比提升 110%，吸收更多消费者关注品牌信息，形成良好舆论舆情。

项目亮点

紧紧围绕行业背书、专业定义、品类标识、社会营销等系列品类创新工作，携手新华网、人民网及央视网等权威媒体领衔报道，结合中国经济网、中国新闻网等国家重点新闻网站以及腾讯、凤凰等权威门户网站全面传播，向全社会传播“健康饮水喝熟水”理念。

（1）立体化传播，以受众思维传播品牌理念。

品牌公关活动受众覆盖面广，遍布多个年龄层，因此在传播渠道的选择上，根据不同的具体活动特性，选择不同群体偏好的传播渠道，从具有权威性的国家级权威媒体，至年轻人偏爱的微信微博，充分放大传播矩阵效应，并结合“与民同乐”、情怀满满的全民健身活动等载体，实现立体化传播。

（2）传承根脉，串联社会发展热点话题。

结合“健康饮水喝熟水”主题，以“爱家、敬业、诚信、奉献”企业文化精神为基调，伴随消费者对包装饮用水安全性、健康性诉求的提升，顺应行业发展趋势，向社会各界展示品牌的青春姿态及阳光活力形象。

亲历者说 王玥　今麦郎饮品股份有限公司公关经理

中国男篮主力队员、辽宁队主力控卫郭艾伦出席第二届健康饮水（熟水）产业发展论坛，现场再次品尝到开瓶即饮的今麦郎凉白开后，很是兴奋，直言找回熟悉的感觉：“赛场上的凉白开做成熟水包装水产品，让我们在比赛时能及时快速补水，取得好成绩！”

就“比赛时喝熟水凉白开感觉比生水更解渴，喝起来也放心”等，郭艾伦还向现场专家求解。北京大学公共卫生学院马冠生教授表示，白开水容易通过细胞膜发挥补水作用，运动员喝水，白开水是首选。

案例点评

点评专家：沈健　迪思传媒集团高级副总裁、中国传媒大学客座教授

在包装饮用水市场同质化非常严重的阶段，今麦郎饮品成功创造出了全新的细分领域，凸显了差异化的竞争优势，并且通过跟有关协会的合作，制定出熟水的团体标准，还通过召开相关论坛、权威媒体定调等方式，迅速使事件从一个企业的创新上升为行业的创新，同时也使今麦郎饮品在包装熟水的领域中，具有了行业领导地位。今麦郎饮品还通过一系列公关事件，包括赞助、名人证言、KOL 等方式，强化了喝熟水的好处，这在竞争激烈的瓶装水市场，是一个难能可贵的做法。同时今麦郎饮品关注了在制作纯净水等瓶装水时，消毒过程中水中可能残留一定量的溴化物这一隐患，通过对消费者的提醒，间接强化了喝白开水的优势。

2018 最具公众影响力

娱乐营销大奖

2018 年腾讯体育超级企鹅足球名人赛传播

执行时间： 2018 年 4 月—2018 年 6 月

企业名称： 腾讯科技（北京）有限公司

品牌名称： 腾讯体育

代理公司： 北京锐易纵横文化传播有限公司

获奖类别： 金旗奖——2018 最具公众影响力娱乐营销大奖

项目概述

2018 年腾讯体育超级企鹅足球名人赛是专业性和观赏性兼具的顶级足球赛事 IP。该赛事通过邀请曾在世界杯赛场上叱咤风云的国际球星、重组 2002 年世界杯中国队阵容等诸多动作加深与世界杯的关联，并邀请鹿晗倾情加盟，旨在带领球迷在世界杯即将来临之际，追忆世界杯历史上的精彩片段和珍贵瞬间，让世界杯超越 32 天比赛的概念，成为一场大众娱乐盛宴。

腾讯体育基于足球的情怀与记忆展开此次赛事的创意策划，让鹿晗“粉丝”和资深球迷一起狂欢，重温经典的足球记忆，充分调动球星参与活动，助力与球迷大众的情感联结，提前点燃中国球迷对世界杯的热情。

项目调研

1. 项目背景

世界杯前夕，腾讯体育以“体育 + 娱乐”的模式打造 2018 年腾讯体育超级企鹅足球名人赛，聚集 15 位国际足球传奇人物、2002 年世界杯国足队组成庞大对决阵容，更邀请娱乐圈顶级话题人物兼足球球迷鹿晗加盟参战，让世界杯超越 32 天比赛的概念同时，令广大球迷在世界杯之前享受到一份美味的“开胃菜”。

在预判体育迷、娱乐迷可能会相互不理解的状况下，如何协调以满足不同受众的多种挑剔需求，达成“为热爱加冕”的认可，成为需要探讨的课题。同时如何在各大品牌对世界杯营销“虎视眈眈”的前提下让腾讯体育率先出线，深化“为热爱加冕”的品牌主旨，也成为必要课题之一。

2. 可行性研究

（1）阵容的强大吸引力。

在国内一次性聚集起皮尔洛、普约尔、内维尔、巴拉克、里瓦尔多以及范志毅、杨晨、李毅、徐亮、韩鹏等国内外足球明星的比赛还是头一次。这体现了腾讯体育强大的组织能力，对球迷而言更是一个巨大的诱惑。这些退役足球明星的“粉丝”，正处在容易怀旧的年龄段，对于他们的出山、对于他们组成的豪华阵容、对于国际足球名宿对阵巅峰国足的情景，都必然充满期待和憧憬。

（2）红队的特殊阵容直指全民记忆锚点。

赛事中红队的设置是重组 2002 年世界杯中国队巅峰阵容，“神奇教练”米卢依然坚持“态度决定一切”。2002 年于全民而言都是特殊的一年，不止国足踢进世界杯举国振奋。在这一年，影视、体育、游戏、科技、外交等各方面都发生了巨大的转变，以此为噱头进行策划引发全民回忆狂潮，必然带动品牌提升。

（3）顶级明星的加盟打破足球赛事的限制，带来更多想象空间。

娱乐圈顶级人气偶像兼球迷鹿晗的加入，让本次赛事从足球层面延伸到娱乐和大众层面。大众对于热门话题的参与热情、“粉丝”对于偶像动态和梦想的关心热情，球迷对于明星加盟的看客心态，让传播有了更多可发挥的空间。

（4）时机。

欧冠落幕，中超休赛，在万众翘首期盼足球世界杯的时间里，2018 年腾讯体育超级企鹅足球名人赛恰好填补了这段空白。

项目策划

1. 目标

打造腾讯体育与世界杯的强品牌关联，为 2018 腾讯世界杯战役进行预热，深化腾讯体育“为热爱加冕”的品牌概念。

2. 策略

基于情怀与梦想，以独特的情感点打动不同受众，用精神层面的共情促成球迷与球星、“粉丝”与明星的对话，打造全民关注热点。

3. 受众

球迷、泛球迷、“粉丝”、泛娱乐大众等。

4. 传播内容

（1）连通明星与“粉丝”，让“粉丝”与资深球迷一起狂欢。

以鹿晗为核心，策划 # 足球鹿 # 人设，内容搅动“粉丝”群体，快速拉升关注。预埋“粉丝”给鹿晗的告白信，代入人设建立过程；外围制作球迷向混剪视频，丰富“足球鹿”人设，建立素材；以热爱为名预埋“粉丝”嗨点，策划鹿晗 520 表白足球事件，强化鹿晗与足球的关联性。

（2）连通球迷与球星，助力与球迷、大众的连接。

国际队（蓝队）。聚焦球星经典高光时刻，制作单人热血海报，打造“有生之年”豪华阵容海报宣告以热爱之名，先踢为敬，冲击球迷情绪。球星录制个人视频喊话球迷先踢为敬进行互动，充分调动球迷情绪。

中国队（红队）。以米卢为核心带动国足名将打造足球圈大事件，米卢教练亲笔信致球迷并点将重组当年阵容，2002 年中国队队员纷纷回应，米卢赛前录视频喊话球员和所有球迷，鼓励士气。

（3）#02 世界杯那年 # 掀起全民回忆狂潮。

2002 年于每一个人而言都是独特的一年，那时，全民的记忆都绕不开国足。梳理那一年生活各方面的标志性记忆制作情怀视频进行炒作。

地铁大事件打造情感落点。赛场之外，虹口体育场地铁站中由 50 个 2002 年体坛周报版面组成的巨幅球星海报，上海太古汇超级企鹅足球博物馆为用户构建了从线上到线下的全方位立体场景，让用户深度感受世界杯氛围。

活动海报

头号球迷活动。联合内容及社区发起头号球迷活动，邀请球迷分享自己与球星的交集，球迷以表白偶像、模仿经典动作、穿经典球衣等形式向球星致敬。

赛场紧密围绕场内热点和周边亮点进行实时营销，助力全民圆梦。举办 2018 年腾讯体育超级企鹅足球名人赛。

5. 媒介策略

线上扩散放大影响力，线下投放使情感落地；国内全渠道推行，国外社交平台搅动；撬动并借助球迷与“粉丝”渠道造势，以立体化渠道矩阵实现全面触达。

项目执行

1. 借助鹿晗官宣引燃传播

策划“粉丝”微博长文深情告白，其官方渠道转发引足球圈大 V 参与并向外围娱乐、大众渗透，为“足球鹿”人设建立做好预埋。

2. 铺垫预热：球星、阵容逐步曝光，先行刺激拉起关注

（1）蓝队阵容曝光 + 单人炒作。

官微首推“有生之年”阵容海报，足球类大号及球迷陆续曝出单人热血海报等情怀素材，以经典记忆引爆球迷圈层。

（2）米卢亲笔信带出红队阵容。

米卢发布亲笔信，引发 2002 年记忆并向新老国足发出邀请，唤起球迷们的世界杯记忆。范志毅、李晨等老队员纷纷回应，体育、综合大 V 参与成就足球圈大事件，红队阵容顺势推出。

3. 储势续热："粉丝"、球迷、球星，持续躁动带动情绪升级

（1）"足球鹿"人设炒作与情怀渲染，引爆娱乐、大众情绪。

球迷向混剪视频促成"足球鹿""实锤"，各大饭吧、娱乐大号齐推混剪视频，引"粉丝"群体自发参与话题举证，形成饭圈大事件；鹿晗侧官方渠道转评，"足球鹿"人设呼之欲出。

鹿晗发布 520 表白足球视频，引爆"粉丝"及大众，# 鹿晗足球梦 # 登顶话题榜单第一。#02 世界杯那年 # 掀全民回忆狂潮，官微带话题首发记忆情怀视频，足球、社会、媒体、文化、娱乐等领域话语权人物助力全面扩散，唤起大众回忆狂潮和共鸣。参与话题互动可获得送门票机会等设置，提高了球迷及大众参与度。

（2）头号球迷撬动球迷圈，充分调动情绪升级。

头号球迷活动产出大量球迷 UGC，对此进行精选混剪，官微推送调动"粉丝"积极性；发动各大球迷会接连推出海报，赛前集结为偶像应援加油，在球迷圈中引起剧烈反响。

（3）"球星视频回应 + 晒球衣"，与球迷达成互动，最大化球星效应。

官微曝出米卢、皮尔洛、普约尔、马特拉齐等明星的视频回应球迷 UGC 告白，或鼓励或加油的喊话刺激球迷情绪积累，成功达成互动；卡洛斯、李毅、彭伟国等在各自社交平台晒出名人赛球衣，喊话球迷 # 先踢为敬 #，进行赛前球迷的情绪渲染。

4. 赛场高潮：红蓝集结对阵实时情绪传递

不同阵营的球迷"粉丝"会场外集结，不同战队的球星场内集结，官方微博刷屏推送各方集结合照，赛前制造紧张情绪引期待；紧追赛事热点、周边亮点，以视频、海报等形式呈现，官微及足球、文化、段子等各领域有影响力的 KOL 配合扩散，快速触达受众。

项目评估

1. 效果综述

全平台传播累计覆盖超 4 亿人，5 大话题累计获得超 5 亿次阅读；5 次霸榜，# 鹿晗足球梦 # 登顶当日榜单第 1，# 先踢为敬 #、# 米卢亲笔信 # 等均进入榜单前 3；3 个热搜，# 鹿晗 米卢 #、# 鹿晗 贝克汉姆 #、# 鹿晗追星 # 接连进入当日热搜榜；广告投放总曝光量超 12 亿次，地铁投放曝光超 160 万次；整体活动传播辐射球迷群体、“粉丝”群体及国外社交阵地，影响到贝克汉姆等知名球星，充分扩大了在球星、海外圈层的认知度。

2. 现场效果

售票情况：“ 粉丝”、球迷现场热情守候，无一空位。 现场氛围：足球明星与孩子们一起跳起空气足球舞，曼联球迷会和鹿晗“粉丝”会为同一个热爱其乐融融，曼联、巴塞罗那、AC 米兰、国际米兰等众多球迷会在同一个赛场上齐声呐喊。

3. 受众反应

球迷侧：梦幻阵容成真，巅峰老将回归，输赢不再是最重要的评判标准。于深度球迷而言，这是莫大的幸福。

“粉丝”侧：看自己的偶像与他的偶像同场踢球，“粉丝”们除了为之激动和兴奋外，还会感到欣慰，并增加前行的勇气。

4. 市场反应

以体育为核心，利用娱乐明星的流量，在照顾专业球迷对赛事专业性、对抗性、观赏性要求的同时，也维护娱乐“粉丝”和大众的话题性需求，加以对世界杯热度的合理利用，将商业赛事在娱乐化层面做出成功的尝试。

5. 媒体统计

微博：以球星、鹿晗等个人微博，皇马、巴塞罗那、尤文图斯、曼联、国米等各大球迷会站点，陈君乐、球迷聊球等足球、体育类垂直媒体，关爱智障儿童成长、炕上的卡夫卡、圈内大神等娱乐搞笑圈，谷大白话、清南师兄、英国报姐等文化圈为主的微博账号累计 128 个。

微信朋友圈：@ 班主任的课、@ 姬宇阳、@ 张逸麟、@ 剑神葡萄。

微信公众号：张佳玮写字的地方、锐视界。

微信群：地坛周报 × 超级企鹅 H5、鹿晗球星合影长图。

知乎：@ 菠菜、@ 陈皓宇、@ 李旸。

懂球帝：首页文章。

贴吧：巴塞罗那吧等。

视频平台：优酷、秒拍。

项目亮点

充分调动球星参与活动，助力其与球迷、大众的情感联结。参赛球星主动发 Instagram（照片墙）分享，引其他国际知名球星互动，充分扩大赛事在球星、海外圈层的认知度。如内维尔在 Instagram 晒出与老队友吉格斯、昔日对手里瓦尔多的同队球衣照并配文，吸引贝克汉姆在评论区评论。

中国电影报道、中国新闻网、鹿晗工作室、9 号李毅大帝、杜鲁门儿、大朋鸟哥 style、木子李、黄鑫亮、醉卧浮生、言小夫等百余权威媒体，国足名将、明星本人及影娱、文学、体育等各领域知名大 V 自发参与进来，助力此次赛事推广。

亲历者说 杨珂宁　北京锐易纵横文化传播有限公司项目经理

无论赛事推广或任何形式的品牌营销，如何让受众成为二次传播媒介始终是制胜的重要一环。尤其在以“体育 + 娱乐”为噱头的商业足球赛中，因为无经验可考借鉴，需要更大的勇气去探索和尝试，以及更细腻的心思去挖掘和斟酌，才能成为第一个成功吃到螃蟹的人。

（1）强化关联让融合型创新赛事“不尬反爆”。

体育和娱乐属不同圈层，受众重合度极低，单向操作受众覆盖单一，如何才能制造更大的影响？在两者之间找到重要关联点，没有关联就制造关联。

“硬尬”容易适得其反，我们将鹿晗的足球情结作为打通“粉丝”与球迷两大阵营的关键。策划“足球鹿”人设，协调鹿晗与足球明星的互动等操作，让足球迷对鹿晗鲜肉形象之外的足球能力认可，让“粉丝”和他一起热爱足球，让他们因同一个热爱而产生联系。

（2）立体化媒体渠道矩阵更见效。

线上社交平台炒作情绪需要与情感出口，线下打造情感落点进行落实，推广路线 X 轴是基础；球迷和“粉丝”为推广原力，调动球星和明星参与，建立双方对话桥梁，拉高推广路线 Y 轴呈几何级数关注度增长；国内全平台传播造势，国际名宿的影响力也不能浪费，搅动国外社交平台，Z 轴拉伸推广深度；让渠道矩阵立体化，更易全面触达受众。

（3）让两大核心人群自发成为二次传播媒介，方能扩大影响力。

充分调动核心人群，将对传播起到事半功倍的巨大效果，鹿晗“粉丝”影响泛娱乐人群，资深球迷影响泛体育人群，泛娱体人群再进一步影响大众，三层传播充分扩散信息，打造全民文体盛事。

案例点评

点评专家：魏家东　品牌营销专家、东狮品牌咨询 CEO、《借势》作者

世界杯是极佳的营销时机，除了官方主赞助商重金投入之外，各家企业也希望参与其中，反而让营销越来越难以突出重围，此案例从策划与执行上可以归类于体育营销、娱乐营销，然而我觉得这是一个典型的借势营销案例。从事件效果上看，很多人在这个时期记住了鹿晗与足球、米卢亲笔信，回顾案例，有三点值得推荐。

第一，意见领袖组合参与。

怀旧感的范志毅、杨晨、李毅、米卢；国际范的皮尔洛、普约尔、内维尔、巴拉克、里瓦尔多；有娱乐范吸引年轻“粉丝”的鹿晗，三个维度的意见领袖在用户的“关注、兴趣、行为”通路中组合应用，从潜在用户到核心用户全领域扩散。

第二，怀旧感激发社交链。

怀旧是每一代人愿意参与的事情，抓住此特点的赛事从球星的怀旧阵容到传播内容的怀旧风，激发一代人在社交网络上回忆 2002 年。

第三，体育娱乐化的跨界玩法。

“赛事 + 鹿晗”从体育的内核到娱乐的外延，让更多“粉丝”开始关注足球、关注赛事。

京东×腾讯视频·2018年6月潮IN盛典

执行时间： 2018年6月5日—2018年7月1日

企业名称： 北京京东世纪贸易有限公司

品牌名称： 京东商城

代理公司： 北京美通互动广告传媒股份有限公司

获奖类别： 金旗奖——2018最具公众影响力娱乐营销大奖

项目概述

2018年6月17日，京东商城与腾讯视频联合出品，北京、深圳双城接力，邀请李宇春、罗志祥、张杰、周笔畅、养鸡等各圈层潮流偶像进行5小时的精彩演出。

盛典以年轻人喜欢的潮物品牌串场，各路偶像也在表演间隙分享自己的购物体验，结合潮物展示进行消费场景搭建。潮人、潮音与潮物共同营造消费场景，利用全新模式导向消费行为，带来音乐、潮流与消费创造性结合的青年潮流文化盛世。

项目调研

年中电商之战，归根结底是对消费者的争夺。而年轻人是创造潮流的主体，也是潮流消费的主体，如何抓住他们的目光成为营销的重点。2018年年中电商节，京东携手坐拥海量年轻消费者和优质内容的腾讯视频重磅出击，以潮音构

活动海报

建潮品消费场景。先锋音乐、脱口秀、街舞等潮流因素交相辉映，潮流偶像和潮人云集。

年轻消费群体的消费力是各电商平台大促期间争抢的焦点，而明星偶像对其的吸引力和引导力不容小觑。同时，对年轻消费群体而言，消费场景尤为重要。因此，盛典整体以潮人、潮音营造潮流场景，带动潮流单品的消费。从嘉宾选择到舞台呈现到消费导向，都围绕潮流气质吸引年轻受众。第一，嘉宾阵容上集结多元化潮流偶像。从流行风向标舞台女王李宇春，到实力唱将张杰，再到实力男神罗志祥、创作奇才毛不易，力图吸引各圈层的年轻爱好者，最大化激发明星偶像力量。第二，先锋艺术、潮流元素加持的舞台也充满潮流风范。电音 DJ 蒸汽波、波普雕塑、外星人和机甲等元素共同打造了酷炫舞美，黑科技、潮牌等则为表演打上了先锋色彩，音乐、改编、脱口秀和大热的街舞表演更是将狂欢推向极致。

波士顿咨询公司 2017 年发布的数据显示：中国消费市场在 5 年内将有 2.3 万亿美元增量，其中 65% 来自年轻人群，“90 后”成为品牌必争人群。同时，腾讯和 AdMaster（精硕科技）联合发布的《年轻洞察白皮书》显示：13～24 岁的年轻群体是娱乐消费主力军，其中，音乐综艺位列年轻群体娱乐活动兴趣指数第三位，市场潜力无穷。因此，盛典以潮音为切入点，为年轻

人构建潮流场景，并以明星的潮流穿搭示范和潮品推荐将年轻消费者对潮流文化的喜爱直接转化为京东上的潮品消费。现场潮人、明星穿搭的潮流单品，均可在京东商城直接下单，明星偶像更是会在演出间隙分享购物体验。从而完成音乐—潮流—消费的闭环，以潮流文化赋能消费，让购物不再是传统意义上的"买买买"，而是传递潮流的生活态度与生活方式。这就意味着，将潮品消费融入潮音、潮流场景的盛典，不只是一场潮流盛典，更是一场潮品消费盛典。

项目策划

1. 目标

由京东商城联合腾讯视频举办，以当下潮流音乐和文化为内容，明星歌舞表演结合潮流穿搭，先锋艺术装置升级改造舞台，潮流单品直接导向线上下单。通过这种创新形式，为年轻人搭建潮流音乐和潮流消费融合的场景。

2. 策略

用潮音定义生活方式，用盛典定义属于自己的潮流，融合潮人、潮音与潮物共同营造消费场景，利用全新模式导向消费行为。

3. 受众

聚焦潮流年轻人群，扩散至广大潜在消费者。

4. 传播内容

潮流的生活态度与生活方式。

5. 媒介策略

（1）选择坐拥海量年轻消费者和优质内容的腾讯视频进行联合出品和推广合作。

根据《2017 腾讯视频年度指数报告》，2017 年腾讯视频的会员总量超过 4300 万人，月活用户高达 5.4 亿人。同时，2017 年下半年起，腾讯视频音乐根据用户的精准需求，在电音、二次元和游戏等细分领域做了大量的内容引入，吸引了大批年轻用户。在腾讯视频上播放盛典，将助力盛典覆盖大批优质年轻用户。

（2）大量硬广导流，有节奏提升盛典声量，进行潮流购物引导。

前期预热阶段，硬广均使用盛典主题元素，导流主页促销页面；上线当天，爆发资源导流至播放页面，为盛典造势；盛典中，京东商城露出量级适中，在不干扰用户体验的情况下得到最大化曝光。同时浮标等点位强化 ROI（投资回报率）转化。线上线下共同打造潮流生活方式和潮流购物体验。

项目执行

（1）前期预热阶段，利用大量硬广资源叠加用户期待，完成声量的初步建立，预定直播人数 103.6 万人，硬广导流至潮品促销页面引导转化。在前期预热阶段，利用腾讯系资源多角度覆盖用户的生活场景，通过新闻资讯类、通信工具类、兴趣媒体类等多类别资源全方位覆盖用户，“PC+App+TV（电视）”三端引导用户至潮品促销页面，导流销售的同时积累直播声量。

（2）在盛典当天爆发式硬广资源导流预热及直播页面，同时在直播及点播中进行软性植入，在不干扰用户体验的同时关联销售场景，打造营销闭环。硬广资源导流方面，根据前期预热阶段不同利益点、不同素材的投放测试结果，采用效果最好的素材及利益点进行投放，充分利用明星偶像力量，吸引各圈层“粉丝”。提前投放含盛典明星偶像的预热视频及宣传视频，提升美誉度的同时引发“粉丝”主动传播。盛典软性植入方面，从片头、倒计时到跑马灯、角标、舞美，随处可见京东商城 LOGO 及相关品牌、代言人的元素，提升记忆点的同时不干扰晚会正常推进。而明星偶像在表演的间隙，更会分享购物体验，以自身经历引导“粉丝”消费转化。现场表演涉及潮品，均可在京东商城直接下单购买，而线上直播的浮标点位，也可直接从直播页面跳转至潮品促销页面，搭建完整营销闭环和潮流购物场景。

（3）长尾传播阶段，点播页面延续存在，利用公关传播及“粉丝”自传播吸引多圈层用户观看节目点播。同时，部分硬广点位导流盛典相关品牌促销页面，针对性引导销售转化，同时扩大盛典声量。

项目评估

1. 效果综述

18 位实力唱将、潮流艺人轮番开演，潮流指数爆表，线下场内近万人观看演出，场外“粉丝”聚集，线上直播、点播、话题等网络指数节节攀升。

百威、欧莱雅、Gucci（古驰）、Beats、VIVO（维沃）等大牌及代言人联合站台，秒杀、折扣、优惠等助力京东商城下单金额新高。

2. 现场效果

明星偶像云集，引领现场观众强互动。场馆外部聚集大量观众，强势围观盛典。场馆内气氛炸裂，潮流气息扑面而来。

场馆外聚集大量观众

3. 受众反应

预定直播人数 103.6 万人，直播观看人数 2036 万人，直播弹幕评论 17.1055 万条，线下参与人数近万人。新浪微博 # 潮 IN 盛典 # 话题阅读量 2.1 亿次，讨论 37.2 万条。“粉丝”后援会联动传播共计 9 个，互动量 4000 次。有效吸引年轻人目光，引流潮流风尚。

4. 市场反应

网络稿件覆盖 60 余家网络媒体，并被新浪、网易等 30 余家网络媒体首页推荐。京东商城年中购物节截至 2018 年 6 月 18 日 24 点累计下单金额达 1592 亿元。

5. 媒体统计

视频线上数据：截至 2018 年 6 月 18 日线上观看人数共 8262 万人，截至 2018 年 6 月 28 日视频点播数共 1 亿次。

市场推广数据：官方微博共发布 23 条微博，阅读共 113.4 万次，互动量 1.6 万次；微博渠道共发布 27 条微博，阅读共计 619 万次，互动量 6 万次。

广告效果数据：硬广传播总曝光 10.51471701 亿次，总点击 3907.5052 万次，直播弹幕评论 17.1055 万条。

项目亮点

（1）盛典围绕音乐、明星、消费打造潮流购物新场景。新资源鼎力支持，在不干扰用户体验的前提下进行大曝光并引导高转化。

（2）18 位实力唱将、潮流艺人轮番“开炸”，潮流指数爆表。各圈层的明星偶像吸引京东商城全品类的目标受众。同时，各路偶像也在表演间隙分享自己的购物体验，最大化“粉丝”运营的转化能力。

亲历者说 孙畅 北京美通互动广告传媒股份有限公司客户经理

盛典以明星偶像现场表演结合潮物品牌串场、购物体验分享等进行潮流消费场景搭建，利用音乐、潮流与消费创造性的结合导向消费行为，在线下观众引导和线上传播引爆上都起到了良好的效果。

盛典相关话题在新浪微博上引发讨论热潮，起到了较好的引流转化效果。

整体而言，盛典精准聚焦年轻人群，以明星偶像为核心，借助音乐、先锋艺术、机甲等元素成功引领了潮流生活方式和立体的消费场景。

同时，仍可加强自媒体的传播力量，以明星偶像为亮点引发更多的二次传播和“粉丝”自传播，更深入地与年轻人群互动交流。

案例点评

点评专家：刘冉　恒信钻石机构品牌公关及市场营销中心总经理

案例中京东商城基于对年轻人的深刻洞察，跳脱了晚会冠名的传统模式，联合腾讯视频集合多位年轻、有时尚基因的艺人，以音乐这种艺术载体，天然区分不同圈层的年轻人，将传统广告升级为音乐内容盛宴，多元化传达时尚态度和情感。

追溯盛典刷屏的背后，我们可以发现一条清晰的脉络：京东商城以潮流文化为内核，潮流偶像带货，音乐内容拉长线，将其品牌资产“京东 618”IP 和腾讯视频的潮流文化品牌潮音进行嫁接，强强打造盛典 IP。其中，重点落到了对年轻人生活方式和态度的引导上，构建了音乐和潮流融合的消费体验场景，让“买买买”变得有情感温度和态度。

整体上来看，无论是从潮流文化影响力，还是商业价值上考量，活动都最大限度地发挥了两大平台的优势，电商大促搭上偶像经济的顺风车，实现了音乐与商业的结合。年轻人获得了娱乐满足，京东商城表达了时尚态度，腾讯视频收获了优质内容，这不失为一次多方共赢的尝试。

名创优品（MINISO）影视剧植入数字营销

执行时间： 2018 年 7 月—2018 年 8 月

企业名称： 名创优品（广州）有限责任公司

品牌名称： 名创优品

代理公司： 上海剧星传媒股份有限公司

获奖类别： 金旗奖——2018 最具公众影响力娱乐营销大奖

项目概述

名创优品依托与《甜蜜暴击》的深度合作，开展整合娱乐营销战役，通过洞察广大年轻消费群体的喜好，捆绑 IP、借势明星圈定“粉丝”群体，在线下及官方渠道持续渗透；并结合抖音、微博、微信等社交平台意见领袖，引导大众参与互动，体现品牌亲和力，提高品牌知名度，进一步展示品牌活力。

整个营销活动分为三个阶段，以前期预热活动及倒计时海报为始，占位品牌与电视剧的合作身份，再通过抖音、微博、微信等多渠道的创意化传播内容，及时跟随并制造讨论热点，最后通过公关稿件的铺设为营销活动收尾，达到口碑营销的目的，线上线下联动为品牌销售带来引流转化。

项目调研

1. 项目背景

近两年，名创优品启动全球化娱乐营销战略，助力品牌全面升级。在海外

品牌联合推广海报

市场，名创优品植入《鬼怪》和《当你沉睡时》两部高流量韩剧，并绑定明星打造原生到店场景，形成品牌专属植入标签。回归国内市场，名创优品于 2017 年间合作鹿晗运动季和愿望季。因此，在进军国内影视剧时，名创优品再次圈定鹿晗主演的青春偶像剧《甜蜜暴击》，打造内外双线的传播策略，进一步同年轻消费者对话。

2. 项目合作优势分析

（1）借势热度，依托原生内容进行外围扩散：将品牌植入影视剧中，创造 IP 与品牌结合的原生内容，以此作为素材进行高频外围营销活动，更能借势内容热度，提升名创优品在影视剧播出期间的话题度及关注度。

（2）明星效应推动品牌辐射更多圈层的“粉丝”：该剧聚集许多流量明星，拥有大量“粉丝”基础。通过营销放大剧中与明星捆绑的植入情节，借势电视剧明星本身自带的流量。而跟随网民关注与电视剧明星相关的舆论热点，从而发酵出品牌自身的话题，更加容易让用户主动参与，品牌曝光顺其自然。

（3）品牌、内容、平台的人群属性高度匹配：品牌致力于对话年轻消费群体，此次植入的影视剧《甜蜜暴击》的主要目标受众符合品牌传播需求，而活动的推广渠道也是年轻人高度活跃的社交平台，人群属性的高度吻合，有利于品牌与目标消费群体直接沟通互动，进一步传递年轻化理念。

3. 项目合作劣势及难度分析

（1）与鹿晗、关晓彤等明星相关的舆论较敏感，活动期间，需要考虑“粉丝”情绪，有规划地利用明星与品牌的联系，合理使用授权元素，将“粉丝”运营效益最大化。

（2）本次营销活动，以名创优品产品软性植入《甜蜜暴击》影视剧为前提，需要对植入内容的放大做精准把控，以合适的切入点将内容与营销结合，避免放大植入权益时过于突兀，引发观众反感及抵触。

（3）品牌门店近 2300 家，需要在推广的过程中将本次植入及营销的效益覆盖到全国，同步为线下及线上销售引流，营销范围广，铺设难度较大，需要品牌将营销规划及风险把控尽量前置。

项目策划

1. 目标

与《甜蜜暴击》捆绑传播，为品牌造势，推动品牌大范围曝光，提升年轻消费者对品牌的认知度和好感度。

2. 植入策略

（1）产品植入考虑。

生活产品：融入生活，细节无处不在，360 度在剧中场景展现。

爆款产品：考虑到播放期正值夏季，将名创冰泉打造成爆款。

IP 产品：“咱们裸熊”系列拥有粉丝基础，能突出产品与品牌之间的联系。

开播倒计时海报

（2）深度定制情节考虑。

名创优品门店植入模式：将门店植入重要转折情节，加深消费者对门店印象。剧中女主在店内“求幸运”，名创优品门店成为观众眼中实现心愿的“幸运地”。

名创冰泉爆款植入：电视剧植入具备排他性，《甜蜜暴击》除名创冰泉外不

出现其他饮用水产品。加上《甜蜜暴击》内容与运动相关，会出现大量喝水镜头，在炎炎夏日播出容易引起消费者兴趣。

店铺场景植入电视剧

3. 受众

“80 后”到“00 后”的年轻消费群体，活跃于一、二线城市，对社交网络依赖性强，关注微博、抖音等平台，保持对娱乐明星类信息的高敏感度，愿意参与有趣与有价值的热门话题，线上互动活跃度高。

4. 媒介策划

传播内容及用户洞察如下表所示。

传播内容及用户洞察

传播阶段	传播内容	传播资源	用户洞察
第一阶段：前期预热	#挑战女子力#线下门店落地活动，微博同名话题发起；官方微博倒计时海报	微博，线下门店	拳击机器落地门店，实体游戏机引发用户的好奇心，设置低门槛的奖项为利益点引导他们消费参与活动，提高门店销量 利用“粉丝”的期待心理，设计不同角色形象的倒计时海报为电视剧预热，成功抓取“粉丝”的首轮关注，并将品牌与电视剧 IP 初步绑定

续表

传播阶段	传播内容	传播资源	用户洞察
第二阶段：核心爆发	十期“甜蜜画报”，微博话题 # 给不给好好看剧了 #	微博、新闻、论坛	播出期间，满足追剧群众的吃瓜心理，选取趣味情节与“粉丝”互动，以剧透方式诱发讨论，积累热度，打造潮流，自然带动网友的从众行为，而他们也更享受围观他人追剧囧事的乐趣，品牌借势 IP 进行立体式传播，持续扩散原生化植入的素材
	微博话题 # 教关晓彤喝水 #，抖音挑战赛 # 来教关晓彤喝水 #	微博、抖音、新闻、论坛	抓取弹幕中观众对名创冰泉植入环节的调侃，以 KOL 发声引爆话题，推动关晓彤“粉丝”跟进维护偶像喝水形象。而抖音的挑战赛将话题可视化，让受众直观感受花式教女王喝水的魅力，简单易操作的短视频 App 让全民更快速地跟进，生成大量 UGC
	微博话题 # 蓝色瓶子的 365 式 #，抖音挑战赛 # 蓝色瓶子的 365 式 #	微博、抖音、新闻、论坛	时刻关注舆论走向，以年轻人喜欢的方式打造热点，拉近品牌与年轻人的距离。官方借机输出新一轮瓶子玩法，将用户关注重点从关晓彤顺延至名创冰泉产品本身，打造名创冰泉爆款，从产品认知到品牌曝光全程引导用户
第三阶段：持续传播	营销稿件持续传播，包装营销案例	微信、新闻、论坛	电视剧收官期间，进行公关稿件的包围式布局，将营销动作多渠道渗透到消费者的生活中，复盘核心亮点，提炼品牌理念，实现品牌的口碑沉淀

项目执行

执行细节如下表所示。

执行细节

传播节奏	传播时间	传播内容	执行细节
第一阶段：前期预热	2018 年 7 月 20 日—2018 年 7 月 24 日	# 挑战女子力 #	《甜蜜暴击》IP 落地全国近 2300 家门店，给消费者带来 IP 沉浸式体验，促进销售转化 在广州区域门店开展“挑战女子力”活动，买满 49 元即可参与活动并赢取奖品 线上发起微博话题 # 挑战女子力 # 话题，微博 KOL 配合传播（情感、健身、幽默、娱乐） 公关稿件发布
	2018 年 7 月 18 日—2018 年 7 月 22 日	倒计时海报	官方微博发布 5 张以“主角 + 运动”为设计核心的倒计时海报
第二阶段：核心爆发	2018 年 7 月 23 日—2018 年 8 月 10 日	甜蜜画报	官方微博根据剧情发展制定甜蜜画报内容，一共十期，两天一期 用户微博评论正确答案并转发即可参与大礼包抽奖
	2018 年 7 月 24 日—2018 年 7 月 28 日	# 给不给好好看剧了 #	发布微博话题，并通过 KOL（娱乐、搞笑、动漫、八卦类）的追剧趣事吸引消费者围观讨论，话题成功登上总榜前十 公关稿件发布
	2018 年 7 月 30 日—2018 年 8 月 5 日	# 教关晓彤喝水 #	发布微博话题，并通过 KOL（时尚、搞笑、娱乐、生活）质疑主角喝水姿势吸引用户围观讨论。抖音 KOL（动漫、时尚、搞笑）发布搞怪喝水视频吸引用户参与挑战 公关稿件发布
	2018 年 8 月 7 日—2018 年 8 月 11 日	# 蓝色瓶子的 365 式 #	官方发布微博话题，通过微博 KOL（搞笑、娱乐、生活、情感、漫画）借助上一波的话题热度，加入新的玩法，吸引用户参与讨论。同时发起抖音挑战，通过抖音 KOL（时尚、搞笑、生活）发布第一批视频，吸引用户参与 公关稿件发布
第三阶段：持续传播	2018 年 8 月 15 日—2018 年 8 月 18 日	长收尾稿件	在影视剧收官期间，通过微信 KOL（生活、营销、八卦、娱乐）发布稿件，持续传播

项目评估

1. 效果综述

本次营销推动品牌大曝光，在品牌形象提升及销量转化方面均取得良好效果；线上媒介覆盖量合计超过 2.5 亿人次，其中抖音挑战赛参与人数超过 851 万人，大量趣味互动成功对话年轻人，品牌声量有明显提升；而第一阶段的线下活动及第三阶段的线上引流，使销量明显增长。

2. 受众反应

受众参与度高，互动情况良好。微博话题总阅读数达 2.4 亿次，讨论量达到 27 万条，其中 # 教关晓彤喝水 # 阅读量高达 9121 万次，讨论量高达 8 万条。两个抖音挑战赛素人自制视频数量高达 236 个，总观看数达到 851 万次，并获得 20 万次的点赞。

3. 媒体统计

截至 2018 年 8 月 24 日，线上传播媒介曝光次数总计超过 2.5 亿次。

项目亮点

（1）通过整合性传播将植入效益放大。

采取内外双线并行的方式，名创优品植入《甜蜜暴击》正片中，并将 IP 落地全国近 2300 家门店，同步开展“挑战女子力”活动，围绕“视、听、玩”三大元素，给消费者带来 IP 沉浸式体验，促进销售转化；又借力同期网民对电视剧的关注，整合多渠道资源与内容，打造爆款话题为产品造势，提高关注度，推动品牌影响力进一步扩散。

（2）创意性玩法升级品牌形象。

名创优品自 2017 年开启娱乐营销战略以来，不断突破与超越。名创优品携手《甜蜜暴击》，以内容为点，营销为面，点面结合提高品牌影响力。而双线并行同步“种草”的模式，实现与年轻人群的深度互动，提高品牌的美誉度，成为品牌娱乐营销的一个新突破。充分利用抖音平台中用户的活跃度及创造力，产出更具备互动性、娱乐性的 UGC，增加了品牌与年轻消费者间的黏性和信任，使品牌好玩有趣的形象更深入人心。

亲历者说 **刘洁茹　名创优品（广州）有限责任公司媒介策划**

自 2017 年以来，我们加速企业转型，致力于在同行业竞争中打造一个更具辨识度的品牌形象，也由此开启了全球化的娱乐营销目标，进一步与目标消费者沟通，实现品牌年轻化，提高品牌的认知度。

基于 2017 年绑定明星的营销取得的良好效益，2018 年我们再次圈定鹿晗等流量咖，选择与《甜蜜暴击》合作开始进军国产偶像剧。初步圈定“粉丝”群体后，我们也希望能够有所突破，最大程度地利用好“粉丝”群体进行二次扩散，把品牌影响力拓展至全民。通过对近年目标消费群体流行趋势的洞察分析，我们定位了微博、微信及抖音这几个年轻人聚集的社交平台来做外围传播，利用平台用户的活跃属性，将原生植入作为话题点与年轻人互动，并引导他们自发生成内容，在此传播过程中产品被打造成爆款，实现销量的转化，而品牌传播力也得以迅速提升。

案例点评

点评专家：彭焕萍　河北大学新闻传播学院副院长

名创优品（MINISO）影视剧植入数字营销作为成功的娱乐化整合营销案例可圈可点。第一，营销手段新颖，吸睛效果十足。品牌通过与《甜蜜暴击》深度合作，采用社会化整合营销方式，借助微博、微信、抖音、论坛等线上平台和线下活动的配合，在短时间里成功推动了品牌大曝光，在品牌形象提升及销量转化方面均取得了良好效果。第二，多元方式制造热点话题，阶段性地推进话题内容更新，保持了活动的高关注度和广参与度。品牌通过娱乐化整合营销路线，通过在电视剧《甜蜜暴击》中的植入绑定剧中流量明星，紧密配合剧情发展及网民关注热点，在微博上打造热门话题，在抖音上创造热门挑战，刺激用户全民参与贡献内容，极大提升了名创优品在电视剧播出期间的话题度。第三，品牌基于对广大年轻消费群体兴趣与喜好的准确捕捉，在内容选择和平台选择方面充分考虑到与目标消费人群的匹配度，通过线上线下相结合的传播策略，实现了娱乐化营销效果的扩大化。

TCL 新品 P5 超薄新曲面电视上市传播

执行时间： 2018 年 4 月 17 日—2018 年 4 月 30 日

企业名称： TCL 王牌电器（惠州）有限公司

品牌名称： TCL

代理公司： 北京动力思维公关顾问有限公司

获奖类别： 金旗奖——2018 最具公众影响力娱乐营销大奖

项目概述

TCL P5 超薄新曲面电视是为年轻人追求时尚与潮流推出的产品，此产品延续了 TCL P 系列的青春时尚定位。以高颜值的工业设计和“潮科技”的人工智能交互为核心卖点。在此基础上，TCL 以“长得好看还专业”为主线，通过马天宇站台、借势王牌综艺《热血街舞团》、发起抖音挑战等娱乐营销事件，以及贴合用户群体推出的二次元小视频，让用户真正玩起来，将“精于形，修于心”的理念融入其中，推动新产品的上市销售。

项目调研

TCL 从用户洞察出发，定位产品故事，给家一个简单的定义，同时结合用户特点，让用户在此次传播中真正玩起来，获取产品信息。

家是和谐与舒适的，这是一种生活态度。人与物，人与人，人与空间，都

活动海报 1

在追寻简单的、纯粹的、精致的生活状态。家是自我的投影，在这个空间里人们应该处在完全放松、摒弃繁杂、自由自在的状态。

TCL 从简出发，打造简单舒适而精致的生活，创造出 P5 超薄新曲面电视。

随着电视市场日渐饱和，竞争愈加激烈，企业也开始寻求新的发展方向和转型升级之路。TCL 作为国产老牌电视厂商，近些年在国内国际上都取得了较为优秀的成绩。

2018 年年初，TCL 在美国参加 CES（国际消费类电子产品展览会），X/C/P 三大系列新品亮相，并在 2018 年 3 月举办新品发布会，发布 X5 XESS 原色量子点电视、C6 遇见知音电视及 P5 超薄新曲面电视。其中，P5 超薄新曲面电视是一款专为追求潮流风范的年轻人打造的新品电视，主打精致外观，智慧内涵，以众多先进技术加强使用者体验感。该款电视符合当下年轻人消费心理及价值需求，在同等产品中存在优势。

项目策划

1. 项目目标

提升产品影响力，增加受众对产品的认知，树立产品潮流性与科技性；强

化“长得好看还专业”的认知以及对于 TCL 电视的功能点记忆；打造娱乐影响和明星 IP，借势热点和“粉丝”经济，树立 TCL 品牌年轻化的形象，增强品牌好感度。

2. 传播策略

从产品“高颜值”硬件与“潮科技”软件，提炼出“长得好看还专业”的概念，发展一系列品牌故事、产品故事以及明星故事，与用户产生交互。

针对目标人群，TCL 用娱乐对抗严肃，让年轻人真正玩起来，结合明星 IP 与流行短视频 App 抖音，借势综艺节目与受众群体关注的内容，与用户进行沟通。

（1）利用明星影响力，迅速触及用户，让 P5 超薄新曲面电视的“长得好看还专业”得到快速、大面积曝光。

（2）借势娱乐营销，合作《热血街舞团》明星学员，打造专属街舞；同时，在抖音平台发起挑战，让用户真正参与进来进行交互，打造品牌声量。

（3）通过二次元创意短视频，用受众群体关注的内容接触用户，提升品牌知名度。

3. 目标受众

工作稳定、生活小康的“80 后”“90 后”，他们多为公司白领、普通员工，分布地域多为三、四线城市；追求时尚、强调个性。

核心受众有四大明显标签：潮流、个性、颜值、性价比。

4. 媒介策略

根据目标受众的触媒习惯与内容喜好，借助社会化媒体的影响力，引发人们对 TCL 新品的传播与热议；通过明星 IP 的资源优势以及媒体通路，利用“粉丝”

活动海报 2

经济获得关注度；娱乐营销打造《热血街舞团》明星学员专属舞蹈，让用户参与互动；以视频媒体平台为核心，输出用户喜好的二次元内容，进行爆炸式扩散，强化产品印记。

触媒通路：社交、社群类App，视频类平台及App，都市生活时尚类媒体，新闻客户端网媒等。

项目执行

（1）娱乐营销:《跟着P5尬舞》——跳起来。

第一步：排练曝光，引发猜想。万晴心街舞视频曝光，通过其微博扩散，制造悬念，引发受众围观。

第二步:《跟着P5尬舞》上线，引燃声量。《跟着P5尬舞》多视频平台上线，并在腾讯、优酷等视频平台推送，同时合作KOL推送视频。

第三步：态度海报，解读视频，持续声量。合作《热血街舞团》明星学员打造态度海报，通过微博、微信、新闻客户端传播扩散，通过KOL进行视频解读，输出产品信息与品牌形象。

第四步：抖音挑战，深度交互。官方以学员名义，在抖音上发起热血尬舞挑战活动；为TCL P5超薄新曲面电视首发聚焦人群关注，强化产品印记，使信息在用户群体之间发酵。

第五步：话题上线，深度讨论，持续关注。增加话题热度，并建立知乎话题讨论，理性讨论，引发关注。

（2）明星IP——粉起来。

第一步："粉丝"应援马天宇#长得好看还专业#。发布马天宇剧照，并配合话题#长得好看还专业#，吸引关注。

第二步：TCL官方跟进，力证#长得好看还专业#。TCL官方晒出马天宇为TCL新品拍摄视频、照片过程中认真卖力的样子，证明马天宇的确配得上#长得好看还专业#；合作KOL在自媒体集体发表相关信息，扩散影响力。

第三步：马天宇人物故事专访。结合新产品的颜值与科技，围绕马天宇的

活动海报 3

颜值和其作为歌手、演员的专业水平展开，进行拔高，通过媒体的强覆盖与马天宇个人影响力，提升产品认知和品牌声量，并打造出多篇阅读量超 10 万次的稿件。

（3）二次元小视频——玩起来。

第一步：视频上线。制作三个二次元趣味视频，通过微博、今日头条、视频网站进行扩散。

第二步：趣味解读，输出产品信息。科技、娱乐、社会类微信大号，进行视频内容解读，让用户在有趣的环境中获取产品信息，强化产品利益点。

项目评估

（1）微博话题榜：阅读量达到 1.3 亿次，话题讨论高达 1.5 万条，曾在话题榜排名第 3。

（2）相关视频总播放量 135 万次。

（3）抖音挑战：总阅读量 182 万次，点赞数 1.8 万次。

（4）知乎话题：相关知乎话题阅读量 20.7 万次、点赞量 10.3 万次。

项目亮点

（1）娱乐营销，TCL 合作《热血街舞团》明星学员高直、万晴心、飞思涵、小余、BOBO，打造关注专属舞蹈来表达“长得好看还专业”。通过娱乐热点与热血街舞，迅速博得用户关注，与年轻群体玩起来，和目标用户产生情感共鸣，将品牌形象根植到受众心中。

（2）IP 营销，围绕马天宇热播剧输出内容，讲述人物故事，利用明星效应引爆“粉丝”，在短时间内快速提升产品的曝光度与关注度。

亲历者说 韩柳 北京动力思维公关顾问有限公司项目经理

P5 超薄新曲面电视主打当下年轻人群，我们分析该类群体发现：他们追求时尚潮流，对生活精神体验的渴求高于身体的享受。新鲜、不拘一格、独特是他们的标签。而 TCL 新品正是基于此，为满足时下年轻人而创造出来的，以精致、简约、独特外观、人工智能和海量存储等贴合受众人群。我们从年轻团体关注的时事热点出发，创意策划相关视频广告进行推广。

我们前期做了较为翔实的准备工作，所以传播内容丰富、环节紧凑，但在一些新营销方式的尝试上还欠缺思考。而在媒体选择上，较为全面契合人群定位，整体达到传播标准。

案例点评

点评专家：蒋楠 中国计量大学教授

想传播一个新产品，首先要明确目标公众与传播主题，然后有针对性地进行传播推广。在 TCL 新品 P5 超薄新曲面电视上市传播中，策划者与实施者比较准确地把握住了以上要点。该传播紧扣主题“长得好看还专业”，传播目标直击“80后”“90后”年轻一代消费者喜欢的街舞热点，通过抖音、知乎等新媒体平台，借助明星人物，传播新品，快速打造新产品知名度，从最后的效果来看，是比较成功的。在营销传播活动中，最不能确定的是产品传播的保鲜度与稳定性，新媒体可以吸引大众，也会快速让大众转到其他的热点上去，因此，传播者与消费者的交互非常重要，而保持黏性则更加必不可少。TCL借助明星魅力与话题设置，对目标公众传递“精于形 修于心”的理念十分必要。依靠营销热点展开销售攻势，必须靠公共关系传播进行铺垫和保温，否则，热点会降温，前期的投入岂不“打了水漂”？

2018 最具公众影响力
社群营销大奖

佳能：明星“粉丝”圈群营销

执行时间：2018 年 1 月 5 日—2018 年 7 月 19 日

企业名称：佳能（中国）有限公司

品牌名称：佳能

代理公司：蓝色光标数字营销机构（简称：蓝色光标）

获奖类别：金旗奖——2018 最具公众影响力社群营销大奖

项目概述

近年来，佳能一方面在专业摄影领域持续深耕，另一方面面临着品牌形象、消费群体结构固化等问题。

为了提高佳能在年轻市场中的渗透率。企业以点带面，在年轻群体中找到了这样一群人——明星“粉丝”，洞察到其为追星而拍摄这一需求，并以此为连接点进行圈群营销，为“粉丝”提供一整套的追星解决方案，以开拓性的玩法抢占了“粉丝”市场。佳能树立了拍明星就选 EOS（佳能旗下的产品）的理念，提升了品牌在年轻市场中的信任度。更有意义的是，佳能与“粉丝”建立了深厚的友谊，帮助“粉丝”朋友更好地追星。最终，以王源明星“粉丝”圈群营销为标杆辐射其他偶像明星“粉丝”圈群，实现了全网扩散传播。

讲师与“粉丝”互动环节

项目调研

1. 项目背景

（1）内部环境。2018 年是蓝色光标服务佳能的第 15 个年头。蓝色光标助力佳能成功实现了市场占有率的提升和知名度的扩大。佳能以专业立身，其消费者以专业摄影师为主，但佳能面临着品牌形象、消费群体结构固化的问题。调查显示，在 EOS 的消费群体中，65% 的人年龄在 35 岁以上，年轻消费群体贡献率低。但近年来年轻消费人群消费数额环比增长 5% 左右，且比例仍在不断增长。由此可见，年轻市场存在相当大的潜力。

（2）外部环境。随着年轻消费者的崛起，为了培养未来影像行业的主力军，各相机品牌均在年轻市场发力。其中以竞品索尼与尼康为例，索尼在中国贯彻“聚焦年轻人战略”，相机主打面向年轻人的微单产品；尼康更换适合年轻人调性的品牌代言人，通过一系列的摄影大赛等活动号召更多人拿起相机记录生活。

品牌年轻化逐渐成为行业大趋势。

（3）结论。年轻群体在相机市场中消费能力显著增强，品牌年轻化是行业趋势。因此如何渗透年轻市场成为本次营销的核心课题。

2. 消费者洞察

（1）消费群体调研。基于调查发现，年轻消费群体对佳能品牌的印象普遍是专业、稳重。他们的摄影诉求主要集中在人像和旅行，相对来说，手机使用频率高，相机使用频率低。且由于产品价格较高，他们除了有特定的需求外一般不会购买。所以寻找需求强且黏性高的目标消费群体是首要突破点。

（2）目标群体洞察。佳能发现年轻消费群体中明星“粉丝”消费能力极强，他们是狂热的追星族，每年的追星花费在 5 万～6 万元。明星“粉丝”对于专业的摄影器材需求很高，对于高质量照片后期处理有强烈的需求，喜欢在社交媒体上应援自己的偶像，分享拍摄的明星照片，圈群文化浓厚。

（3）结论：渗透年轻市场找到核心消费群体才是关键。明星“粉丝”圈群拥有极强的消费能力，喜欢拍摄自己的偶像，他们对于摄影器材的追求以及对于照片后期处理技术有浓厚的兴趣，而佳能拥有的卓越产品可作为“粉丝”拍摄器材，拥有强大的媒体资源及摄影圈内名人资源可作为“粉丝”的知识来源，这与“粉丝”的需求不谋而合。

项目策划

1. 目标

（1）寻找品牌与目标消费群体沟通的新接口。

（2）助推目标消费群体购买意愿的形成，进一步提升中高端相机及镜头销量。

2. 策略

（1）营销思路。从产品销售方转变为追星伙伴，帮助“粉丝”整理专属的追星解决方案，实现与“粉丝”的精神捆绑。以硬件为载体，配合佳能独有的软件应用支撑，进一步锁定“粉丝”，形成品牌依赖。

（2）传播策略。以提供拍摄器材为开端，以明星聚合话题，以知识捆绑交流，以社交深化互动。完成从话题引爆到互动参与，从销售转化到口碑传播的传播闭环。

更多人知道：选择核心用户。选择当下极具人气的明星，与其核心“粉丝”合作，用他们的强大号召力为活动奠定基础。

更多人参与：引爆话题。提供免费的器材支持，以此为开端。线上通过明星话题引爆社交平台，配以多平台内容分发扩大传播声量。线下开展系列体验活动，以知识分享培养“粉丝”依赖，以圈群交流增加黏性，借外拍体验活动形成产品感知，从而建立“粉丝”对佳能品牌的好感与信任度。

更多人购买：体验式购买。在成功展示消费场景、形成拍摄习惯后，展开“粉丝”专属内购会，以体验为基础，以专属与优惠为动力，解决年轻群体的消费顾虑，促进销售转化。

更多人传播：口碑传播。引导受众产生大量 UGC，完成从线下到线上的传播闭环，塑造优质口碑，树立“拍明星就选 EOS”的理念。

3. 受众

第一层：明星“粉丝”圈中的核心“粉丝”。第二层：明星“粉丝”圈中的热情“粉丝”。第三层：其他明星“粉丝”圈。

4. 传播内容

打造“拍明星就选 EOS”的概念，通过阶段性的方法深入明星“粉丝”圈，成功打造合作标杆。

（1）第一阶段：明星话题引爆。

与明星核心“粉丝”合作，为“粉丝”日常追星如生日会、见面会等，提供免费的器材支持。开展 #EOS 王源映像 # 线上话题，分享一线“粉丝”的跟拍照片及内容，吸引相关人群关注。

（2）第二阶段：知识分享深化。

摄影作为一种艺术表现形式，其后期处理技术与前期拍摄技巧同等重要。佳能独有的 EOS 数码单反随机软件可以对照片进行便捷的后期处理。将“粉丝”对于器材和后期处理的需求与佳能丰富的器材库和独有的后期处理软件的优势结合，利用 EOS 优质的动态摄影师和后期摄影师资源为“粉丝”提供系统的用

EOS 追星摄影技巧和后期处理技术培训。提高“粉丝”的摄影技术，培养其对于 EOS 的依赖。

（3）第三阶段：树立标杆，全网扩散。

后期由王源明星“粉丝”圈群合作标杆示例，进一步拓展其他明星“粉丝”圈群，打造 #EOS 全星时代 # 话题，形成全网扩散传播。

5. 媒介策略

以社会化媒体为主，将传统媒体作为二次传播渠道，形成整合效果。

（1）基于社交媒体社会化开放的特点，将拍摄明星话题放在微博平台首发。借助各领域 KOL 社交媒体传播力，使话题迅速发酵和扩展。

（2）联合垂直类摄影媒体蜂鸟网、色影无忌等，向摄影爱好者传播活动信息，打破传播壁垒；通过今日头条等资讯类平台扩散，加大宣传力度，扩大活动覆盖率。

项目执行

线上、线下联动传播，实现“粉丝”深度参与。

（1）打通品牌与核心“粉丝”的联系渠道，拉近 EOS 与明星“粉丝”圈群的距离。与王源核心“粉丝”大号进行合作，如超话主持人及王源各“粉丝”站，邀请其为活动预热。

（2）选择恰当时间点，提供器材支持。为 TFBOYS（加油少年）演唱会提供器材支持，包括适用于舞台表演拍摄的佳能旗舰单反及长焦镜头等，利用器材性能优势拉动第一波“粉丝”圈群的关注。

（3）建立明星样张分享话题。建立 # EOS 王源映像 #、# EOS 全星时代 # 话题，号召“粉丝”在话题中分享用 EOS 拍摄的明星精美样张，持续增加线上话题热度。

（4）举办“粉丝”摄影培训会。侧重明星“粉丝”圈群持续维护。陆续开展线下摄影讲座、摄影经验分享会、明星摄影交流展、外拍体验活动，邀请专业摄影师及摄影类大 V 博主讲授拍摄明星心得，并对活动进行线上媒体的进一步扩散。

（5）展开多种形式的“粉丝”活动。在全国（北京、南京、杭州、长沙、

明星讲师讲授器材使用方法

重庆、深圳等）范围内，举办“粉丝”摄影展及外拍体验活动，增强器材的深度体验，吸引“粉丝”线下聚合，培养“粉丝”黏性。

（6）多渠道传播扩散。邀请王义博、晃爷驾到、王者不修图、丁振杰等十几位摄影专家和媒体平台大号对线下活动进行扩散传播，微博微信、今日头条、蜂鸟网等多平台输出内容。

（7）展开“粉丝”专属内购会。展出适合追星的相机和镜头，如 EOS 1DX II、EOS 6D II、EOS80D 等，提供“粉丝”专属优惠，利用价格优势为“粉丝”消费创造条件，促成消费意愿达成，从而进一步影响更多消费受众，提高佳能器材销量。

项目评估

1. 效果综述

实现了品牌和产品在媒体平台的持续高曝光，以超同品类镜头销量 7 倍多的成绩完成了销售目标。

2. 现场效果

（1）线上社交平台传播：#EOS 王源映像 # 话题阅读量达 1.2 亿次，产生高达 50 万次的互动，由此扩散而来的 #EOS 全星时代 #（明星包括蔡徐坤、鹿晗、朱正廷等）话题阅读量达 6837 万次，互动量达 60 万次，成功吸引受众对佳能品牌的关注。

（2）线下讲座及摄影展：全国范围内举办近 10 次线下讲座交流会及“粉丝”影展，覆盖受众达 45 万人次。

（3）线上多渠道扩散：10 余篇稿件多渠道扩散传播，邀请王义博、王者不修图等十几位 KOL 对内容进行分享，累计阅读量超 1500 万次。

3. 市场反应

（1）直接带动佳能镜头销量提升。佳能 EF 100–400 f4.5–5.6L 镜头售出 8000 支，累计销售额超 1 亿元。

（2）间接带动全画幅相机销量提升。在活动的影响下，更多的明星“粉丝”选择摄影器材的二次购买及摄影配件的更新换代，佳能全画幅相机销量也因此提升。

4. 媒体统计

在传播中使用过的自媒体如下。

（1）核心“粉丝”：“王源后援会”“王源粉丝首站”“蔡徐坤姐姐团”“毕雯珺粉丝站”等 20 家“粉丝”站。

（2）摄影达人：王义博、丁振杰等 12 位摄影专家。

（3）微博名人：王者不修图、晃爷驾到等 8 位微博大 V。

项目亮点

对于数码相机品类来说，传统公关往往会选择单项的传播模式。而在本次营销中，佳能成为“粉丝”的朋友，提供产品支持，分享追星拍摄方案。更有意义的是佳能与“粉丝”朋友建立了深厚的友谊和信任，实现了精神捆绑，帮助“粉丝”朋友更好地追星。

（1）小成本，大效果。从发现需求到创造需求，精准发现有价值的人群，开拓了新的“粉丝”圈群营销渠道，抛开大量的硬广铺陈，将产品融入互动中，将营销融入价值共建中。

（2）小“粉丝”，大流量。从 KOL 传播到群体传播，以核心“粉丝”为突

破口，撬动几十万人的“粉丝”团；以点带面，注重核心“粉丝”产出的UGC二次传播，通过“粉丝”自传播为流量赋能。

（3）小圈子，大波浪。从树立标杆到实现集群效应，王源“粉丝”团的成功经验树立标杆，辐射到更多流量明星的“粉丝”圈群，包括蔡徐坤、鹿晗、朱正廷等，发挥集群效应，扩大影响力。

亲历者说 孟玉柱 蓝色光标数字营销机构高级客户经理

追星的“粉丝”在摄影方面的直观需求有两个：其一是拍摄器材；其二是摄影技巧和后期技术。佳能的优势是器材多，摄影师资源多，但如何将优势融入营销中呢？第一，拉近距离。明星“粉丝”千千万，我们想拉近自己与“粉丝”的距离，不可能一步到位，要先找到“粉丝”的KOL，我们借机器给10家核心“粉丝”站站长使用，他们自主分享内容到“粉丝”圈，这是第一波影响力。第二，精神捆绑。利用我们手上优质的动态摄影师和后期摄影师资源为“粉丝”提供系统的培训，这是和佳能产品捆绑的分享和培训。第三，专项内购。举办专门针对明星“粉丝”的内购，优惠的价格是“粉丝”的需求，销量的激增是佳能的需求。最终传播闭环形成：鼓励一部分“粉丝”先购买机器，用先购带动后购，形成闭环。

案例点评

点评专家：钟育赣 中国高等院校市场学研究会副会长、广东外语外贸大学教授

经典的营销思想强调，必须找对顾客并善于满足他们。在当今的营销环境中，这个原则是否依然有效？本次营销可以给我们两点启示。

第一，“必须找对顾客”未变，这仍然是一切营销决策的出发点。佳能长期以来的品牌形象是专业，其对“摄影小白”的年轻人群渗透力不够。在与已经关注年轻市场多年的索尼、尼康等的竞争中，如何以点带面、后来居上？佳能从年轻人群中细分出一个群体“粉丝”，挖掘出一个使用场景为追星而拍摄，提供一整套追星解决方案。年轻人群是具有潜力、值得培育的，切入其中并树立“拍明星就选EOS”的概念，这样的顾客选择是正确的。

第二，“善于满足他们”的原则未变，变了的是方式与选择，必须做好与目标顾客的相互匹配。例如在营销沟通环节，佳能通过明星话题、知识分享和树立标杆等，整合运用社会化媒体、相关网站以及线上线下互动等资源，寻找和采用与核心“粉丝”、热情“粉丝”、一般“粉丝”关联的新接口，最终实现了更多人知道、更多人参与、更多人购买和更多人传播的目标。

在此营销中，明星扮演了极其重要的角色。由于各种原因，他们也是容易引发各种争议的公众人物，因此也就具有更高的给品牌带来原生或次生伤害的风险。在策划中必须考虑到这些，并备有相应的危机应对方案。

#世界新影像，由你#
2017 华为新影像大赛公关传播活动

执行时间：2017 年 9 月 1 日—2017 年 12 月 31 日

企业名称：华为

品牌名称：华为

代理公司：智者同行品牌管理顾问（北京）股份有限公司

获奖类别：金旗奖——2018 最具公众影响力社群营销大奖

项目概述

2017 华为新影像大赛是华为携手纽约国际摄影中心（ICP）联合举办的全球性手机摄影比赛，旨在成为全球重要的影像赛事之一。2017 华为新影像大赛设置了契合当下手机用户生活的七大参赛单元，并邀请摄影大师担任终审评委，同时还设置了 2 万美元的现金大奖。大赛以手机镜头为起点、先进技术为驱动、独特风格为支撑，期待与全球手机影像爱好者共同探索移动影像的未来，进而建立华为品牌在影像领域的影响力，打造华为的品牌文化资产。

华为通过借力玛格南图片社 Alex Webb 等国际摄影师，并与专业摄影平台合作，树立大赛权威性和专业性；通过深度内容和渠道的开发，传播新影像概念，加强并深化品牌文化属性。

2017 华为新影像大赛海报 1

项目调研

伴随着智能手机的普及和手机摄影技术的发展，越来越多的人用手机进行影像创作，手机摄影逐渐成为一种全新的社会和文化现象。国外的一项相关统计显示，2017 年全球使用移动设备的用户人数已突破 50 亿人，手机已经成为人们的生活必需品之一。随着手机摄影技术的提升，喜欢用手机记录生活并分享的普通消费者越来越多，就连专业摄影师也开始使用手机进行艺术创作。

为此华为发起了“新影像发展计划”，希望与全球手机用户以及产业伙伴一起，共同探索下一代影像文化的可能性。作为“新影像发展计划”的重要组成部分，2017 华为新影像大赛面向全球发起，旨在激发更多用户捕捉生活中的美好瞬间，体验影像创作的乐趣和成就，并一起探索未来影像的更多可能。

项目策划

1. 传播目标

将 2017 华为新影像大赛打造成为全球重要的影像赛事之一，在全球范围内吸

引更多用户参与大赛，提升大赛在专业影像圈层及大众用户中的知名度和影响力。

2. 传播策略

权威背书，树立大赛专业性；加强互动性，提升大赛影响力。

深度挖掘合作伙伴和大师评委的背景，树立华为在影像圈层的领导力和前瞻性，传递华为手机业内领先的摄影功能。

多领域媒体广泛扩散及话题互动，扩大赛事社会影响力，提升大众认可度和参与度。

3. 目标受众

全球影像爱好者及手机用户。

4. 传播内容

（1）创意视觉内容。

2017 华为新影像大赛海报 2

在活动全程通过创意视觉化表达方式，生动展现大赛的活动亮点，提升用户对比赛的关注度及参与度。发布七大参赛单元海报，通过契合参赛单元内涵的视觉创意吸引用户对大赛产生兴趣，使大赛得到了充分的预热；发布大赛纪录片，回顾大赛全程，集中展示大赛的亮点内容，加深用户对大赛的整体印象。

（2）媒体重磅合作。

与专业摄影类媒体合作展示大赛亮点，深度解读手机摄影趋势，提升圈层影响力；联合生活方式类、社会类等媒体开展内容策划，覆盖更广泛的人群。与摄影类顶级大号 InsDaily 合作，从专业的摄影角度分析大赛参赛单元等亮点内容，吸引摄影爱好者关注；与人气微信大号新世相联合策划，以“照片记录”为主题引发大量 UGC，从而提升大赛影响力。

（3）多角度传播稿件。

在大赛各个阶段，策划并输出相应新闻稿件，即时传递大赛动态及成果，提升大赛的社会关注度。策划评委故事稿，通过介绍玛格南摄影师 Alex

Webb、普利策现场新闻摄影奖获奖者刘香成等摄影大师的传奇故事，增强大赛的权威性和用户的参与积极性；即时发布获奖作品解读稿，深入挖掘获奖作品的拍摄故事及摄影技巧，全面展现手机摄影的独特魅力，扩大比赛的社会关注度。

5. 媒体策略

针对摄影爱好者：与专业的摄影媒体及摄影师从招募期开始合作，不断介绍比赛信息，吸引更多影像爱好者参与，同时联合摄影大号为大赛进行权威背书。

针对手机用户：联合主流科技媒体发布比赛信息，讲述华为手机的摄影功能，号召更多手机用户参赛，同时跨界联合新世相、良仓等多领域大号进行深度合作，提升比赛的社会影响力。

项目执行

整个执行过程共分为大赛启动发布会、作品征集招募期、作品初选期、作品终审期以及后续传播五个阶段，大赛各阶段在全球范围内进行了内容丰富、形式多样的露出，覆盖华为手机官方社交平台、网络媒体、摄影社区、微信大号等多类型媒体平台。

大赛启动发布会：官方发布系列悬念预热海报、发布会当天邀请多家摄影媒体及门户网站现场参与并产出多类型报道；华为官方发起微博话题并持续维护，同步上线作品招募视频，引导网友参与大赛。

作品征集招募期：持续发布精选作品图赏，并联合米拍、良仓、InsDaily等媒体策划发布专题内容，助力作品招募。

作品初选期及作品终审期：华为手机官方发布获奖作品及大赛成果，并联合媒体进行多角度作品解读。同时从产品技术、影像文化和行业等层面运作多篇深度稿件，为大赛定调拔高。

后续传播：华为手机官方上线大赛纪录片及评委专访视频，对大赛全程进行回顾。

2017 华为新影像大赛总冠军作品海报

项目评估

1. 社交平台传播

世界新影像，由你 # 截至 2018 年 1 月全球社交媒体共影响超 1 亿人次。

2. 国内

2017 华为新影像大赛共计产生报道 438 篇，覆盖人数超 5000 万人，今日头条累计阅读量超 58 万次，微信阅读量超 40 万次。覆盖门户、科技、摄影、营销等多类型媒体。百度搜索新影像，第一条为“华为新影像大赛官网”；新闻搜索新影像，相关内容有 13.8 万条，首页 80% 内容与华为相关。

3. 国外

借助合作伙伴 ICP 的媒体资源，大赛期间国外媒体稿件曝光共计 229 篇，覆盖人数超过 200 万人，阅读量超 96 万次。大赛在全球多个国家和地区开展线下巡展，使新影像文化理念在全世界得到了广泛传播。

项目亮点

在大赛的各个阶段，除摄影类媒体外，相继跨界生活美学类媒体、人气新锐媒体、营销类媒体等多类型、多领域媒体，提升了大赛在不同人群中的知名度和影响力，将新影像的概念迅速推广，并强化了华为品牌与新影像概念的关联。

亲历者说 陈书斌　智者同行品牌管理顾问（北京）股份有限公司客户经理

在评选总冠军作品期间，几位评审展开激烈的讨论，他们尊重每个人的作品，深度分析每个作品的技术运用及价值，经过一个多小时的探讨，才评出了总冠军作品。这张作品宛如油画般含蓄深沉，同时质感极佳。拍摄者巧妙地将摄影与绘画相结合，借助光影、色调、线条和构图的变化，小女孩仿佛在和墙上的油画对话、交流。从作品上可以看出，拍摄者有很强的洞察力，受过专业的摄影培训，无论是构图、色彩，还是色调都处理得相当到位，并融入了对生活的思考。

案例点评

点评专家：矫龙　大颜色科技创始人兼 CEO

2017 华为新影像大赛充分利用了华为手机在影像功能上的产品优势，通过影像摄影爱好者这一有着鲜明标签的社群进行传播，再利用这些人的社交影响力打透圈子，将品牌要传递的内容扩散至普通用户。

这其中，为了增强大赛的可传播性，提升社交裂变传播的机会，设计之初，华为又引入了如玛格南摄影师 Alex Webb 这种具有话题价值的元素，从而使影像大赛更具谈资，更容易被讨论。整个大赛从曝光数据来看，传播效果非常喜人。

华为如果能够考虑如何将活动触达的用户进行留存，建立品牌的社交流量池，以寻找和发现品牌社交传播超级用户，持续运营用户，会让这个活动更加品效兼顾。

美拍 10 秒电影功能推广

执行时间：2018 年 5 月 7 日—2018 年 5 月 20 日

企业名称：厦门美图之家科技有限公司

品牌名称：美拍

代理公司：北京众行互动数字文化传媒有限公司

获奖类别：金旗奖——2018 最具公众影响力社群营销大奖

项目概述

美拍是美图旗下的创作短视频和直播社区，通过不断创造短视频新功能，满足用户在视频表达层面源源不断的需求。2018 年 4 月，美拍推出全新 10 秒电影功能，旨在回归美图的初衷，让更多人“变美”，打造美拍的全新卖点，打造短视频的品质升级。

在没有明星参与、没有明星资源配合的前提下，我们利用# 10 秒电影安利爱豆#活动，成功撬动 57 家“粉丝”参与活动，传播产品新功能；推广了 10 秒电影功能，产出了优质短视频影片，并通过品牌背书肯定了内容价值；为美拍平台新增了大量用户及 UGC，进一步促进了平台的活跃。联合橘子娱乐和 EVISU（东京大阪）开展 10 秒电影提案活动，充分挖掘产品功能的价值，提升品牌及产品的商业价值。

美拍 10 秒电影安利爱豆 1

项目调研

（1）市场环境：美拍面临抖音和快手两大短视频平台的强势冲击，抖音是年轻人营销的代表，快手是二、三线城市营销的代表；美拍认为需要在内容、功能层面带动短视频行业的品质升级，故而推出了 10 秒电影功能。

（2）产品功能：专业级滤镜与经典旁白，让普通视频秒变电影大作；职业剪辑与精美滤镜，让普通视频秒变电影大作；视频美颜，实时美肌，让你的颜值暴涨；独家经典的“照片电影”功能，让照片也能轻松变成精美的视频相册。

（3）用户环境：随着《偶像练习生》《创造 101》等偶像类节目的迅速崛起，国内适时迎来偶像时代，作为偶像时代的中坚力量，“95 后”“00 后”“粉丝”人群正是美拍的主要用户构成之一。

（4）美拍 2018 年的整体传播策略：强化美拍在短视频领域的头部阵营认知，以差异化品牌定位占据短视频领先地位，打造年轻人的兴趣社区。

项目策划

1. 传播目标

围绕 10 秒电影中的文案、配音、滤镜三大素材与知名作家、声优、偶像、电影的 IP 合作推广，体现新功能能够让美拍用户拍出更有满足感、品质感和享受感的视频内容；打造专属于年轻人的兴趣社区。

2. 策略

洞悉目标人群心理，以娱乐为入口，找到有效的“粉丝”路径；实现效果最大化，充分利用目标群体的影响力，提升品牌及产品的功能认知；产品功能输出，让目标用户体验产品功能，给“粉丝”不能拒绝的福利。

3. 受众

“95 后”“00 后”“粉丝”群体已形成独有的圈层，紧抓“粉丝”心理才能在活动的细微之处获得他们的支持。

4. 传播内容

美拍 App 内部，带# 10 秒电影安利 ××× #话题，使用全新 10 秒电影功能，上传与爱豆相关的 10 秒视频，并将视频分享至微博平台；在微博平台，同样将# 10 秒电影安利 ××× #话题作为考量标准。

5. 媒介策略

借助具有强大号召力的“粉丝”后援团或“粉丝”站对活动进行传播扩散，进一步在圈层内进行产品功能普及及品牌传播。

项目执行

于 2018 年 5 月 7 日发起活动，在微博和美拍站内同时推出# 10 秒电影安利爱豆#活动，“粉丝”用美拍 10 秒电影功能拍摄偶像明星短视频，就有机会获得 2018 年 5 月 20 日当天北京核心商圈的户外大屏广告牌使用权；美拍站内考核标准设置为优质视频上传量，有助于提升美拍站内活跃度和新功能使用度；微博平台考核标准设置为相关话题互动量及活动微博转发量，有助于降低参与门槛，同时有助于提升活动整体扩散效果。

为进一步调动“粉丝”积极性，使活动效果更佳，在大屏奖励之外，美拍结合产品功能，设置“阳光普照奖”，在美拍上传视频数量达到一定数值后，可以解锁美拍 10 秒电影定制旁白。

美拍10秒电影安利爱豆2

项目评估

10秒电影安利爱豆数据效果：活动共计7天，共有包括蔡徐坤、孟美岐、胡一天、刘昊然、蓝盈莹、毛不易、黄景瑜、张杰、张艺兴、陈伟霆等57家“粉丝”团在美拍站内开通# 10秒电影安利 ××× #话题；美拍站内视频上传量超过6万个；美拍活动微博转发量339万次，微博22个“粉丝”团自创话题总阅读量超过3亿次；# 10秒电影安利蔡徐坤#更是一举登上热门话题榜。

10秒电影提案数据效果：活动上线8提案，活动视频上传量达904个，播放量超285万次，多个平台原生导演（美拍达人）参与活动，丰富了平台内容，同时提升原生导演价值和品牌商业价值。

项目亮点

（1）三重机制，调动“饭圈”。活动设置热转、话题互动量、视频上传量三重机制，平衡“饭圈”不同“粉丝”群体实力，更能调动“粉丝”参与活动，达成传播效果。

（2）功能转化福利。将 10 秒电影的旁白库转化为“粉丝”参与福利，更好传播产品功能的同时，进一步调动“粉丝”积极性。

（3）双平台活动各有亮点，并为美拍站内导流。微博平台话题发酵传播，吸引更多“粉丝”群体参与活动，美拍站内同步开启活动，激活美拍站内用户，提升美拍站内活跃度；“粉丝”经活动引导注册为美拍用户，并有“粉丝”在活动结束后持续使用美拍功能，转化为日更优质用户。

（4）抓准时机造话题。将帮助“粉丝”投大屏时间锁定在 2018 年 5 月 20 日，使传播更有话题；同时，进一步给予“粉丝”参与活动的理由。

（5）借助合作品牌影响力。提升品牌商业价值，达成内容与品质升级的目标。

亲历者说　赵曼　北京众行互动数字文化传媒有限公司项目经理

在此次推广中，让我印象深刻的事有以下几件。

（1）活动规则制定。活动规则看似简单，但需要满足多方面的元素，与品牌产品产生关联，对“粉丝”圈层需要有足够的吸引力，设置公平公正的活动规则，需要规避活动中的各种问题，经过反复推演，我们最终确定了三重 PK 机制的活动规则。

（2）活动时长及福利兑换时间设置。考虑到活动吸引力，活动时间不宜过长，否则容易令“粉丝”疲倦；考虑到活动实效性，活动结果产生后，活动福利需要在活动热度未完全减退时兑现，经过多方考虑，活动时长设置为 5 天，于 2018 年 5 月 20 日迅速兑换福利。

（3）“粉丝”后援团筛选及管理。为了使活动效果最大化，在前期准备阶段需要策动更多“粉丝”团参与活动，同时为了降低执行沟通成本，在筛选“粉丝”后援团时也需要进行圈层筛选，只需告诉某一圈层的某家“粉丝”团就可以策动该圈层的其他家“粉丝”团参与或策动有竞争关系的两家“粉丝”圈层中的一家就可以撬动另一家；在“粉丝”后援团管理层面，当某家“粉丝”团反映问题时，不回避不掩饰，由“粉丝”团体去搜集证据，有理有据进行问题处理。

案例点评

点评专家：陈经超　厦门大学新闻传播学院副教授、厦门大学公共传播战略研究所所长

美拍对目标人群精准定位，透过深刻洞悉目标人群的心理和行为特征，从有效的目标人群路径切入，巧妙结合当下偶像时代的热潮，通过社会化媒体平台，借助偶像文化、“粉丝”圈层文化来推广美拍10秒电影功能，这充分利用了目标人群的号召力、影响力和在“粉丝”圈层中的话语权，帮助品牌进行传播扩散，并在圈层内提升了产品的功能认知，打造出美拍的全新卖点，是一个具有社交爆点的创意策划。

同时，在此过程中，活动产生的优质短视频内容也让美拍平台吸收了大量的用户、潜在用户及优质UGC，大大提升了平台的活跃度，培养了美拍的社群互动模式，打造了年轻人的兴趣社区，也进一步促进了美拍企业的品牌沉淀。美拍10秒电影功能推广是一个非常优秀的“粉丝”圈层社群营销案例。

新东方在线 99 网络学习节项目传播

执行时间：2018 年 8 月 25 日—2018 年 9 月 16 日

企业名称：北京新东方迅程网络科技股份有限公司

品牌名称：新东方在线

代理公司：北京众行互动数字文化传媒有限公司

获奖类别：金旗奖——2018 最具公众影响力社群营销大奖

项目概述

新东方在线 99 网络学习节是一场以学习直播秀及视频为主要活动形式的大型网络学习狂欢节，已在 2016 年和 2017 年成功举办两届。随着活动日趋成熟，99 网络学习节也成了新东方在线全年最重要的品牌节日。

2018 年，新东方在线 99 网络学习节以 #C 位开学，霸道出场 # 为活动理念，分为预热、话题、传播三个阶段，其中品牌 TVC 为预热阶段重点，# 找个学霸当偶像 # 为话题阶段重点，2018 年 9 月 10 日的大咖直播秀为传播阶段重点。

项目调研

随着社交媒体的发展和移动互联网的普及，微博、微信等社交平台已经成为大众关注资讯、获取知识、互通信息的主要途径。网络热词已经成为在互联网营销竞争中抢占主动权的重要工具。热点事件可以自然高效地吸引目标用户的注意力，让其产生自然发布行为。

偶像养成时代，“粉丝”效应已经成为品牌营销不可或缺的力量。“粉丝”群体也与教育平台的目标受众有着极高重叠度。正能量偶像话题可以无形中增加“粉丝”好感度，与内容配合，也可以低成本地培养一批潜在受众。

如今对于教育平台来说，比起契合度不高的大牌明星代言，学生受众更在乎品牌的个性、学习的氛围。直播活动的嘉宾明星与品牌的契合度，将指明活动的传播方向。预埋专业有趣的互动内容，让明星以体验者的身份介入，便是品牌兼具实力与个性的有力体现。

活动海报

项目策划

新东方在线 99 网络学习节整合名师直播、视频、内容、学霸明星等资源，通过热点事件、“粉丝”效应、直播场景互动三个阶段传播，触达更多潜在用户，同时借势构建与年轻用户的情感桥梁，使受众对品牌及产品服务产生更多的认知。

1. 预热阶段

（1）全平台推广新东方在线 99 网络学习节官方预告片。通过讲述三个典型的求学追梦故事，深度触达暑期考研、准备出国、备战高考三大主流学习人群。让受众在品味他人的求学逐梦故事之后，获得相似的情感共鸣，为品牌活动做铺垫。

（2）以“女大学生朋友圈征友，要求过四六级”的话题事件为切入点，借助新型社交平台上的意见领袖，通过他们与受众的深度互动，引发大众对学习

新东方在线 99 网络学习节 TVC

的热议，为活动造势。

（3）全平台推广 # 一到开学就烦躁 # 主话题。联合众多垂直领域大 V 发起话题，借助对开学焦虑的讨论，引发学生对学习的思考，为 #C 为开学，霸道出场 # 话题的露出埋下伏笔。

2. 话题阶段

全平台推广 # 找个学霸当偶像 # 主话题，动员“粉丝”为有才华、够努力的偶像打榜。正能量偶像话题为活动攒足底气，为后续直播中明星嘉宾的参与提供健康良好的营销环境。

3. 传播阶段

邀约明星成为“C 位开学体验官”，并以直播开课的形式在消费者心中建立专业、有趣、年轻的品牌形象。邀请 KOL 发声，解读新东方在线 99 网络学习节，提升用户及大众对活动的关注。

项目执行

保持灵活的营销思路，以三个阶段为核心不断扩大辐射边界。

1. 预热阶段

通过 TVC 在多渠道的输出，营造情感共鸣。针对开学的负面心态推出话题，表面上贩卖开学焦虑，实际上借助发生在身边的故事引起开学讨论。邀请 KOL

在微信、微博、头条等社交平台以吐槽的话术发声，引发媒体报道，在全平台打造有趣的学习思考环境。

TVC 视频链接：https://v.qq.com/x/page/t0768wnj8qn.html。

2. 话题阶段

新东方在线联合《城市画报》共同推出 # 找个学霸当偶像 # 话题活动，借助传统媒体与新型媒体平台，全方位多渠道扩大品牌声量。借助“粉丝”后援会的自然传播，话题不断自然发酵，持续增加品牌信息的露出。

3. 传播阶段

在 2018 年 9 月 10 日的大咖直播秀中，连续制造了 5 个传播事件，分别是马伯骞、韩雪成为“C 位开学体验官”，马伯骞、韩雪即兴 rap（说唱），韩雪分享学习感悟金句频出，韩雪演绎英文台词，马伯骞出道一周年直播送礼。外围剪辑精彩短视频成为传播爆点，通过 KOL 在微博、微信等社交平台持续发酵，引爆媒体关注，集中扩大品牌热度。

马伯骞、韩雪即兴 rap 视频链接：http://t.cn/RsER7NT。

韩雪分享学习感悟金句频出视频链接：http://t.cn/Rsrvslw。

韩雪演绎英文台词视频链接：http://t.cn/RsEdonk。

大咖直播秀

项目评估

此次传播话题占领周末黄金时段，在多个热门综艺话题中杀出重围，最高排名到微博话题总榜 TOP4，总阅读量超 4.3 亿次，总讨论量超 305.9 万条。

TVC 传播中，发布的社交媒体总转发量超 1.3 万次，总评论量超 5000 条，总点赞数超 2.2 万次；南开大学、山东财经大学、上海理工大学等数十所大学转载推荐；微博、秒拍、腾讯、优酷、爱奇艺等平台发布，总播放量超 3000 万次。

一到开学就烦躁 # 话题，总阅读量超 1848 万次，总讨论量超 64.9 万条；20 个微博蓝 V 加入官微联动；30 多个微博黄 V、10 多个校园微博参与发布话题。

找个学霸当偶像 # 话题阅读量超 1688 万次，转发量超 60 万次，讨论量超 63 万次；1 小时内吸引 24 家"粉丝"后援会参与冲榜，产生 24 个子话题，总阅读量超 4 亿次，总讨论量超 178 万次；传播覆盖超过 100 家媒体，包含教育垂直、门户、娱乐、科技媒体以及相关自媒体；《城市画报》进行专题报道，成功为品牌打响知名度的同时，更提升了品牌的社会形象；上海师范大学、西安交通大学、兰州大学等数十所大学转载活动，在高校内持续扩大影响力。

马伯骞、韩雪发布微博推荐活动，总互动量超 3 万次；"粉丝"群、贴吧自然发酵，传播覆盖 56 万次；2 个明星宣传视频、3 个直播亮点视频，在微博、秒拍、腾讯等平台进行发酵传播，总播放量超 723.2 万次。超过 100 家媒体发布报道，10 家媒体转载，其中获得今日头条、新浪、腾讯等 20 家媒体推荐，App 客户端阅读量超 567.2480 万次。

项目亮点

（1）利用升学季与四六级成绩公布的天然营销节点制造话题事件，联合网络意见领袖引导舆论风向，恰到好处地为传播埋下伏笔，也强化了品牌的社会影响力。

（2）借助重新构建学霸形象，推荐够努力、有才华、有追求的正能量偶像，赢得“粉丝”好感，迅速扩大关注度，培养一批优质的潜在用户。

（3）没有采用明星代言的形式，让嘉宾明星在直播中化身“C位开学体验官”亲自分享感悟，使互动内容与品牌更契合。

（4）从互动、感悟、抽奖、表演等多个角度随机捕捉直播亮点，在传播中填充多元内容，迅速集中发布，从而在最短时间内爆发式扩大品牌声量。

亲历者说 朱礼鹏 北京众行互动数字文化传媒有限公司高级客户经理

在执行中，“粉丝”应援、现场直播等环节带来很多不可控的传播内容，最终我们通过清晰的策略，高效的执行力，完成了对品牌概念的一次升级。

案例点评

点评专家：蓝劼 独立公关人

这是一个变化快的时代，快速和高效学习成为市场的一大需求。新东方在线顺应潮流推出以学习为主题的大型网络学习狂欢节，这也是顺应社会和消费者的需求来做的。

此次传播不仅是之前活动的一个延续，更充分利用互联网及社交媒体的独特属性。热点明星、社群互动等，不仅让传播很有意义，更体现出了团队深谙媒体环境、全面整合的能力。

这些年互联网上的传播内容良莠不齐，而做教育的新东方在线在内容选择、情感营造和最终的执行中，都充分体现了其社会责任感，不辱其教育领域的形象。

此次传播不仅产生了积极的社会效应，对于新东方在线的商业形象营造也具有非常积极正面的效果。

第七届国际家政员工节

执行时间： 2018 年 8 月 9 日

企业名称： 好慷（厦门）信息技术有限公司

品牌名称： 好慷在家

代理公司： 厦门幕厚文化传播有限公司（MOHO 共创）

获奖类别： 金旗奖——2018 最具公众影响力社群营销大奖

项目概述

第七届国际家政员工节于 2018 年 8 月 9 日在厦门市集美市民广场举行，本次活动由国家发展和改革委员会、厦门市发展和改革委员会和厦门市集美区人民政府指导，好慷（厦门）信息技术有限公司主办，MOHO 共创承办。

本届国际家政员工节以“为每个人，更为每个家”为主题，整场活动由三大篇章和八个节目以及 1589 架无人机与厦门歌舞剧院交响乐团组成的空陆表演编队串联而成。第一篇章《NEW CITY 城市》向社会大众诠释了厦门是一个对劳动者非常尊重的城市，而集美，更是以嘉庚精神、华侨文化、闽南文化、学村文化等深刻人文底蕴而闻名于世。第二篇章《NEW HOME 家园》表达出家是人们心中最柔软的地方，是每个人为之努力奋斗的地方。国际家政员工节，是为了全体家政从业者创造的节日，它属于这个行业的每一个人。第三篇章《NEW DREAM 梦想》宣告，好慷在家希望每年都多做一点努力、一些行动，怀揣着一颗让家政行业更好的心，让所有家政从业者以坚实的脚步不断迈向未来。

厦门市集美区区长何东宁，区委常委赖朝晖，好慷在家 CEO 李彬，好慷在家代言人朱茵以及好慷在家近 3000 名员工参加了本届国际家政员工节。第七届国际家政员工节获得了社会各界的高度关注和广泛好评，赢得了集美区区委区政府的充分肯定。

第七届国际家政员工节主舞台

项目调研

2018 年，习近平总书记表示：我国目前发展阶段，家政业是朝阳产业，既满足了农村进城务工人员的就业需求，也满足了城市家庭育儿养老的现实需求，要把这个互利共赢的工作做实做好，办成爱心工程。[①] 家政业的发展满足了城市生活服务需求，对整个社会的和谐稳定起到了重要作用。作为一个正在蓬勃发展的行业，唤醒社会对劳动群体的关注势在必行。

目前，全国家政从业人员超 2600 万人，家政行业规模日益扩大，但整体行业文化缺失，就业者得不到尊重，整体行业受排斥，无法引入人才。行业需要向社会大众诠释整个家政服务行业的职业化转型升级，号召社会公众消除对家

① 《哪些行业大有发展？习近平提到了这些 》，http://news.cnr.cn/native/gd/20180309/t20180309_524159162.shtml，2018-03-09。

政行业以及家政从业者的刻板印象，通过努力和改变，让家政从业者工作和生活更轻松便捷，向社会输出更专业的服务。

家政行业的发展，离不开行业文化，建立行业自信，可以促进行业的职业化转型，从而提升行业的社会认可度，营造更良好的就业环境与氛围，吸引更多人才就业，也满足人民群众不断提升的需求。

厦门家政行业“起点高、机会大”。从区域化市场来看，厦门家政企业的市场化程度、规范化程度、品牌化能力、互联网应用都处于全国领先位置，堪称全国家政行业运营典范，厦门有望成为全国家政行业产业高地。

同时，厦门市集美区作为好慷在家的总部所在地，通过第七届国际家政员工节在全国范围内宣传人文集美、魅力集美，展示集美良好的人文环境、自然环境和营商环境，弘扬集美独特的嘉庚精神。相信举办这一切实的惠民活动，能够获得深远的行业影响力，并获得热烈的活动反响。

项目策划

第七届国际家政员工节作为专属于家政员工的节日，在立意上，就确定了以人为本的主线思路：做一场让家政员工都看得懂、喜欢，并且能够为之感动、为之自豪的活动。改变家政行业过往体验差、品质要求低的固有刻板印象，将专业、高效、创新的一面展现出来。

MOHO 共创先后与主办方、合作方进行多次的会议沟通。经过多方协调，多次思维碰撞，不断调整方案，达成共识并相互配合，致力于打造“尊重家政行业、尊重家政员工”的文化土壤。从场地选择、篇章规划、节目内容编排与创意亮点、无人机创意制造、舞美创意设计、内容传播，媒介推广等方面进行多维度的策划统筹。

（1）场地选择。综合考虑场地的大小、观众的视觉效果、周边环境的可控性、无人机的飞行路线后，先后进行 5 次场地的考察探测和调整规划，最终选定了位于杏林湾营运中心的集美市民广场来呈现整场活动。

（2）篇章规划。整场活动以“为每个人，更为每个家”为主题，分成三个篇章。三个篇章的规划，从整体到细节，从城市到家园再到个人，无不体现了以人为本的策划理念。

（3）节目内容编排与创意亮点。以歌舞、朗诵、杂技、交响乐等形式来呈现。开场为集美区特别创作的歌舞《绽放集美》，展示集美风采；好慷在家员工与朱茵女士共同朗诵《如果》，展现家政从业者的顽强精神；家政员工子女合唱团展示好慷在家文化艺术风采；创意打击乐《好慷在家》将各种家政工具创意搭配，是整个活动的高潮。整场节目将厦门特色、好慷在家文化、现代艺术表现形式的融合呈现给大众。

（4）无人机创意制造。家政行业的发展与科技创新有着密切的联系，无人机代表着科技与未来，因此好慷在家设置了无人机创意表演。而在画面的设置上，吸纳了厦门城市元素、嘉庚精神词汇，家政行业精神，好慷在家企业理念。例如："颜值厦门"一词的设置能够宣扬厦门魅力，引发厦门市市民的自豪感；"忠公、诚毅"的设置表达了嘉庚精神的传承；"我妈是女神"表达了对家政员工的致敬；"你不在家 好慷在家"的口号传达了好慷在家的品牌理念等。联动大气蓬勃的交响乐伴奏，为大众展现一场科技与艺术跨界结合的盛宴。

现场交响乐伴奏

（5）舞美创意设计。自 2012 年开始，8 月 9 日，对家政行业来说是特殊的一天，这一天全体的家政员工能够放假回家陪伴家人，因此在舞美设计上运用了“8”“9”环绕式台面，并且舞台中间设置了“HOME”造型，这寓意着好慷在家与每一个家庭紧密相连，“O”造型形似地球，也象征着好慷在家正向更加国际化的进程迈进。

（6）内容传播。全程进行“航拍 + 实地直播”，让全网网民都能看到现场实况，以视频的形式保留活动资料、沉淀集美区的发展资料，这也是活动后期传播的重要素材。通过优质的活动照片及多个 10 秒的现场活动小视频快剪，占据了各大媒体的首页以及厦门当地的各大朋友圈，群众发布动态，瞬间刷爆厦门朋友圈及抖音平台。

（7）媒介推广。计划通过第七届国际家政员工节，形成话题爆点，在全国范围内巨量传播，在全国范围内宣传人文集美、魅力集美，通过门户网站、自媒体以及短视频平台与微博进行传播。

项目执行

从项目沟通策划到项目落地执行，仅仅 50 天的时间。在项目进度把控上，MOMO 共创团队制订了详细的倒计时推进表，并且各项工作均严格按照此表推进。

从整体的舞台呈现考量，工作人员在酷暑高温的现场，不断确认点位、协调各单位，关注舞台的每一个细节设置，确保整个舞台的支撑架构稳定，调试灯光位置及与节目搭配的效果等。

此次活动虽然时间紧，任务重；但是多方沟通顺畅，配合较为紧密。合理规划现场布置与流程控制，安保措施恰当，人员的进、出场分流合理，团队筹备计划性强、执行力强，协调各方现场积极参与、配合，对无人机飞行时间把控准确，使得节目配合节点顺利，整体流程进展顺利，收到预期效果。

好慷在家家政员工公益基金成立仪式

项目评估

第七届国际家政员工节在晚会效果呈现上，以家政员工自我展示、惊艳的无人机表演、代言人朱茵的亮相以及利好消息发布，展示了国内家政企业的独有风采。既体现对家政人员的人文关怀，同时展现集美乃至厦门的综合素质与实力，体现集美区人民政府对嘉庚精神的传承，进一步推进人文集美的发展。

舞美设计炫酷，有想法有设计感，且设计稿高度还原，使得整场活动超出设想。让更多的人重新认识集美、认识好慷在家、认识家政员工。在户外场，呈现了很好的视听盛宴。节目的编排、视频的制作，使得家政员工有强烈的带入感，增加其体验感，以及对好慷在家的归属感。

由 1589 架无人机组成的表演编队在厦门歌舞剧院交响乐团的动人乐章铺垫下，在集美新城的夜幕之中缓缓升起，它们像漫天闪烁的群星汇聚在集美市民广场上空，为大家带来一场极具科技感的视觉盛宴。组合变幻出“颜值厦门”“集美最美”“向家政从业者致敬”等文字以及白鹭、嘉庚建筑等动态图像，不仅让现场的观众大呼“震撼”，刷爆了厦门人的朋友圈，同时引发了各大媒体的争相报道，这也成了和厦门有关的一大搜索热点。无人机夜空表演，引发全市人民的关注与讨论，展现集美区人民政府对科技探索的支持与鼓励。

通过线上线下的曝光，短期内迅速将集美区打造成全网讨论的话题，提升集美区的公益新形象，通过活动直播、图片、软文传播，全面展示集美之美、集美文化、嘉庚精神，将集美区打造成“高颜值、高素质”的城市样板，提升集美区在全国甚至世界的美誉度。通过活动的举办，让文化带动产业，展示集美区优质的家庭服务业土壤，带动产业链发展，推动产业可持续发展，促进区域招商引资。

有近百家媒体争相报道了这场活动，其中包括今日头条、腾讯新闻、新浪新闻等，微信朋友圈更是因为市民主动转发官方现场放出的一条 10 秒小视频而被提示视频转发次数过多遭遇折叠，后期完整活动视频等播放量总和更是达到了上千万次。

项目亮点

与时俱进，“为每个人，更为每个家”不仅是本届国际家政员工节的口号，更是广大家政从业者从心底发出的声音。家政人员的集体朗诵节目《如果》，引起听众的共鸣，同时展示了家政劳动者的心声与骄傲。

惊艳思维，舞台设计采用数字 8、9 环绕的形式象征 8 月 9 日国际家政员工节。“HOME”代表好慷在家与每一个员工家庭紧密相连的含义，为此次晚会舞台赋予更加深长的寓意。

创意无限，专为活动全新创作歌曲《绽放集美》，由 20 位模特身着含有集美特色、人文及标志性建筑等元素的服装，搭配歌手演唱、魔方表演与活力四射的啦啦操演出，激起观众的热情。

精彩加码，1589 架无人机闪耀夜空震撼全场。表演获得“同组无人机连续组成最多的队形”吉尼斯世界纪录称号。这份送给家政服务人员的特殊礼物，彰显出本届国际家政员工节的用心。

亲历者说 叶帝杰 厦门幕厚文化传播有限公司策划总监

作为第七届国际家政员工节的项目策划，我主要负责项目的方案撰写及文案编辑，从开始接触到最终落地，从头脑风暴想法碰撞，到最后想法在现实中得以完整呈现，我的喜悦之情溢于言表。

在确定好主题定位后，所有的策划组同事，在当天下午，花了近两个小时的时间，定义每个篇章的开篇主题及篇章调性，最后从众多的思路想法中，我们选择了以“NEW”作为主线。新，带来了希望，也带来了无限的遐想，并且代表重新定义国际家政员工节。整场晚会从“CITY”到“HOME”再到“DREAM”，层层递进。

在活动现场，每一个主要的卡口，都配置了直接参与流程编排的策划组同事，保证现场效果的呈现。合作的团队，都是经验丰富且专业的团队，在现场，也表现出了足够的专业度与丰富的经验，最终带来了精彩的表演。

案例点评

点评专家：吴志远 华中师范大学传播系主任副教授

“每场营销都有公益的潜质”，这句话，也可以反过来说，每场公益活动都能成为赋予品牌人格化的好机会。几届国际家政员工节举办下来，好慷在家已成为中国家政行业的意见领袖：毕竟，一个企业创造的节日，能被允许冠以“国际”二字，并不多见，足见社会的认可。

不得不说，好慷在家将营销的精髓吃得很透，也玩得很好。好慷在家充分地利用了企业所在领域的内容资源：家政工，包括保姆在内，在各种类型的媒体那里，都具有获得传播资源的天然优势。

企业要做的，就是利用好这种优势：不必造作，只要足够真诚。家政工与城市，家政工与雇主家庭，相关话题资源取之不尽。此类话题，

也极易击中受众的传播激发点。

为了避免话题过于沉重，也为了增强现场体验，企业引入了大规模无人机表演，有很好的传播效果。

可以说，好慷在家既选中了好点子，又贵在坚持，能够获得非凡的品牌传播效果理所当然。通过这次活动，企业不仅传播了自身的品牌，还成功地让城市品牌为其背书，搭上了品牌成长的快车道。

2018 最具公众影响力营销实效大奖

《张英森，你在哪里》事件营销

执行时间： 2017 年

企业名称： 中国核能电力股份有限公司

品牌名称： 中国核电

获奖类别： 金旗奖——2018 最具公众影响力营销实效大奖

项目概述

在雄安新区的热点事件中，结合其中一起流传很广泛的涉核网络事件 2017 年“最悲催网红”张英森，中国核电积极主动迎合网络热点，推出“寻找：张英森你在哪里”这样的互动式策划。结合网络热点，找准切入点，借力打力，与网友频繁互动。以一种轻松调侃的方式，澄清负面舆论，同时借力打力，在本身前置热点的基础上，形成二次传播，四两拨千斤，提升了中国核电在社会上的知名度和美誉度。传播期间，多家媒体进行了转载、解读，将此次事件的影响推向了新高。用极低的成本完成了覆盖全国范围的高效品牌传播，增强了公众对中国核电的认识。

项目调研

2017 年 3 月，一则“2017 年悲催人物排行榜冠军”的故事在网上疯传，故事的主人公张英森被传是中核集团的员工，还是雄县籍清华大学毕业生。

具体内容为：张英森，男，河北省保定市雄县人，2004 年以 677 分考入清华大学，成为全县高考状元。2008 年本科毕业到了中核集团就职。奋斗十年后，借了三舅的钱，卖掉了雄县老家 200 平方米的住宅，终于在 2017 年 3 月 26 日交付了 53 平方米的北京商住房的首付，在北京扎根了，最后在 2017 年 4 月 2 日接到单位通知：中核集团整体迁入雄安新区。

雄安新区一夜之间成为热搜，张英森的消息一出，引发了社会的广泛关注，随着雄安话题的持续高关注，“全民寻找张英森”的段子在网络上不断发酵，在朋友圈里彻底火了一把。

此热搜本身属于负面舆情，但有热点关注基础，存在借力打力的高效处置方式。

项目策划

1. 目标

以品牌互动形式，借助舆情本身的热点惯性，借力打力，引发关注和讨论，提升公司品牌知名度和美誉度，低成本形成爆款策划，从而有效对冲不实消息。

2. 受众

关注雄安新区相关新闻的民众以及中核集团员工。

3. 传播

微信公众号和微博双推送。

4. 媒介策略

第一步：基于微信的传播媒介属性，通过中国核电官方微信、微博进行发酵，组织各成员公司在社交平台上进行转发，形成第一步官方传播，作为信源。

第二步：将事件本身的互动进行二次传播，通过关注用户的自我传播效应，形成更多有效的互动、内容的衍生，积极采集其中的亮点，关注负面信息的走向，两手准备。

第三步：将事件本身和后续衍生进行打包整理，发送给各家权威媒体，如《人民日报》、新华社、澎湃新闻、新浪等，进行权威传播，为本次互动定调，进入品牌收获期。

第四步：关注舆情的尾部效应，防止舆论意外反弹和反转。

项目执行

（1）论证：确定没有张英森这个真实人物，内部调研，落实网上热搜信息是不实的。

（2）申请：向中核集团进行方案汇报，征得集团总部的首肯和资源支持。

（3）测试：筹备期，广发英雄帖，在各成员公司的配合下，寻找河北籍名校毕业的公司员工，同时设计推广文章。

（4）发酵：趁热打铁，在微博、微信等社交平台进行传播，经《人民日报》微信平台、国资小新、《燕赵都市报》微信平台发酵二次传播后，达到了声量最大化。

（5）监控：进行为期 2 周的舆情尾部效应监控，确保情况无意外反转。

（6）总结：内部形成汇报材料，各级上报。

项目评估

（1）在内容的选择上，找准了各方关注点的最大公约数；在表达方式上，讲述的是有温度的故事，塑造的是有灵魂的形象，并牢牢把握受众兴趣的时间窗口，主动增强受众黏性。

（2）在思维方式上，从单向的主动传播到双向的满足要求。可以说，此次营销应景、借势，个性有趣，一定程度上消除了外界对国企形象的误解。传播效果也在短期爆发、持续发酵，引发了广泛关注，尤其是《人民日报》客户端的阅读量超过 10 万次。

（3）在预算支出上，用极低的成本，形成了品牌增值。

项目亮点

（1）核电版杜蕾斯品牌互动：通过互动方式，利用热点惯性去对冲舆情，达到四两拨千斤的效果。

（2）性价比高：自有平台作为信源，二次传播基于热点属性，实现了极低成本支出，品牌增值异常明显，有效打造了中核集团和中国核电新媒体形象的领先基调。

（3）及时：第一波热点开始后，在 36 小时内完成了方案汇报、执行和二次传播，具有新媒体的快速思维，有效利用了热点。

（4）舆情处置新思路：本次舆情处置属于标杆效应，让一味压制、隐忍的舆情基调变得生动、有趣，将危机公关和品牌策划进行有效结合，双赢。别出心裁的寻人启事，解疑释惑、披露真相，获得网友的一致点赞，自带提振士气的正能量。

亲历者说 左跃 中国核电宣传文化中心副主任

作为中国核电的新媒体负责人，本身这个事件会被自动划拨为负面舆情，需要进行对冲，但是本次舆情处置，没有打破事件有点调侃的基调，摆脱了央企沉闷刻板的形象，我们积极参与网络互动，非常高效地利用了热点本身的惯性，对冲了不实信息。

本次事件的策划和推进，充分体现了中国核电公众沟通 B2C（企业对消费者）的理念先进性，也获得了实际的效果，同时本身处置的过程也是一个新媒体热点的策划，属于性价比极高的公关选择。

案例点评

点评专家：张勇 中国中车集团有限公司、中国中车股份有限公司新闻处处长

《张英森，你在哪里》事件营销是 2017 年度极精彩的传播策划营销之一。其突出特点有四：一是选题方向上的极大勇气；二是舆情的巧妙转化；三是表达方式上的转变；四是宏大主题的细节落脚和幽默表达。坦率地说，面对如此宏大主题，采用如此方式表达，对于一家央企来说，需要付出极大的勇气，并承担一定的风险，此举难能可贵。

从技术操作层面上看，《张英森，你在哪里》事件营销策划精致、层层推进、高潮迭起。企业尤其注意互动传播和舆情搜集，保证了整个传播的良好方向和路径；开创了让舆论热点对冲舆情的新形式；借势将“民间段子”变为新闻产品，与受众心理期待发生共振；让神秘的中国核电走近普通大众。从媒体扩张上，重视与新媒体的互动，不仅使传播半径实现几何级扩张，阅读人数也实现极大增长。

从最根本的传播效果上看，中国核电责任跃然指尖，温情弥漫四方，中国核电知名度和美誉度双双提升，国有企业的刻板形象因此有所改观。

德克士魔兽英雄上门送餐

执行时间：2018 年 7 月 1 日—2018 年 7 月 10 日

企业名称：天津顶巧餐饮服务咨询有限公司

品牌名称：德克士

代理公司：上海苏豪坊广告有限公司

获奖类别：金旗奖——2018 最具公众影响力营销实效大奖

项目概述

2018 年 7 月，德克士联手魔兽世界，在饿了么平台首发限定魔兽世界汉堡套餐。活动期间消费者在饿了么平台购买该套餐，就有机会享受魔兽世界 coser（进行角色扮演的人）为用户上门送餐的特别服务。活动上线首日，创下德克士饿了么平台历史单日最高交易纪录，同时在各社交平台引发分享热评，积极正面地带动品牌形象。

项目调研

《2018Q1 中国在线餐饮外卖市场研究报告》中指出，2017 年中国外卖市场规模突破 2000 亿元，预计 2018 年外卖市场规模将达到 2430 亿元，用户规模有望达 3.55 亿人。2015 年起，德克士就开始有计划地与第三方外卖平台展开业务合作，第一年合作就实现了销售额的翻倍增长，并且在此后的几年间，外卖业务连年保持翻倍增长。本次德克士借由魔兽世界形象与饿了么进行营销合作，

德克士魔兽英雄上门送餐

也是德克士以年轻潮流方式与消费者沟通做出的重要改变。

IP 合作是近几年品牌营销的一大趋势，魔兽世界作为一款运营超过十年的老牌电子竞技游戏，全球游戏用户数量过亿人，在中国积累了大批忠实玩家。2016 年电影《魔兽》上映，全球票房约 4.2 亿美元，由此可见魔兽世界背后巨大的市场潜力。

德克士希望和用户产生情感联结，以情感共鸣增强用户黏性。风靡全球具有广泛受众基础的魔兽世界，极易引发消费者自发分享讨论，增加话题热度。饿了么作为覆盖全年龄段用户平台，将助力德克士获得最大传播效果；而魔兽世界无疑是传播话题的绝佳切入点。

项目策划

1. 项目目标

通过成功的公关事件营销促进德克士销售额增长，增加德克士品牌曝光量，进一步提升年轻消费者的品牌好感度。

2. 项目策略

利用魔兽世界游戏创造话题热度，邀请专业 coser 加入，打造外卖送餐员吸睛造型，通过激发消费者好奇心引爆用户消费欲望，并借助新媒体社交平台，精准投放 KOL，进一步加强用户认同心理，引发魔兽世界忠实玩家、饿了么平台受众的多方讨论和分享。

3. 项目受众

饿了么平台用户；魔兽世界玩家；热衷于尝试、分享新事物的年轻一代。

4. 传播内容

饿了么联手魔兽世界，在饿了么平台推出特别定制魔兽世界汉堡套餐，并由魔兽世界 coser 装扮成送餐员，为用户线下送餐。

5. 媒介策略

采用多渠道、多形式的立体传播策略：投放直播平台 KOL，记录发现魔兽送餐员的惊喜时刻；投放抖音官方推荐渠道，吸引大众关注；发起微博话题 # 魔兽送餐员现在很慌 # ；饿了么 App、德克士自媒体官方渠道同步推送。

项目执行

项目前期通过饿了么平台、德克士自媒体平台为话题预热，用户发布其为召唤魔兽送餐员在饿了么订单备注留言的照片，并挑选各个社交平台与品牌调性相符的 KOL 进行合作。

项目进行期间联系 coser，饿了么送餐人员、送餐随队人员并进行准备，送餐期间，配合直播平台、微博、抖音等多方社交平台炒热 # 魔兽英雄为我送餐了 # 话题，引发全民关注及讨论。

活动结束之后话题持续发酵，配合行业新闻报道，还原事件营销过程，再度提升德克士品牌形象。

项目评估

此次事件营销令德克士全网总曝光量超过 4300 万次，活动首日饿了么平台交易量创历史单日最高，微博话题 # 魔兽送餐员现在很慌 # 创 3000 万次阅读量，一度上升到话题榜热度第四，各微博大 V 发文达千万曝光量。直播平台曝光量超 200 万次，引发讨论热潮。各大新闻平台进行多角度深度报道，得到大众媒体高度评价，各大新闻客户端收录了相关话题稿件。

作为一次"跨次元"的营销尝试，德克士提供一个契机，得以让 cosplay（角色扮演）的小众文化进入大众视线，通过新奇有趣的方式创造高热度话题，吸引大众自发分享、转发相关话题内容。从不同流量入口切入，形成了餐饮、游戏、外卖三方合力的辐射效应，得到了来自消费大众、传播业内人士和市场营销专家的认可。

项目亮点

1. 跨界联动，创平台单日历史最高交易纪录

德克士与饿了么强强联手，以定制化产品和服务，线上线下联动，创新升级消费体验。魔兽英雄上门送餐活动不仅创意十足，随着社交媒体的讨论热度，更是在活动首日创下德克士在饿了么平台的历史最高交易纪录。

2. 多渠道立体传播，品牌关注度显著提升

通过抖音、微博微信 KOL、直播等多种形式的立体传播，此次营销创下全网超过 4300 万次的大幅曝光，品牌关注度显著提升，强化了消费者对德克士年轻化、趣味化的品牌印象。

亲历者说 曾垂平 德克士品牌公关

2018 年 7 月，德克士魔兽世界汉堡套餐在饿了么平台独家首发。为配合话题传播，德克士携手饿了么，在线下发起魔兽英雄上门送餐活动，由专业魔兽世界 coser 装扮成外卖小哥，随机为外卖用户送餐。线上同步发起 # 魔兽送餐员现在很慌 # 话题，号召用户晒单、晒合影，引起广泛关注和参与，并被行业影响力新媒体 SocialBeta 评为当周十佳营销案例。

此次线上线下联动的事件营销，是德克士发展外卖差异化战略，打造更

多定制活动的创新尝试，也大大加深了消费者对德克士年轻化、趣味化的品牌印象。

案例点评

点评专家：傅悦　亿滋国际大中华区公司及政府事务副总裁

改革开放以来，国内的消费市场一直在迭代更新，时间跨度越来越短，潮流变化越来越快。广大人民群众对吃的追求从早期的吃饱变成吃好，又从吃好变成吃健康、吃体验，这其中有个性、情怀、认可、跨界、新潮、另类、品位等各种不同的追求。可见，吃已经超出了单纯饱腹的需求，变成多层次、多维度、多价值观、多文化、多场景的多元消费体验过程。在顾客消费的完整过程中，食物固然是核心和重点，但围绕食物的全生态链融合，以及其中传递的价值和文化则是让商户和品牌变得与众不同，脱颖而出的竞技场。

无疑，德克士魔兽英雄上门送餐做出了精彩尝试。

（1）IP 合作是近年来品牌推广的重要手段和明显趋势。找到备受目标消费群体喜爱的知名大 IP，进行品牌共创，能精准、便捷、高效地触动他们，转化为销售，转化为社交圈层内的多层次转发和传播。此次德克士与魔兽 IP 的合作无疑是精确地找到年轻人这个消费群体，通过“德克士 + 魔兽 + 饿了么”这 3 个品牌之间的互动，强强联手，形成“1+1+1 ＞ 3”的效应，取得了喜人的效果。

（2）在品牌形象方面，与现有大 IP 联手，能够利用魔兽世界的年轻、酷炫、竞技精神等元素为德克士品牌的形象赋予新的延展空间。德克士通过与魔兽世界联手，体现出自身更加贴近年轻消费者，懂得年轻消费者，理解他们的追求和理想的特质，为品牌精神注入了新的气质，打破了消费者长期以来对该品牌的固化认识，为品牌增加了许多青春活力。

（3）在传播执行方面，此活动采用全渠道多维度的立体传播手段，在直播平台、抖音、微博、饿了么 App 等数字平台和年轻人高频使用的社交平台一同展开宣传，再配合线下的送餐，形成了多维度的密集传播矩阵。

SOCO CU 智能锂电车小米有品众筹社媒营销

执行时间： 2018 年 4 月 18 日—2018 年 5 月 31 日

企业名称： 速珂智能科技（上海）有限公司

品牌名称： SUPER SOCO（速珂）

代理公司： 熊猫传媒集团

获奖类别： 金旗奖——2018 最具公众影响力营销实效大奖

项目概述

在缺乏创新的电动车行业背景下，速珂迎合消费升级推出了一款带有社交属性的电动车，SOCO CU 智能锂电车。为了带动新的消费，根据目标用户年轻化、热爱社交和分享的特性，速珂以娱乐化社交内容结合高黏性社交平台的营销新方式，完成了一次品效合一的娱乐营销，打破小米有品全品类众筹金额纪录，为国内出行行业做了一次品效合一的营销示范。

项目调研

1. 行业背景

两轮电动车走进中国人的生活已近 20 年，却少有创新发展。随着消费理念升级，传统电动车品牌仅限于代步工具的定位和“传统硬广 + 明星代言人”的品牌推广方式，已无法聚焦和满足日渐成为消费主流的年轻用户群体。如何在难以“玩出新”的电动车行业，满足目标用户日益增长的需求，已经成为制约两轮电动车行业发展的最大难题。

2. 品牌背景

2016 年速珂曾在京东众筹发布了第一款锂电跨骑车 SOCO TS，那时的速珂就展现出深刻理解互联网语言的能力，凭借异业联合的整合营销创造了 2000 多万元的销售佳绩。时隔两年，速珂如何更加得心应手地驾驭互联网，让新品再次引爆消费者市场是本次营销的难点。

3. 消费者洞察

如今，越来越多的“80 后”“90 后”成为消费主流，他们不再满足于电动两轮车单纯的代步需求，把目光投向了高科技、个性化的产品。

根据同样具有互联网基因的竞品小牛电动车“粉丝”人群，以及用户匹配度和黏性都较高的小米有品平台受众分析，速珂将本次营销的目标人群锁定为：18～40 岁，一、二线城市人群，男女性别比例 6：4，个人年收入 5 万元以上，家庭年收入 10 万元以上，购买用途为解决城市的中短途出行（5～15 公里）、通勤代步、短途购物。

项目策划

1. 传播目标

（1）完成新品上市的销售转化，在目标“粉丝”人群中拓展市场。

（2）建立速珂在电动车行业的“时尚、潮流、好玩”品牌标签，让受众产生“我为年轻人而生”的品牌感知。

2. 创意核心

根据产品社交卖点定制娱乐化社交内容，让社交话题成为产品售卖的导流内容。

将从产品中提炼的 3 个核心卖点（自拍功能、颜值爆表、坐垫舒适）融入整个营销创意与社交内容中，并充分放大产品可自拍的核心卖点，将其聚焦为一款“自带社交属性”的电动车，定向吸引热爱社交和分享的目标人群，通过具有娱乐性和创造性的社交内容，让社交话题成为产品售卖的导流内容，并结

合微博平台特性，同步发起互动话题，借助KOL的力量，引发关注与传播。同时选择微博作为引导舆论和营销的引流平台，以小米有品作为产品上线平台，承接流量的同时，也无形为速珂提升品质感和好感度。

3. 媒介策略

本次营销以微博为主，以微信、网络PR媒体、网络测评平台、一直播、花椒直播平台、电视新闻媒体等为辅进行多维度传播覆盖。以目标用户喜爱的悬疑海报、创意段子、趣味动图等娱乐化社交内容，在社交媒体上对产品的核心卖点进行多维度潜移默化的曝光和轰炸，并通过小米有品和PR手段进行品牌背书，实现品牌曝光和口碑建设，最终将推广带来的流量导入小米有品实现购买转化。

项目执行

（1）2018年4月18日—2018年4月22日，以“悬念类社交内容”在微博开启第一轮传播。

第一弹：紧扣产品国内首款“前置摄像头”智能锂电车的核心卖点，以眼睛作为悬疑海报切入点，连续5天通过官方微博曝光悬疑海报，引发网友关注和猜测。

第二弹：结合产品坐垫舒适的核心卖点，创作创意长图文《你有被内裤卡住过么》，一反电动车行业常规发布会的套路，通过挖掘如何带来更好出行体验的需求，以“段子结合发布会”信息的形式，吸引“粉丝”，同期发起微博话题#你有被内裤卡住过么#，增加产品发布会热度。

第三弹：借助第三方素人微博巧妙投放悬疑类竖屏视频《惊现无人驾驶电动车》，联合3名KOL转发，同步发起微博话题#惊现无人驾驶电动车#，为发布会再造声浪。

（2）2018年4月23日，产品在小米有品正式上线。举办“玩·开眼”发布会，正式发布产品，揭晓悬念。以“现场发布+潮人直播+公关报道”线上线下联动形式，高调开启第二轮产品揭秘式的传播。7家网络媒体、2家电视媒体现场探秘，17家网络科技媒体刊发报道，引发全网式聚焦。

“玩 · 开眼”发布会

（3）2018 年 4 月 24 日—2018 年 5 月 24 日，结合产品在小米有品上众筹的玩法，在微博上以娱乐化社交内容开启第三轮引流传播。

视频营销：众筹开启当日，官方连续三周发布主题视频，紧扣产品三大核心卖点，同时发起微博话题 # 自拍女生有多拼 #，促使产品热度持续不减。微博 KOL 及速珂特邀平拍 KOL 配合视频在社媒上转发炒作，使视频传播热度持续升温。

创意段子营销：创作并发布创意长图文段子《女生自拍变迁史》。将产品独有的前置摄像头功能，通过有趣又有料的长图文方式展示出来，制造微博话题 # 女生自拍变迁史 #，加固消费者对产品核心卖点的印象。

创意动图营销：借助 KOL 臀神 Nokia 自带特点，从舒适骑乘感的产品层面出发，延伸到目标受众的日常体验层面，推出创意动图《你了解臀部的心情吗》，同时制造微博话题 # 你了解臀部的心情吗 #，用场景化和年轻化的方式与目标用户互动，吸引大批年轻用户关注。

创意事件营销：与“马尔代夫哥”何利平合作，发布“何利平遛车”悬念图，发起话题 # 何利平这次又要表达什么 # ，随后何利平自揭谜底，形成 KOL 二

次转发，晒出和速珂的平面商拍，延续产品理念。

（4）PR 背书。整个事件被社会多角度报道，报道累积 144 篇；同时引发营销大号“4A 广告门”“广告也震惊”等发表专文分析。

项目评估

1. 销售成果

众筹开启 27 小时金额突破 500 万元，60 小时突破 1000 万元，6 天突破 3000 万元，11 天闯过 5000 万元大关，30 天总金额超 5498 万元已达目标 5065%，创造小米有品众筹项目支持金额 NO.1（全品类）。

2. 宣传成果

整体网络传播曝光量超 5000 万次，多次冲上微博热门话题榜前 5。创意段子配合话题 # 你有被内裤卡住过么 #，冲上微博热门话题榜 TOP1 超过 1 小时，阅读量 898 万次，经 4 名 KOL 共同转发后，共收获微博阅读量 346.8 万次。悬疑竖屏视频，经 3 名 KOL 转发，共收获微博阅读量 299.1 万次，话题 # 惊现无人驾驶电动车 # 阅读量 19.4 万次。全球发布会和杭州生活馆开幕直播，累计观看超 109.38 万人次，点赞超 90 万次。视频（前置摄像头篇），共收获微博阅读量 1129.9 万次。 微博话题 # 女生自拍有多拼 #，话题阅读总量超 547 万次。创意段子《女生自拍变迁史》配合话题，共收获微博阅读量 826.2 万次，话题阅读量超 350 万次。创意动图配合微博话题 # 你了解臀部的心情吗 #，共收获微博阅读量 546.1 万次。悬念式话题 # 何利平这次又要表达什么 # 总曝光量超 844 万次，被微博推送至页面热点侧边栏、App 端首页。何利平自揭谜底，形成 KOL 二次转发，共收获微博阅读量 1222.6 万次。“4A 广告门”发文共收获阅读量 6.1625 万次；“广告也震惊”发文共收获阅读量 6.5872 万次。

3. 品牌效果

（1）根据百度指数数据显示。“SOCO CU”作为新关键词被收录，在 2018 年 4 月 23 日发布会当日达到指数高峰 368，后续指数保持在 180；“SOCO”作为关键词在发布会当日达到指数高峰 1517，是前期的 5 倍，平均指数在 420；“速珂”作为关键词在 2018 年 4 月 24 日众筹上线当日达到指数高峰 1493，是前期的4.5倍，平均指数在650，高于发布会前期3倍。

（2）通过需求图谱分析。与“SOCO”有关联的关键词“CU”“SOCO CU”“SOCO CU测评”；与“速珂”有关联的关键词“速珂CU”“速珂cu智能锂电车”作为新关联词，都已进入强关联的核心区域。

4. 行业影响

对电动车行业而言，速珂从产品到营销无一不是基于对年轻群体的深刻洞察，速珂对互联网的驾驭得心应手，推陈出新，实现了品牌曝光。

对广告营销行业而言，速珂在信息碎片化、注意力稀缺、传统营销方式越来越难有效果的背景下，做到了品牌发声和销售转化的双重炸裂效果，其营销方式的新颖、营销效果的亮眼，让整个行业惊讶。

项目亮点

在互联网信息粉尘化、内容碎片化的时代，速珂深刻洞察年轻群体的兴趣属性，放大产品自拍社交的卖点，定向聚集目标用户，创作娱乐性和创造性的社交内容，让社交话题成为产品售卖的导流内容。同时以微博和小米有品作为线上平台，流量转化的同时完成品牌背书，成功创造了小米有品全品类众筹金额最高纪录。

亲历者说 李安敏 SUPER SOCO速珂智能科技（上海）有限公司市场部高级经理、品牌公关

作为传统电动行业的“搅局者”，速珂一直致力于做最懂年轻人的骑行潮牌。本次营销，在注意力经济下深刻洞察了年轻人的兴趣属性，通过一系列社交媒体“组合拳”的娱乐营销，成功与年轻人打成一片，不但树立了速珂“酷玩骑宠”的品牌，更创造了小米有品众筹金额的最高纪录，为速珂拓展年轻人市场赢得了漂亮的一仗，同时让增速缓慢的电动车行业看到了新的生机。

案例点评

点评专家：胡远珍　湖北大学新闻传播学院副院长、教授

没有人会否认洞察消费者的重要性，速珂此次做到了品效合一。洞察消费者要先锁定消费者、走近消费者、了解消费者，再针对消费者定制品效合一营销传播策略。速珂玩转娱乐营销，其道在于“时尚、潮流、好玩”品牌标签，深度契合消费者兴趣点；其精在于自拍功能、颜值爆表、坐垫舒适产品核心卖点，有效契合消费者利益点；其妙在于通过娱乐性和创造性的社交内容，掀起了消费者内心骚动的“盖头”，以社交媒体的倾力传播，在不同的时间节点，聚焦不同话题，悬念式推波助澜，引爆关注互动风潮、众筹购买风潮，成为 2018 年极有传播力、影响力的标志性营销。

如果说策略及执行是精准达到品效合一的重要因素，那么舍我其谁、玩转娱乐营销的品牌气质是更为关键的核心支撑。舍我其谁，其实是对洞察消费者的注解。谁比我更了解消费者？“我”贴近消费者、更懂消费者，“我”才能为消费者代言。玩转娱乐营销，是“我”代言的策略性主张。突破品牌固有的调性，建立品牌标签，且深耕产品的三大核心卖点，在如何说和怎样说上，注重原创性、娱乐性、社交化、视觉化，就没有谁可以阻挡“我”与消费者拥抱、消费者对“我”情有独钟。

定位理论大师杰克·特劳特认为，不迷失在传播的丛林中，定海神针的方向就是洞察消费者，抢占消费者心智。SOCO CU 智能锂电车小米有品众筹社媒营销深谙此道。

2018 最具公众影响力
技术创新营销大奖

2018 母亲节美赞臣 AR 传播

执行时间：2018 年 5 月 12 日—2018 年 5 月 20 日

企业名称：美赞臣营养品（中国）有限公司

品牌名称：美赞臣

代理公司：北京海唐宋元公关顾问股份有限公司

获奖类别：金旗奖——2018 最具公众影响力技术创新营销大奖

项目概述

随着新零售概念的崛起，新的营销手段层出不穷，新兴的 AR 技术成为众多品牌探索的新助力方式。而母亲节从西方国家传入我国，越来越被国人接受并成为重要的节日之一。

以此为契机，美赞臣联合支付宝，在母亲节期间，推出 AR 技术搭载人脸融合技术的创意线上活动“我带妈妈拍世界”。消费者通过支付宝 AR 扫一扫功能，扫描“我爱妈妈”打印体及美赞臣产品罐身，即可进入虚拟 3D 城市，并借助人脸识别技术，生成与妈妈的合影照片。

美赞臣抓住人们的情感痛点、借助新技术打造趣味的互动内容，配以新浪微博、微信 KOL 朋友圈、主流都市媒体网站等媒体平台的大范围传播，吸引了 10 万多位用户主动参与，活动信息获得 6300 万次的点击，在社交平台上带起一股“我带妈妈拍世界”的晒照片风潮，把“带妈妈去旅行”这个传统主题提升到新的层次。

2018 母亲节美赞臣 AR 传播 1

项目调研

首先，从情感上，母亲节容易形成话题。母亲节是舶来的“洋节日”，但因契合中华文化中“孝”的概念，利于儿女表达对父母的感激之情，近年来越来越受到国人的欢迎，特别在年轻人中十分流行。然而，由于工作、生活等原因，年轻人在节日时未必能和母亲团聚庆祝，通常是赠送花卉或者保健品等聊表心意。因此，陪伴母亲和母亲节礼物也成为母亲节期间的热门话题，在节日期间借此打造情感痛点，很容易引发关注和共鸣，形成传播热潮。

其次，年轻人有热爱分享、追求新鲜的特点。随着生活水平的提高，年轻人的生活和消费习惯也发生了变化，呈现出明显的特点：以手机为最主要触达媒介，生活态度娱乐至上，追求新鲜好玩事物，分享生活状态到朋友圈等成为常态等。因此“如何制造好玩的内容，如何通过手机为媒介载体”是针对这类人群营销的关键所在。

再次，AR 等技术逐步成熟奠定基础。科技的进步极大地丰富了传播的手段，从微博、微信的图文传播，到短视频的兴起，再到H5成为营销常客，各品牌也在尝试结合新的技术手段进行营销。而相比之前的技术，VR、AR给人身临其境的感觉，有更强的感染力和互动性，受到年轻消费者的欢迎。2018年春节期间，支付宝、QQ等平台使用AR技术的活动大放异彩，也意味着这项技术逐步成熟，为其他品牌的运用奠定了基础。在还没有太多品牌应用的情况下，用先进的技术打造活动，能引发消费者参与的好奇心和热情。

2018 母亲节美赞臣 AR 传播 2

最后，美赞臣和支付宝有广泛的受众基础和强大的影响力。美赞臣作为享誉全球的婴幼儿奶粉品牌，有广泛的消费群体，支付宝也有6亿用户作为传播基底，两者强强联手，可以覆盖更多人群，调动更多人参与，扩大活动影响力。

项目策划

1. 项目目标

通过AR科技和人脸识别技术与母亲节巧妙结合，吸引用户在H5中的美赞臣全球四大基地城市生成与妈妈的合影，用新奇的黑科技带动分享，用科技手段助力情感释放，拉近品牌与中国新生代消费者之间的距离，传递美赞臣全球科研及深植中国的品牌形象。

2. 项目策略

结合先进的技术和深刻的情感洞察，打造更具感染力、分享性和趣味性的游戏活动。

（1）活动创意上主打“母亲节带妈妈看没有看过的风景”的情感痛点，号召用户给予母亲更多的陪伴和交流，同时采用更新潮的 AR 技术和人脸识别技术打造互动活动，在品牌集中营销的母亲节突出重围。

（2）与支付宝强强联合，采用支付宝平台 AR 入口，利用超级平台流量最大化活动声量，吸引更多潜在目标人群参与。

（3）借助人脸识别生成与妈妈合影照片作为传播载体，打破 AR 与社交媒体不互通的传播壁垒，利用 KOL 在社交媒体的引爆进行链式传播，把“带妈妈去旅行”这个传统主题提升到新的层次。

3. 传播内容

（1）在母亲节期间，通过黑科技生成目标消费者和母亲、孩子的合照，鼓励分享，传递感恩母亲的感情，凸显美赞臣作为母婴品牌，关爱孩子、感恩母亲的企业情感和理念。

（2）以中国、美国、荷兰、英国四个与美赞臣品牌强关联的国家为 3D 场景，植入企业总部、研发基地、生产基地、奶源地等企业信息；同时在场景中设置动画和音效并植入“美赞臣来到中国 25 周年”和“与生俱爱，臻致未来”等品牌信息，凸显美赞臣国际化和百年科研的品牌形象。

4. 受众

年轻潜在消费人群。

5. 媒介策略

联动全平台媒体打造传播矩阵，分阶段进行重点传播。

（1）打造传播矩阵。活动前期通过品牌“官方自媒体矩阵 + 门户网站 + 营养推广顾问 + 社交平台 KOL+ 支付宝 AR 广场”的组合媒体矩阵，全网宣传“我带妈妈拍世界”线上活动，为活动进行预热。

（2）分阶段进行重点传播。活动前期，借助朋友圈和头条号 KOL 的影响，召集更多用户扫码参与并分享活动，扩大影响力；活动发酵期通过行业 KOL 深度稿件进行舆论定调，强化品牌形象及活动营销影响力，最大化提高美赞臣的行业地位。

项目执行

1.AR 设计与制作

为展现完美的 3D 效果、人像与风景结合的效果，项目组在上线前 2 个月进行了大量准备工作。

（1）AR 画面设计及 3D 场景搭建：对中国、美国、荷兰、英国四国的标志性建筑进行素材采集，以此进行画面设计、3D 建模，合成旋转地球以及四大场景。场景设计部分画面如下。

场景设计画面

（2）人脸识别及场景融合：搭建画面场景后，为实现人脸与风景的完美融合，要克服人脸识别及照片截取等难题，之后，再将画面人像风格化，实现与风景的一体化。

2. 活动传播

（1）活动预热（2018 年 5 月 12 日）：美赞臣官方微博、自媒体矩阵迅速、简短预热。

（2）活动期间（2018 年 5 月 13 日）：KOL 集体发声，吸引用户参与；同时邀请奥运冠军马琳携其母亲出镜，引发关注和传播，提高参与度；此外，借助各品牌自有媒体平台进行传播，如在支付宝 AR 广场推广位展示，在美赞臣内部自媒体平台——美赞 E 家人完成内部传播；其他门户网站、垂直网站跟进报道。

（3）活动传播期（2018 年 5 月 14 日—2018 年 5 月 17 日）：传统纸媒跟进报道；母婴、旅游、生活等领域 KOL 持续发声，活动声量延续；新浪微博微话题持续传播。

（4）活动发酵期（2018 年 5 月 18 日—2018 年 5 月 20 日）：行业媒体定调，传递行业及社会意义；主流纸媒活动整体报道收官。

3. 控制与管理

在画面设计阶段，由于风景图片及人像照片的光照方向、亮度、对比度、饱和度等参数可能存在较大差异，无法实现完美融合，经过多次思考及调试，项目组将风景画面固定，而对人像进行简单的风格化处理，在艺术化的情况下最大限度保留了人像的真实度，同时与背景风景图片完美结合。

在传播阶段，由于平台众多，需要严格把握传播节奏。经过与各媒体密切的沟通，对传播内容及传播时间进行了严格把控和协调，找到了成功的传播节奏。内容从平台自有的支付宝 AR 广场、美赞臣官方微博及自媒体矩阵起始，逐渐扩大到纸媒、网站、百度搜索及各平台的 KOL，从种子到普通消费者，层层推进，最终形成了传播大潮。

项目评估

借助先进的技术手段及大声量的传播，获得了极大的参与度和曝光量，拉近了美赞臣与新生代消费者之间的距离，同时将企业理念和品牌价值潜移默化地传递给受众。

据支付宝数据反馈，活动上线后，于母亲节当天达到访问量顶峰，新颖好玩的方式吸引了大批量的年轻目标群体参与，整体活动传播获得 6300 万次点击。

从传播上看，通过媒体矩阵的传播，项目获得了极大的曝光度。朋友圈 KOL 持续发声，将“我带妈妈拍世界”影响力提升，一共获得 3000 多次互动量；以奥运冠军马琳为首，共 13 位微博 KOL 为活动代言，总计带来 5006.4709 万次阅读；两大头条号“童心不泯”和“每日新生活”为活动贡献了 33 万次阅读；另有总共 45 家网站报道此次活动，涵盖门户及母婴、育儿、科技等垂直类网站，总曝光量达到 1254 万次；行业自媒体“广告圈”也将本次活动作为母亲节成功营销案例精选深度解析，最大化了本次活动对业内的影响力。

项目亮点

（1）情感上，精准抓住“母亲节带妈妈看没有看过的风景”的情感痛点，借助 AR 形式，吸引年轻受众关注参与，同时，比起传统的康乃馨、丝巾、贺卡等母亲节礼物，黑科技也更有分享性和趣味性。

（2）技术上，AR 叠加人脸融合技术，并且将玩家和妈妈两张照片上传再生成合影，对人脸融合的技术难度要求更高，但用户体验也更为独特，为整个 AR 互动增强了感情元素。

（3）传播上，利用年轻群体喜欢通过移动端进行生活趣味分享的习惯，充分发挥社交媒体的传播优势，让参与者主动成为传播者，成功触发用户自发的链式传播。

（4）品牌影响力上，将活动与品牌信息巧妙融合，本次活动将“我带妈妈拍世界”的主题与美赞臣强关联性四国城市巧妙结合，凸显美赞臣国际化的品牌形象，同时软性植入美赞臣来到中国 25 周年主题，强化目标群体对美赞臣品牌的认知，并不断向消费者传递产品信息和企业理念——美赞臣作为全球百年科研品牌，在数字化浪潮中不断地与新生代消费群体进行全方位融合，更快速地进行品牌传播。

亲历者说 居晨辉 美赞臣对外事务部企业传播高级经理

在母亲节这个重要节点，众多品牌会通过妈妈这个触点来传播自己的品牌主张。如何在众多品牌集中传播的时间段做出不一样而不失温暖度的传播，是美赞臣作为一个母婴产品品牌所要解决的。在这次传播中美赞臣是从下面几个维度来思考的。

（1）母亲节传递与母亲之间的联系这条主线是不变的，但可以突破传统的套路打法如海报、视频、软文等，我们想做些带技术感又能吸引用户参与其中的活动，因此生成与妈妈合影照片是我们的突破口，目前也有成熟的技术相匹配。

（2）如果只是有生成合影的互动环节还不够，我们思考如何将品牌信息和互动进一步结合，于是从场景入手，将合影的背景选择美赞臣在全球重要的四个国家基地，自然结合品牌元素。

（3）为了将四国元素与互动有效结合，我们又通过 AR 形式将四国场景生动地呈现在用户眼前，并且将四国城市代表性的元素在 AR 中展现出来，使得互动中的体验感大为增强，也很好地和品牌本身进行了结合。

（4）我们选择拥有庞大用户基础的支付平台作为 AR 入口，更好地借助支付宝平台吸引用户参与并分享，形成品牌借力。

案例点评

点评专家：何辉　北京外国语大学国际新闻与传播学院教授、博导，历史语言与战略传播研究所所长

公共关系的本质，是为组织机构创造良好的生存环境；营销的本质，则是通过实现交易，为企业创造利润。近年来新科技不断涌现，很多企业都在尝试利用新科技来进行公共关系传播与营销。2018 母亲节美赞臣 AR 传播，是一个利用新科技进行公共关系传播与营销的成功案例。美赞臣联合支付宝，在母亲节期间，推出创意线上活动“我带妈妈拍世界”。该活动有几大优点：第一，目标非常明确，即利用新奇的黑科技带动分享，拉近品牌与中国新生代消费者之间的距离，从而为营销活动创造良好基础。第二，善用情感诉求与新科技。科技给人的印象是冷冰冰的，但是，美赞臣利用新颖的创意，利用消费者的“尝鲜”心理，使冷冰冰的科技服务于温暖的情感诉求，从而直达人心，产生情感共鸣，极大地提高了美赞臣品牌在消费者心中的好感度。第三，把握上佳传播时机。公共关系传播和营销策划的关键之一，是要抓住好的传播时机。美赞臣抓住母亲节这一好时机，以亲情打动消费者，从而赢得好口碑，为品牌创造了良好的舆论环境。美赞臣使创意与科技互动，感性与理性融合，成就了行业内具有技术创新领军意义的公共关系与营销事件。

2018 最具公众影响力

全球化传播大奖

领英携手“体验中国”，诚邀外籍人士感受中国风职业体验

执行时间：2018 年 6 月 25 日—2018 年 7 月 10 日

企业名称：北京领英信息技术有限公司（简称：领英）

品牌名称：体验中国

代理公司：凯维营销策划咨询（上海）有限公司

获奖类别：金旗奖——2018 最具公众影响力全球化传播大奖

项目概述

“体验中国”外宣系列活动由国务院新闻办公室对外推广局推动和指导，以外国体验者的文化视角和表达方式，通过文化碰撞带来的体验，分享和传播中华文化。“体验中国”组织外国体验者走遍中国，采用视频拍摄、网络直播等方式，借助国内外新媒体平台，带领观众深入感受中国的自然风光、社会风俗、现代化建设成就等。

领英在全球拥有 6.1 亿名会员，作为全球商务人士聚集的领先职场社交平台，拥有显著的全球传播优势。2018 年 6 月开始，领英携手“体验中国”，推出了一系列极富中国元素的惊奇职位，进行共计 5 期、40 个极具中国特色的职业体验招募，为充满好奇心，又热爱冒险的外籍人士提供一次别样的中国风职业体验。首期 8 个职位一经上线便受到领英海外会员热捧，吸引超过 1600 人报名。截至发稿前，领英自有媒体平台（包括手机客户端、站内传播等渠道）配合宣传首轮职位信息，已成功触及美国、英国等超过 25 个国家和地区的受众，获得超过 1.1 亿

次曝光。项目启动新闻稿更是被译为英文、法文等多个版本，面向全球广泛传播。

作为“体验中国”的战略合作伙伴，领英助力“体验中国”精准触达目标受众，快速找到合适的候选人，同时借助领英全球精英人脉圈，将这些代表中国文化、社会发展的符号元素扩散出去，向世界讲述中国故事，展示中华文化，传递更开放、多元和包容的中国形象。

项目调研

1. 项目背景

近年，中国经济的蓬勃发展和独特的文化历史底蕴，吸引了越来越多外籍人士来华旅游学习，甚至成为地道的“中国职场人”。基于此，领英携手“体验中国”，推出了一系列极富中国元素的职位，从极具中国味道的传统职业到近年来的新兴热门职业，为外籍人士提供别样职业体验。

2. 可行性研究

创建于 2003 年的领英，致力于连接全球职场人士，并协助他们发挥所长。截至发稿前，领英用户数已超过 6.1 亿人，覆盖全球 200 多个国家和地区，几乎每家世界 500 强公司都有高管加入。作为“体验中国”的战略合作伙伴，领英是汇聚全球商务人士的高质量内容社区，是连接中国与全球高端职场人群的重要平台。

此外，在首轮职位的选择上，领英和“体验中国”经过多次讨论，深入研究外籍人士感兴趣的工作内容。同时，双方也努力寻找、挖掘中国的特色职业，通过调研、走访，最终推出了八大职位。

无论是在中国工作生活的留学生、外籍精英，还是目前生活在国外，但对中国有着浓厚兴趣的海外人士，皆可直接在领英活动页面点选心仪的职位一键申请，中国会员也可通过该页面推荐自己的海外好友参与职位申请。

项目策划

1. 目标

借助领英站内、外资源，吸引目标受众关注；助力“体验中国”项目宣传，吸引高质量候选人；传播“用领英向世界讲述中国故事”的价值信息；增强领英与全球用户的互动，提升品牌国际影响力。

2. 策略

从领英站内资源，到公关发声，再到渠道投放，全方位集中传播，向全球展示信息。领英官方微博、微信及站内资源同步发力，宣传重点信息，精准触及目标受众，同时借助领英平台海外用户资源丰富的优势，全面提升国际知名度。

打造目标受众喜欢的内容，并以多样形式呈现。梳理重点信息，设计创意中国风手绘职业海报，以受众易于理解的形式，让受众快速了解“体验中国”。同时，挖掘用户故事，并以风趣的语言进行发布，吸引关注。

3. 受众

外籍人士以及拥有外国人脉并愿意推荐其参与活动的中国用户。

4. 传播内容

领英携“体验中国”首轮推出八大惊奇职位，诚邀外国人来中国上班，带

活动海报

领外籍人士深入体验极具中国特色的职业，分别是：成为熊猫“爸妈”，在四川成都感受养护员的生活；成为少林武僧，在河南登封体验少林功夫的博大精深；成为天路旅行者，体验青藏公路上卡车司机的日常；成为张家界“蜘蛛人”，在湖南张家界为世界奏响“阿凡达故乡”的环保乐章；成为岳麓书院院长，在湖南长沙学习拓片、书法、古建筑修复等知识；成为拉面师傅，在甘肃兰州学习制作拉面的技巧，亲手制作兰州拉面；成为高铁背后的英雄，在湖北武汉向世界展示中国高铁的魅力；成为无现金社会的一员，在广州感受一日无现金生活，展现中国现代化城市建设和科技的迅猛发展给生活带来的便利。

创意中国风手绘职业海报设计制作，设计概念以招募到的职场人日常工作状态为主画面，辅以外籍人士视角在体验职业前的相关文案，为其体验惊奇职位后形成的反差萌做铺垫。

创意中国风手绘职业海报

5. 媒介策略

在传统媒体上，中英文新闻稿面向全媒体发布，重点发力综合类、行业类、外宣类以及地方类媒体。配合新闻稿，邀请今日头条大号，如“全球热门生活”等同步发声。

在新媒体上，主要以创意职业手绘海报及用户故事的传播为主。多个微博意见领袖，如“糗事大百科”“球球的画”“中国新闻周刊”等均直发创意海报。微信上则通过大号“Shameless”发布与话题相关的用户故事吸引关注。

同时，领英官方微博携#歪果仁遇见中国职业#转发“糗事大百科”首发微博，并上线微活动，邀请“粉丝”讨论“在首轮八大惊奇职位中，你认为外国人最想体验的是哪一个”。领英官方微信亦同步宣传相关内容。借着发布惊奇职位的热度，领英站内也发起话题讨论，邀请全球职场人士谈一谈中国哪个城市更吸引人才。中英文新闻稿内容在站内发布后，领英海外会员反应热烈，纷纷表示出了对熊猫养护员、少林寺学徒等职位的极大兴趣。

项目执行

2018年6月20日，领英正式开启首轮宣传。在站内，领英上线中英文活动落地页，同时面向中国用户发起话题讨论#最想要工作的城市#，充分调动站内资源进行推广；在付费媒体推广上，领英运用今日头条和知乎配合宣传“体验中国”，通过视频、文字等多种形式引人关注。

2018年6月25日—2018年6月30日，领英正式面向全球发布官方新闻稿，宣布其携手“体验中国”，推出了一系列极富中国元素的职位。在首轮职位发布传播中，领英亦准备了英文新闻稿，通过领英平台首发，吸引国际用户关注。

同时，领英发力双微平台宣传。首周创建#歪果仁遇见中国职业#微博话题，并利用官微介绍项目信息，引发“英国那些事儿”等知名大V转发评论，“体验中国”官微互动。领英官微也发起微活动，鼓励“粉丝”参与讨论，其中积极参与互动的“粉丝”更将获得领英送出的精美礼品。

2018年7月1日—2018年7月9日，在微博平台，领英以中国风手绘创意海报，展现首轮八个职位，向世界讲述中国故事。多个微博知名大V直发八

张创意海报及主视觉图片，扩大话题关注度，引发领英官微、“体验中国”官微以及微博“粉丝”的互动。

在微信平台，领英选择了“粉丝”以外籍人士为主的大号“Shameless”来传播，并融入相关用户故事全方位展现项目宗旨，增加文章的趣味性和可读性。为了进一步扩大影响力，领英还借助今日头条平台“粉丝”基数大的优势，发动平台大V宣传。

项目评估

1. 效果综述

首轮八个职位一经上线便受到领英海外会员的热捧，吸引超过1600人参与报名；启动新闻稿获得主流媒体报道，已有超过150篇新闻露出；在新媒体渠道，多个微博大V参与互动，带来超过3400万次曝光，引发关注；领英自有媒体平台（包括手机客户端、站内传播等渠道）配合宣传首轮职位信息，截至发稿前，已获得超过1.1亿次曝光。

2. 媒体统计

自2018年6月25日以来，中英文新闻稿已获得《经济日报》、《新快报》、人民网、中国日报网、环球网、中国旅游新闻网、四川经济在线、华西都市网等综合类、行业类、外宣类以及地方类媒体的报道。值得注意的是，新闻稿也被译为英语、法语等多种语言版本。在2018年7月6日出版的《中国日报》上，该新闻更是登上了头版，面向全球受众传播。除传统媒体渠道，在#歪果仁遇见中国职业#微博话题页上，截至2018年9月15日，该话题阅读数高达231万次，讨论达到1485次。

项目亮点

1. 面向全球目标受众，全面提升国际影响力

借助领英海外会员优势，精准定位目标受众，高效宣传。首轮八大职位上线时，同步配合中英双语新闻稿，面向全球传播。此外，启动新闻稿得到各大主流媒体，特别是外宣类媒体的大力支持，被译为英语、法语等多种语言版本，扩大了传播范围。

2. 运用受众喜欢的创新形式，传播关键信息

为了更好地宣传首轮的八大职位，领英精心设计中国风手绘创意海报，将外国人心中的中国特色职位表现得淋漓尽致。同时运用受众喜欢的风格，以社交媒体平台流行的形式加以传播，成功收获极高的关注，引发互动。

3. 多种传播渠道联动，发动意见领袖扩大传播

除了发力传统媒体渠道，此次领英在宣传上同样发力微博、微信、今日头条等新媒体平台，充分调动各平台的意见领袖资源，使用受众喜欢且易于理解的内容，传递信息，提高知名度。

4. 紧密结合社会热点，助推传播

在中国快速发展、汉语受到外国人热捧、孔子学院数量激增的当下，领英携手“体验中国”顺势推出该项目，不仅能够给予外籍人士近距离接触中国的机会，还能向世界展示别样的中国特色职场文化，可谓一举多得。

亲历者说 段锦宜 领英中国公关经理

最初了解到“体验中国”时，我们在新奇之余，更思考如何结合领英平台的价值定位进行整合。基于此，我们深挖双方的价值诉求，用心去策划、开发能够真正让外籍人士近距离感受中国职场特色。这次宣传得到了从产品、运营、研发到市场公关等领英各部门的大力支持，也从侧面证明了大家对项目价值的认可。虽然前期我们在内部协调、沟通上花费了大量的时间、精力，但是最终能促成总部产品团队在全球产品层面的全力支持，让这一次创新尝试成功落地，我们十分欣慰。

“体验中国”活动上线后，反响超出预期，多家职位所在地的媒体主动联系我们寻求合作，屈臣氏、支付宝、可口可乐等品牌主也表达了强烈的合作兴趣。

启动新闻稿得到了中外媒体的大力支持。经外媒主动翻译传播后，领英欧洲的同事更是主动提出，希望配合中国团队助力海外传播，并将后续的亮点职位，结合进领英欧洲的相关活动中。这不仅是领英全球同事对我们工作的认可，

也说明我们在策划、关键信息梳理、对外传播等各个方面，精准抓住了海外用户的喜好，将宣传效果最大化。

案例点评

点评专家：张勇　中国中车集团有限公司、中国中车股份有限公司新闻处长

领英携手“体验中国”，诚邀外籍人士感受中国风职业体验是为数不多打通中外、有效展示国家形象的国际传播案例。纵观全案传播，有如下几个成功之处。

从议题设置上看，遴选的是中国惊奇职位，国内外的外籍人士，都认为这些职位有着与生俱来的新鲜感和神秘感。从渠道上看，领英有着打通中外、全球共享的特性，能让全球人士在社交平台上同频共振，产生互动。从渠道与选题的关联度上看，领英从职业切入，实现了渠道和职业的极佳契合。从传播主体上看，领英充分调动了外国在华留学生、外籍在华精英以及其他外籍人士积极参与其中。从互动性上看，首轮八个职位一上线，即吸引超过 1600 人参与报名，之后互动不断。从媒体动员上看，除了领英自身的平台外，还吸引了中央媒体及外媒的跟进，形成了传播叠加、交相辉映的格局。

领英携手“体验中国”，诚邀外籍人士感受中国风职业体验通过精心策划和精准实施，也达到了卓越的传播效果。首先是富有技巧地展示了优秀的中国国家形象、悠久而有趣的中华文明。其次是通过神奇的职业，形象展示了中国特有的“工匠精神”，向世界展示了一个立体而真实的中国职业形象。最后是从始至终的互动共振，调动广大受众尤其是相关利益方参与进来，将品牌形象转化为企业效益。

唯爱工坊：唤醒千年之美非遗盛夏公益专场——伦敦传播活动

执行时间： 2018 年 6 月

企业名称： 唯品会（中国）有限公司（简称：唯品会）

品牌名称： 唯爱工坊

代理公司： 罗德公共关系顾问（北京）有限公司广州分公司

获奖类别： 金旗奖——2018 最具公众影响力全球化传播大奖

项目概述

唯品会是中国电商巨头，也是服饰穿戴领域的行业巨头。唯爱工坊是唯品会独家打造的特色电商公益平台，通过发挥电商平台优势汇集社会各界资源，发掘并打造消费者喜爱的优质非遗产品，致力于唤醒千年之美。2017 年 5 月成立以来，唯爱工坊携手国内知名品牌和中外时尚设计师，共同推动非遗现代生活化、时尚商品化和发展可持续化，促进非遗的活化与传承，改善非遗手工艺女性及其家庭的生活质量。

2018 年 6 月，唯品会与苗族和彝族绣娘赴英国伦敦参加 2018 女性公益可持续发展国际论坛暨女性手工艺创新展，绣娘在现场向中外来宾展示了蜡染、彝绣等传统手工技艺及其独特的设计美学。同期，唯品会也与两位少数民族绣娘一起观看 2019 春夏伦敦男装周，绣娘在秀场后台和设计师交流；在秀场外，唯品会特邀国际时尚模特、潮流达人用非遗时尚单品进行混搭街拍，提升中国

传统手工艺时尚感，让消费者喜爱并购买非遗产品，也让更多品牌看到非遗手工艺的巨大市场空间。

在 2018 年中国文化遗产日前夕，唯爱工坊：唤醒千年之美非遗盛夏公益专场上线，多个社交平台发起话题热议，微博发起的 # 唤醒千年之美 # 话题讨论，阅读量超 1330 万次，讨论量近 5000 次，传播期间非遗单品销售额超过 106 万元[①]。

唯爱工坊：唤醒千年之美非遗盛夏公益专场——伦敦传播活动

项目调研

1. 项目背景

中国多数传统文化手工艺集中在离大城市较远的少数民族地区，其设计水平及当地市场空间都相当有限。缺少市场的传统技艺无法为手工艺者带来收入，手工艺者们为了维持生计不得不外出打工，导致美轮美奂的传统手工艺面临逐渐失传的局面。

---

① 计算周期：2018 年 6 月 8 日—2018 年 7 月 31 日。

非遗传统手工艺美学与现代审美存在差距。一些消费者认为中国的传统手工艺很“土”，缺乏时尚感，难以引起消费兴趣。

由于中国传统手工艺难以运用到现代生活场景，所以其市场空间一直不大，商业主体不太愿意投入传统手工艺的保护和传承中。

2. 可行性研究

（1）振兴传统工艺，提高非遗保护传承水平十分必要。

唯爱工坊紧密跟随国家政策和关注重点，一方面通过行业指导、人才培养、手艺人帮扶、设计师重构和联合品牌重塑等举措，促进非遗活化与传承；另一方面，携手中国妇女发展基金会建立唯爱妈妈合作社，为绣娘提供专业技能培训，接洽订单，使其可以通过自己的能力获得经济来源，改善自身和家庭的生活质量。

（2）“互联网 + 公益”公益模式逐渐成熟，社会各界力量积极加入“互联网 + 公益”队伍之中，为项目执行奠定基础。

2017 年，唯爱工坊将电商平台和公益相结合，通过汇聚社会各界力量建立起行之有效的非遗保护和传承的创新实践模式，为项目执行的公众影响力奠定强大社会基础。

（3）唯品会于 2018 年 1 月正式与伦敦时装周建立战略合作关系，唯爱工坊可借势此国际时尚界大 IP 为传统非遗进行强有力的时尚背书。

唯品会基于与伦敦时装周的战略合作关系，可受邀与绣娘观看 2019 春夏伦敦男装周，碰撞中西设计理念的同时传播中国非遗。可在秀场外，邀请国外模特在伦敦街头穿搭非遗单品街拍，使中国传统非遗美学迅速在世界时尚圈扩散。

项目策划

1. 项目目标

推动中国非遗的传承与活化；鼓励更多的消费者喜爱并购买非遗手工技艺产品；证明非遗拥有巨大的市场空间，吸引更多的品牌、商业主体及社会各界力量投入非遗的保护和传承中。

2. 目标公众

拥有非遗手工技艺的人；广大消费者；关注时尚和传统文化的各个品牌；相关政府部门。

项目执行

（1）2018 年 5 月 9 日，确定活动执行方案。

（2）2018 年 5 月 9 日—2018 年 5 月 30 日，明确项目各阶段执行及媒体传播规划。

（3）2018 年 5 月 31 日，沟通伦敦街拍内容（街拍服饰清单、模特挑选等）；确认到场参与的媒体名单，确认此次活动深度报道的媒体名单。

（4）2018 年 5 月 31 日，确认新闻稿角度，撰写活动新闻稿；撰写唯品会副总裁黄红英女士论坛演讲稿以及 PPT（演示文稿）。

（5）2018 年 6 月 8 日，唯爱工坊：唤醒千年之美非遗盛夏公益专场正式上线；微博话题 # 唤醒千年之美 # 正式上线。

（6）2018 年 6 月 9 日，唯品会与彝族和苗族绣娘赴伦敦剑桥大学参加 2018 女性公益可持续发展国际论坛暨女性手工艺创新展。

唯品会副总裁黄红英女士发表“唯爱赋能、见证她力量”主题演讲：向全球来宾介绍遍布中华大地的各种非遗以及一直在保护和传承这些灿烂文化的女性力量，黄红英女士在会场向中外来宾和媒体介绍两位来自云南、贵州的绣娘。

唯爱工坊携手 16 个时尚品牌联合开发的非遗时尚单品在创新展上展出，活动现场，来自云南、贵州的绣娘代表罗珺（彝绣）、杨林先（苗绣、蜡染），向国内外嘉宾、媒体展示非遗手工技艺。

（7）2018 年 6 月 10 日，唯品会携绣娘观看 2019 春夏伦敦男装周，唯品会邀请国外模特以及素人进行非遗单品穿搭街拍。

唯品会和绣娘在秀场后台与来自全球的设计师积极交流，介绍中国传统手工艺的各种时尚可能性。唯品会邀请国际时尚模特穿戴非遗中国风单品（蝴蝶手包、腰封、小山花彝绣 T 恤），在伦敦著名景点和街头混搭街拍，采访来往男装周的中外潮人对于中国传统非遗手工技艺的看法，并邀请其即兴混搭街拍。

2018 女性公益可持续发展国际论坛暨女性工艺创新展

项目评估

1. 效果综述

2018 年文化和自然遗产日主题为“多彩非遗，美好生活”。唯爱工坊此次伦敦传播活动积极响应了国家提出的非遗保护传承的政策，收获超过 251 家媒体积极报道。同时，活动通过 H5、抖音短视频、直播、种草海报 4 种不同传播形式在微信、微博及抖音平台上传播。

2. 现场效果

论坛上，唯品会副总裁黄红英女士发表了主题演讲，向世界讲述“唯品会式”她公益，以及过去一年在赋能女性道路上见证的“她力量”故事，引来全场与会者的热烈反响。

女性手工艺创新展上，唯爱工坊携手国内外知名设计师和品牌合作设计的非遗时尚单品正式亮相于全球来宾眼前。来自 British Fashion Council（英国时装协会）的高层代表 Jenico Preston 更表示，这些非遗单品“让人迸发出前所未有的时尚灵感”。

在 2019 春夏伦敦男装周现场，两位绣娘身穿民族特色服饰，细腻的绣花吸引了一众潮人关注。在场众多欧美时尚人士对绣娘穿着的民族服饰兴趣盎然，

主动上前与绣娘交谈，合影留念。

在男装周秀场外，唯品会邀请了时尚模特、潮流达人用非遗时尚单品进行各种混搭街拍，唯品会与一众时尚潮人热烈交流，向他们介绍一系列极具中国特色的非遗时尚单品。不少外国友人受访表示喜爱中国非遗元素。

3. 市场反应

唯爱工坊：唤醒千年之美非遗盛夏公益专场销售额超过 100 万元，比 2018 年 2 月唯爱工坊春专场提升了 120%。

4. 受众反应

唯品会能将时尚和传统中国手艺结合，这是一个非常好的想法，也是非常好的社会尝试，既利于企业的发展也体现了企业的社会责任感。我觉得活动办得非常好，而且我对唯品会副总裁黄红英女士印象深刻，她是个非常干练的女性，也非常有想法，她的分享也非常棒。

——CCTV 央视欧洲台记者　杨姗姗

唯品会对非物质文化遗产的传承，对女性发展都帮助很大，并且将这两者完美结合，黄红英女士不仅美丽，口才还特别好，采访回答很精彩。

——凤凰卫视欧洲台记者　赵妍

5. 媒体统计

超过 251 家媒体积极发稿报道此次伦敦传播活动（包括网络媒体、传统媒体），产生的媒体广告价值超过 331 万元；微信、微博以及抖音短视频等三大社交媒体平台的传播共获得阅读量 1811 万次，并吸引了 1550 万人积极参与互动；凤凰网欧洲频道在 2018 年 6 月 9 日 2018 女性公益可持续发展国际论坛直播，共获得 26.4 万人次观看。

项目亮点

充分利用国际平台的传播机会，讲了一个展示民族文化自信的中国好故事。女性公益可持续发展国际论坛是中国妇女发展基金会自 2014 年起每年举办一次的国际活动，旨在整合来自国内外非营利组织机构、企业等全球领袖思维和世界级的学术成果，帮助女性在公益、科技创新、文化传承等领域获得更多发展。唯品会团队在论坛上发表“唯爱赋能、见证她力量”的演讲，向全球来宾介绍各种中华非遗以及一直在保护和传承这些灿烂文化的女性力量。非遗产品、绣娘现场展示非遗手工技艺皆引来中外来宾的称赞。

借助唯品会与伦敦时装周战略合作关系的商业优势，为中国非遗增添“国际时尚”标签。唯爱工坊与两位少数民族绣娘一同观看 2019 春夏伦敦男装周，与来自全球的设计师积极交流，并与国际时尚潮人分享充满“中国风”的非遗时尚单品，让中国非遗在西方时尚圈迅速传播，也让中国新生代消费者感知到中国非遗的“国际时尚”印记，充分提升唯爱工坊“非遗时尚”的品牌溢价。

巧妙运用社交媒体，在年轻人的语境中做好非遗推广。唯爱工坊把非遗融入当下社交媒体语境，让年轻人更容易理解非遗，喜爱非遗。

亲历者说 黄红英 唯品会副总裁

我亲自踏访了 12 个省，和团队一起探寻了 27 种精致的非遗技艺。最让我印象深刻的是这些非遗手艺人的手，有的布满皱纹，有的染满颜色，但他们的手越看越美。自此我和团队就立志要帮助这些非遗手艺人，让中国乃至世界看到这些充满美好的中国非遗，让手艺人在传承和活化非遗的过程中更好地生活。

这次伦敦传播活动中，看到国内外来宾对非遗赞不绝口，我真是从心底感恩。这次成功鼓舞着我们再接再厉，继续努力探索和构建更完整的非遗时尚产业链，让充满民族智慧的灿烂文化后继有人，代代相传，生生不息。

案例点评

点评专家：常濯非　派合传播董事兼总裁

中国改革开放四十多年，消费市场经历了千人一面、一人千面，到今天千人千面，中国消费者越来越关注自己的个性和场景感受。通过传统的非遗、文创等形式衍生出的国潮元素产品越来越受到年轻群体的追捧和青睐。

唯品会这次的品牌策划可以说一石多鸟：首先顺应了国家对于传统文化再开发、再创意的倡导；其次帮扶非遗匠人“走出去”，帮助他们认识世界并被世界认知；最后将“非遗”与“唯美”两个关键信息结合，创造了一次成功的品牌事件营销，并创造了唯爱工坊这一具有多元功能和特性的新主题，通过线上与线下、国内与国外的整合营销手段达到了传播目的，无论是商家的品牌还是产生的社会价值都得到了预期的结果。

7 “宝贝，为你读诗”品牌公益项目

执行时间：2018 年 3 月—2018 年 4 月

企业名称：北京大米未来科技有限公司

品牌名称：VIPKID

获奖类别：金旗奖——2018 最具公众影响力全球化传播大奖

项目概述

2018 年 3 月开学季，全球领先的在线少儿英语教育品牌 VIPKID 联合诗意生活平台“为你读诗”重点推出惊蛰开学大礼——“宝贝，为你读诗”品牌公益项目，由知名演员刘涛和 VIPKID 创始人及 CEO 米雯娟联合双语朗读诗歌《孩子》拉开序幕。

为了让这个送给孩子的大礼持续发热，“宝贝，为你读诗”还邀请社会各界大咖一起为全球孩子读诗。不仅如此，该活动还在 Facebook（脸书）上面向全球家长孩子发起，邀请 VIPKID 的数万名外教，以及全球所有的孩子、爸爸妈妈一起来为孩子读诗，所有的参与者可以通过 H5 录制并直接分享，所有收集到的音频内容将会捐赠给 VIPKID“北美外教进乡村课堂”项目的乡村小学，让更多孩子感受到诗歌的温度。

此外，“宝贝，为你读诗”还组织在线少儿中文平台 Lingo Bus 上学习中文的外国小朋友及家长，以及数百名美国外教在美国盐湖城朗读唐诗，传播中国优秀的诗词文化。

继线上活动之后，VIPKID 还联合“为你读诗”在云南省大理白族自治州巍山彝族回族自治县鼠街小学举办了一场春季诗歌音乐会，著名演员罗海琼、“金话筒奖”获得者朱卫东、诗人周公度等多位嘉宾为山区的孩子们带来了一场精彩的文化盛宴，为整个活动画上圆满的句号。

VIPKID 联合“为你读诗”在鼠街小学举办“大山里的诗歌音乐会”

项目调研

央视大型文化类栏目《中国诗词大会》迅速霸屏，引发了全民诗歌热，而随之而来的《经典咏流传》《信·中国》几个节目都不约而同以中国的经典诗词为主题，更是推动了中国传统文化向世界传播。

与此同时，对于教育行业来说，开学季是重要的节点之一。各大教育品牌都希望在这样一个时间节点里，通过有温度、有调性的品牌活动与目标用户建立情感连接，提升品牌传播声量，从而赢得目标消费者的青睐。

在这样一个大背景下，VIPKID 在开学季到来之时，联合“为你读诗”品牌举办了“品牌 + 公益”强绑定的“宝贝，为你读诗”，号召大家一起来为孩子读诗，不仅为城市的孩子们，更为乡村的孩子们送去开学祝福。

项目策划

1. 目标

提升品牌知名度和调性，扩大 VIPKID 品牌在妈妈人群中的曝光度和好感度。

2. 策略

强势绑定“为你读诗”品牌超过 70% 的“85 后”妈妈人群，通过读诗的形式，传递有温度、有文化的声音，让大家感受双语诗歌之美，传扬中外诗歌文化。

3. 创意阐释

第一阶段，项目启动，各界大咖纷纷站台。刘涛、李开复、潘石屹等大咖集体为“宝贝，为你读诗”发声，引爆社交传播。

第二阶段，全球资源联动，持续扩大影响力。200 名北美外教在美国读唐诗，引发全球读诗热。

第三阶段，线上线下联动，公益访校完美收官。明星大咖齐聚云南乡村小学，举办“大山里的诗歌音乐会”，把所有人的爱心带到大山。

4. 受众

“80 后”“90 后”妈妈人群。

5. 媒介策略

以微信、微博等新媒体平台为传播主阵地，同时配合传统媒体来扩大传播声量和社会影响力，全方位、多角度对品牌活动进行曝光。

项目执行

第一阶段：2018 年 3 月 5 日，VIPKID 联合“为你读诗”在 3 月惊蛰开学季发起“宝贝，为你读诗”，号召大家一起来为孩子读诗，参与者可以在活动 H5 中参与录制并分享。活动发起后受到了社会各界的高度关注，李开复、潘石屹等 10 位大咖纷纷为小朋友们献声。

第二阶段：通过 VIPKID 海外社交账号 Facebook 和 Twitter（推特），邀请

VIPKID 的 4 万名北美外教和在线少儿中文平台 Lingo Bus 的海外小学员积极参与，为中国小朋友送去开学祝福。

第三阶段：邀请著名演员罗海琼、中国播音主持“金话筒奖”获得者朱卫东、诗人周公度、VIPKID 联合创始人陈媛等嘉宾一起走访 VIPKID “北美外教进乡村课堂”项目的乡村小学，将活动中收集的所有音频和双方联名出版的诗集捐赠给乡村小学的孩子们，让他们感受诗歌和传统文化之美。

项目评估

1. 从数据上看

活动传播累计覆盖受众超 5500 万人次，官方视频点击量累计超过 1000 万次，获得主流媒体报道累计超过 1000 次，宝贝为你读诗 H5 参与人数超过 20 万人。为你读诗两次官方微信头条阅读量突破 60 万次；为你读诗官方秒拍视频累计阅读量 150 万次；VIPKID 官方微信头条累计阅读量突破 40 万次；宝贝，为你读诗微博话题参与量超过 370 万次。

2. 从社会影响力上来

新华社、中国共青团中央、国际特奥会、《参考消息》等主流媒体与机构纷纷为 VIPKID 点赞；刘涛、李开复、潘石屹、Bob Books 丛书作者 Lynn、TESOL（世界英语教师协会）前主席刘骏、著名律师张起淮、常青藤爸爸等数十位明星、企业大咖、全球教育专家、业内人士、知名 KOL 踊跃参与；同时，来自美国、荷兰、日本、韩国、法国、德国等超过 20 个国家和地区的 Lingo Bus 海外小学员参与到“宝贝，为你读诗”中来；VIPKID 超过 90% 的老用户希望能持续参加“宝贝，为你读诗”。

项目亮点

（1）“教育 + 公益”相结合，活动创意紧密贴合品牌调性。

通过 H5 录诗这种简单的参与形式，将“教育 + 公益 + 传统文化”结合起来，加之社会化传播的力量，成功塑造了有温度、有爱的教育品牌形象。

（2）“教育 + 文化”强连接，形成文化共振。

VIPKID 选择与“为你读诗”合作，利用其极高的社会影响力，以朗读中外诗歌为核心切入点，借助诗歌的强文化连接性，形成了海内外文化行业的共振。

（3）全球资源联动，促进传播多层次扩散。

不仅邀请到了刘涛、李开复、潘石屹等多领域大咖参与，更有北美 200 名外教助阵，形成了从国内到国外、从明星大咖到普通大众的多层次、多圈层、多维度受众覆盖，实现了以爱心为凝聚点、品牌活动跨界传播的效果。

演员罗海琼参加 VIPKID 与“为你读诗”主办的“大山里的诗歌音乐会”

（4）聚焦人文关怀，传递社会正能量。

本次读诗核心为关注儿童教育和成长，VIPKID 从孩子教育这样一个大众话题入手，将企业的社会责任和人文关怀融入营销的创意之中，向社会传递了满满的正能量。

亲历者说 战梦麒 VIPKID 高级公关经理

从策划到落地执行，准备时间很短，但最终呈现效果超出预期，有几点心得可以分享。

（1）从项目执行和资源协调上。准备阶段需要全盘考量各方面执行细节，可以进一步增加执行效率；灵活把握执行状况，根据内外部情况变化迅速反应，并调整相应配合传播手段；最大限度使用可利用资源，实现传播效果最大化。

（2）从传播形式和手段上。以微信读诗 H5 为主，还通过小视频、新媒体文章、新闻稿件等不同传播手段和内容打“组合拳”，整合网络和新媒体渠道资源，进行立体化传播及渗透。

（3）从传播内容上。持续尝试突破固有“套路”，寻求内容呈现形式及话题方向上的突破。在提升内容覆盖广度的同时，打磨内容精度及深度，提升单个传播内容的传播价值。

案例点评

点评专家：王洪波　中国对外文化集团有限公司新闻总监、国家社科基金艺术学重大项目课题专家

这是一个精彩的案例。“宝贝，为你读诗”，把孩子和诗歌联系起来，是那样美好、温馨、贴切，充分体现了公益性、艺术性和生活性的结合。第一，突出公益，与企业的业务保持着若即若离的关系，是公益活动的关键。不离不足以显示公益，不即不足以突出企业特色。第二，充分利用社会资源，找到合适的伙伴强强合作。“为你读诗”，是一个经营数年的品牌，人脉、资源、经验足够丰富，合作起来事半功倍，由于是为孩子读诗，能够唤起大咖们的温情，所以大咖们愿意参与，愿意站台，愿意背书。第三，“宝贝，为你读诗”品牌公益项目策划安排了外国人读唐诗，扩大了中国文化的影响力，同时符合外国朋友的心性与兴趣，他们愿意尝试，充满了好奇心，所以吸引他们参与并不困难。如此一来还扩大了孩子们的眼界。第四，打破界限是最好的交流。开展双语、多语种读诗活动，打破诗歌的语言界限。从城市到乡村，打破城乡的界限。从中国到外国，打破国与国的界限。第五，活动有周期性，长期性，有利于打造永久性品牌。好酒须陈酿，持续发酵香。

“萌地球”世界科学文化项目——地球环保项目

执行时间： 2017年

企业名称： 河北茗漫信息技术有限公司

品牌名称： 茗卡通

代理公司： 河北茗漫信息技术有限公司

获奖类别： 金旗奖——2018最具公众影响力全球化传播大奖

项目概述

“萌地球”是2011年由知名动漫品牌茗卡通创作的地球环保卡通形象。“萌

“萌地球”与“萌地球环保动漫”

地球环保动漫”是以“萌地球”为主角创作一系列幽默搞笑、科幻冒险的动漫故事。茗卡通是国家级动漫企业，是河北省文化产业示范基地，成立于 2007 年，创作有 48 个动漫版权作品，在全国拥有庞大的青少年读者群体。

本项目是结合地球科学文化创意与产品转化的项目。本着以产业带动发展的思路，以“动漫 +”的模式，通过把地球动漫 IP 化，创意孵化，构建地球科学文化创作与产品孵化平台，实现“产、学、研”结合，把地球文化与文化产业融合。

项目调研

1. 关于环境问题

面对全球气候变暖、臭氧层破坏、生物多样性减少、酸雨蔓延、森林锐减、土地荒漠化、资源短缺、水环境污染严重、大气污染肆虐、固体废弃物成灾等世界性的环境问题，各国都在积极寻求解决办法。

国家高度重视解决环境问题，把环境保护列入基本国策，特别是党的十八大以来，党中央把生态文明建设列入中国特色社会主义“五位一体”总体布局。

环境问题影响着当今人们的生活，更关系着子孙后代的生存与发展。因此，加强青少年环境保护意识，普及环境保护知识，是环保工作中的一项重要议题。

2. 环境保护宣传和教育的难点

目前，在我国有着 3000 余家各类环保组织，近千万从业人员，多年来一直致力于宣传和治理工作，虽然经过无数人多年的辛勤付出，但是远远没有达到地球对于环保的要求。

环保宣传教育和环保知识传播需要适合的途径和方法，应符合当下人们的心理，让人们在轻松的氛围中，学习和了解环境污染、保护、治理、防护等知识，了解地球的环境和人类生存的紧密关系。

3. 动漫产业与动漫形象的影响力

（1）关于动漫产业。

动漫产业被视为 21 世纪的朝阳产业之一。作为一种新兴的文化传播方式，卡通动漫不仅受到青少年的追捧，更被越来越多的普通民众所接受。近年来，我国对动漫产业的发展十分重视，出台了一系列扶持和促进动漫产业发展的政策措施。

（2）动漫形象的优势和影响力。

动漫形象鲜明，印象深刻，具有独特的表现力，是孩子容易接受的表现形式之一。没有一个孩子不爱看动画片。每一个好的动漫卡通形象都会在孩子们的童年时光里留下长久的记忆。孙悟空、葫芦娃等动漫卡通形象，都在一代人，甚至几代人心目中留下了深深的印记。动画片陪伴孩子成长、潜移默化地影响着孩子的价值观、人生观。

（3）动漫游乐基地成功案例。

在迪士尼、方特欢乐世界，动漫明星与孩子互动的舞台，具有娱乐性、科技性、影响力大、可复制、利润丰厚等特点。

项目策划

1. 项目策略

茗卡通要打造中国的“机器猫”，把动漫产业的产业链延长，同时广泛做好“动画+”业务，辅助其他产业共同进步。“萌地球”把地球形象卡通化，让大家喜欢上地球，关注地球，关注环保，“萌地球”——生动的环保宣传员。

2. 受众群体分析

动画片的受众群体以 18 周岁以下的青少年为主，但每个阶段的青少年群体都有不同的鲜明的特点，具体分析如下表所示。

受众群体分析

受众群体	群体特色
0 ~ 5 岁低龄儿童，2003 年统计约为 6500 万人	一般由家长陪同观看动画，家长平均年龄在 30 岁左右，消费方向取决于家长
6 ~ 11 岁儿童，2003 年统计约为 8300 万人	已经进入幼儿园或小学，可以与家长无障碍沟通，可以把自己的想法告诉家长
12 ~ 19 岁少年，人数大约为 2.1 亿人	有一定数量的零花钱，消费欲望非常旺盛，且对自己喜欢的事物占有感很强

3. 传播内容

（1）“萌地球”环保科普动画。

公益短篇动画片：“萌地球”爆笑环保公益短篇。长篇动画片：《嗨，我是地球》。动画片主要人物设定如下。

"萌地球"动画主要人物设定

（2）"萌地球"环保漫画丛书。

漫画共 24 册（已完成 10 册）。由茗卡通与中国环境科学学会合作创作，并获得国家出版基金支持，获得中国环境学会理事长王玉庆，中国工程院院士唐孝炎、郝吉明、孟伟、曲久辉等专家的认可。首批制作的 10 册图书，总印量 50 万册以上，图书码洋超过 1500 万元，是国内首套爆笑环保主题动漫作品。

（3）"萌地球"互动多媒体。

科技融入动漫环保教育，"AR 萌地球"随身动漫环保小课堂，随时随身和"萌地球"互动。

4. 媒介策略

（1）网络和移动媒体。

利用新媒体和移动互联网，动画片不仅可以快速、高效地吸引关注，迅速完成从品牌建设到品牌传播、扩张的全过程，而且可以在布局动画作品全产业链、实施动漫形象的跨界运营上提供不同的思路和方法。

（2）公共文化宣传渠道。

通过宣传短片在电视台、公交、地铁、公共户外大屏、互联网等有效传播，让广大群众能够更容易了解和接受正确的环保知识，正确理解各种环保措施。

（3）电视媒体。

在央视少儿频道、五大卡通上星频道、全国各省、自治区、直辖市电视台的 300 多个频道黄金时间滚动播放。

（4）环保课堂。

“萌地球”与环保、教育、共青团等部门合作，走进幼儿园、小学、中学等校园，组织学生参加环保动漫科普专题讲座，开展青少年环保动漫科普大赛。丰富多彩的环保动漫课堂、线下活动，让青少年通过自己动手、动脑，真正了解环保知识的精髓，体会保护环境的深刻含义。

项目执行

1. 总体规划

该项目分三阶段，计划在三年完成：漫画书 24 册，短篇动画 400 集，长篇电视动画 182 集，动画电影 2 部，环保课程 64 课，创作开发环保产品 40 件。

（1）前期。

摄制环保动画片，树立“萌地球”环保大使形象，用文化产业运营方式将环保产业链进一步延伸，促成“萌地球”观众喜爱的环保代言形象。

（2）中期。

提升“萌地球”相关的品牌影响力，从而改善产业内部结构；提升“萌地球”品牌竞争力，将环保相关产业从传统工业服务逐步转化成创意产业服务，举办“萌地球”环保科普讲座 1000 场。

（3）后期。

进一步推进环保宣传的转型和升级，由传统型向创意型转变，向文化产业转变；引发人流、资金流、信息流等一系列变化，最终打造现代化融合环保科普的新面貌。建“萌地球”科技环保动漫游乐基地，聚集国内外环保行业、组织的高峰会议，发布高科技环保节能产品。

2. “萌地球”科技环保动漫游乐基地

（1）高新科技体验游乐园。

将 VR、AR 技术融入体验、展示和模拟等环节，打造出一个集互动性、教育性、娱乐性、知识性于一体的科普主题乐园。

（2）大型环保科普教育体验基地。

通过体验水、空气、污染等二十多种环境问题产生和解决，让人们掌握保

护环境的知识和技能。

（3）环保科普标杆聚集。

“萌地球”科技环保动漫游乐基地的建成，将会为国内外环保组织提供一个标杆性的聚焦中心，可以成为环保大会会议中心，打造出环保产业的“博鳌论坛”。

（4）环保节能产品的展示平台。

世界各地环保组织和环保企业，在这里展示和讲解环保产品的性能和功效，设点办公，将第一手信息、资讯传向世界。

项目评估

1. 效果综述

截至发稿前，已经创作 10 本漫画书、已拍摄 47 集动画片。获得 5 个国家级奖项、若干省级地方奖项，公司被列为国家动漫企业、河北省省级文化产业示范基本，公司法人得到多项国家、省级、市级荣誉。2017 年年初廊坊市宣传部发红头文件在全市内推荐“萌地球”动画。

2. 受众反应

“萌地球”受到小朋友和家长朋友们的热烈喜爱，用“科技 + 科普 + 娱乐”趣味性科学化结合的方式，以可爱的形象，向青少年儿童传播知识，让青少年儿童在娱乐中学习科普知识。

3. 市场反应

“萌地球”环保科普系列动画在各电视台、公共媒体循环播放；“萌地球”牵手科普中国、WWF 世界自然基金会，播出“萌地球”公益短片，保护世界生物多样性及生物的生存环境。

时任廊坊市委常委、宣传部部长的王曦同志带队考察“萌地球”项目；国家发改委环境部邀请“萌地球”介绍、三河团委邀请“萌地球”宣传关爱蓝天行动。

“萌地球”获得 2018 年中国卡通形象营销大会优秀案例奖，中国文化产业重点项目，2017 年“萌地球”在国际气候影视大会喜获荣誉，入围金猴奖最具潜力漫画奖，2017 年获得科普影视厅优秀科普视频二等奖和三等奖，北京市环保局主办绿色环保主题动漫大赛一等奖，河北省“十三五”重点文化产业项目，国家“十二五”重点出版规划项目，京津冀协同发展文化产业项目，环保部科普资源开发重点项目，入围国家动漫品牌保护计划、国家动漫库项目，第九届海峡两岸文化产业博览会优秀作品奖，第四届丝绸之路新疆文化创意博览会创意设计奖，中国东盟博览会创意产品奖，北京市环保局第二届绿色环保一等奖，科普影视厅优秀科普视频二等奖和三等奖，国家艺术基金动漫企业十大作品奖，北京民族原创动漫形象奖，国家出版基金项目。

4. 媒体统计

中国教育电视台教频道播出“萌地球”系列动画。中国环境报整版报道。中国动漫集团、中国环境科学学会、中国农业学会，河北省团委、河北省文化厅、宣传部、环保厅，廊坊市团委、宣传部、文广新局、电视台、教育局、国资委、环保局、执法局，大厂县宣传部、财政局、文化局、环保局，网易、新浪、腾讯动漫、有妖气等网络平台集体报道。

相关动画全龄收视领跑全国动画少儿媒体，收视排名稳居全国前列。

项目亮点

“萌地球”动漫形象，将地球动漫化，形象具有全球可识别性、共需性；地球成为动漫环保大明星，它会出现在孩子们的生活中，受他们喜爱的同时，培养孩子们自觉保护地球的意识。

将环境保护和卡通动漫主题巧妙融合，通过网络、电视的快速复制传播，解决环保科普传播手段落后、内容枯燥等问题。

在家中看“萌地球”趣味环保动画、树立儿童环保意识；通过“萌地球”动漫环保课堂的学习，解决青少年环保知识传播不系统、难理解的课题；到“萌地球”科技环保动漫游乐基地，与“萌地球”互动，体验环保过程、轻松高效学习环保知识。

“动漫产业 + 环保科普”，促使环保科普产业化，使环保科普从投钱宣传到产业获利。

亲历者说 王晓娜　河北茗漫信息技术有限公司总经理，茗卡通创始人

茗卡通想创造一个大家宠爱的地球，所以我们通过把地球拟人化创作出我们的朋友“萌地球”。我们同中国环境科学学会和中国动漫集团签署“萌地球”环保科普共同开发协议，由中国环境科学学会提供专业环保科普知识和部分资金，茗卡通改编动漫作品，共同完成“萌地球”环保科普漫画图书、动画、周边等，使读者在阅读简单、生动、有趣的漫画中了解环境问题。

“萌地球”世界科学文化项目以地球形象为核心，依托中国环境科学学会的专家资源和茗卡通的动漫创意、故事化包装，逐步深化为一个跨界环保科普、文化创意的产业链项目，得到了政府的认可和重视，已经入选为环保部科普资源开发重点项目和“京津冀”协同发展文化产业项目。

案例点评

点评专家：张景云　北京工商大学商学院教授

“萌地球”把地球形象化卡通化，通过喜闻乐见的形式让公众喜欢地球，关注地球，进而关注环保。

该项目在传播中充分展示地球科学思想，繁荣我国科学文化事业的同时，向目标公众科普地球文化知识，提高全民科学文化素养，旨在打造让世界瞩目的“中国地球文化 IP 产业链”。这些都与当下国际国内社会的公共需求高度契合。

作为一个全球化传播项目，其策划与实施效果目前基本集中在国内，还缺乏涉及国际公众的内容。如何用全球化思维开展全球化传播，讲好中国故事，从而提升品牌影响力，还需要进一步思考。

拒绝网络霸凌

执行时间： 2018 年

企业名称： 挪威儿童青年和家庭事务处 (Bufdir)

品牌名称： #NotOkay

代理公司： 吉尔麦登 · 吉萨

获奖类别： 金旗奖——2018 最具公众影响力全球化传播大奖

项目概述

拒绝网络霸凌是一个面向青少年的项目，旨在将解决网络霸凌问题列入国家议程，最终令包括挪威首相在内的三位国家部长全面参与。“令人憎恶的话语虽然看不见，却会对你如影随形。”吉尔麦登·吉萨决定把这些话带进现实生活。借势当代青年的代表——挪威视频网络红人艾玛丽 · 奥尔森，挪威儿童青年和家庭事务处深入了成年人不曾触及的目标人群。更为重要的是，项目向父母们揭示了这些网上的霸凌言论是如何在他们的眼皮底下悄然发生的。

如何才能让 13 ~ 17 周岁的青年挺身而出抵制网络霸凌？预算有限，目标人群亦难以触及，项目组需要改变想法和策略。

项目调研

在挪威，每 10 名少女中就有 4 名遭遇过网上性别仇视。年轻人习惯通过社交媒体中封闭的群组和私有的频道沟通，公众和他们的父母对于他们网上的交

拒绝网络霸凌

流一无所知。那么挪威儿童青年和家庭事务处呢？更不可能是话题的一部分。

通过当代青年的代表——挪威视频网红艾玛丽·奥尔森，挪威儿童青年和家庭事务处终于触及了目标群体。吉尔麦登·吉萨通过艾玛丽在社交媒体上收集了针对她的使用最为频繁的侮辱性言论。整个项目的起点就是吉尔麦登·吉萨公司将这些憎恨的话语绘在了艾玛丽的身体上。

项目策划

策划如何在当前复杂的媒体环境下触及青年人群体是一项艰巨的挑战。

吉尔麦登·吉萨通过艾玛丽的个人频道发布了此次活动，并上传了一个她自己制作的视频，视频中她谈及了对于身体上带着这些充满憎恨的话语行走于奥斯陆的街头巷尾的感受，并为随后建立的宣传网站拍摄了照片素材。

她的“粉丝”们被引流到指定的宣传网站，随后这个消息在他们自己的社交圈子和平台上传播。消息快速传播，吸引了一些具有影响力的名人，他们纷纷开始效仿，在自己的身上绘制了侮辱的言语，并通过社交媒体上以 #NotOkay 为标识助力传播。

项目在父母的眼皮底下悄然进行着。一周后，超过 10 万名儿童以及青年人通过不同的方式参与了此次活动，并为活动的下一个阶段奠定了一个重要的前提：这些目标受众的参与，他们的父母并不知情。这向父母们揭示了本项目的核心要点：如果父母对于这个项目毫不知情或置若罔闻，那么最终结果就是年轻人之间的仇恨将成为一种常态。

在项目的尾声，挪威儿童青年和家庭事务处启动了自己的网站，并在一个关于仇恨言论的国家会议中对于仇恨言论给出了建议，而且与艾玛丽一起启动了校园巡回活动，以她为宣传中心进一步增加媒体覆盖范围。她与首相一起，讲述了关于此次项目的故事，创造了大量的媒体传播。

项目执行

1. 针对青少年

通过使用当代青年心目中的公众人物——挪威视频网红艾玛丽·奥尔森来触及项目目标群体。

艾玛丽个人的视频博客上发布了一个宣传视频并引流至活动页面，参与者们可以通过主动申请来消除艾玛丽身上绘制的侮辱言论，借此呼吁抵制“性别仇恨”。

渐渐地，在她身上绘制的侮辱言论消失了。在一周内，目标群体中的 40% 的人群参与了此项目。他们中的许多人都通过社交平台、私密的聊天和群组对话彼此分享感受。

很快，其他具有影响力的人物也加入进来并自发地分享和传播，他们在此项目的影响下创造了专属内容。

2. 针对家长们

网络霸凌通常会在家长的眼皮底下悄然发生，对于本项目他们更是无从知晓。所以，吉尔麦登·吉萨公司通过挪威首相，向目标人群的父母们介绍了本项目。对于仇恨的言论，挪威首相埃尔娜·索尔贝格女士高度重视，项目成功得到了她的关注，她也亲自参与录制了一个致家长们的脸书视频。

项目评估

挪威全国约 50% 的人口通过媒体了解或参与了此项目，社交媒体上触及 220 万人（挪威总人口 500 万人），目标群体（13～17 周岁青少年）中的 40% 都参与了此项目。在活动网站的平均浏览时间达到了 4.51 分钟，41 篇媒体报道。

挪威教育部部长、儿童与平等部部长、挪威首相均参与了此次活动。最重要的是，项目激励了青少年们自发的传播。他们主动在脸上或者身体上绘制侮辱性言论，并通过 #NotOkay 标签参与拒绝网络霸凌。

青少年活动：视频观看量 15.7 万次，Instagram 上触及 90 万用户，Instagram 上 10 万次点赞，10 万青少年参与此次活动，活动网站平均浏览时间是 4.51 分钟，艾玛丽关于此次活动的视频比其他视频的访问量高 6.4 倍。

家长活动：观看量 44.9 万次。

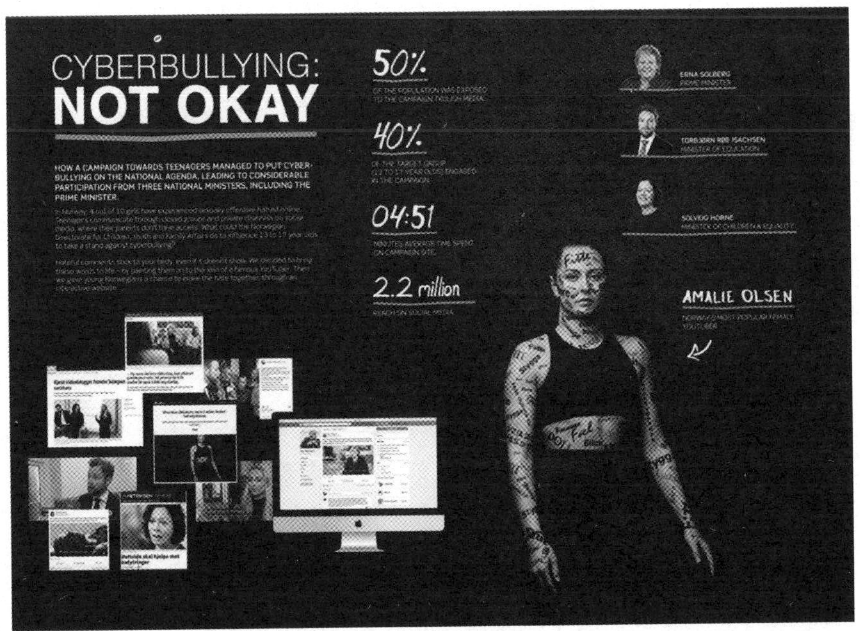

项目效果

项目亮点

通过能力、知识和创意的巧妙结合，吉尔麦登·吉萨成功地让一个原来几乎不可能参与的群体参与到共同反对仇恨言论与霸凌的项目中。

首相埃尔娜·索尔贝格、教育部部长托伯约恩·R. 伊萨克森、儿童与平等部部长索维格·霍尔纳和挪威最受欢迎的视频女网红都参与了此次活动。

亲历者说 艾娃·珊娜　吉尔麦登·吉萨合伙人

通过创意挪威儿童青年和家庭事务处触及了成年人无法触及的目标群体。更重要的是，项目本身向家长们展示了网络憎恨的言论是如何在他们的眼皮底下悄然发生的。

案例点评

点评专家：吴磊　Veriel Communications，LLC 创始人

拒绝网络霸凌是一个恰逢其时的优秀项目。全世界对于网络霸凌、仇恨言论以及性别歧视的关注程度与日俱增，人们通过这个公众项目团结一心，一同热忱地做出改变。

这个项目包含了几乎所有正确的元素：对于目标群众和所面临的困难有着清楚认知；针对所面临的困难和让更多人参与，而做出的周到并富有创意的项目安排；重量级人物的支持。三者聚拢在一起令人感到惊讶，博人眼球。

我尤其对于在父母的不经意之间出现了如此众多的仇恨言论而感到惊讶。作为一个父亲，我可以确信当他们了解这个问题的广度和深度之后会有多么惊讶和感激。

同样令人暖心的，是国家领导对这个项目的支持。

当我通读了整个项目概述之后，联想到了一本我读过的儿童读物《你很特别》，二者有着相似的元素。书中一开始提到了当我们接受了别人的想法和评价之后，它就如影随形地变成了我们身份的一部分。随后，当我们了解到“身份”和我们之间的关联，其他人对于我们的想法就会失去力量，从我们身上剥离，我们从而达到一个更加强大的自我。

就此话题我还有一些更深层次的疑问。关于“接下来”的问题，问题是关于为什么仇恨言论能够存在，我们应该做些什么。世界本美好，可是邪恶依然存在。没有一个公关项目能够改变这个事实。唯一能改变人的邪恶的就是人类之外更大的力量。

然而，公共关系成功地激发了挪威民众对于这个话题的现实关注。并且，世界其他地区也可以从挪威这个项目上获益良多。我认为，这是一个极为成功的、令公关公司引以为傲的全球传播典型案例。

公共关系的最大作用就是通过一个特定的、充满情感色彩的项目，与更广泛的人群在心灵上沟通，从而引发人们在态度或行为方面的改变。拒绝网络霸凌非常成功，它引发了挪威民众对于这个话题的热切关注和广泛讨论。这个项目能否引发民众行为上的改变饶有兴趣，无论是仇恨言论的减少，父母更多的亲身参与，还是其他可以量化的行为改变呢？这也许需要项目方在一年之后回顾，并在后续的第二波工作中做出改进。

Cyberbullying: Not Okay

Time of execution: 2018

Company name: The Norwegian Directorate for Children, Youth and Family Affairs (Bufdir)

Brand name: #ikkegreit

Agency: Geelmuyden Kiese

Award Category: Golden Flag Award——2018 Best Public Influence Campaign on Global Communication

Project Summary

Not Okay is a campaign towards teenagers that managed to put cyber bullying on the national agenda, leading to considerable participation from three national ministers, including the Prime Minister of Norway.The core insight was: Hateful comments stick to your body, even if it doesn't show.Geelmuyden Kiese decided to bring these words to life. By using a spokesperson for their generation, the Norwegian Youtube creator Amalie Olsen, Bufdir managed to reach their target group where adults have no access. On top of that, the campaign itself demonstrated to the parents how online hate speech happens completely under their radar.

What can a directorate do to influence 13–17 year olds to take a stand against cyberbullying?With a limited budged, and limited access to the target group, a different strategy shall be applied.

Project Research

In Norway, 4 out of 10 girls have experienced sexually offensive hatred online.

Since teenagers communicate through closed groups and private channels on social media, neither their parents nor the public have access to their online social life. And a directory like Bufdir? They are definitely not a part of this conversation.

By using a spokesperson for their generation, the Norwegian Youtube creator Amalie Olsen, Bufdir managed to reach their target group. The agent, Geelmuyden Kiese, searched through Amalies social media profiles and collected the most used hateful expressions she has received. From this, the campaign was created: the hate was painted on her body.

Project Planning

Planning how to reach teenagers in todays diverse media landscape, was the main challenge.

This campaign was launched through Amalie's own channels, with a video she created herself, talking about the initiative and her experience with the photo shoot for the website, and the film shoot where she walked through the streets of Oslo full of hate–words painted on her body.

Her followers were led to the campaign site, where they could share the extensions mainly in closed groups in their preferred social media. The message spread quickly, also by the help from several other famous influencers that on their own started to paint hate words they'd received on their body, posting pictures in their channels tagged with #NotOkay.

All this involvement happened under the adult radar. After a week in which over 100,000 children and young people had engaged in different ways, an important premise was laid for the next phase of the campaign: The invocation was conducted in the core target group, mainly without adults knowing about it. This showed the main point in the message to the adults: If this campaign could go under your radar, so can all the hate that young people are exposed to daily.

At the end of the campaign period, Bufdir launched their website with advice on hateful expressions at a national conference of hate speech, and took Norwegian youtuber Amalie along on a school tour that created media coverage, as she is a major star in this target group. Together with the minister, she told the story about the youth movement, and created massive media coverage.

Implementation

Part 1: The teenagers

By using a spokesperson for their generation, the Norwegian Youtube creator Amalie Olsen managed to reach their target group.

A promo video and Amalie's own video–blog led to a campaign page where youngsters could actively appeal by removing the words from Amalie's body and express that sexually offensive hatred is not okay.

Little by little, the hatred disappeared on her body, and within a week, 40 percent of the target group engaged in the campaign. Many of them shared the message in their private chats and groups on social media.

Quickly, other popular influencers as well as regular people started to spread the message themselves by creating their own content influenced by this campaign.

Part 2: The parents

Just as cyberbullying often happens under the radar of parents, the campaign happened without them even knowing about it. They were informed about this campaign by GK through the words from the Prime Minister. Since hate speech is a highly prioritized subject for Norwegian prime minister Erna Solberg, Geelmuyden Kiese managed to get her attention and participation in a Facebook–video aimed for the parents.

Project Assessment

Almost 50% of the population was exposed to the campaign through media;

2.2 million reached on social media (Norway has 5 million inhabitants); 40% of the target group (13 to 17−year olds) were engaged in the campaign; average time spent on campaign site was 4.51 minutes;41 press articles.

This campaign got the Minister of Education, the Minister of Children and Equality and the Prime Minister engaged in the movement. most importantly, the campaign encouraged teenagers to spread the message themselves. On their own initiative, they started to share pictures with their faces and bodies painted under #NotOkay.

Youth campaign:157,000 video views;900,000 total reach on Instagram;100,000 likes on Instagram; 100,000 teenagers engaged in the campaign.

The target group spent an average of 4.51 minutes on the campaign site. The videos made 6.4 times more engagement in the target groups than other videos from Amalie.

Parent campaign: 449,000 views.

Project Highlights

By combining skills, knowledge and creativity, Geelmuyden Kiese managed to engage an impossible target group against hate speech.

Prime Minister Erna Solberg, Minister of Education Torbjorn Roe Isaksen, Minister for Chrildren and Equality Solveig Horne and Norway's most popular female Youtuber all participated in the campaign.

Testimonial Eva Sannum Geelmuyden Kiese Partner

By creativity, Bufdir managed to reach their target group where adults have no access. On top of that, the campaign itself demonstrated to the parents how online hate speech happens completely under their radar.

Project Review

PR Experts:Brad Burgess Founder of Veriel Communications, LLC

Not Okay was a remarkably timely campaign. Awareness of cyberbullying,hate speech, and sexual abuse is on the rise around the world, and people are united around shared passion to create change though public campaigns.

This campaign had almost all the right elements: a clear understanding of the target audience and their challenges; a creative but well–planned campaign to address the challenges and engage the larger public; and heavy weights drawn in to support the cause–all drawn together under the element of surprise.

I was particularly surprised by how much of this hate speech and engagement occurred under the radar in complete ignorance of parents. As a parent, I'm sure the parents were both surprised and grateful to learn about the breadth and depth of the issue.

It's also heartening to see that support for this kind of campaign can come from a country's leadership.

When reading through this campaign summary, I thought about a children's book I have read entitled "*You are Special*" which has some similar elements. The premise of the book is that when we allow other people's comments and opinions of us to stick to us, we allow it to become part of our identity. Yet, if we understand what our identity truly is in relationship to our maker, other's perspective and opinions of us lose power and literally fall off from us as we gain a stronger identity.

These are the deeper questions I think about regarding this issue. The "what's next" question. The questions about why such hate speech exist in the first place and what to do about it. The world is created beautifully but with evil in it. There is evil in the human heart. And, no public relations campaign can change this. The only thing that can be change is greater force outside of humanity.

However, public relations has done an excellent job in enlightening the public in Norway about this issue. And there is much the rest of the world can learn from Norway in this campaign. Hence, this is an extremely successful campaign in global communications that the agency should be proud of.

Public relations at its best is when people's attitudes or behavior shifts because of a specific and emotionally charged campaign that speaks to the hearts of the broader audience. Not Okay was a highly successful campaign in terms of raising awareness of the issue, igniting passion and inspiring dialogue in Norway. It would be interesting to see whether this campaign has successfully created public behavioral change or not, either in a reduction of hate speech, enhancement of greater parents' engagement, or some other behaviors that can be seen through a demonstrable metric. This may be something for the agency to look at one year afterward and make recommendations to the client accordingly on second wave work.

2018 最佳内部沟通大奖

维达百科——维达集团内部沟通及企业微信互动运营

执行时间：2017 年 7 月—2018 年 4 月

企业名称：维达国际控股有限公司

品牌名称：维达集团

代理公司：上海奕远公共关系顾问有限公司广州分公司

获奖类别：金旗奖——2018 最佳内部沟通大奖

项目概述

维达集团是亚洲极具规模的卫生用品企业，目前全亚洲员工总数近 1.3 万人，集团面临着内部沟通的重大挑战。

通过有效的调查研究，企业找到精准的内部沟通渠道——建立维达集团专属的企业微信应用维达百科，利用重大节日及社会热点话题，为企业内部员工发送集团资讯、线上趣味有奖互动、集团定制节日贺卡和漫画，提高员工的参与兴趣，提升员工的集团认同感，让信息在企业内部充分流动和共享，促使内部相互协调并提高内部沟通效率。

项目调研

1. 项目背景

维达集团于 1985 年创建，于 2007 年在香港联交所主板上市。维达集团整

维达百科——维达集团内部沟通及企业微信互动运营 1

合爱生雅集团在中国和其他亚洲地区的个人护理用品业务，以维达、得宝、多康、添宁、包大人、轻曲线、薇尔、丽贝乐等主要品牌发展生活用纸、失禁护理、女性护理及婴儿护理四大业务，从国内公司跃身为跨国集团，是亚洲极具规模的卫生用品企业。

需解决的问题：目前集团全亚洲员工总数近 1.3 万人，集团面临着内部沟通的重大挑战：员工不甚了解维达集团“健康生活从维达开始”的理念，以及“矢志发展成为亚洲领先卫生用品公司”的愿景。面对不同地区、年龄层、生活环境和兴趣偏好的员工，维达集团迫切需要找到与员工交流互动的平台，提升员工的集团认同感，让信息在企业内部充分流动和共享，促使内部相互协调并提高内部沟通效率。

2. 可行性研究

调查研究为期三个月，利用大数据分析出员工兴趣，综合人力资源部门和各业务部门的反馈意见，为解决困境提供强而有力的分析洞察和指导方向，调研结果如下。

（1）员工兴趣点。

奖品福利，例如与员工利益相关的福利、礼品奖励；热门话题，例如行业趋势、节日和社会热点话题。

互动和转发，例如线上游戏比赛。

（2）最佳传播时间。

早上：发布集团咨询和公告。下班前：互动、部门案例分享。

（3）最佳传播渠道。

微信是全体员工的日常交流手机工具，而手机用户人均单日使用 236.8 分钟，即 3.9 小时。（来源：QuestMobile《2017 年中国移动互联网年度报告》）

项目策划

1. 策略

建立维达集团专属的企业微信应用维达百科，以获得与全体员工直接沟通和互动的机会。

2. 受众

来自维达集团各部门的所有员工，年龄跨度为 18～60 岁；长期在维达集团任职的资深员工，部分任职超过 25 年之久；新员工及培训生。

3. 传播内容

维达集团“健康生活从维达开始”的理念；维达集团“矢志发展成为亚洲领先卫生用品公司”的愿景。

4. 媒介策略

（1）媒介计划。

整体规划：最大化微信生态圈的传播影响力。

传播内容：推广图文、活动网页、活动海报。

主动首发：企业微信维达百科为主要发布渠道。

激励转发：员工在微信好友、微信群和朋友圈转发引发二次传播。

（2）传播策略。

持续发布：即时发布与员工利益相关的集团资讯。

创意互动：有趣的线上竞赛游戏活动。

奖励机制：参与互动的员工有机会获得福利奖励。

借势节点：利用中秋、春节等节日争取广泛的关注。

项目执行

1. 节日活动

在重大节日之际，维达百科发布新颖有趣的线上互动游戏，以吸引员工参与，激励员工分享转发，传递维达集团理念和愿景。

如中秋有画圆月比赛，元旦有新年倒数比拼活动，春节有开春数红包活动，每场活动的前 20 名可获得维达集团提供的奖品。

同时，若活动期间员工上传自己在维达集团工作和生活的故事，并通过线上互动定制个性海报，优秀作品将获得公开展示。

维达百科——维达集团内部沟通及企业微信互动运营 2

2. 项目进度

线上互动游戏均安排分阶段推广，为期约一周，逐步提高员工参与度。

第一阶段：正式上线。配合当天的图文推送正式上线，结合发布集团重要信息及有奖激励形式，吸引一大波员工踊跃参与互动。

第二阶段：多形式引流。不断进行消息推送提醒，包括文字消息、文章推送、二维码海报，引导员工点击链接参与互动。

第三阶段：活动倒计时。节日当天，活动结束 1 小时前倒数，加强活动的紧迫感，吸引最后一波员工参与互动。

第四阶段：公布获奖名单。游戏参与时间截止，配合发布节日漫画和贺卡，并公布员工获奖名单，吸引员工转发。

3. 传播细节

除了依靠趣味游戏的自身传播力度外，项目组还特别制作多样化的推广图文、主题漫画和贺卡等，让更多员工主动转发分享维达百科发起的互动，从而让维达百科所传递的集团理念和愿景获得更广泛的曝光和二次传播。

推广图文：周一至周五设置话题栏目，包括集团资讯和公告、各部门精彩介绍、行业新闻信息、业务成功案例分享等。

主题漫画：以“维达 family”为主题，将维达集团各品类产品拟人形象化，让各品类的员工都能在漫画中找到自己所负责品类的典型形象，产生亲切感，从而触发员工主动转发。

节日贺卡：集合各部门意见设计贺卡，展示维达集团理念和愿景。

朋友圈海报：贴合热点，创作朋友圈九宫格海报。例如，在党的十九大当天，维达百科即时创作并发布九个主题海报，内容涵盖四大业务以及集团理念和愿景，传递维达集团致力营造美好生活的信息。

项目评估

1. 效果综述

维达百科成效斐然，迅速成为备受欢迎的平台：运营仅 6 个月后获得 1.2576 万位员工关注，占全体员工的 99%，员工参与互动的比例高达 80%。

2. 受众反应

全年推送共 95 篇（截至 2018 年 4 月），总阅读量超过 9.8 万次；推送最高打开率为 95%，几乎获得集团全员曝光，传播广度显著；线上互动共获得 1.6112 万次浏览量，1.0478 万次参与；互动推文平均打开率从一开始不到 10%，提高到最高超过 95%；通过随机采访，大部分内部员工均表示喜欢看维达百科。

维达百科——维达集团内部沟通及企业微信互动运营 3

项目亮点

全体成员高黏度覆盖：全体员工 99% 关注，参与互动的比例高达 80%。

最大化利用微信生态圈：除了企业微信应用维达百科发布核心内容，还激励员工通过转发推广图文、活动网页、活动海报等形式，将内容分享至微信好友、微信群和朋友圈，引发二次传播。

紧跟热点，善用话题提高关注度：日常推广图文、线上互动游戏、主题漫画、朋友圈九宫格等均紧贴重大节日、时政热点、行业趋势，与企业内部每位员工的利益息息相关。

始终保持一致的核心信息：维达集团“健康生活从维达开始”的理念和“矢志发展成为亚洲领先卫生用品公司”的愿景始终作为传播主旨，成功促进核心信息充分流动和共享，增强团队精神。

亲历者说 汤海棠 维达集团市场总裁

2017年，维达集团市场份额稳中有进，在向上发展的同时，员工发展和内部建设同样重要。公关团队给维达集团搭建了一个清晰和人性化的框架及运营规划，利用维达百科即时传播企业动态，体现集团实力并保证企业信息整合协同作用；全年策划了一系列有趣的线上互动游戏，很好地调动了员工参与积极性，协助集团找到加强员工的认同感和归属感的行之有效的方式。

案例点评

点评专家：陈经超 厦门大学新闻传播学院副教授、厦门大学公共传播战略研究所所长

该案例体现了“公关从内部做起”，现代企业不仅要建立VI（视觉识别）体系，如何进一步构建BI（智业智能）和MI（理念识别）系统是企业的一大挑战。维达集团利用企业公众号维达百科即时传播企业动态，促进信息在组织内部的充分流动和共享，实现了企业信息的整合协同，也提高了组织内部的工作效率，提升组织决策的科学性与合理性，是提升企业团队精神的良好方式。

在维达百科的运营过程中，企业能够紧追热点、善用话题，对栏目进行内容细分，贴合企业员工的信息需求心理；采用有质量、有趣味的内容和形式，极大地调动了员工参与积极性，提高了员工的关注度，也在其中传递了维达集团的理念和愿景，深化员工对集团理念的认知，强化员工认同感和归属感。

同时，维达百科采用一定的形式激励员工转发推广，最大化利用微信生态圈的影响力，引发二次传播，使企业实力和企业形象得到了良好的展现，是一个具有参考价值的企业内部沟通案例。

中国平安（集团）：以品牌学院为核心的企业文化与内宣传播

执行时间：2017 年 7 月—2018 年 6 月

企业名称：中国平安保险（集团）股份有限公司

品牌名称：中国平安（集团）品牌学院

代理公司：北京尚诚同力品牌管理股份有限公司

获奖类别：金旗奖——2018 最佳内部沟通大奖

项目概述

成立于 1988 年，中国平安已从 1.0 时代走到了如今的 3.0 时代，揽获了众多品牌荣誉，也积累了丰富的品牌宣传素材。

为加强集团化品牌传播和集团内部企业文化建设，进一步提升集团与专业公司品牌联动效益和业务驱动力，中国平安成立了聚焦品牌传播的培训平台和实体学院，通过品牌系统调研分析、品牌学院的前期框架设想、课程体系设计、运营策划、讲师 / 课题设置、外部课程资源商务谈判采购、后期日常运营、年度品牌峰会等全流程工作，及“种子计划”等定向培养项目，助力集团企宣队伍和地区品宣建设。借助集团内部设立的品牌学院，中国平安有序、系统地梳理了品牌内蕴含的企业文化，通过学员培训、内部大讲堂、文化问答、扶贫项目等内部文化建设和外部宣传互动，针对品牌相关知识能力进行精准培养，激活品牌队伍，赋能品牌人，让品牌真正焕发力量。

项目调研

1. 年度品牌峰会对高管进行访谈，发掘品牌条线工作痛点

在年度品牌峰会上，中国平安对各专业公司及地方机构品牌一把手进行了调研，品牌负责人反馈的问题可归结为以下几类：如何解决品牌传播与营销推动“两张皮”现象？品牌人员如何紧跟品牌科技转型步伐，如何解决集团品牌因为“大一统”而无法兼顾各业务模块的个性特点？如何宣传企业文化，获得员工价值认同？作为拥有 180 万名内外勤人员，22 家专业公司的中国平安，为解决上述品牌工作遇到的问题，亟须拥有一套针对品牌条线有针对性的培训体系。

2. 依托平安大学，打造开放的品牌交流平台

平安大学被誉为金融业内的黄埔军校，拥有成熟完整的培训模式和扎实的通识教育基础，品牌学院能借助平安大学成熟的课程开发体系，通过品牌课程内容创建、导师团队组建、考核评估体系完善等，服务品牌系统人才招聘、培训、职级晋升等全系列培育链，助力品牌团队从人才吸收到培养的全链条完善。

3. 品牌队伍考核晋升与人力资源管理系统的绩效、薪资、晋升考核机制打通，促进培训积极性

平安品牌学院还将作为内部考核评估体系中重要的一环，作为人力资源系统中的重要组成部分。本次平安品牌学院将与人力资源系统打通，一来填补以往对人才考核的盲区，帮助集团发掘具有潜力的全方位人才，二来将通过这种互通的方式激发员工的学习积极性，让知识能真正为人才所用，也让人才能真正为中国平安所用。

4. 与现有的知鸟培训平台合作，开发品牌学院功能板块

知鸟是中国平安倾力打造的移动学习平台，有成熟的线上开发管理基础。平安品牌学院接入知鸟的模式，开发线上的品牌学院功能板块，包括线上选课系统、课时进度查询、线上课程学习、课时作业发布及考核提交、学分 / 成绩查询等，让学员上课更为便捷高效。

项目策划

1. 项目目标

通过成立平安大学·品牌学院，赋能平安品牌人，形成中国平安内生的、可良性循环的品牌生态，并依托品牌学院成熟的培养体系，拉通品牌条线，为企业文化建设工作蓄力。

2. 项目策略

（1）第一阶段：调研品牌队伍，进行品牌学院架构搭建。

品牌学院创建前期，开展品牌条线问卷调研，明确学员培训需求，并以年中品牌会这一品牌人同聚的年度会议为契机，举办一场“互联网科技风发布会式”的品牌学院开院仪式，将品牌学院作为品牌部全力打造的“新品”介绍给品牌人。

受众：中国平安（集团及各个业务子公司）全体品牌条线员工。

传播策略：

前期将调研问卷通过内部邮件发至每位品牌条线员工，落实调研工作。同步筹备注册橙品书院公众号，作为学院信息输出窗口。别开生面的互联网风“新品”发布会暨品牌学院开院仪式；《21 世纪商业评论》等行业媒体深度解读。

（2）第二阶段：丰富培训课程，赋能平安品牌人。

作为业内 O2O（线上到线下）企业品牌交流平台，品牌学院课程设计涵盖品牌、营销、公关三大维度，学员可通过线上学习、线下讲座等方式参与培训、完成现有品牌职级认证和职级评定。品牌学院课程邀约内外部品牌资深人士作为品牌学院讲师授课，采用知鸟录制课程、品牌大讲堂线下课程（线上同步直播）、线上合作课程三种方式丰富培训体系。

受众：品牌学院学员。

传播策略：

传播媒介——橙品书院。

传播内容——通过橙品书院推送学院动态、课程通知、干货笔记等课程相关资讯；知鸟平台作为课程视频承接载体，推送课程。

（3）第三阶段：联动品牌条线，落地企业文化相关项目。

通过品牌学院开设的“种子计划”系列培训，培育区域性品牌精英，以其作为集团品牌条线触角，增强各地区与集团品牌部之间的信息连通，并作为企业文化系列活动的宣传代表，推动“平安英雄·百万答题”“平安四宝”等企业文化项目落地开展。

受众：平安集团 180 万名内外勤员工

传播策略：

传播媒介——橙品书院公众号、平安微生活公众号。

传播内容——以品牌条线工作人员落地的触角，并依托针对平安人的平安微生活公众号，在各级专业公司和地方机构推广企业文化相关项目。

项目执行

1. 第一阶段：调研品牌队伍，进行品牌学院架构搭建

（1）开展品牌宣传技能培训需求调查问卷。

从过往参与品牌知识培训情况、希望参加的课程方向、对培训方式及频次时长的偏好等方面，对品牌条线所有员工进行调研，了解培训需求。

您希望参加哪类品牌培训?（多选）

选项	小计	比例
品牌理论知识培训	174	58.78%
传播方法培训	217	73.31%
传播目标人群心理培训	177	59.8%
新型传播渠道培训	233	78.72%
创意营销培训	255	86.15%
其他	38	12.84%

所提供的各类品牌培训被选比例都超过50%，其中选择“创意营销培训”的比例相对较高。

调查问卷分析

（2）学院基础架构及课程体系设计。

课程内容涵盖品牌、营销、公关三大维度；课程难度分初级、中级、高级品牌认证三级阶梯；每阶段必须完成 12 学分（9 学分专业必修课 +3 学分专业选修课 + 兴趣自选课）；采用职级认证机制，通过考核后可按比例获得职级晋升。

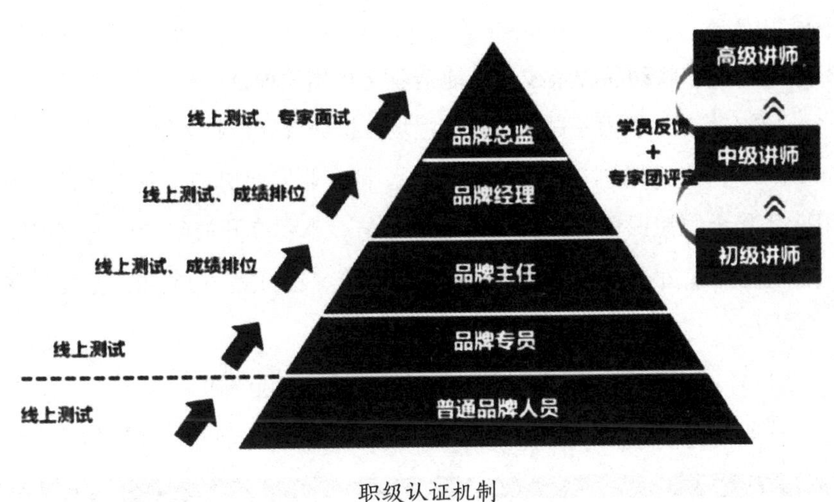

职级认证机制

（3）一场发布会式的品牌学院开院仪式。

一改传统开院典礼剪彩、启动的做法，别出心裁打造“互联网科技风发布会式”品牌学院开院仪式，并采用 TED（以 5 分钟单人脱口秀为核心的美国创新演讲形式）式发布会演讲，拉近与观众的距离，大屏幕配合科技风动画 PPT，展示创新看点。

通过秦朔、六神磊磊、李瀛寰等业界大咖，BrandZ、17PR 等知名机构负责人，北京大学、对外经济贸易大学等高校教授，迪思等企业代表发来的贺电 VCR，为品牌学院助阵。

2. 第二阶段：丰富培训课程，赋能平安品牌人

（1）课程上线知鸟平台。

邀请内部资深的品牌同事录制课程，并与网易公开课、财新思享家等外部平台合作采购课程，一并导入知鸟平台。App 上划分功能板块，方便学员搜索课程。

（2）开展“品牌大讲堂”系列课程。

邀请 IMG 中国副总裁刘奕等外部品牌大咖担任讲师，举办线下品牌大讲堂，配合知鸟直播，扩大受众。橙品书院推送预热及干货总结，帮助学员巩固学习。

（3）启动“种子计划”，培育区域品牌精英。

“种子计划”以短期培训的方式与高校教授合作推出品牌课程，以此选拔培养品牌“种子”人才，增强专业子公司、地区业务机构与集团的互动积极性和品牌传播实力。

3. 第三阶段：联动品牌条线，落地企业文化相关项目

（1）“平安英雄·百万答题”小程序巡场，趣味宣导企业文化。

30 周年之际打造原创在线答题小程序，将企业发展史和企业文化设计为题目，用瓜分奖金的知识竞答方式吸引员工参与。小程序开放给专业公司或团体使用，各机构品牌负责人助力落地，寿险、产险、银行等 16 个知识专场相继登场，寓教于乐。

（2）首推“平安四宝”公益农产品，马明哲大力站台推销。

为实现造血式扶贫，将来自中国平安定向帮扶的广东河源莲塘村和洋头村的

中国平安（集团）品牌宣传部副总经理李金苗在 2017 金融企业扶贫研讨会暨创新评选颁奖典礼展示“平安四宝”

柚子、茶叶、黑豆、番薯四款农作物打造成平安扶贫农业品牌“平安四宝”，面向内部员工销售，由董事长马明哲亲自站台推销。通过视频、趣味手绘海报、微博微信 KOL 等多渠道手段传播强化“平安四宝”在集团内部的传播和落地转化。

项目评估

1. 效果综述

平安大学・品牌学院于 2017 年度已经招募到品牌条线数百名学员报名，毕业率高达 81%。品牌学院的设立，不仅为品牌条线人员提供系统化的品牌、营销、公关方面的培训，提升品牌队伍的专业实力，而且以品牌学院为枢纽能更规范地管理集团、专业公司、地方机构等多条线的品牌资源，拉通品牌条线，助力企业文化相关项目的推广落地，并在内外部均收获良好的效果。其中“平安英雄・百万答题”小程序吸引超 12.5 万名用户注册参与，“平安四宝”公益项目的影响力由内部扩散到外部，引发外界媒体对平安精准扶贫模式的解读。

2. 现场效果

品牌学院亮点课程“品牌大讲堂”系列共开设 12 场，线下参与度高，课堂座无虚席，在课后问答环节，线下学员们也踊跃向讲师提出心中的疑问，线上学员在直播间提问，由现场主持人代为转达，使得品牌学院不仅能为大家扎实基础，拓宽知识面，还能真正解决员工在实际工作中遇到的问题，成为品牌知识交流分享的平台。

3. 受众反应

橙品书院公众号吸引内部 900 余名员工关注，课程干货笔记系列成为学员们最关注板块；从品牌学院课后评价问卷的反馈中，学员对课程的平均满意度均达 90% 以上；“平安英雄・百万答题”小程序每期知识专场的点击参与量高达 3.553 万次；“平安四宝”扶贫农产品在开售 30 分钟内于内部售罄，并将影响力延伸至外部媒体，已在集团内部成为每年一度的内部公益项目。

4. 市场反应

品牌学院开院仪式结束后，《21 世纪商业评论》第一时间发表一篇名为《马明哲人才赋能术的又一产物，平安打造业界首个品牌学院》文章，对此项目的战略意义进行了深入解读。从内部发起的企业文化项目“平安四宝”也获得外界的关注，人民网、新华网、凤凰网、财经网、《新京报》等主流媒体纷纷对中国平安因地制宜开展扶贫攻坚工作、实现造血式精准扶贫的举措进行深度解读和肯定。

5. 媒体统计

“平安四宝”项目联动微博、微信、快手、秒拍等多平台渠道，通过四宝预售、趣味视频、媒体解读平安精准扶贫等角度扩散事件影响力，全平台累计产生 744.6855 万次互动、留存约 1589 条网友评论，逾 200 家媒体传播，引起广泛关注和讨论。

项目亮点

1. 创建业内聚焦品牌传播的培训平台和实体学院，赋能品牌人

依托平安大学成熟完整的培训模式和扎实的通识教育基础，借助现有的内部培训 App 知鸟，打造品牌交流平台，并以发布会的形式亮相推出。课程内容按照品牌、营销、公关三大类划分，科学制定课程表，全方位培养品牌人才。更邀请奋斗在一线的资深内外部品牌人传授实用技巧、介绍新玩法，开拓学员眼界，让所学能实际运用到工作中。

2. 打通人力系统，将培训与绩效挂钩，激发学员积极性

品牌学院课程分为初级、中级、高级三大等级，依据学员现有职级开通专属等级课程的权限。通过打通品牌队伍考核晋升与人力资源管理系统的绩效、薪资、晋升考核机制，课程考核成绩优异者有机会获得晋升机会，以此激发学员们参与的积极性，达到激活品牌队伍的目的。

3. 依托品牌学院，拉通品牌条线，助力企业文化宣导

中国平安（集团）下设 22 家专业公司，拥有 180 万名内外勤员工，只有 1000 名品牌人员面对庞大的企业和员工数量，如何统筹管理打造专业品牌队伍，拉通品牌条线，助力内部企业文化的宣导，成为品牌工作开展的一大难点，而品牌学院作为品牌条线专属的交流平台，很好地解决了统一管理、工作协同的问题。

亲历者说 白娟 / 温莎 北京尚诚同力品牌管理股份有限公司客户经理 / 高级客户主管

品牌学院从最初的构想到后续的构建、落地、运营，实现从0到1的跨越。其中，如何充实课程体系、有针对性地设置课程是前期需解决的一大难题。为此，我们对品牌全系统进行筛查，在调研清楚品牌人员的培训需求后发现，理论结合实战的课程是大家的普遍诉求，我们据此梳理了现有的资源，从内部员工中筛选奋斗一线的资深员工，总结工作中积累的经验，并邀约高校讲师为学员们夯实理论基础，配合以集团合作的外部企业高管授课，讲述新的营销玩法，全方位赋能品牌人。从讲师资源入手，解决课程体系构建的问题。

品牌学院在顺利着手运营之后，我们团队思考的一大问题是：如何由内而外，扩散品牌学院的影响力？现阶段的课程主要面向内部，橙品书院的“粉丝”也是以内部员工为主，后续如何扩大受众面，将橙品书院真正打造成沉淀专业的品牌、营销、公关知识，并获得品牌行业一致认可的开放性交流平台？基于此问题，我们的规划是由专人归纳课程中的重要笔记，沉淀输出优质内容，“吸粉”获得认可。踏实沉淀，厚积方能薄发！

案例点评

点评专家：陈小桃 海南大学政治与公共管理学院公共关系学系教授

通过企业员工培训教育，提高企业竞争力，既是强大企业的重要方式，也为员工提升能力、技术水平，不被行业淘汰提供了源源不断的能量。能否获得培训机会，提升个人能力，是年轻员工判断企业优秀与否的重要指标。人们往往认为，企业培训不过是人力资源的事情，中国平安却把员工培训与内部沟通相结合，通过员工培训，使得员工能力不断提升，竞争力不断增强，从而让员工发现自己在中国平安的成长，从内心对其认同。内部公关，从员工个人成长入手，直接契合了员工需求，解决了员工自我提升过程中的问题，势必能够获得员工的认可，提升组织的凝聚力。许多企业在激烈的竞争中，往往更注重外部沟通、处理外部利益相关者关系，忽略内部沟通在发展中的重要作用，殊不知问题往往是从内部开始的。中国平安通过精心安排高水平的培训课程，为员工提供发展进步机会，赢取人心，促进了信息在内部的流动和分享，提高了工作的效率，促使内部协调，增强团队精神。这种润物细无声的内部沟通方式是一种看似简单，实则非常重要的内部公关。企业发展过程中，公关往往处于无形，全员公关，员工自觉维护组织形象和声誉，是企业发展的重要保障。公关无大小，内部更重要！

2018 最具公众影响力
城市形象传播大奖

2018 潭门赶海节

执行时间： 2018 年 8 月 11 日—2018 年 8 月 26 日

企业名称： 琼海市潭门镇政府

品牌名称： 潭门赶海节

代理公司： 海南智海方舟公关顾问有限公司

获奖类别： 金旗奖——2018 最具公众影响力城市形象传播大奖

项目概述

潭门赶海节起源于当地独特的潮汐现象，每逢夏秋季节，渔民在潮落时段到滩涂捡拾海产的活动谓之赶海。赶海提炼于南海渔耕文化，亦象征着潭门渔民特有的闯海气概，代表这座千年渔港区别于其他海港县市的区域特色和人文风貌。

2018 潭门赶海节作为潭门镇政府针对暑期旅游市场开展的大型节庆整合营销项目，于 2018 年 8 月 11 日在海南省琼海市潭门镇盛大开幕，活动持续至 2018 年 8 月 26 日，使潭门旅游覆盖全国近 3 亿名受众，联动全网 70 余家媒体，活动影响面、覆盖面、联动程度都为历届之最。

2018 潭门赶海节围绕“遇见美好 · 潭门新发现”主题，主打南海博物馆、休闲渔业码头、排港村旅游“新品”，延续三大传统活动，升级七大亮点内容，组团琼海潭门旅游产业链近百家单位加入营销阵营，分阶段分节点实施线上线下融合推广。通过对赶海节全方位整合营销，为潭门镇带来国内外游客超 20 万人次，有效拉动了潭门当地经济，圆满完成潭门镇节庆整合营销的活动目的。

KOL 互动

项目调研

自 2015 年第一届潭门赶海节举办，到 2018 年，已是第四届。潭门赶海节在创办之初便引入品牌化运作理念和互联网传播思维，让潭门赶海元素成功闯入群众视线；近年来，潭门赶海节在巩固原有品牌的同时放宽眼界，跟随国家“一带一路”的步伐，配合琼岛全域旅游建设，打造琼海的特色名片。

遵循品牌节庆活动培育“三年成形，五年成势”的发展规律，赶海节第四年十分关键。2018 潭门赶海节以全新洞察和策略思考，挖掘节日营销对城市形象、旅游经济、文化传承的深度价值。

项目策划

潭门赶海节的发展定位是海南民俗文化强 IP。2018 潭门赶海节回归“本我”，以一场节庆营销一座城，呼唤与目标受众间的情感共鸣，让素未谋面的旅人一见倾心（感知美好），给相识已久的朋友别样惊喜（体验新奇），将主题定为“遇见美好·潭门新发现”，以平实质朴的话语拉近彼此距离。

基于项目特性与执行周期，精准锁定目标受众，以琼岛民众为主，能快速为线下活动引流，带动潭门旅游消费；以岛外民众为辅，深化品牌影响以进行阶段性转化。对应的传播内容和媒介投放策略，在新媒体和传统媒体上有七三的比例划分，更倾向互动营销在线上线下的联动及转化，对于品牌力和美誉度的打造方面则应用强势媒体背书，并配合信息流广告和保量曝光，全面扩大潭门旅游和赶海节的传播声量。

在现场，通过落地十余项丰富多彩的主题活动，传承南海渔耕文化、展现潭门风土人情，以节庆带动城市品牌形象更新，依托多元业态融合，有效拉动潭门经济效益。

项目执行

由于节庆品牌的升级需要，除了政策导向、产业导向的思考外，还需不断引进新模式、新资源、新玩法，所以对策划的要求更高；而架构及内容的动态革新，对于项目本身不仅表现在筹备时间上的紧张，还有执行响应的时效挑战。

为此，团队成员做了清晰分组，梳理出客户沟通、策略输出、宣传推广和现场执行四大板块，并对线上和线下活动进行细分，以单体活动小组长负责制开展工作。形成由总统筹督导，板块负责人辅助统筹执行，小组长落实细项工作的方式，保障有序高效运营。

为了更好地把控进度，推动各组工作，全员按照执行手册，依据工作推进表完成节点任务。处理应急事件，简化上报流程，直接反馈到责任人；指令下达迅速，直接到执行人，以便信息有效，不误时机。

在成本控制方面，合理布置人力，做有效的广告投放，对物料的采购入库和出库、销售做好管理与清点。同时，依托商业运作进行资源置换，以降低操作成本；通过招商赞助和产品售卖提升利润。

祭海仪式

项目评估

1. 传播效果

（1）实现了全媒体覆盖，包括央视新闻互动直播、旅游卫视、三沙卫视等全国 20 多家电视媒体直播报道，其他权威媒体争相报道，《中国旅游报》、新华社、中新社、人民网、中国旅游网等全国超过 50 家新闻媒体图文或直播报道，覆盖用户超过 3 亿人次，点击数达 8000 万次。

（2）活动从前期预热宣传到后期持续宣传，传统新闻媒体、微博、微信公众平台、其他社交媒体等发布的推文数量达到 633 篇次；近 200 个微信公众号对 2018 潭门赶海节的相关内容进行发布或转载，进一步打响琼海潭门知名度。

（3）活动运营微博话题 # 潭门赶海节 # 阅读量突破 243 万次，2018 年 8 月 11 日话题跃居微博超级话题旅游榜全国第二位。

（4）在话题营销过程中，央视主播、三沙卫视主播、垂直领域 KOL 在开幕日进行 4 场主题视频直播及云图全程直播活动，展现开幕祭海、渔民运动会、赶海寻宝、渔港狂欢夜的活动盛况，总点击量 487 万人次，单场最高观看人数达到 157 万次，最高峰时有 76 万人同时在线观看。

2. 广告主、业界专家、受众的反馈点评

2018 潭门赶海节充分体现了赶海节作为海南宣传旅游新业态、推出旅游新线路、创造旅游新效应的大平台功能，全面展示了潭门镇转型转产取得的新成果。

——潭门镇镇委书记　周海通

节庆旅游作为旅游创新业态的一种，对拉动区域经济、整合旅游资源具有重要推动作用。潭门赶海节经过四届培育已初具成效，期待潭门赶海节在海南国际旅游消费中心的建设定位下，成为世界了解海南的又一重要窗口。

——海南大学旅游学院教授　耿松涛

潭门赶海节就是一个非常好的社会带动效应的节庆，我们愿意也有责任参与其中，为大美海南助力。

——融创地产负责人

这次赶海节为商家提供了很好的氛围，带来大量的游客，他们对我们的休闲渔业业态有了更多的了解，非常好。明年我们会更早地参与到商家联动中。

——麦哲伦邮轮公司负责人

很喜欢这样的氛围，我观看了祭海仪式等主题活动，还参与了渔民运动会这样的互动活动，海南民俗文化深深地吸引了我。

——国际友人　伊恩

项目亮点

1. 七大亮点升级，展现潭门新貌

在保有三大主体活动的同时，2018 潭门赶海节还围绕旅游“新品”，升级了七大亮点。渔民运动会首次移址南海博物馆，有 200 余名村民同场竞技，比拼海上作业技能；休闲渔业码头作为特约合作商家，为游客市民们提供特惠的

出海捕鱼体验服务；排港村靠海公路旁的赶海艺术角，通过结合乡村风光的造景与互动游戏的人流带动，成为潭门新的“网红打卡点”；其间，潭门镇政府还特别邀请了来自旅游、美食、摄影界的达人们，组团来到潭门参与赶海之旅，推介潭门丰富的旅游资源；此外，还有赶海集市、渔港狂欢夜、南海博物馆科普季等活动供游客市民们体验。

2. 首推赶海文创，挖掘品牌价值

2018 潭门赶海节重点打造专属品牌形象，特别推出限定吉祥物——赶海小宝。在活动现场，赶海小宝精彩亮相，与游客市民们精彩互动；大家还能在赶海集市上选购心仪的赶海小宝文创周边。

3. 发放赶海护照，体验攻略乐趣

借助 2018 潭门赶海节，潭门镇成了一个大型“城市游乐公园”，游客市民们通过参与线上互动传播，领取个人专属“护照”，即可根据攻略完成活动集戳，打卡景点，兑换心仪的礼品。此外，持有“护照”的游客市民们还能享受特约合作商家的消费让利活动。提升大家的活动参与度和体验感，同时把广大的游客市民们转化为自媒体渠道，带动口碑传播，覆盖更多潜在受众。

亲历者说　丁钰珍　海南智海方舟公关顾问有限公司项目总统筹

2018 年是我们服务潭门赶海节的第二年，对于一个培育了四年的旅游节庆 IP，我们要思考得更多，不仅要比往届更好玩，还要让参与其中的多类角色都能有收获。例如潭门赶海节本身于城市而言是一场营销，而民众追求的则是体验感。因此，我们尝试了市场化运作，进行资源嫁接。令人欣喜的是，我们的民俗文化通过旅游节庆的推广，吸引了不少海内外游客；当他们来到这座千年渔港，体验过潭门的风土人情后，又将成为我们的“推广大使”，去向更多人输出对这座城市的美好印象。2018 潭门赶海节，作为琼海市知名旅游节庆品牌和响亮名片，将为全国旅游目的地推广提供一条全新的思路，也将以点带面，拉动全市旅游资源、地区经济和产业转型升级，产生实质性推动作用。

案例点评

点评专家：李兴国　中央党校（国家行政学院）教授、中国公共关系协会常务副会长

这是一个比较成功的案例，具体优点如下。

第一，方向正确，定位准确。这是成功传播城市形象的基础。城市品牌形象塑造与传播是中国城市化进程的重要课题，能否做到科学定位、实事求是、因地制宜是城市建设成败的分水岭。2018 潭门赶海节靠海吃海，根据城市地理风貌和城市特点，抓住赶海这座千年渔港区别于其他海港县市的区域特色，成功打造了城市 IP。

第二，勇于创新，升级了七大亮点，保证了可持续性，避免了昙花一现。

第三，注重与公众参与互动，提升了趣味性。

第四，运用现代人的智慧加以拓展，充分运用各种新媒体手段进行传播，提高了区域品牌的知名度和美誉度，提升城市影响力。

公共关系传播效果评估是一个世界难题，2018 潭门赶海节的评估效果可以和前三届的效果进行对比说明，就更有说服力，更为客观。

唐延路城市 IP 塑造

执行时间： 2017 年 5 月—2018 年 6 月

客户名称： 西安高新区党工委宣传部

品牌名称： “唐延路”城市 IP

代理公司： 陕西壹禾文化传播有限公司

获奖类别： 金旗奖——2018 最具公众影响力城市形象传播大奖

项目概述

唐延路是承载了一代西安人奋斗记忆，厚重历史文化底蕴与现代都市繁荣景象相交融的重要地标符号。在西安打造国际化大都市、建设音乐之城的背景下，如何以小见大、运用创新的手法将唐延路塑造为极具个性的城市文化品牌？西安通过唐延路同名歌曲、城市跑、音乐节、吉祥物的多重形式进行立体打造，分层推进，令唐延路绽放出全新的公众记忆与更深远的影响力。

项目调研

1. 项目背景

2017 年 5 月，西安市委宣传部和市文广新局联合下发了《西安市建设“音乐之城”实施方案》，西安市明确了“音乐之城”建设的发展目标。西安高新区，一个代表西安与西部高新科技产业前沿的领地，在追赶超越的背景下打造“文化高新”形象。多元化的发展需要不断创新城市营销思路、呼唤更多的城市品牌。

歌手演唱《唐延路》

2. 可行性研究

唐延路位于西安高新区，全长 8 公里，与唐城墙遗址公园紧连，是西北城市景观路、西安市城南极现代极摩登的街道之一。每当夜幕降临，流光溢彩处处迷人，更展现出西安国际化大都市的科技风采。唐延路见证了高新区的发展，承载了太多人的记忆与梦想，透过唐延路一个点，足以洞见大西安历史发展的洪流与当代文化属性，易于形成品牌核心情感。唐延路周边公园及广场具备良好的地理及空间条件，适宜进行大型公众活动。

项目策划

1. 项目目标

将唐延路打造成为西安国际化大都市地标性的公众文化品牌。

2. 项目策略

唐延路如何能快速地被更多大众所熟知呢？主题歌曲与 MV（音乐短片）、城市跑、音乐节、吉祥物无疑是非常利于传播的几种文化形式。《唐延路》歌曲的发布，正值歌曲《成都》火爆期过后。以地名命名的民谣歌曲受到了空前的瞩目。这种以抒情方式引发的情怀效应，被当成了扩散城市影响力的敲门砖；在唐城墙遗址公园，有许多自发组织的跑团及跑步爱好者。他们喜欢交流，结伴约跑。唐延路城市跑为他们提供了一个免费集体参与的机会，他们还可获得参跑证书、奖牌及相关纪念礼品。加上规划的唐延路跑步路段属于“唐城墙遗址公园内部道路”，绿化环境完善，夜晚温度适宜、空气清新，得到了众多跑者的喜爱；夏季的傍晚，露天音乐节是人们休闲娱乐的好去处。唐城墙遗址公园北门广场地处地铁出口，可聚拢大量人气；以高新区一名程序员为原型的吉祥物“大高”则可进一步拉近与受众的情感距离。

3. 受众分析

核心受众为在西安生活与奋斗、喜爱音乐、热爱休闲娱乐的人群，辐射扩散至有意在西安定居的人群及对西安感兴趣的各国游客。他们热爱西安，热爱音乐，追求健康时尚，具备很强的参与能力。

4. 传播内容

唐延路同名歌曲及 MV，在歌词中融入西安高新地标和情感记忆，MV 中融入西安高新建筑及景色；城市荧光夜跑征集微信图文、现场花絮视频及照片；MIST 音乐节歌手及乐队阵容介绍微信图文、现场花絮视频及照片；吉祥物“大高”及周边纪念品。

5. 媒介策略

以《唐延路》作为品牌听觉载体。在网易云音乐、QQ 音乐、酷狗音乐、腾讯视频、爱奇艺等主流音乐平台及视频平台全面上线，将《唐延路》伴奏上传唱吧及各大地面 KTV（卡拉 OK），引起传唱，全面覆盖人群。

以活动自身作为传播媒介。在“人人都是自媒体”的网络社交社会，活动本身能聚集大量人气，引发点到点、线到线、面到面的传播。城市跑、MIST 音乐节等活动中，都嵌入了《唐延路》这首歌，进一步加深品牌认知效应。制作微信朋友圈小视频、朋友圈创意海报、广告片，便于参与者进行扩散。

全媒体矩阵。通过“西安高新”和西安本地具有影响力的微信大号传播造势，直击核心受众，引发公众关注，话题持续升温。通过纸媒、广播、电视、直播等媒介进行新闻传播，扩大受众人群范围。

名人效应。邀请外国歌手及知名乐队参演 MIST 音乐节，凸显国际化与多元化，引发话题效应。邀请西安本地知名主持人兼跑团团长亢凯主持城市跑活动并参与跑步，名人效应引发“跑迷”热情。陕西广播电视台都市青春频道多位主持人进行实时“青春直播”，为跑步活动助力。

项目执行

1. 唐延路同名歌曲及 MV 全线推出，使品牌具有视听载体和文化内涵

2017 年 5 月 23 日，原创主题歌曲《唐延路》及 MV 正式发布，引发热议与广泛传播，成为“音乐之城”建设的亮点作品。简约的民谣风格、朗朗上口的旋律，展示出这个时代的人文印迹，让听众在第一时间产生亲近感和代入感。站在个人看高新，站在高新看西安，站在西安看世界的创作立意，从高新到西安，以小见大。

2. 唐延路城市跑，点燃城市活力

唐延路紧邻的唐城墙遗址公园是一座大型的天然氧吧，历史文化、园林绿化与周边现代化建筑交相辉映，成了高新区一道亮丽的风景线。2017 年 5 月 20 日在此举办了“点亮高新”荧光夜跑，并进行了原创歌曲《唐延路》的首唱；2018 年的 6 月 16 日，同地举办了“炫彩高新”第二届城市跑暨歌曲《这就是西安》首发式。两届唐延路城市跑均面向社会公开招募跑者，免费参赛，得到广大市民的热情参与，同时将高新主题歌曲的首唱、首发结合其中。两届城市跑的成功举办扩散唐延路的品牌效应，已成为高新区健康时尚活动的一张新名片。

3.MIST 音乐节扩大唐延路影响力

2017 年 8 月 18 日至 2017 年 8 月 22 日，在唐延路城市广场等地举办了第一届 MIST 音乐节，5 天 10 场，演绎了五大类型的音乐风格，古典、爵士、流行、电音、国乐，将部分传统室内音乐搬到户外演绎，市民全程免费参与观赏。MIST 音乐节作为本土原创音乐节品牌，将成为一个以音乐交流为主题、多元化、国际化的大型跨界年度音乐节，持续为这座古城的每个人创造一幕幕全新的音乐故事，在西安大力建设“音乐之城”的背景下，带给大众非凡的音乐享受。

"炫彩高新"第二届城市跑暨城市主题曲《这就是西安》首发式现场

4. 吉祥物"大高"扩充唐延路品牌内涵

吉祥物不仅是城市形象品牌的重要载体，而且体现了城市特色文化和精神面貌。"大高"是高新区一个普通科技工作者的拟人化形象，他热爱生活，风趣幽默。"大高"在 2018 年 2 月 10 日首次亮相，目前已衍生出了表情包、系列周边纪念品和主题动漫作品等，博得了市民群众的青睐。

项目评估

唐延路城市 IP 经过 1 年多的不断塑造，大众认知度快速提升，社会反响良好。歌曲《唐延路》及 MV 在各类音乐及视频站点 PV 累计超过 50 万次，成为本土大众熟知和喜爱的原创歌曲；两届唐延路城市跑活动线上报名总计超过 5000 人，参加人数超过 2000 人，得到各类媒体大量关注，取得了较好的社会效应；2017 MIST 音乐节受到了观众的热情参与，观演人群超 5 万人次，为西安、高新区打造了一张亮丽的城市音乐名片；吉祥物"大高"也成为大家喜爱的新朋友，广受赞誉。唐延路城市 IP 的打造，建立了品牌文化内涵，贯彻唐延路国际范儿、都市范儿、创业范儿的文化理念，在实践中不断检索和矫正，持续丰满理论体系，不断发展及延伸子品牌，最终形成了唐延路独有的品牌文化内核。

项目亮点

多重形式和手法成功组合，强调受众体验，促进互动传播。以《唐延路》歌曲及 MV 作为视听核心，传播品牌内涵，以城市跑活动的形式塑造时尚健康生活理念并结合原创音乐的表演，打造具有多元化、国际化、差异化的音乐节品牌，塑造可爱的品牌吉祥物。从线上到线下，从文化到体育到时尚娱乐，深入人群，成功在大众心中播下了记忆与爱的种子。

亲历者说 李泉辰 陕西壹禾文化传播有限公司创始人兼 CEO

一座城市的品牌，是城市的性质、名称、历史、文化、声誉以及承诺的无形综合，同时是目标受众对城市产生清晰、明确的印象和美好联想的载体。唐延路城市 IP 塑造的过程不仅是整合营销思维和创意研发的结合，更是传播律动把控的重要考验。在执行中，如何将政务诉求、运营效率、传播管理、营销创意、品牌塑造与延续性做到完美结合，都成为我们团队重要的考核指标。

案例点评

点评专家：李雪峰 内蒙古财经大学公共管理学院教授

唐延路城市 IP 塑造，是一则典型的政府公关案例，其成功之处如下：

（1）提高了公众对唐延路的认知与好评，塑造了良好的形象通过整合营销思维、传播律动和创意研发相结合，成功宣传，使目标受众对唐

延路产生清晰、明确的印象，使唐延路焕发出新的生命力，进一步实现其知名度、美誉度、定位度的飞跃。

（2）全方位向公众发布信息，获得公众认可。通过多重形式传播，尤其是体验式营销，促进互动传播，成功在目标公众中塑造了唐延路的品牌形象。

（3）策划了成功的传播活动，使唐延路名片深入人心。通过举办大型跨界音乐节宣传品牌，通过多重形式进行立体打造，让唐延路产生深远的影响力。

（4）监测并评估舆论，取得预期效果。“唐延路”城市 IP 实施 1 年多，引发了一系列热点传播事件，深入人心，建立品牌文化内涵，取得预期效果。

改革开放 40 年 40 位企业金旗传播人物①

① 此为首批获奖名单，后续评选正在进行中。

米晓春 空中客车中国企业资讯副总裁

新闻发言人是企业品牌形象的“建立者”和“维护者”；是危机事件的“管理者”和“救火队”；是企业与公众沟通的“纽带”和“桥梁”。企业守法合规就是赋予了新闻发言人力量！新闻发言人的使命是为企业保驾护航，建立企业在公众心目中的良好形象。

杨美虹 华晨宝马公共关系及企业社会责任副总裁

公关做的就是影响力，公关是一个说服和影响的过程，每一次的沟通就是一次公关，每一次的沟通都是在影响别人，公关可以帮助企业建立行业影响力和观念影响力。

龚妍奇 劲霸男装品牌副总裁

公关人应共同努力，让公共关系成为一条有温度的纽带，输送正义正直、公平良知、善意和美好。使各类“冰冷”的竞争，因我们而变得温暖。

黄小川 华谊嘉信集团董事长，迪思传媒集团董事长

企业想真正赚钱，要靠品牌溢价来实现。改革开放 40 年来，公共关系对中国企业的品牌溢价做出了巨大贡献。

黄志湘 奥科宁克亚太区公司事务副总裁

如果我们有能力在公关和公益项目的思考中，为企业带来可持续发展的机会，就会成为组织中更加不可或缺的部分。

匡冀南 汉富控股品牌公关中心总经理，汉富金融研究院副院长

公共关系是沟通的艺术，而准确的沟通是化解众多误解的手段。因此公共关系既是现代商业繁荣蓬勃发展的加速器，又是人类社会和谐共处的定盘星。

李国威 闻远达诚管理咨询总裁

商业社会，公共关系像一块璞玉，在嘈杂中安静地发光。

李 玲 安踏体育用品有限公司集团副总裁

公关的魅力不在于展露业绩，而在于讲好走心的故事。让宏大的话题丰满有趣，让企业在树立口碑中个性成长，让企业的声誉账户不断累积“财富”。公关的最高境界是总结商业经验并启迪他人，与社会与对手与生态，共生共赢。

李 曦 京东集团国际公关顾问

公共关系是推动社会、经济、文化繁荣不可或缺的软实力。改革开放40年来，很多公关行业的精英始终坚守正直诚信、守护道德底线、倡导社会正义、推动社会进步，真正引领着公共关系向前发展。期待行业新生力量能够将这样的精神继续发扬光大。

卢 荣 霍尼韦尔亚洲高增长区企业传播副总裁

格局决定结局 —— 公共关系可以帮助企业树立一个新的格局，进而推动行业、社会的进步。

潘建新 华扬联众数字技术股份有限公司CIO（首席信息官），清华大学国家形象传播研究中心秘书长、研究员，中国传媒大学商学院教授

良好的舆论环境也是推动商业繁荣和社会进步的重要因素，公共关系恰恰就是为了营造良好舆论环境而存在。

商 容 微软亚太研发集团传播及公共事务副总裁

公关如水。润物无声，滴水穿石。公共关系聚焦隐形的能力，关注价值与意义、愿景与文化、观念与精神；推动人与人、人与科技的连接，成就变革与进步。

邵松岩　北京海天网联营销策划股份有限公司前任 CEO，营销活动专家

人类离不开艺术，世界离不开公共关系。

沈　激　日产中国公关传播副总经理，东风汽车有限公司公关传播负责人

公关传播正处在一个史无前例的机遇之中。成功和有效的公关传播活动可以帮助企业提升品牌形象的同时，拉升业务，扩大影响。 公关从业人员扩大和深化了组织及其主要利益相关者之间的互动，保证了战略目标的实现。

王洪波　中国对外文化集团公司新闻总监

对外文化传播需要人格化表达，需要鲜明的灵魂，有个性、有温度的语言。讲述好中国故事，传播好中国声音，还需要挖掘和培育具有代表性的公众人物和艺术家，以个性化的风格，承载中国文化的元素、观念，实现国家形象的人格化表达与传播。

王　虎　哲基数字科技执行董事

现代公共关系是商业文明的必然产物，在契约社会里没有封闭的利益，公共关系倡导的透明、开放亦推动了商业文明的发展。

吴伟农　艾尔建中国区企业事务部总经理

公共关系是利用社会洞见、借助策略活动、通过系统传播影响特定受众的综合性工作。善于合理运用公共关系是个人与企业不可多得的智慧，是商业成功与社会进步不可或缺的推动因素。

席　庆　辉瑞中国政府事务、市场准入及企业沟通部高级总监

公共关系是一个企业或组织与外部各个利益相关方之间保持了解、沟通和互动，分享价值观并建立信任关系的纽带和桥梁。公共关系的工具和手段在不断地与时俱进，但其核心价值是不变的。

杨丽莉　昕诺飞（飞利浦照明）大中华区副总裁

公共传播的力量将会成为推动第四次工业革命的重要加速器。

叶　钰　吾铭国际品牌管理顾问有限公司董事长

公关是通过有效的沟通，增加人们的正确认知，减少时间成本，为社会创造价值。

郑　威　华硕电脑中国业务总部副总经理兼新闻发言人

品牌能以正念和用户共鸣、共好是公益的重要部分，能在传播中点亮心灯，实现无尽的灯的传递，是我对品牌公益力量的终极期许。

郑　燕　电通公关总经理

演讲是表，声誉管理是本，沟通是双向的，本质是建立信任的联结。期待和你“联结世界，成就你我”。

朱旭东　易居中国联合创始人、CBO（首席品牌官），太德励拓（中国）公关传播集团董事长、总裁

公共关系就是人与人之间的关系，在万物互联的今天，企业通过公共关系的打造和传播，来连接每一个社群，连接每一个个体，让这个社会，因为连接而温暖，让每一个人，因为连接而平等。

诸轶众　明思力中国董事总经理

公共关系在帮助企业或实现商业目标的同时，通过自主机制和行为推动人文和社会价值的实现。

2018 年度最佳机构

爱创营销与传播

公司简介

爱创营销与传播（英文名称：itrax），2004 年成立于北京，在上海、广州、成都等地设有分支机构。爱创营销与传播（简称：爱创）在 2007 年获“中国国际公共关系协会评予的 2007 年度新锐公司”荣誉，从 2008 年起，连续多年入选公关行业 TOP 30 榜单。2017 年成为中国 4A 与数字营销委员会成员企业，2017 年正式完成并入数字营销集团科达股份（股票代码：600986.SH），成为科达股份的一员。经过多年发展，目前爱创是一家专业的品牌营销与传播服务商，为客户提供端到端、数字化与数据化的营销与传播全价值链服务。

爱创主营业务是为汽车、金融、快速消费品、IT 企业提供数字营销、品牌咨询与创意、公关传播、内容营销、体验营销、娱乐营销、体育营销等整合营销服务。爱创与战略客户平均建立了 7 年的稳定合作关系。

公司网址

www.itrax.cn

公司 LOGO

北京九九互娱营销顾问股份有限公司

公司简介

北京九九互娱营销顾问股份有限公司（证券代码：836385）是一家面对互联网领域的整合营销集团公司。公司针对硬件、网络发展，利用对产品的理解、对用户的洞察，提供有价值的策略、计划，以及有独特渠道优势的执行。

公司成立于 2008 年，于 2016 年新三板挂牌，旗下有优时光文化传播有限公司、驰特营销顾问有限公司、数域（北京）公关顾问有限公司等子公司。公司目前员工将近 200 人，并在北京、杭州、成都、深圳等地都有办公室。

公司专注于互联网领域人群的营销沟通工作，以技术人群极为热爱的硬件、科技和游戏领域作为垂直入口，为客户提供高整合性营销解决方案。

公司网址

www.99ntc.com

公司 LOGO

北京永正品臻展览有限公司

公司简介

北京永正品臻展览有限公司是一家集展览展示、舞美设计、会议制作搭建、AV（音频和视频）设备租赁、活动策划、运营于一体的综合性服务公司。公司自成立以来秉承着设计创新、质量优良、服务完善、价格合理的经营理念，赢得了国内外客户的信赖与好评，逐步成为汽车、快消、IT、医药等多个行业大型企业的优质供应商，并与国内 TOP 10 中的多家公关公司有着良好的合作关系。公司自有制作工厂布局北京、上海、广州、成都，运营团队布局北京、上海、广州，合作资源覆盖全国各地，期待与各界同人携手共创，打造完美的活动创意空间！

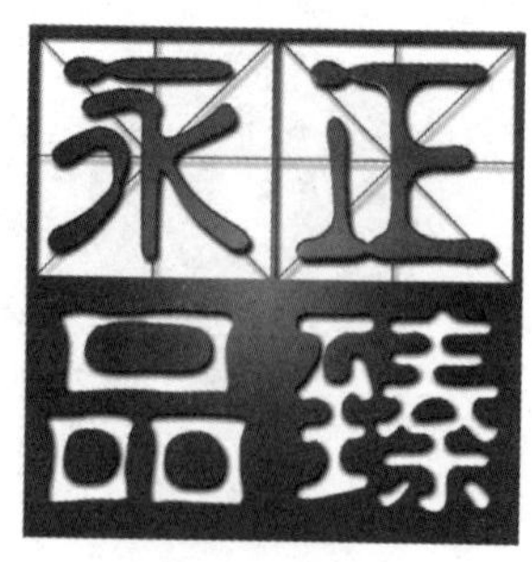

公司 LOGO

北京赞意互动广告传媒有限公司

公司简介

北京赞意互动广告传媒有限公司（简称：赞意），成立于2012年，是中国领先的数字营销代理商，帮助品牌连接年轻消费者，尤其擅长娱乐营销。赞意以创意内容、传播引爆、创新技术为驱动，在数字传播领域为品牌客户提供优质高效的传播策略制定、创意策划、互动体验、传播执行管理和创新玩法，横跨中国互联网和移动互联网的各大平台（微博、微信、论坛、各大App、视频网站等）。

娱乐营销是赞意为客户进行“品牌年轻化”工作的重要组成部分，包括IP营销、明星代言人营销、“粉丝”团营销，以及品牌客户的IP植入营销等，也使得赞意成为娱乐营销的先锋者。赞意积累了丰富的事件经验，与视频网站及电视台等播放平台方、内容制作方以及品牌主均有广泛合作。

公司网址

http://www.goodideamedia.com

公司 LOGO

成都非米文化传播有限公司

公司简介

成都非米文化传播有限公司源于成都，始创于2009年，是多功能的文化载体。以“传播价值　策划未来”为企业宗旨，旗下拥有公关公司、舞美公司、明星经纪公司、展览展示公司等多个子公司，在成都、重庆、西安均设有分公司，已经形成了覆盖西部辐射全国的多元化综合性文化产业集团。

公司成立多年，客户涉及房地产、汽车、金融、商场、国家单位、电子行业、重工机械行业、食品行业、医美化妆品等众多行业单位。公司业务范围涵盖策划设计、公关活动、文化演出、娱乐营销、展览展示、企业形象策划、舞美工程制作、庆典仪式活动、明星代理等。

公司网址

www.cdfeimi.com

广东华录百纳蓝火文化传媒有限公司

公司简介

广东华录百纳蓝火文化传媒有限公司（简称：华录百纳蓝火）创建于 1998 年，主营电视栏目、电影、电视剧等文化作品的投资、制作、发行以及品牌内容整合营销服务，是中国极具影响力的综合性文化传媒公司之一。

公司长期与央视、湖南卫视、江苏卫视、浙江卫视、北京卫视、东方卫视等强势媒体战略合作，完成《快乐大本营》《爸爸去哪儿》《天天向上》《中国好声音》《最强大脑》《非诚勿扰》《一站到底》等多个重量级栏目的内容营销。

近年来，公司切入内容制作领域，快速完成了从品牌内容营销公司到内容制作公司的华丽转身，成为业内制播分离的典范。

同时，公司积极布局体育产业，先后成为欧洲篮球冠军联赛、中国之队、中国足球协会超级联赛等一系列热门体育 IP 的重要投资或营销代理机构。

公司网址

http://www.blueflame.net.cn/

广州圣达广告有限公司

公司简介

广州圣达广告有限公司（简称：圣达）成立于2009年，公司经过多年发展，由最初专注于媒体购买的媒介代理公司，发展为集品牌咨询、营销策划、活动执行、创意设计、公关传播于一体的综合性广告公司。圣达线上线下媒介资源优势强大，校园LED大屏及广州主干道道旗为一手独家资源。

圣达目前主要服务大型国企及世界500强客户，是国内少有的具备同时服务三大运营商及政企部门能力和经验的广告公司，圣达始终坚持专业、精准、创新的服务理念，立志不断为客户带来高效的传播、优质的策略方案及方便到位的服务。圣达在不断进步中获得了多项国内大奖及国际认证。

公司LOGO

上海哲基数字科技有限公司

公司简介

上海哲基数字科技有限公司（简称：哲基）成立于 1999 年，为国内专业整合传播咨询服务机构之一，专注“议题设置，传播管理”，精通从公共关系到数字营销的广泛领域。

哲基的客户包括世界 500 强企业，本土大、中型企业，行业协会和大型会展等，尤其对为汽车、奢侈品、洋酒、商业地产和时尚快消等行业客户进行传播规划和实施有着丰富的经验和资源。

在传统传播领域业绩卓越增长的基础上，哲基同步探索、拓展了广告、数字营销和电子商务领域，通过市场预判、突破性的战略规划、整合渠道传播和线上线下营销，为客户提供以公共关系为核心的全方位的整合市场营销服务。

公司网址

www.zenithpr.com

公司 LOGO

知行博艺会展有限公司

公司简介

公司会展行业，建立了完整的展览服务体系，为客户提供全产业链解决方案，包括商业展览、会议活动、视听设备、搭建工程等独立板块。践行“知细节行有效”的品牌理念，由专业服务深入专注服务，做到知行合一。不断创新，在行业内推出活动模块化解决方案，为客户提供更适应互联网时代的服务产品。

公司参与过 2018 年平昌冬季奥运会、2016 年里约热内卢奥运会、2014 年索契冬季奥运会、中国 2012 年上海世界博览会、2014 年南京青年奥林匹克运动会、中国国际航空航天博览会等知名展览，并获得中国奥林匹克委员会颁发的荣誉证书；先后服务中国航天、中粮集团、中国联通、中国邮政、中国社会科学院、凯迪拉克、农夫山泉等企业和单位；服务领域涵盖汽车、航天、军工、机械、科技、互联网等。

公司网址

www.bj-ggc.com

北京知行博艺会展有限公司
BEIJING GGC EXHIBITION SERVICE CO.,LTD

公司 LOGO